Susan Arnold

Vertrauen als Konstrukt

Susan Arnold

Vertrauen als Konstrukt

Sozialarbeiter und Klient in Beziehung

Tectum Verlag

Susan Arnold

Vertrauen als Konstrukt.
Sozialarbeiter und Klient in Beziehung
Zugl.: Leipzig, Univ. Diss. 2009
ISBN: 978-3-8288-2124-8
Umschlagabbildung: © judigrafie | photocase.com
© Tectum Verlag Marburg, 2009

Besuchen Sie uns im Internet
www.tectum-verlag.de

Bibliografische Informationen der Deutschen Nationalbibliothek
Die Deutsche Nationalbibliothek verzeichnet diese Publikation in der
Deutschen Nationalbibliografie; detaillierte bibliografische Angaben sind
im Internet über http://dnb.ddb.de abrufbar.

Inhalt

Für Julia und Edward

Das vorliegende Buch wurde als Dissertationsschrift angefertigt und von der Konrad-Adenauer-Stiftung e.V. (Begabtenförderung) durch eine Promotionsförderung unterstützt.

1 Einleitung

1.1 Zum Thema dieser Abhandlung

Diese Abhandlung befasst sich mit dem Vertrauen des Klienten zum Sozialarbeiter in der professionellen Beziehung in der Sozialen Arbeit[1]. Von Interesse ist die Blickrichtung auf Vertrauen vom Klienten hin zum Sozialarbeiter. Vertrauen in diesem Zusammenhang wird als Konstrukt verstanden und betrachtet. Die thematischen Eingrenzungen, auf die der Titel der Abhandlung „Das Vertrauen des Klienten zum Sozialarbeiter als Konstrukt" verweist, werden nachstehend begründet.

Bereits 1996 bezeichnete der Psychologe und Vertrauensforscher M.K. Schweer Vertrauen in einer seiner zahlreichen Veröffentlichungen zum Thema als ‚hypothetisches Konstrukt'[2]. Das Vertrauen des Klienten in der Arbeitsbeziehung zum Sozialarbeiter wird von professioneller Seite immer wieder als selbstverständlich kommuniziert. Dass es für erfolgreiches professionelles Handeln notwendig ist, scheint außer Frage zu stehen. In der Realität der Sozialen Arbeit ist es allerdings kein eindeutig identifizierter Sachverhalt. Vertrauen wird in der fachlichen Kommunikation der Profession und in den fachbezogenen Abhandlungen in solch verschiedenen Zusammenhängen verwendet, dass Zweifel entstehen, ob das Gemeinte sich immer eindeutig erschließen lässt. Das so theoretisch formulierte Vertrauen lässt Erwartungen entstehen, die uneindeutig sind. Ebenso werden verschiedene inhaltliche Bedeutungen wie auch unterschiedliche Zielbestimmungen damit verknüpft. Das Vertrauen - in dieser Dissertationsschrift das Vertrauen des Klienten zum Sozialarbeiter - ist in seiner Bedeutung allen Beteiligten nicht gleichermaßen bewusst. Deshalb kann es als Konstrukt verstanden werden und wird, dem entsprechend, in dieser Abhandlung als solches betrachtet.

---

1 Personenbezeichnungen sind grundsätzlich auf beide Geschlechter zu beziehen. Da der Begriff ‚Klient' in der Fachliteratur der Sozialen Arbeit am gängigsten ist, wird er bevorzugt verwendet. Weiterhin wird begrifflich nicht zwischen Sozialarbeit und Sozialpädagogik unterschieden. Beides wird mit ‚Soziale Arbeit' bezeichnet. Ebenso beinhaltet der Begriff ‚Sozialarbeiter' gleichzeitig Sozialpädagogen. Das gilt ebenfalls für Abwandlungen. Alle davon abweichenden Verwendungen aus Zitaten wurden entsprechend den Zitierregeln in der Originalform übernommen.

2 ders., a.a.O.: 3.

Wir können ‚die Wirklichkeit' als unser Konstrukt begreifen. Dass wir sie so wahrnehmen, wie wir sie wahrnehmen, ist u.a. immer ein Ergebnis unserer Art und Weise, sie zu betrachten. Der Beobachter, der sieht und beschreibt und handeln möchte, bestimmt selbst, was er sieht, wie er dies beschreibt und damit auch, was er (und in der Folge auch andere) als Wirklichkeit wahrnehmen; dies wiederum bestimmt dann sein Handeln mit. [...] Je nachdem, welche Beschreibung ich verwende, stellt sich für mich die Wirklichkeit anders dar. Dies gilt natürlich auch dann, wenn ich diesen Vorgang gar nicht beobachtet habe oder ihn insgesamt als unwichtig verstehe und ihn gar nicht beachtet habe (Herwig-Lempp, 2007: 34).

In der Sozialen Arbeit ist es nicht ungewöhnlich, Phänomene aus einer konstruktivistischen Perspektive zu betrachten. Sie „erlaubt [... es] uns, scheinbare Selbstverständlichkeiten in Frage zu stellen, die bisher nicht anders vorstellbare Wirklichkeit zu ‚dekonstruieren' und sie anschließend neu zusammenzustellen - mit der Möglichkeit, neue Handlungsoptionen zu erschließen" (ders., a.a.O.: 35).

Der Konstruktbegriff selbst wird einem soziologischen Verständnis folgend benutzt. Hartfield & Hillmann verstehen unter Konstrukt einen „Begriff [...,] der nicht direkt beobachtbare Phänomene oder Sachverhalte ‚abbildet', sondern lediglich dazu dient, verschiedene Beobachtungen sinnvoll aufeinander zu beziehen" (ders., 1982: 402). Dieser Bezug zu beobachtender Sachverhalte in Form eines Konstruktes ist sinnvoll, wenn die direkte Beobachtung und dadurch eindeutige Identifizierung des interessierenden Sachverhaltes nicht gegeben ist. Der Begriff Konstrukt dient also dazu, Sachverhalte zu kennzeichnen und darzustellen, die allein schwerlich zu beobachten und auszudrücken sind, jedoch aus anderen Sachverhalten geschlossen und mit ihrer Hilfe erschlossen werden können.

Wissenschaftlichen Theorien [sic] haben oft Sachverhalte zum Gegenstand, welche nicht direkt beobachtbar sind. Diese Sachverhalte werden als K[onstrukt] bezeichnet, wenn man betonen will, daß es sich dabei um eine gedankliche, theoretische Konstruktion handelt. Das bedeutet natürlich nicht, daß es den betreffenden Sachverhalt nicht ‚gibt', sondern nur, daß er aus anderen, leicht(er) beobachtbaren Sachverhalten erschlossen wird. Daher spricht man auch manchmal von latenten Konstrukten (oder latenten Variablen) (Ludwig-Mayerhofer, 1999: o.S.).

14

Als ein gedankliches Hilfsmittel wird das Konstrukt von der Gesellschaft Erwachsenenbildung und Behinderung e. V. Deutschland herausgestellt. Im Einklang mit den anderen zitierten Autoren und dabei noch deutlicher wird auf die Funktion eines solchen Hilfsmittels zur Beschreibung nicht direkt beobachtbarer Sachverhalte verwiesen:

> *Konstrukt (lat.) ... bezeichnet eine Annahme, ein gedankliches Hilfsmittel, das zur Beschreibung von nicht konkret beobachtbaren Vorgängen eingesetzt wird. Ein Konstrukt bezieht sich nicht auf eine Tatsache, sondern auf ein Denkmodell, in dem verschiedene Beobachtungen und Erkenntnisse sinnvoll aufeinander bezogen werden können (Gesellschaft Erwachsenenbildung und Behinderung e. V. Deutschland, 1999: o. S.).*

Das Vertrauen des Klienten wird in vielen fachbezogenen Arbeiten als eine wesentliche Komponente in der Sozialen Arbeit genannt. Das dabei für die Praxis immer wieder theoretisch formulierte Konstrukt ,Vertrauen des Klienten zum Sozialarbeiter' soll so hinterfragt werden, dass die Sachverhalte, aus denen es fachintern erschlossen wird, benannt werden können.

In dieser Abhandlung findet eine gedankliche Orientierung an Fragen zu Systemimmanenzen[3] in der Sozialen Arbeit statt. Die professionelle Beziehung zwischen Sozialarbeiter und Klient wird deshalb auf mehreren Ebenen analysiert: der gesellschaftlichen, der institutionellen und der personalen. Eine solche Sicht rationalisiert den Blick aus einer Metaperspektive auf den Erkenntnisgegenstand und bot mit der Verfügung über unterstützende Fragen für diese Abhandlung ein strukturgebendes Vehikel. Demgemäß sind die folgenden Fragen an das professionelle Feld Soziale Arbeit zu verstehen[4]:

- Was ist spezifisch systemimmanent?
- Was ist disziplinspezifisch, wo liegen Abgrenzungen zu anderen Funktionssystemen in der Gesellschaft?
- Welche Handlungen dienen der Stabilität des Systems?
- Wer hat welche Rolle im System internalisiert und übt sie wie aus?
- Welche Handlungen können als fachlich identifiziert werden?
- Welche Rituale existieren im System und werden ausgeführt?

---

3   vgl. Luhmann, 1994.
4   vgl. Heinze, 2001: 123 ff.

- Welche (gesellschaftlichen) Strukturen bringen das individuelle Handeln hervor?
- Gibt es Flexibilität, situationsentsprechende Rituale und Handlungen oder existiert eher Rigidität?
- Inwiefern werden objektive Relevanzen sichtbar, inwiefern subjektive? Wird auf objektive Relevanzen zurückgegriffen, wenn die subjektiven (scheinbar) nicht mehr ausreichen?

Begründet mit der prinzipiellen Fremdheit der Problembestände der Sozialen Arbeit, und dies für alle Beteiligten, rät f. Schütze „in den „Erkundungs- und Forschungsprozessen des Sozialwesens" zu einer „methodischen Fremdheitshaltung [...], die gleichwohl auf Verstehen abzielt" (ders., 1994: 189). Dieser Haltung wird in der vorgelegten Abhandlung Folge geleistet werden.

1.2 Fragestellungen und Ziel

Das Thema Vertrauen rückte in den zurückliegenden Jahren zunehmend in den Mittelpunkt der Aufmerksamkeit; es gibt mehrere Veröffentlichungen von empirischen, größtenteils quantitativen Untersuchungen. Zahlreiche Autoren diskutieren Vertrauen als konstituierendes Merkmal für pädagogische Arbeit. Allgemein wird davon ausgegangen, Vertrauen in der professionellen Beziehung werde zu ausschlaggebenden Prozessen im Hilfeverlauf führen. Aus dem Bereich der Sozialen Arbeit gibt es dazu kaum ausführliche Reflexionen und wenige Forschungsarbeiten. Das generalisierte Vertrauen in der Sozialen Arbeit interessiert in der Fachdiskussion und der Forschung zunehmend. Fragen zu spezifischem Vertrauen in der direkten professionellen Beziehung bleiben bisher offen. An dieser Stelle soll die darin liegende Teilthematik 'spezifisches Klientenvertrauen zum Sozialarbeiter' Thema sein: Die vorgelegte Abhandlung wird sich mit Fragestellungen zum Vertrauensphänomen in der direkten Beziehung zwischen Sozialarbeiter und Klient beschäftigen. Das spezifische Klientenvertrauen im unmittelbaren Kontakt mit dem Sozialarbeiter wird unidirektional betrachtet.

Es wird untersucht, welche Bedeutung das Vertrauen des Klienten zum Sozialarbeiter in der Zusammenarbeit hat. Dabei erfüllt der Begriff ‚Bedeutung' zweierlei Funktion: Einerseits zielt er auf eine semantisch-inhaltliche, andererseits auf eine anwendungsorientierte Fragestellung. Was bedeutet es, wenn davon die Rede ist, dass Sozialarbeiter das Vertrauen ihrer Klienten brauchen? Um diese Frage zu beantworten, wird der Fokus zunächst auf die Frage des ‚Was' gerichtet: Was ist mit ‚Vertrauen' in diesem professionellen Zusammenhang gemeint? In einem anschließenden Schritt wird das ‚Wozu' hinterfragt: Wozu benötigt der Sozialarbeiter das Vertrauen seines Klienten in der professionellen Beziehung und damit die „Fähigkeit, Vertrauen zu stiften und aufrechtzuerhalten" (Thiersch, 1993: 22)?

Soziale Arbeit in ihrer Praxis bedient sich größtenteils der Kommunikation und der Interaktion. Der weitere Fokus der Untersuchung wird deshalb darauf gerichtet, wie sich die Interaktionen in der unmittelbaren Begegnung der einzelnen Sozialarbeiter mit ihren Klienten darstellen. Erkenntnisleitend führt die Thematik der Abhandlung zu den Fragen, welche Verhaltensweisen Sozialarbeiter zeigen, um die Zusammenarbeit mit den Klienten in der professionellen Beziehung zu realisieren und welche davon vertrauensfördernden Charakter haben können.

Schlussendlich steht die Frage nach Konsequenzen, die für die Profession Soziale Arbeit zu ziehen wären. Gehört die Fähigkeit zu einer vertrauensvollen Beziehungsgestaltung im professionellen Binnenverhältnis unabdingbar zur Professionsausübung von Sozialarbeitern? Im Sinne einer interpersonalen Kompetenz könnte dies der Fall sein - also der „Fähigkeit, Aufgaben, die im Umgang mit Personen auftreten, zu bewältigen" (Dorsch, 1976: 284).

Die analytische Recherche von Primärquellen dient dazu, diese Fragen zu beantworten. Weiterhin werden Beobachtungsdaten aus dem Bereich der stationären Kinder- und Jugendhilfe nach dem Sozialgesetzbuch VIII herangezogen und untersucht. Das Ziel dieser Arbeit ist es, diese oben aufgeführten Fragestellungen zu beantworten. Das dient dem Zweck, den Blick für die Verwendung des Begriffs ‚Vertrauen' in der Sozialen Arbeit zu schärfen und den Begriff ‚Vertrauen' für die Soziale Arbeit spezifisch einzugrenzen, die Notwendigkeit von Vertrauen der Klienten zum jeweiligen Sozialarbeiter zu ergründen und auch Schwierigkeiten für Vertrauen der Klienten Sozialer Arbeit zum jeweiligen Sozialarbeiter zu beschreiben.

1.3 Gliederung

Diese Abhandlung gliedert sich in drei wesentliche Teile. Die kontextbezogenen Grundlagen und der Forschungsstand zur Frage nach Vertrauen in der Sozialen Arbeit bilden den Inhalt des ersten Teils, der auf der analytischen Recherche von Primärquellen beruht. Der zweite Teil führt die bis dahin erarbeiteten Erkenntnisse fort und beschäftigt sich genauer mit dem Vertrauensbegriff und seiner Verwendung in der Sozialen Arbeit. Auch hierzu werden Primärquellen herangezogen. Im dritten Teil ist eine qualitative Untersuchung zur Frage von Vertrauen der Klienten in der Sozialen Arbeit dargestellt; sie beruht auf der Analyse von Beobachtungsprotokollen.

Das eröffnende Kapitel führt in den theoretischen Diskurs zu den Themen professionelle Beziehung und Vertrauen in der Sozialen Arbeit ein. Beispiele der Fachdiskussion werden aufgezeigt und auch kontrastiert (Kap. 2.1). Trotzdem Vertrauen eine wichtige Rolle in der Sozialen Arbeit spielt, wird es ambivalent diskutiert und es besteht kein klares, einheitliches fachliches Verständnis. Um spezifisches Vertrauen besser verstehen zu können wird daher der Beziehungsbegriff für den professionellen Zusammenhang konkretisiert und eingegrenzt (Kap. 2.2). Das anschließende Kapitel hinterfragt die besondere Beziehungsgestaltung in der Sozialen Arbeit (Kap. 2.3). Inwiefern die Fähigkeit, Beziehungen aufzubauen und zu erhalten, zu den sozialarbeiterischen Kompetenzen gehört, ist von Interesse in den dann folgenden Ausführungen (Kap. 2.4). Die Wiedergabe des Forschungsstandes in der Sozialen Arbeit zum Thema Vertrauen wird das Kapitel beschließen (Kap. 2.5).

Das Kapitel 3 widmet sich der Erarbeitung der theoretisch-wissenschaftlichen Grundlagen zum Vertrauen vor allem aus den Bereichen Psychologie, Pädagogik und Soziologie, die wichtige Bezugswissenschaften der Sozialen Arbeit darstellen[5]. Die sich zunächst ergebende Frage ist, welche Erklärungsansätze es zu Vertrauen gibt und was darunter verstanden wird. Nach der Recherche von Theorien und Forschungsergebnissen zu einer Definition von Vertrauen entsteht eine Synopse der Erkenntnisse. Dabei zeigen sich die Schwierigkeiten der Operationalisierung wie auch die Notwendigkeit einer spezifischen Analyse für den interessierenden Bereich. Um zunächst Abgrenzungen vornehmen zu können, wird dann hinterfragt, in welcher Beziehung Misstrauen und Vertrauen stehen und wie der Vertrauensbegriff sich im Zusammenhang mit abstrakten Systemen darstellt. Da die differenzielle Vertrauenstheorie von M. K. Schweer den Begriff der Bereichsspezifik im Zusammenhang mit Vertrauen in besonders nachdrücklicher

---

5   vgl. Engelke et al., 2005: 5; Figge, 1997a; Helfferich, 1997; Seibel, 1997.

Weise einführt und begründet, wird diese abschließend vorgestellt (Kap. 3.1). Nachfolgend wird ein Ausschnitt aus der Fülle der Arbeiten zu Vertrauen als Gegenstand der Forschung referiert, in der sich eine Vielzahl von Anknüpfungspunkten befinden. In dieser Abhandlung geht es vorrangig um den Erkenntnisgewinn zu personenbezogenen Dienstleistungen und zum Erziehungswesen im Rahmen Sozialer Arbeit. Der Schwerpunkt der Recherche wird demnach im Bereich allgemeiner und pädagogisch-psychologischer sowie soziologischer Vertrauensforschung liegen. Die Ansätze, Ergebnisse und Erkenntnisse in professionellen Anwendungsfeldern interessieren besonders dort, wo Übergänge zur Sozialen Arbeit gesehen werden können, nämlich in den Bereichen Therapie, Schulpädagogik und Pädagogik in der Kinder-, Jugend- und Familienarbeit (Kap. 3.2). Zum Thema Vertrauensgenese werden dann theoretisch-wissenschaftliche Erkenntnisse auf der Grundlage von Forschungsergebnissen aufgezeigt. In Form von Handlungsmodellen werden Verhaltensweisen vorgestellt, die eine Entstehung oder den Abbau von Vertrauen beeinflussen. Der Vertrauensaufbau in der professionellen Beziehung wird als besonderer Bereich betrachtet (Kap. 3.3). Abschließend werden Verhaltensweisen beschrieben, die Vertrauen ausdrücken. Ob und wie es sichtbar werden kann, ist für eine beobachtende Forschung relevant. Zunächst werden daher beobachtbare Verhaltenskategorien referiert; anschließend wird die Verhaltenskomponente von Vertrauen erörtert (Kap. 3.4).

Im Kapitel 4 werden systemische Komponenten Sozialer Arbeit als strukturelle Rahmung für bereichsspezifisches Vertrauen erklärt. Hier geht es sowohl um äußere Rahmenbedingungen als auch um binnenstrukturelle Konstellationen. Nach dem vorangegangenen Problemaufriss und dem Exkurs in die Erkenntnisse von Bezugswissenschaften werden Strukturmerkmale, die als vertrauensrelevant erachtet werden, den Schwerpunkt bilden. Eine Darstellung Sozialer Arbeit als gesellschaftliches Instrument erfolgt in Kapitel 4.1; im Beginn dieses Kapitels wird sie als professionelles Arbeitsfeld thematisiert. Ausschlaggebende strukturelle Merkmale wie ihre gesellschaftliche Funktion, die institutionelle Anbindung und ihr Zugang werden nachfolgend beschrieben. Das Kapitel 4.2 hinterfragt die Soziale Arbeit als professionelles Interaktionsfeld. Herausgearbeitet werden hier besondere Merkmale der Binnenstruktur zwischen Sozialarbeiter und Klient. Die Kernelemente einer professionellen Arbeitsbeziehung werden erläutert und in ihrer Konkretisierung betrachtet. Dass es sich um pädagogisch gerahmte Prozesse handelt, wird speziell in der Sozialen

Arbeit mit Kindern und Jugendlichen im Bereich der Hilfen zur Erziehung deutlich. Dies und die Frage, wo vertrauensrelevante Besonderheiten einer solchen Zielgruppe liegen, wird die Ausführungen im Kapitel 4.3 leiten. Zunächst wird die transaktionale Sichtweise vorgestellt. Die anschließenden Recherchen widmen sich den Ausführungen verschiedener Autoren zu pädagogischer Interaktion, pädagogischer Autorität und Intervention ebenso wie zu Besonderheiten der pädagogischen Beziehung innerhalb der Sozialen Arbeit. Die Soziale Arbeit mit Kindern und Jugendlichen verlangt in Bezug auf Vertrauen einen zielgruppenspezifischen Blick; Einsichten zu Vertrauenstendenz und Interventionsberechtigung werden deshalb gesucht. Eine Zwischenbilanz beendet das Kapitel. Mit der Recherche dieser Grundlagen zu Untersuchungsfeld und Gegenstand unter der Einbindung von wesentlichen Forschungsergebnissen ist die Rahmung der Thematik erfolgt (Kap. 4.4).

Nach diesen Vorarbeiten und den damit erworbenen Erkenntnissen folgen unter Einbezug von Primärquellen eigene theoretische Entwicklungen im zweiten Teil dieser Abhandlung. Um Vertrauen bereichsbezogen zu begreifen, wird in Kapitel 5 ein für die Soziale Arbeit spezielles Vertrauensverständnis gesucht, und damit die Sachverhalte, aus denen es konstruiert wird. Wesentliche verschiedene Begriffsverständnisse werden recherchiert, erörtert und anschließend auf verbindende Elemente hin verdichtet: Welche Erklärungsansätze zu Vertrauen gibt es in der Sozialen Arbeit, was genau wird hier unter Vertrauen verstanden? Deutlich wird dabei, dass es sich um eine Diskussion vonseiten der Professionellen handelt. An sie richtet sich die Frage, welche Zieleffekte mit Vertrauen in der Sozialen Arbeit verfolgt werden und inwieweit sich die Begriffsverwendung als zweckmäßig dafür darstellt. Zunächst wird Soziale Arbeit als gesellschaftliches Angebot hinterfragt, das bei seinen (auch potenziellen) Klienten Erwartungen entstehen lässt. Ohne den Begriff der ‚Erwartungen' ist eine Betrachtung des Vertrauensbegriffs nicht sinnvoll, denn diese sind Grundlage der Vertrauensbildung. Da die Erwartungen von (potenziellen) Klienten bisher empirisch nicht zugänglich sind, werden sie mithilfe vorhandener Literatur konkretisiert. Aufgrund der mangelhaften Forschungslage in diesem Bereich handelt es sich damit um antizipierte Erwartungen (Kap. 5.1). Die immer wieder mit Vertrauen verbundene Erwartung von Verschwiegenheit wird gesondert betrachtet (Kap. 5.2). Das darauf folgende Kapitel beschäftigt sich mit dem Vertrauen von Klienten im Hilfeprozess. Dafür werden verschiedene Fokussierungen und Verwendungen des Vertrauensbegriffs im Fachgebiet herausgearbeitet. Betrachtet man sie näher, zeigt es sich, dass das Vertrauen des Klienten zum Sozialarbeiter in unmittelbarem Bezug zu bestimmten, immer wiederkehrenden Variablen beschrieben wird. Das Auftreten dieser Sachverhalte im professionellen Binnenverhältnis wird offenbar als Hinweis für Vertrauen des Klienten zum Sozialarbeiter gedeutet. Sie können demnach als die bereichsspezifisch mit dem Vertrauen des Klienten zum Sozialarbeiter verknüpften Sachverhalte aus der professionellen Sicht gelten. Sozialarbeiter formulieren sie in Form von Erwartungen an das Verhalten ihrer Klienten und qualifizieren sie damit als Zielkategorien von spezifischem Vertrauen in der Sozialen Arbeit (Kap. 5.3). Anhand dieser wird nachfolgend eine Beschreibung des Vertrauenskonstruktes für die Soziale Arbeit vorgenommen. In diesem Kontext werden diese Variablen erläutert, die den sachlichen Bezug einer Vertrauensbeziehung in der Sozialen Arbeit ausmachen (Kap. 5.4). Eine weitere Zwischenbilanz schließt das Kapitel ab (Kap. 5.5).

Mit dieser Klärung beginnt der dritte Teil der Abhandlung und die qualitative Untersuchung von Beobachtungsdaten aus dem Arbeitsfeld stationärer Kinder- und Jugendhilfe wird vorgestellt und dargelegt. Nach der Verdichtung der Erkenntnisse und der Formulierung der Forschungsfragen in diesem Teil der Abhandlung (Einleitung zum dritten Teil) beschreibt das Kapitel 6 die Datenerhebung. Es erfolgt die Eingrenzung des Untersuchungsbereichs; dabei handelt es sich um den Bereich der Hilfen zur Erziehung der Kinder- und Jugendhilfe nach dem Sozialgesetzbuch VIII. Rechtliche und formale Grundlagen werden zum besseren Verständnis der übergeordneten kontextuellen Rahmung der Untersuchung dargestellt (Kap. 6.1). Die Erklärung der Datengrundlage erfolgt anschließend (Kap. 6.2). Hierbei werden deren Entstehung und das konkrete Untersuchungsfeld mit den strukturellen und personalen Gegebenheiten vorgestellt. Es folgen Anmerkungen zur Datenqualität und zur Form der Daten. Die Auswahl der Teilgesamtheit wird im abschließenden Kapitel erläutert (Kap. 6.3).

Das Kapitel 7 widmet sich der Datenanalyse. Zunächst wird das Vorgehen in diesem Schritt ausführlich beschrieben. Nach der Darstellung der Methodenwahl zur Datenanalyse und ihrer Diskussion wird erklärt, wie für eine Entwicklung von Zähleinheiten vorgegangen wurde. Ein vorhandenes Kategorienschema, das der Orientierung in dieser Untersuchung diente, wird vorgestellt, bevor die Codierung und die Entwicklung der Kategorien erläutert und detailliert nachvollzogen werden (Kap. 7.1). Im Folgenden werden die Ergebnisse der Untersuchung dargestellt. Im Fokus der Untersuchung steht die Frage, wie sich die Interaktionen in der unmittelbaren Begegnung der einzelnen Sozialarbeiter mit ihren Klienten gestalten. Das Vertrauen des Klienten zum Sozialarbeiter ist dabei erkenntnisleitend. Zu diesem Zweck wird hinterfragt, welche Verhaltensweisen Sozialarbeiter zeigen, um die Zusammenarbeit mit den Klienten in der professionellen Beziehung zu realisieren und welche davon vertrauensfördernden Charakter haben können. Beginnend werden die entwickelten Kategorien dargelegt, die durch das vorab beschriebene Vorgehen im Schritt der offenen Codierung entstanden sind. Die wesentlichen und auffallenden Bezüge der Kategorien zueinander, die sich im Ergebnis der axialen Codierung ergeben, werden vorgestellt und detailliert erklärt. Die Verwendung des Vertrauensbegriffs in der Sozialen Arbeit und der Wunsch nach Klientenvertrauen gehen einher mit der Vorstellung bestimmter Verhaltensweisen der Klienten, die dann mit deren Vertrauen verknüpft werden. Diese Erkenntnis wird als Grundlage der weiteren Analyse aufgegriffen. Zunächst wird geklärt, auf wessen Initiative die in den Protokollen jeweils beschriebene Interaktion stattfindet und es werden die Themen der Interaktionen vorgestellt. Beides verdeutlicht den jeweiligen Rahmen für die Interaktionen. Der Entdeckung von vertrauensfördernden Verhaltensweisen gilt die ausführliche Analyse typischer und informationsreicher Fälle unter Verwendung der entwickelten Kategorien (7.2). Das Kapitel endet mit einer letzten Zwischenbilanz (7.3).

Das Dissertationsprojekt mündet in einer Gesamtbilanz, in der die erarbeiteten Erkenntnisse zusammengeführt werden. Sie bildet den thematischen Ausklang der hiermit vorgelegten Dissertationsschrift (Kap. 8).

Grundlagen und Forschungsstand
2 Hintergründe der Frage nach Vertrauen in der Sozialen Arbeit

Der Begriff ‚Vertrauen' wird vielfältig und auch häufig in der Fachliteratur Sozialer Arbeit benutzt. Seine Verwendung geht unmittelbar mit dem Bezug zur Sozialarbeiter-Klient-Beziehung einher. Der Begriff selbst bleibt inhaltlich auffallend unbestimmt. Er bietet scheinbar die Möglichkeit, alle möglichen Erwartungen an Soziale Arbeit in einer gemeinsamen Semantik mitzuteilen. Wenn in der Sozialen Arbeit von Vertrauen oder vertrauensvoller Beziehung die Rede ist, dann wird häufig vom Absender - wie im Alltag - ein allgemein geltendes Grundverständnis von Vertrauen vorausgesetzt.

2.1 Das Thema Vertrauen in der Fachdiskussion

Die Notwendigkeit eines 'Vertrauensverhältnisses' oder einer 'vertrauensvollen Beziehung' zwischen Sozialarbeiter und Klient wird in der sozialarbeiterischen Diskussion in vielfältigen Zusammenhängen und mit unterschiedlichen Konnotationen benannt. In Wörterbüchern und Lexika der Sozialen Arbeit findet sich hingegen unter dem Zielbegriff 'Vertrauen' nur ein Eintrag[6], basierend auf der Forschungsarbeit von Wagenblass. Dabei geht es um institutionelles Vertrauen in Soziale Arbeit. Als spezifisches Vertrauen stellt es bisher weder einen sozialarbeiterischen Grundbegriff dar, noch ist es für die Soziale Arbeit bereichsspezifisch geklärt.

In der Fachliteratur der Sozialen Arbeit wird die Relevanz von Vertrauen der Adressaten direkt oder indirekt beschrieben, für die Soziale Arbeit im Allgemeinen[7] oder ihre Arbeitsfelder (z.B. für gemeinwesenorientierte Beratungs- und Gruppenarbeit[8], aufsuchende Sozialarbeit[9],

---

6   vgl. Deutscher Verein für öffentliche und private Fürsorge, 1997; Gernert, 2001; Kaller, 2001; Kreft & Milenz, 1996a; Schwendtke, 1995; Stimmer, 2000a; Wagenblass, 2005: 1934 ff.

7   z.B. Baal, 1986: 44 ff., 76; Bommes & Scherr, 2000: 44; Germain & Gitterman, 1999: 418, 458; Kähler, 1997: 19 f., 33; Plewa, 1992: 18; Stimmer, 2000b: 165; Wagenblass, 2004: 11; Weinberger, 1998: u.a. 106 ff., 217, 248, 256; Zinner, 1981: 92 f.

8   z.B. Bitzan, 1993: 137.

9   z.B. Kahl, 1995; Müller-Wiegand, 2000: 184 f.

Bewährungshilfe[10], Hilfen zur Erziehung allgemein[11], Sozialpädagogische Familienhilfe[12], Soziale Arbeit im Strafvollzug[13], soziale Beratung „z.B. im Allgemeinen Sozialen Dienst, in der Familienfürsorge, in der Jugend- und Erziehungs-, Familien- und Lebensberatung, in der Suchtberatung, in der Schuldnerberatung [...] im Kontext von Elternarbeit, Jugendarbeit, Arbeitsloseninitiativen, Krisenintervention en" (Thiersch, 1995: 129), Soziale Arbeit in stationären Einrichtungen[14], Soziale Arbeit im psychosozialen Bereich[15] und in vielen Bereichen mehr).

Die positive Rolle von Vertrauen im Hilfeprozess ist Grundtenor der meisten Autoren: Die Herstellung eines Vertrauensverhältnisses im Beratungskontext sei „Voraussetzung für die Hilfe in Ausnahme- und Notsituationen" (Erler, 1994: 90). Die „Notwendigkeit eines Vertrauens- und Beziehungsaufbaus in der Familie [wird als] charakteristisch für Sozialpädagogische Familienhilfe" (Helming et al., 1999: 117) angesehen. Die persönliche, auf zwischenmenschlichem Vertrauen basierende Beziehung wird als notwendige Voraussetzung für Hilfe benannt[16]. Der Klient brauche Vertrauen, um dem Sozialarbeiter Aspekte seines Problems offenzulegen[17]. Pantucek[18] sieht einen ganz wesentlichen Beitrag für die Soziale Arbeit in „dem Vermächtnis der Caseworkerinnen [zu] Fragen des Settings, der Annäherung an den Klienten, der Herstellung von Vertrauen und Dialog, der Ethik" (ebd.). Den positiven Ausgang von Strafaussetzungen zur Bewährung führt Sommer[19] auf die gelungenen vertrauensvollen, tragfähigen Arbeitsbeziehungen zwischen Probanden und Bewährungshelfern zurück. Auch Plewa betont: „In einer von Wärme, Vertrauen und Freiheit gekennzeichneten Beziehung erhält der Klient die Möglichkeit persönlichen Wachstums" (ders., 1992: 18 f.). Die Frage, „ob ein beiderseitiges Anfangsvertrauen bzw. Vertrauenswürdigkeit vorhanden ist" (Schlüter, 1995: 196), müsse zur Überprüfung der persönlichen Eignung für einen bestimmten Klienten vom Sozialarbeiter an sich gestellt werden, da er sonst der von ihm geforderten partnerschaftlichen Grundintention in der Sozi-

---

10   z.B. Baal, 1986: 132 ff.; Kurze & Störkel-Lang, 2000; Sommer, 2001; Stiels-Glenn, 1997; Waibel & Lübbemeier, 2001.

11   z.B. Seithe, 2001: 244.

12   z.B. Helming et al., 1999: 117; Nicolay, 1993: 544 f.

13   z.B. Päckert, 2001.

14   z.B. Kähler, 1997: 71.

15   z.B. Bechtler, 1997: 457 f.

16   Karberg,1996: 156.

17   vgl. Pantucek, 1998a: 130 f.

18   ders., 1998b: 88.

19   ders., 2001: 11.

alen Arbeit nicht nachkommen könne[20]. „Die Beziehung Proband-Bewährungshelfer [... mündet] im besten Fall in Vertrauen" (Waibel & Lübbemeier, 2001: 5). Die Relevanz der Thematik ‚Vertrauen zwischen Sozialarbeiter und Klient' erscheint hoch.

Eine Konkretisierung der professionellen Beziehung in der Sozialen Arbeit wird oft mit Darstellung eines phasenhaften Verlaufs verbunden[21]. Dabei wird besonders die Anfangsphase der Arbeitsbeziehung hervorgehoben: In ihr werden die Grundlagen für ihren weiteren Verlauf gelegt[22]. In dieser Phase findet das Erstgespräch statt, dem das ‚Vertrauensverhältnis' zwischen Sozialarbeiter und Klient herzustellen als wichtige Funktion zugeordnet wird[23]. Die Motivation des Klienten zur Mitarbeit wird als der Schritt nach der Herstellung von Vertrauen erwähnt und sieht dieses als Voraussetzung[24]. Im Rahmen der psychosozialen Problembearbeitung in der Sozialen Arbeit wird von der so genannten ‚helfenden Beziehung' gesprochen[25]. Hier wird deutlicher auf den Aspekt Beziehung abgestellt und ihr das eigentliche Gewicht gegeben: Die Anfangsphase ist „gekennzeichnet durch das Bemühen des Sozialarbeiters, das Vertrauen des Klienten zu gewinnen und ihn zur aktiven Mitarbeit zu motivieren [...] Auf der Basis einer ausreichend stabilen vertrauensvollen Beziehung kann in der zweiten Phase an der Problemlösung gearbeitet werden" (ebd.).

Es wirkt auf den ersten Blick so, als herrsche allgemeiner Konsens, dass Vertrauen das Verhältnis zwischen Sozialarbeitern und Klienten elementar bestimmt. Einige Autoren diskutieren Vertrauen problematisierend. Insbesondere die inhaltliche Undeutlichkeit und die Unklarheit seines Ausmaßes in der professionellen Beziehung drückt sich hierbei aus. Die nähere Betrachtung der Darstellungen innerhalb der Fachliteratur führt zu dem Schluss, dass kein einheitliches und klares Begriffsverständnis besteht. So schreibt Wendt, dass eine positive persönliche Beziehung zwischen Sozialarbeiter und Klient nicht Voraussetzung der Zusammenarbeit sei[26]. Er zeigt an anderer Stelle auf, dass aus ethischen Überlegungen Vertrauen für eine gute Zusammenarbeit

---

20   ebd.
21   Beziehungsphasen vgl. z. B. von Tessin, 1986: 135.
22   Nicolay, 1993: 547; Pantucek, 1998a: 123.
23   vgl. Kähler, 2000: 189; Stimmer, 2000b: 113.
24   vgl. Nicolay, 1993: 543.
25   vgl. Bechtler, 1997: 457f.
26   ders., 1997a: 36 zum Case Management.

nötig wäre[27]. Ähnlich widersprüchliche Aussagen finden sich in einem Beschluss des Bundesverfassungsgerichtes[28]. Zinner[29] benennt Vertrauensaufbau als Muss in der Sozialen Arbeit, in erster Linie unter utilitären Gesichtspunkten:

> *[Der Sozialarbeiter] muss Vertrauen aufbauen, als wichtige Voraussetzung für die Funktion von Sozialarbeit. Schafft er es nicht, das Vertrauen des Betroffenen zu erwerben, kann er nur unter erschwerten Umständen Kontrolle ausüben; nur wenn der Betroffene dem Sozialarbeiter vertraut, erhält dieser jene Informationen, die er benötigt, um die geforderten ‚Hilfen‘ einzusetzen, bzw. die notwendigen Maßnahmen durchzuführen. Erwirbt er das Vertrauen nicht, wird seine Arbeit umständlich und ineffektiver: er muss sich notwendige Informationen über andere Quellen verschaffen, etwa bei Schulen, Nachbarn, der Polizei und anderen datenführenden Stellen. Dies aber untergräbt seinen Einfluß bei den Betroffenen. Das wiederum macht es ihm sehr viel schwerer, seiner Tätigkeit nachzukommen (ebd.).*

Andererseits verneint derselbe Autor die Möglichkeit, dass ein Vertrauensverhältnis zwischen Sozialarbeiter und Klient bestehen kann:

> *[...] denn sobald Sozialarbeiter ihr Wissen aktenkundig machen, ist es schon zu einem guten Teil [der ...] Verfügungsgewalt [der Klienten] entzogen. Dennoch glauben Sozialarbeiter an dieses, Kontrolle angeblich weitgehend ausschließendes, Vertrauensverhältnis, offenbar weil es auf ihr persönliches Zutun, im Grunde gegen den Gesetzesauftrag, zustandekommt (ders., a.a.O.: 160).*

Eine fehlende eindeutige Eingrenzung des Begriffs ‚Vertrauen‘ in der Sozialen Arbeit führt bis zur Distanzierung von der Verwendung im fachlichen Zusammenhang. Das zeigt folgendes Zitat aus einem Beitrag zum Arbeitsfeld Bewährungshilfe:

> *Damit hat jedoch der Begriff des Vertrauens in einem professionell geprägten Arbeitsfeld nichts zu suchen. Es ist ein Begriff, der sich nicht operationalisieren läßt. Wenn Professionalität nämlich bedeutet, dass Angehörige eines Berufsfeldes die Verantwortung für ihr berufliches Handeln übernehmen, schließt dies die Verwendung*

---

27 ders., a.a.O.: 39 zum Case Management.
28 vgl. ders., 1972: o. S.
29 ders., 1981: 92.

oder Betonung von etwas, was sich nicht kontrollieren läßt, aus. Ob ein entgegengebrachtes Vertrauen erwidert wird, obliegt der Selbstbestimmung des Klienten [...] der Wunsch des Bewährungshelfers nach Entwicklung einer Vertrauensbeziehung ist in diesem Zusammenhang nicht relevant [...] Für die Erreichung oder Nichterreichung dieses Ziels kann er keine Verantwortung übernehmen [...] Wichtig erscheint uns, dass [...] [es einen] Nebeneffekt, nicht die Zielsetzung beruflichen Handelns darstellt (Kurze & Störkel-Lang, 2000: 417f.).

Im Gegensatz zu solchen Ansätzen steht die Betonung von der Notwendigkeit eines gezielten individuellen Vertrauensaufbaus[30] bis hin zur Andeutung von resultierenden positiven Effekten für erfolgreiche Arbeit: „Aus einer Vertrauensbeziehung heraus können sich Lösungen, Maßnahmen, Entwicklungen ergeben, die anderenfalls gar nicht oder nur schwer zu realisieren wären" (Kurze & Störkel-Lang, 2000: 415). Auch in einer der wenigen empirischen Arbeiten zu Vertrauen in der Sozialen Arbeit geht deren Autorin davon aus, dass die vertrauensvolle Basis zwischen Sozialarbeiter und Klient die Voraussetzung für die Wirksamkeit Sozialer Arbeit ist[31].

Die Beispiele aus der Fachliteratur illustrieren die Vielfalt der Verwendung des Begriffes. Vornehmlich wird Vertrauen als Bestandteil der professionellen Beziehung in diesem Zusammenhang als atmosphärisches Element, Voraussetzung im Sinne einer Vorbedingung der Zusammenarbeit, grundlegendes verbindendes Element und Unterstützung zusammenarbeitender Verhältnisse bei der Zielerreichung thematisiert. Zum Teil erscheint es als eigenständiges Ziel oder etwa wie ein Ideal.

2.2 Die professionelle Arbeitsbeziehung im Allgemeinen

Der Begriff 'professionelle Arbeitsbeziehung' bezeichnet eine Form der zwischenmenschlichen Beziehung, die zwischen einem professionell Tätigen und dem/ den Adressaten besteht. Die professionelle Beziehung unterscheidet sich von der alltäglichen insbesondere dadurch, dass in ganz besonderer Weise eine Vorprägung besteht. Arbeitsbe-

---

30   vgl. z.B. Sommer, 2001: 14 für die Bewährungshilfe.
31   vgl. Wagenblass, 2004: 162.

ziehungen in professionellen Anwendungsfeldern weisen kontextunabhängige strukturelle Ähnlichkeiten auf[32]:

- Asymmetrie durch Unterschiede in Bezug auf Machtressourcen und Kompetenz,
- Interdependenz,
- Bestand der Arbeitsbeziehung über eine zeitliche Dauer,
- Relevanz für beide Interaktionspartner,
- formal festgelegtes Rollenverhältnis in allen Bereichen.

Der zielbezogene und normative Charakter spielt in bestimmten Professionen wie Pädagogik und Soziale Arbeit eine besonders große Rolle. Hier soll „durch personale Beeinflussung die Realisierung normativ gesetzter Ziele" (Neubauer, 1991: 214) erreicht werden. Durch die Akzentuierung des normativen Aspekts erklärt sich, dass bei der tatsächlichen Begegnung in professionellem Zusammenhang bei den Beteiligten zunächst recht unterschiedliche Interessenlagen vorhanden sein können. Die Möglichkeit der Beendigung der Beziehung ist im pädagogischen Feld nicht gegeben, auch bei Unzufriedenheit muss die dann unfreiwillige Beziehungskonstellation aufrechterhalten bleiben[33].

Weitere strukturelle Gegebenheit für die Arbeitsbeziehung ist der für alle Arten zwischenmenschlicher Beziehungen grundsätzlich phasenhafte Verlauf: Phase des Beziehungsaufbaus, Phase der Auseinandersetzung mit einem gemeinsamen Thema, Phase der Ablösung[34]. Beziehungen bauen auf Kommunikation und Interaktion auf. Unter Kommunikation wird dabei der Informationsaustausch mit seinen Facetten und unter Interaktion das aufeinander bezogene und sich gegenseitig beeinflussende Handeln von anwesenden Personen verstanden[35]. „Eine soziale Interaktion liegt dann vor, wenn zwei Personen in der Gegenwart des jeweils andern auf der Grundlage von Verhaltensplänen Verhaltensweisen aussenden und wenn dabei die grundsätzliche Möglichkeit besteht, dass die Aktionen der eigenen Person auf die der anderen Person einwirken und umgekehrt" (Piontkowski, 1982: 10). Die Anerkennung der Gegenseitigkeit und die Möglichkeit der Selbstbehauptung sind Teile der interaktionistischen Struktur.

---

32   Schweer, 1996: 25.
33   Schweer, 1996: 71.
34   von Tessin, 1986: 135.
35   vgl. Nolda, 2000: 9; Stimmer, 1994: 250, 290.

Eine Beziehung ist die „durch Verhalten oder Einstellung konstituierte positional (Arzt-Patient) oder personal (A mag B) motivierte Verbindung zwischen [...] Personen" (Stimmer, 2000a: 93). Oevermann sieht für die professionelle Beziehung das Vorhandensein beider Aspekte als kennzeichnend. Es wird bei ihm als „spezifisch" und „diffus" benannt[36]. Giddens schlägt hier ebenso zwei Beziehungsformen vor: die zu dem Repräsentanten eines Expertensystems und zu dem Expertensystem selbst[37]. Autoren wie z.B. Wagenblass sehen die professionellen Beziehungen immer im Kontext abstrakter Systeme erörtert und schließen eine persönliche Beziehung im Rahmen institutionalisierten professionellen Handelns damit aus[38].

In öffentlichen und professionellen Beziehungen sind es gleichwohl Personen, die in Beziehung treten. Bereits Buber schreibt, dass eine zu starke Entpersonalisierung bei der Begegnung von institutionell Tätigen und Adressaten für beide Seiten nicht angemessen und auch für den gemeinsamen Gegenstand ihrer Arbeitsbeziehung nicht nützlich sei. Gleichzeitig bewege sich der professionell arbeitende Mensch eben genau an der Schnittstelle zwischen Institution und Person und müsse somit immer abwägen, wie weit die Beziehung gehen darf, um nicht in eine zu persönliche abzugleiten und die eigentliche Arbeit damit unmöglich zu machen: „Nutzwille und Machtwille des Menschen wirken naturhaft und rechtmäßig, solang sie an den menschlichen Beziehungswillen geschlossen sind und von ihm getragen werden. Der Staatsmann [...], der dem Geiste botmäßig dient, dilettiert nicht; er weiß wohl, daß er den Menschen, mit denen er zu schaffen hat, nicht schlechthin als Trägern des Du gegenübertreten kann, ohne sein Werk aufzulösen; aber er wagt es dennoch, [...] bis zur Grenze nämlich, die ihm der Geist eingibt" (ders., 1974: 60 f.). Damit stellt sich ein Grundproblem professionellen Handelns im institutionellen Kontext dar.

Ein weiteres Problemfeld in der professionellen Beziehung eröffnet sich durch die Wahrnehmung einer Person in ihrem institutionellen Kontext. Als Rahmenbedingung hat dies Auswirkungen auf die Kommunikation und die Beziehung der Beteiligten. Gleichzeitig hat Vertrauen in den Repräsentanten einer Institution Auswirkungen auf die Wahrnehmung der Vertrauenswürdigkeit der durch ihn vertretenen Einrich-

---

36   vgl. ders., 1980 und 1981 nach Pollak, 2002: 81.
37   vgl. ders., 1995: 103.
38   vgl. ders., 2004: 60 ff.

tung[39]. Professionelle Beziehungen entstehen aufgrund ausgewählter professionsbezogener Themen. Das Auftreten professionsferner Themen zwischen den Beteiligten verlangt nach einer Begründung; das Auftreten von Aspekten einer persönlichen Beziehung die reflexive Distanz des professionell Tätigen[40]. Die professionelle Beziehung bildet eine „Schnittstelle zwischen dem Vertrauen in eine Person und Systeme" (Mader, 2001: 347). Es ist davon auszugehen, dass es sich bei der Vertrauensbildung innerhalb eines professionellen Kontextes nicht um einen rein auf individueller Ebene verlaufenden Prozess handelt. Besonders treffend formulierte Luhmann dieses Dilemma der Wahrnehmung in einer professionellen Beziehung: „Vertraut man [...] dem Arzt, der Medizin, der Wissenschaft [...]?" (ders., 2000: 68).

2.3 Die professionelle Beziehung zwischen Sozialarbeiter und Klient

Der Stellenwert einer positiven professionellen Beziehung in der Sozialen Arbeit hängt ausschlaggebend davon ab, welches Professionalisierungskonzept der Sozialen Arbeit als Grundlage der Zusammenarbeit mit den Klienten dient. Verschiedene Schwerpunkte für das Herangehen stellen Dewe et al.[41] dar. Sie zeigen die Spanne zwischen betont technokratischem Sachhandeln und stark individualisierenden Ansätzen auf. Das illustriert einen unterschiedlichen Diskussionshintergrund.

Die Grenzen Sozialer Arbeit sind zunehmend schwer zu erkennen[42]. So verwundert es nicht, dass die eindeutige kausale Zuordnung einer *bestimmten* Handlungsweise auf eine *bestimmte* Problemlage bisher weitgehend in der Sozialen Arbeit fehlt[43]. Auch ein strukturiertes, chronologisches Handlungsmodell zum Aufbau und Erhalt von Vertrauen des Klienten zum Sozialarbeiter ist in der Fachliteratur Sozialer Arbeit nicht beschrieben.

Von Sozialarbeitern werden die Kenntnis der Notwendigkeit von Individualisierung des Klienten und die Fähigkeit zu ihrer Umsetzung erwartet. Die Zusammenarbeit im professionellen Rahmen sollte aufsei-

---

39   vgl. Schweer, 2000a: 385.
40   vgl. Pollak, 2002: 81.
41   vgl. ders., 1995: 41 ff.
42   Thiersch, 1993: 15 f.
43   vgl. Stimmer, 2000b: 23 ff., 97.

ten des Sozialarbeiters immer von der Achtung davor getragen sein, dass es sich um die Begegnung zweier Menschen handelt und dass die Klienten Rücksichtnahme im Status als Klient erwarten können. Kein Sozialarbeiter kann alle Belange des einzelnen Klienten berücksichtigen, doch die Anerkennung dieser grundlegenden Gesichtspunkte ist zu erwarten.

These are relationships characterized by respect and which recognize the enormous skill and knowledge that social work professionals bring to their duties. Yet, they are relationships in which such skills and abilities are applied in a way which understands that public service encounters are encounters between one human being and another, and in which the unique humanity of each individual deserves that quality of respect. No social worker can put right every problem that is presented to him or her. No social services department can meet all the needs that are presented to it. But what matters, in the end, to people who come through its door is that the service they receive is permeated by a quality of care that shows that they are being treated as one human being in difficulty and distress would wish to be treated by another (Butler & Drakeford, 2005: 650).

Die Beziehung zwischen Sozialarbeiter und Klient wird in der Fachliteratur größtenteils als ebenso relevant dargestellt wie das methodische Handeln[44] in der Sozialen Arbeit. Vor allem wird vom Sozialarbeiter erwartet, dass er Arbeitsbündnisse mit den Klienten herstellt und sie motiviert, am Hilfeprozess mitzuwirken[45]. Alice Salomon stellte bereits die Frage: „Wie gewinnt man das Vertrauen eines Klienten?" (ders., 1928: 30). Sie meinte, die Bereitschaft des Adressaten, Hilfe anzunehmen, sei davon abhängig, ob er dem Sozialarbeiter vertraut. Beziehungs- und vertrauensfördernde Handlungen in der Sozialen Arbeit haben jedoch bis heute keine grundlegende methodische Absicherung. Der Beziehungsaspekt wird in methodischen Darstellungen oft eher randständig oder gar nicht angemerkt[46]. Andererseits steht die Behauptung, Sozialarbeit sei Beziehungsarbeit[47] oder die Beziehung zwischen Sozialarbeiter und Klient(en) wird als ein pädagogisches Medi-

---

44   Der Methodenbegriff ist in der Sozialen Arbeit in der Diskussion. Vgl. z.B. Brack, 1997: 642 f.
45   vgl. z.B. Heiner, 1998: 158 f., 166; Lillig, 2006: 43-3; Seithe, 2001: 241 ff.
46   vgl. z.B. bei Brack, 1997; Figge,1997b; Galuske, 1998; Heiner, 1998; Seithe, 2001; von Spiegel, 1998.
47   Kahl, 1995: 93.

um der Arbeit benannt, gleichgestellt neben Methoden[48]. In Konzepten für methodisches Handeln der Sozialen Arbeit werden teilweise strukturierende Phasenmodelle des Hilfeprozesses dargestellt[49]. Diese sind weitgehend angelehnt an den methodischen Dreischritt von Anamnese, Sozialer Diagnose und Behandlung, teils erweitert um die Evaluation. Wenn auch vereinzelt Hinweise auf eine Phase des Beziehungsaufbaus gegeben werden[50], ist in der Mehrzahl dieser Modelle solch eine Phase nicht inbegriffen. So beschreibt Heiner[51] die Möglichkeit einer Zusammenarbeit mit Klienten auch ohne Beziehungsarbeit und Vertrauensverhältnis. „Vorbehalte, Angst und Mißtrauen" (ebd.) würden dann eben nur zu begrenzten Arbeitsbeziehungen führen, die jedoch, aus ihrer Sicht, Kooperation und Problembearbeitung nicht behindern:

> *Die KlientInnen müssen sich nicht rundum als Mensch so angenommen, verstanden und ermutigt fühlen, dass beeindruckende Wachstumskräfte ihrer Persönlichkeit frei gesetzt werden. SozialarbeiterInnen/KlientInnen können auch punktuell gemeinsam handeln und Problembearbeitungsprozesse in Gang bringen (ders., a.a.O.: 146 f.).*

Eine positive persönliche Beziehung zwischen Sozialarbeiter und Klient sieht auch Wendt[52] nicht als „Voraussetzung für eine Kooperation [..., denn] innere Einstellungen und Gefühle schwanken; an einer verabredeten Arbeit hält man (sich) gerade dadurch fest, daß man sie macht" (ebd.).

Professionelles Handeln unterscheidet sich von reinem Expertenhandeln insbesondere durch Ausmaß und Funktion der Beziehungsgestaltung[53]. In Interaktionen in der Sozialen Arbeit geht es um „einen sinnverstehenden Zugang zu den lebenspraktischen Bedürfnissen und Krisen des Klienten" (ebd.). Aus diesem Blickwinkel erklärt sich die Erheblichkeit der Beziehungsgestaltung. Neben den institutionellen Rahmenbedingungen und den fachlichen Kompetenzen der Professio-

---

48   Seithe, 2001: 49 ff.
49   vgl. z.B. Baal, 1986: 55 ff.; Figge, 1997b: 100 ff.; Galuske, 1998: 73 f.; Geiser, 2000: 277; Heiner, 1998: 144f.; Müller, B., 1997: 53 f.; Müller, C. W., 1994: 15; Pantucek, 1998a: 169 ff.; Possehl, 1993: 15.
50   z.B. bei Germain & Gitterman, 1999: 69 ff.; Nicolay, 1993: 547; Seithe, 2001: 241 ff.
51   ders., 1998: 146.
52   ders., 1997a: 36.
53   vgl. Dewe et al., 1995: 137.

nellen werden die Kooperationsfähigkeit und –bereitschaft der Adressaten als Bedingungen für erfolgreiche Hilfeleistung gesehen[54]. Sozialarbeiter müssen daher davon ausgehen, dass die Klienten über Kooperations- und Mitwirkungsbereitschaft verfügen und über Kompetenzen, die sie benötigen, um sich aktiv am Hilfeprozess beteiligen zu können oder über die Bereitschaft, diese zu erwerben[55]. Nicolay[56] sieht sogar einen „Vorrang der Beziehung vor der Methode" (ebd.). Die professionelle Beziehung wird als bedeutsam für die Hilfeplanung und den gesamten Hilfeprozess benannt[57].

Die professionelle Beziehung gilt damit als Basis und Rahmen für methodisches Handeln in der Sozialen Arbeit. Über sie und in ihr werden die Inhalte Sozialer Arbeit gestaltet, vermittelt und umgesetzt. Die Gestaltung dieser professionellen Beziehung wird jedoch nicht als Teil des Methodenrepertoires angesehen[58]. Gleichzeitig scheint professionelles methodisches Handeln ohne Beziehungsaufbau und bewusste Beziehungsgestaltung nicht möglich zu sein. Dem Vertrauen in der professionellen Beziehung wird dabei immer wieder eine besonders wichtige Rolle zugesprochen. Die Randständigkeit der Sozialarbeiter-Klient-Beziehung in der Diskussion und die Ungeklärtheit dessen, was unter Vertrauen verstanden wird, ist daher erstaunlich; insbesondere dann, wenn man davon ausgeht, dass die Wirksamkeit professionellen Handelns in einem wesentlichen Zusammenhang zu der Tatsache stehen soll, „ob es gelingt, zwischen AdressatInnen und Professionellen eine vertrauensvolle Basis aufzubauen" (Wagenblass, 2004: 162) und die Qualität der Sozialarbeiter-Klient-Beziehung „über den Erfolg [...] sozialpädagogischer Sacharbeit" (Stimmer, 2000b: 44) entscheidet.

Praktisch arbeitende Sozialarbeiter werden mit diesen Aspekten unbegleitet gelassen. Die Herstellung eines Arbeitsbündnisses wird entschieden über „ein diffuses Sich-mögen" (Sahle, 1988: 31). Dies kann, wie sich am Arbeitsfeld der Bewährungshilfe zeigt, schlicht überfordernd sein[59]. Es kann zu einem inneren Abschied von hochgesteckten

---

54   vgl. Engel et al., 1996: 56; Wagenblass, 2004: 98.
55   Wagenblass, 2004: 101.
56   ders., 1993: 540.
57   Seithe, 2001: 243.
58   vgl. u.a. auch Bechtler, 1997: 457 f.; Brack, 1997; Figge, 1997b; Galuske, 1998; Heiner, 1998; Staub-Bernasconi, 1998; Stimmer, 2000a; ders., 2000b; von Spiegel, 1998.
59   vgl. Baal, 1986: 132 ff.; Kurze & Störkel-Lang, 2000; Sommer, 2001; Beispielhaft folgend siehe Kapitel 4.2.3.

Idealen kommen, die als „Worthülsen" (Galuske, 1998: 73) für methodisches Handeln zu Grundprinzipien der täglichen praktischen Arbeit gemacht werden. Die fehlende methodische Absicherung birgt die Gefahr der Unterschätzung und Vernachlässigung des wichtigen Beziehungsaspektes in der Praxis der Sozialen Arbeit. Vertrauen ist dabei eine, gleichwohl offenbar wesentliche Komponente. Das besondere Beziehungsgefüge im Spannungsverhältnis in der Sozialen Arbeit wird an dieser Stelle unterbewertet:

> *Die paradoxe Logik professionellen Handelns in sozialen Berufen fordert vom einzelnen Sozialarbeiter also, expertenhaft Wissensbestände und Verfahrensstrategien zu benutzen und gleichzeitig die alltagsweltlichen Regeln und Voraussetzungen der Kommunikation nicht verletzen zu dürfen; sie fordert von ihm, als Träger einer Berufsrolle Repräsentant einer Institution zu sein und als solcher deren Funktionsimperative zu spiegeln und gleichzeitig ein bestimmter ‚ganzheitlich-menschlicher' Bezugspunkt sozialer Interaktion zu sein (Gildemeister, 1983: X).*

Wird die Relevanz der Beziehungsebene verkannt, so führt das praktisch zur Bevorzugung von Aktion und Reflexion auf der Sachebene. Hier kann sich der methodisch geschulte Sozialarbeiter sicher bewegen und befindet sich im Expertenstatus. Der Klient jedoch hat die Freiheit, die Ebenen zu wechseln, wie er es für nötig hält, und kann den Sozialarbeiter damit in methodische Schwierigkeiten bringen: Erfolgt durch den Klienten ein plötzlicher Übertritt innerhalb der Interaktion auf die Beziehungsebene, führt dies zu einem Kippen innerhalb der Beziehungsstruktur. Der Sozialarbeiter verliert die professionelle Basis und sein professionell methodisches Agieren wird deutlich erschwert[60]. Auch für den Fall solch einer Beziehungsstörung finden sich kaum Hinweise aus theoretischen Quellen. Für den Umgang mit dysfunktionalen interpersonalen Strukturen stellen Germain & Gitterman[61] lediglich fest:

> *Wenn dysfunktionale interpersonale Prozesse zwischen Klient und Sozialarbeiter die Qualität der Hilfe beeinträchtigen, führen SozialarbeiterInnen eine offene und direkte Kommunikation herbei, etablieren eine gemeinsame Definition des Stressors und entwickeln größere Wechselseitigkeit und Reziprozität in ihrer Beziehung. Um diese Ziele zu erreichen, stützen sie sich auf die Methoden des Befä-*

---

60   vgl. Germain & Gitterman, 1999: 426 f.; Possehl, 1993: 398 f.
61   ders., 1999: 436.

higens, der Exploration, des Mobilisierens, des Führens, des Erleichterns und des Vermittelns. SozialarbeiterInnen müssen die interpersonalen Probleme unter transaktionalem Gesichtspunkt betrachten und bereit sein, ihren eigenen Anteil an der Sache zu untersuchen. Verantwortung für das Engagement in der Beziehung zu übernehmen und Barrieren, die sie behindern [...] zu mildern, sind wesentliche professionelle Funktionen (ebd.).

Diese Autoren setzen Fähigkeiten aufseiten der Sozialarbeiter voraus, die ein systematisches Vorgehen grundlegend auf methodischen Kenntnissen in sich bergen und nicht improvisatorischen Charakter haben. Im Gegensatz dazu stehen professionell wenig reflektierte strukturelle Gegebenheiten der Beziehung zwischen Sozialarbeiter und Klient, was zu unangenehmen Folgen vor allem für die Klienten führen kann, hier dargestellt am Beispiel der Sozialen Arbeit im Jugendamt[62]:

ASD-SozialarbeiterInnen zeigen eine Tendenz - wie nicht wenige andere psychosoziale Berufsgruppen -, darum bemüht zu sein, als nette und stets verständnisvolle HelferInnen betrachtet zu werden. Abgrenzungen und Auseinandersetzung werden dabei eher über lange Zeit hinweg vermieden [...] HelferInnen [lehnen] - auch in anderen Arbeitsfeldern - oft Konfrontationen ab und zeigen nach langem ,Geduldigsein' dann letztlich doch deutlich eingreifende Reaktionsformen (Conen, 1997: 6 f.).

Berufliches Handeln in der Sozialen Arbeit geht bei zunehmender Dauer mit wachsender Routine im Umgang mit Klienten einher[63]. Empirische Untersuchungen zeigen, dass das Streben nach eindeutigen Handlungslogiken eine Tendenz zu Routineverfahren im professionellen Alltag hervorbringen kann. Sie bieten den Beteiligten Entlastung und Sicherheit im Arbeitsablauf und dienen der Vereinfachung der Beziehung zwischen allgemeinen Kategorien und der Komplexität des Einzelfalls. Je nach Ausprägungsgrad laufen sie für die Klientel und auch die Professionellen weitgehend unbemerkt ab[64].

Vonseiten der Neurowissenschaften wird auf zwei Subtypen des unbewussten oder impliziten Gedächtnis verwiesen: das prozedurale Gedächtnis und das Priming Gedächtnis. Ihnen wird bei Fragen beruflichen Erfahrungswissens zunehmend Bedeutung beigemessen. Im

---

62   vgl. auch Josuttis, 2003: 187 f.
63   vgl. Kutscher, 2002: 213 f.
64   vgl. Kutscher, 2002: 213 f.; Schütze, 1997: 225 ff.

prozeduralen Gedächtnis sind die Abläufe gespeichert, die man nach dem Erlernen automatisch beherrscht. Das Priming Gedächtnis hat damit zu tun, dass man Reize, denen man schon einmal begegnet ist, wiedererkennt. Beide Gedächtnisformen gelten als sehr stabil und versagen selten[65]. Forschungsergebnisse aus technischen Bereichen zeigen, dass Fachkräfte bei der Bewältigung nicht vorhersehbarer Situationen auf ihre Erfahrungen im Umgang mit bisherigen Situationen zurückgreifen (erfahrungsgeleitetes Handeln)[66]. Wesentlich ist die empirisch belegte Erkenntnis, dass Menschen dazu neigen, es sich einfach zu machen und deshalb auf simple Entscheidungsregeln (Heuristiken) oder Generalisierungen (was gestern ging, geht heute auch) zurückgreifen. Voraussetzung für deren Funktionieren wären allerdings immer gleiche Rahmenbedingungen[67]. In pädagogischen Prozessen beispielsweise spielt sich jedoch aufgrund ihrer Komplexität ständig Unvorhersehbares ab[68]. Prozesse der Vereinfachung können folgenschwer sein, vor allem für die Adressaten. In der Lehrer-Schüler-Beziehung wurden Konsequenzen empirisch nachgewiesen: So bringen Lehrer Schülern, von denen sie denken, dass sie leistungsstark sind, durch nonverbale Verhaltensweisen vor allem mehr Wärme entgegen, geben ihnen länger die Chance, eine Antwort zu geben und haben mit ihnen deutlich mehr Interaktionen als mit von ihnen als leistungsschwächer angesehenen Schülern. Bei schlechten Schülern wird Schlechtes überdurchschnittlich häufig überbetont und wenig gelobt[69]. Die Funktion von derartigen subjektiven Typisierungen ist eine Orientierung für zielgerichtetes Handeln[70]. Solche Vereinfachungsprozesse, die beispielsweise zur Schülerkategorisierung führen, laufen automatisch ab und führen zu stabilen Handlungsmustern[71]. Diese Muster müssen professionell reflektiert werden, um sie flexibel handhaben und, wenn notwendig, durch neue Erfahrungen ändern zu können[72].

Das Bestreben nach Sicherheit hinsichtlich ‚richtigen Handelns' führt also zu wiederholbaren Mustern von Abläufen. Angesichts der Komplexität professioneller Situationen ist es naheliegend, dass auch Sozialarbeiter Handlungsmuster entwickeln, um vernünftig arbeiten

---

65   http://science.orf.at/science/news/61130. Letzter Besuch: 08.02.2006.
66   Schulze, 2001: 39.
67   vgl. Meienbrock, 2003a: 22 f.; Urban, 2005: 52 f.
68   vgl. Danner, 2001: 51.
69   Hofer, 1981: 194 f.
70   Hofer, 1981: 208; vgl. Neubauer, 1991: 219.
71   Thies, 2002: 36 f., Urban, 2005: 59 f.
72   vgl. Giesecke, 1993: 100 ff.

zu können. So entstehen Routinen, die Reaktionsgeschwindigkeit und Handlungssicherheit erhöhen. Sie bergen auch die Gefahr einer Verringerung der Qualität der Arbeit insbesondere bei der Nichtbeachtung der Subjekthaftigkeit des Klienten. Soziale Arbeit als interaktionsintensives Angebot benötigt deshalb eine hohe Qualifikation der Fachkräfte in den personalen und sozialen Kompetenzbereichen[73]. Schematisierungen dienen daneben der Wahrnehmung des professionell Tätigen als verlässlich. Standardisierungen von Verfahren als „Ergebnis [...] freier, wechselseitiger Übereinkünfte der Interaktionsbeteiligten" (Schütze, 1997: 230) sind daher erstrebenswert.

Solcherlei generalisierte Verfahren zur Beziehungsgestaltung fehlen in der Sozialen Arbeit. Es wird zwar z.b. auf klientenzentrierte Gesprächsführungstechniken, Denkansätze von themenzentrierter Interaktion oder Selbstevaluationsverfahren verwiesen. Allerdings gehören deren Kenntnisse nicht verpflichtend zum Grundrepertoire von Sozialarbeitern; überdies können sie die Frage nach generalisierten Verfahren der Beziehungsgestaltung für die Soziale Arbeit nicht hinreichend beantworten. Soziale Arbeit in ihrer Praxis gestaltet sich alltäglich über Interaktionen mit sinnlichen Erfahrungen und Affekten. Die notwendigen Handlungskompetenzen dafür eignen sich Sozialarbeiter offenbar diffus außerhalb der offiziellen Ausbildung an[74]. Angesichts der Frage gesicherter Qualität ist das ausgesprochen kritisch. Überdies finden in der Sozialen Arbeit immer wieder Wechsel der professionellen Bezugspersonen für die Klienten statt, oftmals durch Unzuständigkeit für ein Angebot bei veränderten Problemstellungen der Klienten. An diesem sensiblen Punkt der ,Übergänge' - wie auch in anderen Momenten der Instabilität - wird die Rolle der jeweiligen Beziehung besonders deutlich[75]. Hier sind verlässliche Punkte der Beziehungsgestaltung, die unabhängig von der Person des Sozialarbeiters für die Beteiligten klar sind, notwendig.

Grundlagen für vertrauensfördernde Verhaltensweisen von Sozialarbeitern finden sich größtenteils und nahezu pauschaliert als sozialarbeiterisch methodische bzw. ethische Grundprinzipien[76]. Ordnet man solche Handlungsanweisungen aus der Fachliteratur Sozialer Arbeit denen eines anerkannten Handlungsmodells zur Herstellung von Ver-

---

73   Wilken, 2006: 23.
74   vgl. Ackermann, 2000: 167 ff.
75   vgl. u.a. Engel et al. 1996: 55 f., Seithe, 2001: 62 ff.
76   vgl. z.B. Erler, 1994: 86 ff.; Galuske, 1998: 71 ff.; Stimmer, 2000b: 42.

trauen[77] zu, so zeigt sich, dass das sozialarbeiterische Handlungsrepertoire vertrauensfördernde Verhaltensweisen beinhaltet[78]. Diese werden jedoch meistenteils nicht bewusst zur Erreichung von Vertrauen eingesetzt, sondern anderen Zielen zugeordnet, nicht strukturiert gezeigt und stellen in der Mehrzahl vermutlich faktisch sozialarbeiterische Kompetenzen dar[79].

2.4 Die Kompetenz zur Beziehungsgestaltung

Für Sozialarbeiter werden Kernkompetenzen als solide Basis ihrer professionellen Identität genannt[80]. Nicht nur in der Sozialen Arbeit, auch in der Nachbarwissenschaft Pädagogik finden sich Definitionen, die Kriterien für professionelles Handeln von pädagogisch Tätigen, vor allem Lehrern, festlegen:

Pädagogisch professionell handelt eine Person, die gezielt ein berufliches Selbst aufbaut, das sich an berufstypischen Werten orientiert; sich eines umfassenden pädagogischen Handlungsrepertoires sicher ist, sich mit sich und anderen Angehörigen der Berufsgruppe Pädagogen in einer nicht alltäglichen Berufssprache verständigt, ihre Handlungen unter Bezug auf eine Berufswissenschaft begründen kann und persönlich die Verantwortung für Handlungsfolgen in ihrem Einflußbereich übernimmt (Bauer et al., 1996: 15).

Hier werden - ganz ähnlich wie in der Sozialen Arbeit - Kompetenzen benannt, die partiell greifbar zu sein scheinen. Jedoch ist beispielsweise der Begriff ‚berufstypische Werte' sicher auch in der Pädagogik gesellschaftlich, historisch und kulturell beeinflussten Schwankungen unterlegen. Konkrete Benennung von Kompetenzen für einen positiven Beziehungsaufbau halten Sozialarbeiter für ausgesprochen praxisrelevant. Dazu werden jedoch personale Eigenschaften aufgezählt, deren konkrete Bedeutsamkeit, Notwendigkeit und Vollständigkeit unscharf bleiben:

[...] erfolgreiches professionelles Tun [...] ist vor allem gebunden an das Vorhandensein sozialer/personaler Kompetenzen wie Geduld, Fähigkeit zum Zuhören, Selbstbewußtsein, Akzeptanz des Gegenübers, psychische Belastbarkeit, Durchhaltevermögen, ausge-

---

77 vgl. Petermann, 1996: 115 ff., siehe Kapitel 3.3.1.
78 vgl. Arnold, 2003: 148 ff.
79 ebd.
80 Remmel-Faßbender, 2005: 14.

glichene Persönlichkeit, Offenheit, Auf-Leute-Zugehen-Können, Einfühlungsvermögen und Kommunikationsfähigkeit (Schulze-Krüdener & Homfeldt, 2002: 107 f.).

Für den Einsatz in der Praxis Sozialer Arbeit reicht der berufliche Abschluss verbunden mit staatlicher Anerkennung (teilweise auch eine geringere Qualifikation) aus. Die Rollenvorstellungen aufseiten der Sozialarbeiter können dabei in vielen Bereichen unprofessionell sein und bleiben[81]. Die Fähigkeit zum Beziehungsaufbau und -erhalt scheint eine solche zu sein, deren methodische Absicherung nicht notwendig ist. Muss davon ausgegangen werden, dass nur in diesem Bereich besonders kompetente Menschen Sozialarbeiter werden[82]? Bereits Alice Salomon sah im Sozialarbeiter angeborene und damit von vornherein vorhandene Fähigkeiten im Bereich des Beziehungsaufbaus zu Klienten[83]. Von Sozialarbeitern verlangt die Praxis „nicht nur Wissen, sondern einfühlendes Verstehen und stellvertretende Deutung, die das Selbst- und Weltverständnis des Klienten sensibel einbezieht [und] dass SozialarbeiterInnen sich des eigenen Weltverständnisses, der eigenen Werte und Lebensziele bewusst werden" (Mühlum, 2006: 12). Die Person des Sozialarbeiters wird hier stark beansprucht. Soziale Kompetenzen der Sozialarbeiter stehen als geforderte Schlüsselqualifikationen für die interaktionsintensive Soziale Arbeit[84]. Vom DBSH wurden Schlüsselkompetenzen von Sozialarbeitern erarbeitet[85]. Das bisher als Entwurf vorliegende Papier dient der Bewertung und langfristig auch Harmonisierung von Ausbildungsinhalten und Praxis. Unter der Überschrift „Personale und kommunikative Kompetenz" verweisen die Autoren klar auf eine beziehungsbezogene Kompetenz. Der Begriff ‚Vertrauen' findet sich dabei nicht (wie auch im gesamten Arbeitspapier):

Die Fähigkeit zum Aufbau von zwischenmenschlichen Kontakten, insb. die Fähigkeit, Menschen in schwierigen Lebenssituationen durch eine professionelle Haltung und Wertschätzung Hilfe und Unterstützung anbieten zu können. Die Befähigung, eine Arbeits-

---

81   vgl. Arnold et al., 2005: 88 f.; Schweikart, 2003.
82   vgl. z.B. Dewe et al., 1995: 20 sowie die Ausführungen von ders., a.a.O.:
      41 ff. zum Konzept des Sozialarbeiters als „professioneller Altruist" (ders.,
      a.a.O.: 41).
83   vgl. ders., 1928: 30; zu Empathie bei Sozialarbeitern vgl. Bommes & Scherr,
      2000: 209.
84   vgl. Wilken, 2006: 23.
85   vgl. DBSH, 2005b.

beziehungsgestaltung zu einzelnen Klienten oder Gruppen aktiv
aufzubauen und im Sinne des Auftrages zu gestalten [...] Die Fä-
higkeit soziale Beziehungen leben und beziehungstiftend wirken zu
können (DBSH, 2005a, o. S.).

Besonders haben sich auch Herriger und Kähler (2003) bemüht, er-
forderliche Kompetenzen eines Sozialarbeiters zu konkretisieren. Sie
verwenden den Begriff der ‚Schlüsselqualifikationen', die als Voraussetzung für die Entwicklung von Standards für das professionelle
Handeln gelten. Es sind „jene Bestände von Kenntnissen, Fähigkeiten,
Fertigkeiten, Einstellungen und Werthaltungen, über die eine Person
verfügen muss, um die an den jeweiligen Arbeitsplatz gebundenen beruflichen Aufgaben erfolgreich bewältigen zu können" (ders., a.a.O.:
132). Qualifikationen, die personen- und kontextunabhängig zum Arbeitsplatz in der Sozialen Arbeit gehören, sind „fachspezifische Bestände von wissenschaftlich-technologischem Wissen [,...] methodisch-
verfahrensbezogene Sachkenntnisse sowie soziale und selbstreflexive
Fähigkeiten" (ders., a.a.O.: 133). Gleichzeitig bestimmt neben der Vielfalt der Tätigkeitsfelder in der Sozialen Arbeit immer der Bezug zum
Einzelfall die Offenheit der Situation. Herriger und Kähler kommen so
zu dem Schluss, dass Sozialarbeiter folglich über eine Kompetenz verfügen müssen, die „das je individuelle, biographisch bestimmte und
durch berufliche Erfahrungen gesättigte *Patchwork von wissenschaftlich-*
fachlichen, methodischen, organisatorischen, sozialen und personalen Fähig-
keiten, auf das der Soziale Arbeiter zurückgreift, um in einer gegebenen
pädagogischen Situation sinnhaft zu handeln, [ist]" (ders., a.a.O.: 134,
Hervorhebung im Original). Sie benennen diese als die „pädagogische
Kompetenz" (ebd.).

Kompetenzen sind immer konkret und umsetzungsbezogen. Der Begriff der Handlungskompetenz beschreibt „die Fähigkeit, in unterschiedlich komplexen Situationen angemessene Handlungsstrategien,
Kommunikationsmuster und Handlungslegitimationen zu entwickeln
und einzusetzen" (Stimmer, 2000a: 296). Den Darlegungen folgend,
stellt sich eine professionelle Kompetenz zum Beziehungsaufbau und
-erhalt als implizite, personengebundene berufliche Fähigkeit von Sozialarbeitern dar. Im Sinne professioneller Handlungskompetenz[86]
wäre diese eine möglicherweise aus der Theorie erlernte, in der Berufstätigkeit erweiterte und in professionellem Routinehandeln ma-
nifestierte Tatsache, ergänzt etwa durch Beobachtung der Handlungs-

---

86   vgl. Stimmer, 2000b: 207 f.; Merten, 2002: 72 f.

vollzüge erfahrener Kollegen, Alltagswissen und Erkenntnisse aus Selbstreflexion[87]. Charakteristisch für eine Handlungskompetenz ist ihre Entwicklung aus dem Handeln im entsprechenden Problemfeld. Auf der Grundlage einer dauerhaften Auseinandersetzung des Sozialarbeiters mit dem Gegenstandsbereich ‚professionelle Beziehung' unter Verarbeitung von als relevant erachteten Situationen könnte so diese Fähigkeit entstehen. Das entspricht dem Bild des Sozialarbeiters als einem Experten für Beziehung[88].

Herriger und Kähler[89] zeigen aufgrund von Befragungen von Praktikern der Sozialen Arbeit verschiedene Kompetenzprofile von Sozialarbeitern auf. Sie bestätigen bestimmte personale Grundqualifikationen, die Bestandteile des Persönlichkeitsprofils und unabhängig von fachlich-beruflicher Sozialisation sind. Dazu zählen sie insbesondere „spezifische Bestände von Persönlichkeitsmerkmalen, werthaltige Grundeinstellungen und beziehungsethische Überzeugungen" (ders., a.a.O.: 136). Diese spielen im Rahmen der selbstreflexiven Kompetenzen wiederum eine große Rolle, denn auch dies muss der Sozialarbeiter können: er muss vornehmlich seine personalen Grundqualifikationen in Verknüpfung mit der „beruflichen Beziehungsarbeit" (ders., a.a.O.: 144) reflektieren. Als professionelle soziale Kompetenz von Sozialarbeitern zeigt sich „die Fähigkeit, berufliche Beziehungen aktiv herstellen zu können, sie auf ein Fundament von wechselseitigem Vertrauen und Reziprozität zu stellen" und im Kontakt mit Klienten „Vertrauen stiften zu können" (ders., a.a.O.: 146).

Daraus ist zu schlussfolgern, dass die Fähigkeit zum Beziehungsaufbau und -erhalt eine sozialarbeiterische Kompetenz ist. Das findet Bestätigung in den Darstellungen verschiedener Autoren, vor jedoch derer, die Beziehungsaufbau und -erhalt als Sozialkompetenz innerhalb der sozialarbeiterischen Handlungskompetenzen einordnen[90]. Es stellt sich die Frage, ob die Fähigkeit zum Vertrauensaufbau und -erhalt eine sozialarbeiterische Kompetenz ist und, darüber hinaus, inwieweit Vertrauen in die professionelle Beziehung in der Sozialen Arbeit gehört. Bei Thiersch ist die „Fähigkeit, Vertrauen zu stiften und aufrechtzuerhalten" (ders., 1993: 22) Teil der Kompetenzanforderungen an Sozialarbeiter. Es liegt nahe, die Etablierung von Vertrauen in der

---

87   vgl. Dewe et al., 1995: 20.
88   vgl. Gildemeister, 1996: 445.
89   ders., 2003: 131 ff.
90   Herriger & Kähler, 2003: 146 f.; Stimmer, 2000b: 207 f.

Sozialen Arbeit als einen Teil der sozialarbeiterischen Handlungskompetenz zum Beziehungsaufbau und -erhalt einzuordnen. Eine Voraussetzung dafür ist es, dass es sich um einen konstitutiven Aspekt der professionellen Beziehung in der Sozialen Arbeit handelt. Das Vorhandensein von Vertrauen des Klienten zum Sozialarbeiter als ein Kriterium der Qualität der professionellen Beziehung ist eine weitere Möglichkeit der Zuordnung. Es ist jedoch bisher ein wenig erforschtes und demnach empirisch kaum fundiertes Gebiet.

2.5 Vertrauensforschung in der Sozialen Arbeit

Theoretische Überlegungen zum Vertrauensphänomen fallen tatsächlich leichter, als es konkret in der Praxis zu analysieren[91]. Die Fachliteratur bietet bislang wenig empirisch gesicherte Aussagen zu den Themen Sozialarbeiter-Klient-Beziehung und in ihr erlebtes Vertrauen. Vertrauensforschung im professionellen Binnenverhältnis zwischen Sozialarbeiter und Klient fehlt. Daher richtet sich der Blick zunächst auf die Ergebnisse der Forschung im Bereich der professionellen Beziehung. Es liegen Befunde von Kähler zu Erstgesprächen vor, die helfen können, Aspekte der Sozialarbeiter-Klient-Beziehung näher zu beleuchten[92]. Die Ergebnisse geben vor allem empirisch gesicherte Hinweise zur Phase des Anfangskontaktes, der für die Herstellung von Vertrauen sehr bedeutsam ist[93]. Dazu wurden Videoanalysen von Erstgesprächen zwischen Studenten und Quasi-Klienten, Fragebogenerhebungen bei Praktikanten, Analysen von Falldarstellungen und Literaturanalysen mit dem Schwerpunkt des Erstgespräches durchgeführt. Kasakos[94] unternahm Gesprächsanalysen im Bereich der Familienfürsorge des Sozialen Dienstes. Kritische Handlungssituationen in der Sozialen Arbeit wurden von Possehl[95] untersucht. Bei Germain und Gitterman[96] werden Gesprächsanalysen von Studenten und Sozialarbeitern mit Klienten der Sozialen Arbeit dargestellt.

Empirische Befunde zu Vertrauen in Akteure der Suchtprävention erhob Schweer[97] durch eine Befragung von Kindern und Jugendlichen. Außerdem befragte er Jugendliche zu Vertrauen in der Fami-

---

91   vgl. Hartmann, 2001: 9.
92   vgl. Kähler, 1997.
93   Schweer, 1996: 34, 41, 70.
94   vgl. Kasakos, 1980.
95   vgl. Possehl, 1993.
96   vgl. Germain & Gitterman, 1999.
97   vgl. Schweer, 2000b.

lie aus ihrer Sicht[98]. Eine weitere Untersuchung in Form qualitativer Interviews befasst sich mit Vertrauen im Feld der Arbeitslosigkeit[99]. Allerdings sind die beiden letztgenannten Untersuchungen nicht auf die Fragestellung der unmittelbaren Beziehung in der Sozialen Arbeit bezogen und werden deshalb an dieser Stelle vor allem der Vollständigkeit halber erwähnt. Wagenblass[100] kann als einzige Autorin der Vertrauensforschung in der Sozialen Arbeit eindeutig zugeordnet werden. Ihr Interesse legt sie jedoch nicht auf die dyadische Beziehung. Sie untersuchte mittels Fragebogenauswertungen strukturelle Voraussetzungen für die Entstehung von (generalisiertem und spezifischem) Vertrauen in der Jugendhilfe unter besonderer Beachtung der Situation in den neuen Bundesländern.

Insgesamt ist eine deutliche Differenz zwischen Vertrauensrhetorik und Erkenntnisbedarf zum Phänomen einerseits und dem Forschungsstand andererseits zu verzeichnen. Nachfolgend werden daher wesentliche Erkenntnisse zur Entstehung von zwischenmenschlichem Vertrauen und ergänzend zu Vertrauen in gesellschaftliche Institutionen vor allem aus der psychologischen Vertrauensforschung und insbesondere der pädagogischen Psychologie referiert.

---

98   vgl. ders., 2000c.
99   vgl. Schweer, 2000d.
100   vgl. Wagenblass, 2004.

3 Vertrauen aus der Sicht von Bezugswissenschaften

Der Stand der Vertrauenstheorie und -forschung ist mehrfach ausführlich dokumentiert vorzufinden, so bei Petermann (1996), Schweer (1996), Thies (2002) sowie Cocard (2003). Hier finden sich Sammlungen kontextübergreifender Zugänge zum Thema. Die Problematik dieser Arbeit legt nahe, besonders im Erkenntnisbereich pädagogischer und therapeutischer Beziehungen zu recherchieren. Wissenschaftliche Ergebnisse aus diesen Bereichen führten im Nachgang insbesondere bei Schweer[101] sowie bei Petermann[102] zu Theoriebildungen, denen in dieser Arbeit fokussiert gefolgt wird.

Die Erkenntnisse der Bezugswissenschaften Sozialer Arbeit zeigen jedoch immer nur deren Blickwinkel auf den Gegenstand des Interesses. Hier ergibt sich die Anforderung, Vertrauen in der professionellen Beziehung im Kontext Sozialer Arbeit in Abgrenzung zu anderen Professionen herauszuarbeiten. Die Thematik betrifft eine Kernfrage der Theorie und Praxis Sozialer Arbeit. Die theoretischen Zugänge werden deshalb in diesem Kapitel in einem ersten Schritt kontextübergreifend über die Bezugswissenschaften gesucht; letztendlich ist es aber notwendig, im eigenen Feld zu recherchieren. Vorbereitend werden daher besonders die Erkenntnisse berücksichtigt, die für Soziale Arbeit relevante Themenfelder berühren.

3.1 Annäherung an den Vertrauensbegriff

Vertrauen ist ein besonders wichtiges Thema für die Psychologie und die Soziologie. Zahlreiche Autoren haben sich bemüht es zu definieren. Das Vertrauensphänomen zeigt sich als ausgesprochen komplex. Eine umfassende Definition gibt es bisher nicht. Beispielhaft ist die Auflistung von elf Definitionen mit ganz unterschiedlichen Akzentuierungen bei Petermann[103]. Eine weitere Systematisierung von Vertrauensdefinitionen findet sich bei Schweer[104]. Theoretische Überlegungen zu diesem „hypothetischen Konstrukt" (ders., a.a.O.: 3) haben Bedeutung für die empirische Forschung, denn sie geben den Blickwinkel vor, mit dem man Vertrauen betrachtet, misst und Ergebnisse interpretiert. Die

---

101   vgl. Kapitel 3.1.5.
102   vgl. Kapitel 3.3.1 und 3.3.2.
103   vgl. ders., 1996: 15.
104   vgl. ders., 1996: 5 ff.

folgenden ausgewählten Erklärungsansätze geben einen Ausschnitt der Vielfältigkeit der Betrachtungsmöglichkeiten und der Verschiedenheit der Herangehensweisen wieder.

3.1.1 Erklärungsansätze zum Vertrauensphänomen

Zum Phänomen Vertrauen finden sich unterschiedlichste kontextunabhängige generalisierte theoretische Erklärungsansätze. Die ältesten unter ihnen kennzeichnen Vertrauen als personale Variable. Vertreter dieses Ansatzes sind unter anderem Erikson und Rotter. Erikson[105] prägte den auch alltagssprachlich öfter verwendeten Begriff des Ur-Vertrauens, das er als „eine auf die Erfahrungen des ersten Lebensjahres zurückgehende Einstellung zu sich selbst und zur Welt" (ebd.) versteht. Aus tiefenpsychologischer Sicht erklärt er, dass Vertrauen die Voraussetzung für die Herausbildung einer stabilen Persönlichkeit sei. Vertrauen sei das Sich-Verlassen-Dürfen, „und zwar in bezug auf die Glaubwürdigkeit anderer wie die Zuverlässigkeit seiner selbst" (ebd.). Auch Rotter[106] betrachtet Vertrauen als vom konkreten Lebensbereich unabhängige Einstellung. Nach seiner Auffassung ist es ein auf Lernerfahrung in Erziehung und Sozialisation beruhendes, stabiles Merkmal der Person. Im Unterschied zur Ansicht Eriksons müssen diese Erfahrungen jedoch nicht nur positiv konnotiert sein. Der Schwerpunkt liegt auf deren Zuverlässigkeit. Das Ergebnis dieser individuellen Lernerfahrungen ist die generalisierte Erwartung der Vertrauenswürdigkeit der sozialen Umgebung und die erwartete Zuverlässigkeit der Person, der vertraut wird. Vertrauen „ist der Glaube an die Ehrlichkeit der Kommunikation, nicht unbedingt an ihre Richtigkeit" (ders., a.a.O.: 25). Ein solches Verständnis von Zuverlässigkeit im Zusammenhang mit Vertrauen wird als ungewöhnlich diskutiert[107].

Einige Autoren[108] verfolgen bei der Betrachtung von Vertrauen einen rationalistischen Ansatz, so z.B. Coleman. Er meint, dass ein Akteur Vertrauen vergibt, wenn er die Chance hat, seinen Nutzen zu maximieren[109]. Dazu wägt er Kosten und Nutzen, mögliche Verluste aus einer Vertrauensenttäuschung sowie etwaige Aufwendungen für Informationsbeschaffung gegenüber dem absehbaren Gewinn aus dem Vertrau-

---

105   vgl. Erikson, 1973: 62.
106   vgl. Rotter, 1981: 23 ff.
107   vgl. Laucken, 2001: 22; Schweer & Thies, 1999: 34.
108   weitere Vertreter sind z.B. R. Hardin, D. Gambetta und P. Dasgupta. Vgl. Lahno, 1998: 4 f.
109   Coleman, 1991: 125.

en ab[110]. Vertrauen hat bei Coleman auch eine prozesshafte Komponente, es muss sich entwickeln[111].

Eine funktionalistische Erklärung aus soziologischer Sicht gibt Luhmann[112]. Bereits im Untertitel seines Werkes zum Thema kennzeichnet er Vertrauen als „Mechanismus der Reduktion sozialer Komplexität". Soziale Komplexität ist hier das Bezugsproblem. Vertrauen ist zukunftsorientiert und lässt dabei einen Menschen handeln, als wüsste er, was in der Zukunft passiert: „Wer Vertrauen erweist, nimmt Zukunft vorweg. Er handelt so, als ob er der Zukunft sicher wäre" (ders., 2000: 9). Der Mensch ist in seiner Gegenwart mit der überkomplex scheinenden Zukunft konfrontiert und ist daher gezwungen, deren Komplexität zu reduzieren. Die Vertrauensbildung befasst sich mit dem Zukunftshorizont der Gegenwart. Demzufolge hat Vertrauen einerseits die Funktion der Reduktion von Komplexität und ermöglicht damit andererseits die Eröffnung von neuen Handlungsspielräumen. Es ist auch ein Zutrauen in die eigenen Erwartungen[113]. Nachdem Erikson und Rotter ihren Fokus auf Vertrauen als Einstellung aufgrund bestimmter Persönlichkeitsvariablen legten, verweist Luhmann in seiner Denkart auf weitere Aspekte des Vertrauens: den Einfluss der Situation, den Beziehungsaspekt sowie den Bezug von Vertrauen und Selbstvertrauen. Dass dabei die psychische Prädisposition des Vertrauenden eine Rolle spielt, sieht auch Luhmann. Er verweist jedoch auf den Aspekt der sozialen Beziehung mit ihren komplexen Komponenten und zeigt die rein psychologische Betrachtung des Vertrauensphänomens als unzureichend auf[114].

Vertrautheit wird als Struktur für Vertrauen benannt[115]. Sie beruht auf den Erfahrungen des Menschen und auf seinem Selbstvertrauen, das für ihn besonders wichtig im Fall der Vertrauensenttäuschung wird. Vertrautheit bezieht sich im Gegensatz zum zukunftsorientierten Vertrauen auf die Vergangenheit, in der sich Komplexität bereits reduziert findet[116]. Auch für Misstrauen spielt Vertrautheit daher eine Rolle, denn sie „ist Voraussetzung [...] für jede Art des Sichengagierens in eine bestimmte Einstellung zur Zukunft" (ders., a.a.O.: 22 f.). Es ist al-

---

110   ders., a.a.O.: 130 ff.
111   ders., a.a.O.: 132 f.
112   vgl. ders., 2000.
113   ders., a.a.O.: 1.
114   vgl. ders., a.a.O.: 4 ff.
115   vgl. Endreß, 2001: 166 f.; Luhmann, 2000: 22 f., ders., 2001: 144.
116   Luhmann, 2000: 23.

lerdings auch denkbar, Vertrauen als Ergebnis einer gegenwärtig unsicheren Lage anzusehen. In dieser Betrachtungsweise zeigt es eine aktuell existierende Nicht-Vertrautheit an, die Vertrauen erfordert und es wäre nur dann notwendig, wenn die Beziehung Fremdheit beinhaltet. Vertrauen ist in diesem Fall als Indikator für fehlende Vertrautheit zu begreifen[117]. Wahrscheinlicher jedoch gründet „Vertrauen [...] auf Konstellationen der Vertrautheit, auf einem Fundus die Geachtetheit der eigenen Person bestätigender Erfahrungen" (ders., a.a.O.: 166). Vertrautheit als Basis für Vertrauen kann generalisiert werden; eine gute Erfahrung mit dem Vertreter einer bestimmten Gruppe kann trotz fehlender persönlicher Vertrautheit übertragen werden[118].

Wenn man sich für Vertrauen entscheidet, so findet nach Ansicht von Deutsch[119] ein freiwilliger Kontrollverzicht statt. Vertrauen steht in diesem Fall unter einem situativen Paradigma, es ist eine „durch situative Variablen determinierte Entscheidungsstrategie" (Thies, 2003: 42). Es zeigt sich als beobachtbares Vertrauensverhalten und ist gekennzeichnet dadurch, dass es

- die eigene Verwundbarkeit steigert,
- gegenüber einer Person erfolgt, die nicht der persönlichen Kontrolle unterliegt,
- in einer Situation erfolgt, in der der Schaden, den man erleidet, wenn der andere die eigene Verwundbarkeit ausnutzt, größer ist als der Nutzen, den man aus dem Verhalten ziehen kann[120].

Vertrauen gibt einem anderen Menschen einen Kredit oder einen Vorschuss; es ist zukunftsorientiert[121]. Ungewissheit, Risiko und die Gefahr der Vertrauensenttäuschung gehen mit ihm einher[122]. Vertrauen ist demnach eine Bestätigung von sozialem und situativem Risiko. Es ist mit einem Mangel an Information verknüpft. Vertrauen aus Sicht des Vertrauenden darf nur so genannt werden, wenn ein Rest an bewusstem Bedenken bleibt, sonst wäre es Glauben. Vertrauen ist an vom Vertrauenden gemachte Voraussetzungen gekoppelt. Es kann dem-

---

117   Endreß, 2001: 203.
118   ders., a.a.O.: 167.
119   vgl. ders., 1962 nach Petermann, 1996: 13.
120   ebd.
121   u.a. Endreß, 2001: 166; Laucken, 2001: 22; Luhmann, 2000: 9ff.; Petermann, 1996: 18; Rotter, 1981: 23 ff.; Schweer, 1996: 7 f.; Schweer & Thies, 1999: 20 ff.; Thies, 2004: 42 ff.
122   u.a. Petermann, 1996: 17 f.; Schlenker et al., 1973: 419; Schweer, 1996: 7 f.

nach nicht mit Sorglosigkeit oder Zuversicht gleichgesetzt werden[123]. Derjenige, dem vertraut wird, muss das Vertrauen auch missbrauchen können, da sonst das konstituierende Element Risiko fehlen würde[124]. Wichtige weitere Komponenten von Vertrauen sind Verlässlichkeit[125] und Vertrauenswürdigkeit[126]. Vertrauen beinhaltet einen Wahrnehmungsprozess, der mit einer subjektiven Vertrauenstheorie gekoppelt ist, und damit einhergehende kognitive Verarbeitungsprozesse. Diese führen zu einer Handlungskomponente. Emotionale Aspekte spielen während dieses Vorgangs eine Rolle[127].

Erlebtes Vertrauen ist also sehr eng mit den Prozessen der sozialen Wahrnehmung verbunden[128]. Vertrauen hat daher auch Bewertungscharakter[129]. Die Erwartung des Handelns der Vertrauensperson hat eine wichtige Funktion für den Vertrauenden hinsichtlich seiner Entscheidung, zu vertrauen. Hier scheint Vertrauen eine rationale Erwartung zu sein. Ein Vertreter neuerer Vertrauensforschung, Lahno[130], argumentiert, dass solch eine rein rationalistische Betrachtung zu kurz greift. Er sieht Vertrauen nicht vordergründig als Folge, sondern als eine Grundlage der Erwartung des Vertrauenden an den Interaktionspartner in einer Situation. Vertrauen sei demnach weder nur die Erwartung selbst noch die Folge der Erwartung, sondern stark beeinflusst durch das Wissen, inwiefern der Vertrauende selbst und der Interaktionspartner die Vertrauensbeziehung bzw. Vertrauensbeziehungen generell als Wert schätzen. Vertrauen ist für Lahno[131] eine Eigenschaft des mentalen Zustandes des Vertrauenden, die ihm in einer Situation mit einem Vertrauensproblem die Entscheidung für eine Risikohandlung erlaubt. Es sei stark emotional besetzt, demnach keine vernünftige Entscheidung im rationalen Sinn und zielt auf eine besondere Motivationslage des Interaktionspartners. Vertrauen ist hier eine emotionale Einstellung einer Person gegenüber einer anderen in einer bestimmten Interaktionssituation, beeinflusst durch das individuelle Erleben bezüglich der anderen Person, seiner selbst und der Situati-

---

123 Laucken, 2001: 25.
124 Cocard, 2003: 240; Schweer, 1996: 4.
125 Erikson, 1973: 62 ff.; Rotter, 1981: 23 ff.; Schweer, 1996: 23.
126 vgl. Cocard, 2003: 240.
127 Schweer, 1996: 3, 57 ff.; Schweer & Thies, 1999: 20.
128 Thies, 2002: 147.
129 Schweer, 1996: 3.
130 vgl. ders., 1998: 6 ff.
131 vgl. ders., 2001: 11 ff; 160 ff.

on[132]. Unabhängig von der Art des Vertrauens - generalisiert, interpersonal oder in Form von Selbstvertrauen - grundlegend ist das positiv erlebte Gefühl der Übereinstimmung zwischen sich selbst und dem Zielobjekt des Vertrauens[133].

Eine Zusammenfassung verschiedener motivationaler Dimensionen von Vertrauen findet sich ausführlich in einem Beitrag zur Vertrauensforschung von Cocard[134]:

- Persönliche Einstellungen (Vertrauensbereitschaft und Risikoübernahme)
- Wahlmöglichkeiten (Abhängigkeit, mangelnde Beeinflussbarkeit hinsichtlich des eigenen Schicksals und Entwicklung über die Zeit)
- Vorstellungen über die andere Person (Erwartungen)
- Wahrgenommenes Verhalten der anderen Person (Reziprozität und Vertrauenswürdigkeit)

Diese Aufzählung erfasst nahezu sämtliche wesentliche, von anderen Autoren genannte Komponenten und bietet den Vorteil, sich vor allem auf bewusst erlebbare Bereiche zu beschränken. Ferner fehlt hierbei - da Vertrauensbereitschaft vom Autor nur an den Willen zu vertrauen gekoppelt wird - der Aspekt des Selbstvertrauens. Wenn man dieses allerdings als eine allgemeine Voraussetzung für eine vertrauensvolle Interaktion betrachtet[135], zählt es nicht zwingend zu motivationalen Dimensionen.

Laucken[136] geht von einem umgangssprachlichen Verständnis aus, da Vertrauen als Begriff der sprachlichen Verständigung dient. Er schlägt ein semantisches System vor, das auf gedanklichen Leerstellen beruht; bei der Betrachtung von Vertrauen müsse die Einfügung in einen „'Wenn-Dann-Obwohl-Weil-Dabei-Deshalb-Somit'-Verweisungszusammenhang" vorgenommen werden (ders., a.a.O.: 23 ff.). Vertrauen in einer zwischenmenschlichen Beziehung könne letztlich nur erklärt werden, wenn keine dieser „thematischen Leerstellen" (ders., a.a.O.: 51 ff.) unbesetzt ist. Psychologische und soziologische Ansätze betrachten Vertrauen mit verschiedenen Schwerpunkten: Erstere legen den Fokus vor allem auf interpersonale Beziehungen, die

---

132   Lahno, 2001: 186 f.
133   vgl. ders., 2001: 314 ff.
134   ders., 2003: 240.
135   vgl. Lahno, 2001: 307 ff.
136   vgl. Laucken, 2001: 26.

anderen auf Vertrauen in abstrakte Systeme. Eine erfolgreich erprobte interdisziplinäre Theorie zu Vertrauen gibt es bisher nicht[137].

3.1.2 Synopse der Erkenntnisse zum Vertrauen in der zwischenmenschlichen Beziehung

In der übergreifenden Diskussion um die Frage, was Vertrauen ist, gibt es nach wie vor keine eindeutige Antwort[138]. „Vertrauensdefinitionen konkretisieren sich auf dem Hintergrund der speziellen Zielbestimmungen", meint Petermann (1996: 16). Dem folgen moderne Ansätze der Vertrauensforschung und betrachten Vertrauen im Hinblick auf das Anwendungsfeld lebensbereichsspezifisch[139]. Es dient als Grundbegriff, um soziale Interaktionen und Handlungsweisen unter Beachtung der Zielbestimmung näher zu beschreiben[140].

Vertrauen wird von den meisten Autoren als Einstellung angesehen. „Eine Einstellung ist ein Bündel relativ dauerhafter Überzeugungen und damit verbundener Gefühle in Bezug auf ein Objekt oder eine Situation, durch die Überzeugungen [...] aufgebaut werden" (Krech & Crutchfield, 1992: 46). Aufgrund der dargelegten Analyse mehrerer, von den Autoren als solche bezeichneter Vertrauensdefinitionen und unter Einbezug phänomenbezogener Forschungsergebnisse[141] ergibt sich als Konsens aus den unterschiedlichen Expertenmeinungen:

- Vertrauen ist zu verstehen als eine Form sozialer Einstellung aufgrund von Wahrnehmungs- und Bewertungsprozessen[142]. Es umfasst als solche eine kognitive, eine emotionale und eine behaviorale Komponente[143].

  Der kognitive Affekt umfaßt relevantes Wissen bzw. Quasi-Wissen, welches die Person über das Vertrauensobjekt abgespeichert hat. Mit dem emotionalen Aspekt sind die positiven oder negativen Gefühle gemeint, die sich gegenüber dem Vertrauensobjekt entwickeln. Darüber hinaus zeigt die Person ein spezifisches, auf

---

137 Cocard, 2003: 61.
138 vgl. Gondek et al., 1992: 35 ff.; Höhler, 2003: 118 ff., Schweer & Thies, 1999: 12 f.; Thies, 2002: 44 f.
139 vgl. Gondek et al., 1992: 37; Schweer & Thies, 1999: 12 f.
140 vgl. Petermann, 1996:16 ff.
141 vgl. Kapitel 3.1.1 und folgend in Kapitel 3.2 ausführlicher dargestellte Forschungsergebnisse.
142 vgl. Schweer, 1996: 3; Schweer & Thies, 1999: 20 ff.; Thies, 2002: 44.
143 Schweer, 1996: 8; vgl. auch Koller & Lorenz, 1997: 164; Schweer, 2000a: 383 f.; Schweer & Thies, 1999: 20.

das Vertrauensobjekt ausgerichtetes offenes Verhalten (behavioraler Aspekt) *(Schweer, 1996: 3, Hervorhebungen im Original).*

Beide Interaktionspartner müssen sich auf den Prozess der Vertrauensbildung einlassen, „und zwar in nicht umkehrbarer Reihenfolge: zuerst der Vertrauende und dann der, dem vertraut wird" (Luhmann, 2000: 54). Dies bedeutet, der Vertrauende definiert die Situation als eine, die Vertrauen erfordert und damit das Vertrauensproblem. Folgende Kennzeichen für zwischenmenschliches Vertrauen sind zu nennen[144]:

*   potenzielles Risiko für die vertrauende Person,
*   Ungewissheit für die vertrauende Person,
*   unzureichende Beeinflussbarkeit durch die vertrauende Person hinsichtlich des eigenen Schicksals,
*   Zukunftsorientierung des Vertrauens.

Diese vier Aspekte des Vertrauens gelten unabhängig vom jeweiligen Lebensbereich. Risiko bedeutet dabei, dass der Schaden bei Vertrauensenttäuschung größer ist als der Nutzen aus dem gegebenen Vertrauen[145]. Neuere Arbeiten betonen zusätzlich die Prozesshaftigkeit und verweisen auf die zeitliche Dimension im Sinne einer Entwicklung sowie die Reziprozität von Vertrauen[146]. In der vorliegenden Arbeit wird Vertrauen als bewusster Vorgang betrachtet, trotzdem Vertrauen unbewusst entstehen kann und die es bedingenden Faktoren vom Vertrauenden häufig nicht rational abgewogen werden[147]. Im Kontext der professionellen Beziehung ist das Erleben von Vertrauen jedoch anders zu bewerten als im persönlichen Bereich und wird begleitet von bewussten Entscheidungen. Eine Eingrenzung auf den bewusst erlebten Bereich schränkt außerdem einen ohnehin inflationären Umgang mit dem Begriff ein und meint die bewusst erlebte Entscheidung, Vertrauen entgegenzubringen[148].

---

144   vgl. u.a. Cocard, 2003: 36; Lahno, 1998: 4; Luhmann, 2000: 28 f., 53 ff.; Petermann, 1996: 11 ff; Schlenker et al., 1973: 419; Schweer, 1996: 5 ff.; Schweer & Thies, 1999: 23 f.
145   Schweer & Thies, 1999: 23.
146   vgl. Cocard, 2003: 65, 66 ff.; Endreß, 2001: 170; Thies, 2002: 41 ff.
147   vgl. Endreß, 2001: 165; Luhmann, 2000: 29; Offe, 2003: 3 f.
148   vgl. Laucken, 2001: 30.

3.1.3 Vertrauen und Misstrauen

Misstrauen bedeute „unvollkommenes oder fehlendes Vertrauen", erklärt Tisch (1994: 1385). Zahlreiche Autoren verwenden Vertrauen und Misstrauen als Antonyme[149]. Luhmann[150] meint, Misstrauen sei das Gegenteil von Vertrauen aufgrund der gleichzeitigen funktionalen Äquivalenz von Vertrauen und Misstrauen. Man müsse zwischen beiden wählen, da bei der Verweigerung von Vertrauen die Reduktion der Komplexität ausbleibt und eine daraus erwachsende Handlungsmöglichkeit nicht gegeben sei. Somit bliebe nur der Rückgriff auf Misstrauen, um eine Entscheidung fällen zu können. Verliert sich vorhandenes Vertrauen, so wird es wahrscheinlich nicht neutralisiert; tendenziell wird es vermutlich zu Misstrauen[151]. Vertrauen und Misstrauen sind jedoch zwei extreme Pole, die beide nicht universell vollkommen auftreten[152]. Denkbar ist in diesem Zusammenhang ein Zwischenzustand, in dem keiner der beiden Pole vorhanden ist, eine Person also weder ver- noch misstraut[153]. Insgesamt ist festzustellen, dass fehlendes Vertrauen nicht automatisch das Vorhandensein von Misstrauen bedeutet[154].

Die Einschätzung der Absichten des Gegenübers stellt eine wichtige Variable der Vertrauensentstehung dar[155]. In einer Misstrauen auslösenden Entscheidungssituation wird verstärkt nach Informationen moralischer Integrität der betreffenden Person sowie nach möglichen negativen Absichten gesucht. Ist die Entscheidung allerdings mit einem wichtigen erwünschten Ergebnis verknüpft, wird tendenziell eher vertraut[156]. Wahrscheinliche Gewinne oder Verluste haben dennoch einen weitaus geringeren Einfluss auf Vertrauen als vermutete Kooperationsbereitschaft[157]. Misstrauen ist weniger positiv besetzt als Vertrauen:

---

149   u.a. Bierhoff & Buck, 1984: 95, ders., 1997: 99; Oswald, 1997: 80 ff.; Rotter, 1981: 23 ff.
150   vgl. ders., 2000: 92.
151   Gondek et al, 1992: 38.
152   vgl. Laucken, 2001: 37; Luhmann, 2000: 92; Rotter, 1981: 23 ff.
153   vgl. Cocard, 2003: 65.
154   vgl. Endreß, 2001: 168; Hartmann, 2001: 33; Laucken, 2001: 37; Luhmann, 2000: 92; Schweer, 1996: 69; Schweer & Thies, 1999: 14 f.
155   Petermann, 1996: 67.
156   Oswald, 1997: 96.
157   Petermann, 1996: 71.

Für die Froschperspektive der Teilnehmer von Alltagsinteraktionen wie für den Adlerblick von Systemtheoretikern ist die übereinstimmende Bewertungsregel charakteristisch, daß Vertrauen einen Eigenwert hat und daß ‚mehr' Vertrauen (solange es nicht durch Täuschung konditioniert oder naiv und leichtfertig zugestanden und deshalb ausbeutbar wird) vorzugswürdig ist gegenüber ‚weniger' Vertrauen oder gar manifestem Misstrauen (Offe, 2003: 4).

Vertrauensvolle Menschen sind nicht weniger intelligent als misstrauische. Sie sind auch nicht leichtgläubiger oder leichtsinniger in ihrem Handeln. Zwischen eher vertrauensvollen und eher misstrauischen Menschen besteht offenbar ein Unterschied hinsichtlich der Prämissen im Vorgehen: Vertrauensvolle Menschen vertrauen bis zur eventuellen Enttäuschung während misstrauische Menschen erst nach Anzeichen für Vertrauenswürdigkeit suchen[158]. Dieses Vorgehen unter Misstrauensbedingungen ist im Sinne der Funktion von Vertrauen und Misstrauen zur augenblicklichen Reduktion von Komplexität in sozialen Situationen indes der weniger effiziente Weg[159]. Grundsätzliches Vertrauen als ethisches Prinzip ist allerdings unangebracht, denn Misstrauen hat eine genauso starke rationale Berechtigung[160]. Den Unterschied zwischen vertrauensvollen und misstrauischen Menschen erklärt Petermann[161] mit verschiedenartiger personaler Ausprägung der Variablen Einfühlungsvermögen und Selbstwirksamkeit: Die Fähigkeit, sich in einen anderen Menschen einzufühlen, verringert das Risiko, anderen Menschen ungerechtfertigt zu vertrauen. Außerdem braucht eine Person eine über Selbstwirksamkeitserleben stabilisierte Persönlichkeit, um das Risiko zu vertrauen eingehen zu können[162].

3.1.4 Vertrauen in abstrakte gesellschaftliche Systeme

Vertrauen bildet eine Grundlage sozialer Beziehungen in fast allen Lebensbereichen[163]. Bei verschiedenen Autoren findet sich Vertrauen als Beschreibung einer sozialen Einstellung zu anderen Menschen oder auch gesellschaftlichen Institutionen[164], während andere Autoren das

---

158 Petermann, 1996: 54 f.; Rotter, 1981: 23 ff.
159 vgl. Hardin, 2001: 298; Luhmann, 2000: 93 f.
160 Luhmann, 2000: 122 f.
161 vgl. ders., 1996: 113.
162 ders., a.a.O.: 111, 113.
163 vgl. Wagenblass, 2004: 61.
164 u.a. Endreß, 2002; Hartmann, 2001; Luhmann, 2000; Rotter, 1981: 23 ff.; Schweer, 1996: 3; Schweer, 1997a: 201; Schweer & Thies, 1999; Wagenblass, 2004.

eher ablehnen: So wäre im Sinne Petermanns[165] Vertrauen als Begriff nur im dyadischen zwischenmenschlichen Zusammenhang zu verwenden und nach Laucken[166] nur bei Vorhandensein personaler Merkmale zulässig. Die Berechtigung der Geltung der Begriffsverwendung sowohl für die Beschreibung einer sozialen Einstellung zu anderen Menschen und auch gesellschaftlichen Institutionen betonen Schweer[167] sowie Schweer und Thies[168]. Die hauptsächlich verwandte Begründung ist dabei: Institutionen werden durch konkrete Personen vertreten und repräsentiert[169].

Wagenblass kritisiert die Betrachtung von Vertrauen als Charakterisierung eines rein persönlichen Verhältnisses zweier Einzelpersonen. Psychologische Ansätze zur Erklärung reichen nicht aus, weil das Vertrauen in abstrakte Systeme (Institutionen) nicht berücksichtigt wird[170]. Gerade dies ist aber in professionellen Anwendungsfeldern wie der Sozialen Arbeit bedeutsam. Hierzu findet sich eine anschauliche Rezeption der Gedanken von Giddens bei Wagenblass[171,] die in diesem Zusammenhang relevante Vertrauensformen darstellt:

- *Generalisiertes Vertrauen in abstrakte Systeme*: keine konkrete Interaktionsbeziehung (Faceless Commitments), Glaube an Leistungsfähigkeit von Expertensystemen und ihr Fachwissen, an die Legitimität der Institution und an die Orientierung der Akteure an den institutionell repräsentierten Wertvorstellungen[172],
- *Spezifisches Vertrauen in abstrakte Systeme*: konkrete Interaktionsbeziehung, konkrete persönliche Erfahrungen mit Vertretern der Institution (Facework Commitments) und ihren fachlichen Handlungsweisen, Zugänge über und Begegnungen an Access Points (Zugangspunkten)[173].

Generalisiertes Vertrauen kann zwischenmenschliches Vertrauen also nicht völlig ersetzen und ermöglicht zunächst nur den Zugang. Letztlich baut es auf persönlicheren Formen des Vertrauens auf, indem es in

165   ders., 1996: 11.
166   ders., 2001: 57.
167   ders., 1997a: 201; ders., 2000a: 385.
168   ders., 1999: 153 ff.
169   Schweer, 2000a: 385.
170   vgl. Wagenblass, 2004: 47, 52.
171   vgl. ders., 2004: 60 ff. unter Verweis auf Giddens, 1995.
172   Wagenblass, 2004: 60, 62.
173   ebd.

der unmittelbaren Begegnung mit Vertretern der Institution bestätigt wird oder sich als verfehlt erweist. Wird es bestätigt, kann spezifisches Vertrauen entstehen.

Aus den dargelegten Argumentationen heraus wird in dieser Arbeit der Vertrauensbegriff ebenfalls für das Vertrauen in abstrakte Systeme verwendet und der Ansicht gefolgt, dass die Alltagssprache an dieser Stelle eine Verkürzung vornimmt und Vertrauen sich auch auf die personalen Merkmale abstrakter Systeme bezieht[174]. Die Merkmale von Vertrauen[175] werden für diesen Bereich ebenso geltend gemacht.

3.1.5 Differenzielle Vertrauenstheorie

Die differenzielle Vertrauenstheorie von Schweer (1996) bildet eine moderne Rahmentheorie zum Phänomen Vertrauen. Sie beinhaltet drei wesentliche Komponenten:

- das Vertrauenskonzept einer Person,
- die implizite Vertrauenstheorie einer Person,
- die Situationsspezifik des Vertrauens.

Vertrauen beruht hierbei sowohl auf personalen als auch auf situativen Faktoren. Personale Merkmale sind die Vertrauenstendenz und die implizite Vertrauenstheorie einer Person[176].

Die Vertrauenstendenz drückt die subjektive Überzeugung einer Person aus, ob eine vertrauensvolle Beziehung mit einem Angehörigen einer bestimmten Gruppe für sie überhaupt möglich ist. Eine Vertrauensmöglichkeit im jeweiligen Kontext muss Teil der persönlichen Überzeugung sein[177].

Die implizite Vertrauenstheorie beinhaltet die „Gesamtheit der individuellen normativen Erwartungen an das Verhalten anderer Personen im Hinblick auf die Förderung eines positiven Vertrauensverhältnisses zueinander" (Schweer, 1996: 57) und an das eigene Verhalten diesen Personen gegenüber[178]. Dabei geht es um individuelle Vorstellungen über das Verhalten von Personen, die man als vertrauenswürdig ansehen kann. Hierbei erlebt die betreffende Person beim Wahrnehmen

---

174   vgl. Endreß, 2002: 167.
175   vgl. Kapitel 3.1.2.
176   Schweer, 1996: 48 f.
177   ders., a.a.O.: 49.
178   ders., a.a.O.: 58.

dieses Verhaltens entweder Vertrauenskonkordanz (die andere Person entspricht in ihrem Verhalten den Erwartungen entsprechend der individuellen impliziten Vertrauenstheorie) oder Vertrauensdiskordanz (die andere Person entspricht in ihrem Verhalten nicht den Erwartungen entsprechend der individuellen impliziten Vertrauenstheorie)[179].

Schweer geht davon aus, dass Vertrauen individuell und darüber hinaus bereichsspezifisch variiert[180]. Eine Person hat an unterschiedliche Adressaten und auch Lebensbereiche unterschiedliche subjektive Erwartungen. Diese müssen erfüllt sein, damit Vertrauen entstehen kann. Vertrauen muss daher bereichsspezifisch verstanden werden. So hat jemand an einen Freund andere Erwartungen als an einen Arzt. Den situativen Faktor kennzeichnet die Spezifik der jeweiligen Situation[181]. Wahrnehmungsprozesse finden im Kontext der situativen Bedingungen statt und werden in der Situation das Verhalten gegenüber dem konkreten Interaktionspartner beeinflussen. Im Abgleich mit der impliziten Vertrauenstheorie wird die Passung überprüft. In professionellen Beziehungen ist vor allem die Erfüllung von Rollenerwartungen für die Vertrauensgenese relevant.

Daraus ergibt sich ein individuelles „bereichsbezogenes Vertrauenskonzept [mit einer] bereichsspezifische[n] Vertrauenstendenz" (ebd.). Damit stellen sich wichtige Komponenten von Vertrauen in sozialen Beziehungen dar: 1. Vertrauenstendenz im Sinne einer überhaupt eingeräumten Vertrauensmöglichkeit des potenziell Vertrauenden, 2. Spezifik des Vertrauens im jeweiligen Lebensbereich und in der Situation, und 3. interindividuelle Unterschiedlichkeit hinsichtlich der Erwartungen eines potenziell Vertrauenden an den anderen und an sich selbst.

3.2 Vertrauen als Gegenstand der Forschung

Vertrauen hat als Thema der Wissenschaft zu einer Vielzahl theoretischer Überlegungen geführt. Der bisherige Stand der Forschung lässt vermuten, dass Vertrauen kein naturwissenschaftlich erklärbares Phänomen darstellt. Ausschlaggebend für die empirischen Forschungen ist das dahinter liegende Verständnis des jeweiligen Wissenschaftlers von dem, was empirisch überprüft wurde. Wie schon die Problematik

---

179   ders., a.a.O.: 58; vgl. Thies, 2002: 35 f.
180   Schweer, a.a.O.: 56.
181   ders., a.a.O.: 61 ff., 66 ff.; ders., 2000a: 384.

einer konkreten Definition von Vertrauen erwarten lässt, liegen zahlreiche, ganz unterschiedliche empirische Befunde vor. In den nachfolgenden Kapiteln werden davon einige mit ihren dazugehörigen Ansätzen und Herangehensweisen dargelegt.

3.2.1 Ansätze der empirischen Vertrauensforschung

Innerhalb der Vertrauensforschung sind vor allem folgende Fokussierungen zu finden[182]:

* Forschungen zu generalisiertem interpersonalen Vertrauen,
* Forschungen zu Vertrauen in bestimmten Kontexten,
* Forschungen zu Vertrauen in dyadischen Beziehungen,
* Forschungen zu Vertrauen in professionellen Anwendungs-
  feldern.

Seit der frühen sozialpsychologischen Vertrauensforschung dienen vor
allem Fragebögen der Untersuchung von Vertrauen. Die Erfassung allein mit Fragebögen wird verschiedentlich als problematisch diskutiert,
da die soziale Interaktion und ihre Verläufe damit nicht untersucht
werden können[183]. Interviewstudien[184] sind eine weitere Herangehens-
weise an das Phänomen. Rothmeier und Dixon (1980) beschäftigten
sich so mit der Frage nach äußeren Hinweisen für Vertrauenswürdigkeit. Eine der ersten Skalen zur Vertrauensmessung ist die von Rotter (1967) stammende Interpersonal Trust Scale. Ausgehend von seiner
Prämisse[185] betreffen deren Ergebnisse generalisiertes Vertrauen. Das
Untersuchungsinstrument diente als Basis für zahlreiche Vertrauens-
untersuchungen. Hinsichtlich seiner Validität ist es kritisiert worden,
ebenso sind dessen Ergebnisse differenziert zu betrachten, denn deren
Aussagekraft wurde mehrfach infrage gestellt[186]. Insbesondere die Bedeutung des generalisierten Vertrauens für hier interessierende konkrete
Interaktionsprozesse ist nicht klar belegt; Zusammenhangsanalysen
zwischen generalisiertem und spezifischem Vertrauen fehlen bisher[187].
Die Generalisierung von Rotter vernachlässigt außerdem verschiedene
Komponenten von Vertrauen, so die der Vertrauensmöglichkeit[188] und

---

182   Schweer, 1996: 13 ff., 25 ff.; vgl. Thies, 2003: 41 ff.
183   Petermann, 1996: 19.
184   z.B. Rothmeier & Dixon, 1980; Schweer, 1996.
185   vgl. ders., 1967; ders., 1981: 23 ff.; vgl. Kapitel 3.1.1.
186   Petermann, 1996: 56 f.; 60; Schweer, 1996: 14 ff.; Thies, 2002: 50 f.
187   Schweer, 1996: 15 f.
188   Schweer, 1996: 48 f.

die Spezifik von Vertrauen[189]. Das generalisierte Vertrauen wäre z.B. hinfällig, wenn die Möglichkeit einer vertrauensvollen Beziehung zu einem Angehörigen einer bestimmten Gruppe nicht zum Vertrauenskonzept einer Person gehört. Der Erfassung des Vertrauens in eine bestimmte Person wurden unter anderem die Skalen von Bierhoff und Buck (1984), Imber (1973) sowie von Johnson-George und Swap (1982) zugrunde gelegt. Bierhoff und Buck (1984) untersuchten den Zusammenhang zwischen Vertrauen und soziodemografischen Merkmalen.

Weiteres Messinstrument ist die aus der Entscheidungsforschung stammende experimentelle Spielsituation mit Bedingungsvariationen[190]. Dabei beruhen die meisten Untersuchungen auf dem Gefangenen-Dilemma-Spiel[191]. Ihm liegt ein entscheidungstheoretisch geprägter Begriff des Vertrauens zugrunde. Probleme des Vertrauens werden so als spezielle Fälle einer Entscheidung unter Risiko gesehen. Kooperationsbereitschaft ist hier das Maß für Vertrauen. Dahinter liegt die Erwartung, dass ein positives Ereignis bei Kooperation eintreten wird[192]. Zu vertrauen bedeutet dabei, die rational begründete Überzeugung zu besitzen, der andere werde in erwünschter Weise handeln. Mehrere Autoren bezweifeln, dass das Gefangenen-Dilemma-Spiel zur Erfassung von Vertrauen geeignet ist[193]. Kritisch zu betrachten ist die Ungenauigkeit der Trennung von Vertrauen und Kooperation[194]. Eine von Bierhoff et al. (1983) durchgeführte Rollenspielsituation basiert auf der Verhandlung eines interpersonellen Problems; dem Anfangskontakt wird dabei besondere Beachtung geschenkt. Auf einer weiteren experimentellen Spielsituation mit variierenden Komplexitätsbedingungen basiert die Untersuchung von Oswald (1997). Hierbei wurde von einer Person ein Konzept vorgestellt. Dieses und die Person waren von den Versuchspersonen zu bewerten. Eine zweite Studie untersuchte die Manipulation von Vertrauen (ebd.) unter ähnlichen Situationsvorgaben.

Petermann (1996) führte zwei Studien zu Vertrauen als beobachtbarem Verhalten durch. Er geht davon aus, dass Vertrauen ein erwünschtes

---

189   Cocard, 2003: 237.
190   Petermann, 1996: 40 ff.; Schlenker et al., 1973: 420 ff.; Schweer, 1996: 17 f.
191   vgl. Koller, 1997: 14 (unter Verweis auf Krivohlavy, J., 1974, Zwischenmenschliche Konflikte und experimentelle Spiele. Bern); Lahno, 2001: 75 ff.; Petermann, 1996: 40 ff.; Schweer, 1996: 16 f.
192   Petermann, 1996: 40; Schweer, 1996: 16.
193   vgl. Petermann, 1996: 45 f.; Schweer, 1996: 17.
194   vgl. Pieper, 2000: 92.

Verhalten darstellt. Die Befunde wurden durch Verhaltensbeobachtungen von Interaktionsprozessen bei Erstkontakten erhoben. Die erste Studie untersuchte die Kind-Erwachsenen-Interaktion mit Kindern im Alter von 6-10 Jahren in einer Freizeiteinrichtung. Die zweite Studie beschäftigte sich mit der Kind-Arzt-Interaktion. Einige weitere Studien im deutschsprachigen Raum befassen sich mit zwischenmenschlichem Vertrauen in professionellen Beziehungen. Da es insgesamt relativ wenige Forschungsergebnisse zu den professionellen Arbeitsfeldern gibt[195], werden übertragbare Ergebnisse aus der Führungsforschung[196] und der Kommunikationsforschung[197] referiert. Analysen von Forschungsergebnissen zu Vertrauen in der Arzt-Patient-Beziehung liegen von Koller und Lorenz (1997) vor. Eine Fragebogenerhebung zur Kommunikation in der Arzt-Patient-Beziehung wurde von Mader (2001) durchgeführt.

Die Pädagogik setzt sich ebenfalls mit dem Vertrauensphänomen auseinander, obwohl im Zuge ihrer Professionalisierung das Stichwort ,Vertrauen' aus der allgemeinen pädagogischen Literatur weitgehend verschwunden ist[198]. Besonders intensiv beschäftigte sich Schweer (1996) mit dem Thema Vertrauen in pädagogischen Zusammenhängen. Eine dreiteilige Studie zu Vertrauen in der pädagogischen Beziehung wurde von ihm als Interviewstudie (Teil 1) und als quantitative Fragebogenerhebung (Teil 2 und 3) vorgelegt. Die Untersuchungen erfolgten an Schülern, Studierenden und Auszubildenden. Die Fragestellung der Erhebung bezog sich auf die Herstellung von Vertrauen zwischen dem Lernenden und dem Lehrenden sowie auf den daraus folgenden Interaktionsprozess. Der jeweilige Fokus der Studien lag auf vertrauensfördernden Verhaltensweisen des Lehrenden[199] (Teil 1), der Einschätzung des Ausbildungsverhaltens in Relation zu entgegengebrachtem Vertrauen gegenüber Lehrenden[200] (Teil 2) sowie der Einschätzung der Ausbildungssituation in Relation zum Lehrenden und dem ihm entgegengebrachten Vertrauen[201] (Teil 3). In einer weiteren Erhebung wurden die Faktoren des Vertrauensaufbaus zwischen Schü-

195   vgl. Koller & Lorenz, 1997: 171; Neubauer, 1991: 213; Schweer, 1996: 36.
196   z.B. bei Neubauer, 1991; Schweer, 1996: 26 ff.
197   z.B. bei Schweer, 1996: 18 ff.
198   Thies, 2002: 58. Thies interpretiert dies als Zeichen der geringeren Wertschätzung einer vertrauensvollen Beziehung zwischen Lehrer und Schüler
      (ebd.).
199   vgl. ders., 1996: 92 ff.
200   vgl. ders., a.a.O.: 123 ff.
201   vgl. ders., a.a.O.: 132 ff.

lern und Lehrern genauer untersucht[202]. Vertrauen zwischen Lehrern und Schülern ist ebenfalls Gegenstand der Untersuchung von Thies (2002). In einer qualitativen und einer quantitativen Studie geht es ihr um die wechselseitige Regulierung vertrauensrelevanten Verhaltens. Dazu wurden die Form des Interviews und der Fragebogenerhebung gewählt. Die Untersuchung analysiert das Vertrauensphänomen in der pädagogischen Beziehung im Kontext Schule sowohl auf Lehrer- als auch auf Schüler- und auf Klassenebene[203]. Vertrauen im Jugendalter ist das Thema der Arbeit von Cocard (2003). Hier wurde ebenfalls die Form der Fragebogenerhebung gewählt. In drei Studien in der deutschsprachigen Schweiz werden Fragen nach Ausmaß und subjektiver Relevanz von gegenwärtigem und zukünftigem Vertrauen bei 12- bis 20-jährigen Jugendlichen gestellt[204], nach Personen-, Objekt- und Situationsbezogenheit und Kausalität von Vertrauen und Misstrauen[205] sowie nach der Bedeutung von Vertrauen, Vertrauenspersonen und Vertrauensmissbrauch für die befragten Jugendlichen[206]. Hier findet sich auch eine qualitative Interpretation von sechs Falldarstellungen[207].

Zu Fragestellungen des Vertrauens in gesellschaftliche Institutionen liegt die Studie von Schweer (1997a) vor. Im Fokus stand dabei der Vorgang der Vertrauensentstehung. Mithilfe eines standardisierten Fragebogens wurden junge Erwachsene im Alter von 18-30 Jahren untersucht. Im Hinblick auf zentrale gesellschaftliche Institutionen bezogen sich die Fragen auf die Ausprägung des Vertrauens, die individuell wahrgenommenen Indikatoren für Vertrauenswürdigkeit, das Ausmaß der Wahrnehmung vertrauensfördernder Merkmale sowie die Auswirkungen des Vertrauenserlebens auf soziales Handeln. Eine weitere Studie zur gleichen Thematik mit 14- bis 19-jährigen Befragten liegt ebenfalls vor (Schweer, 2000a).

Befunde weisen darauf hin, dass im Zusammenhang mit der sozialkognitiven Entwicklung Vertrauen bei Kindern in verschiedenen Entwicklungsstufen unterschiedlich ausgeprägt ist[208]. Daher ist von einer

---

202 vgl. ders., 1997b.
203 vgl. ders., 2002: 71 ff.
204 vgl. ders., a.a.O.: 77 ff. Hier werden, abweichend von der in der Bundesrepublik Deutschland üblichen Eingruppierung ab dem 14. Lebensjahr, schon 12- und 13-Jährige dem Jugendalter zugeordnet.
205 vgl. ders., a.a.O.: 153 ff.
206 vgl. ders., a.a.O.: 203 ff.
207 vgl. ders., a.a.O.: 206 ff.
208 Selman et al., 1977.

differenzierten Klassifikation des Vertrauensbegriffs bei Kindern und Jugendlichen je nach Altersstufe auszugehen[209]. Dies hat Relevanz bei der Bewertung von Forschungsergebnissen.

3.2.2 Ausgewählte Ergebnisse der empirischen Vertrauensforschung

Die vorliegenden empirischen Befunde werden in Anlehnung an die Akzentuierungen von Petermann (1996) und Schweer (1996) vorgestellt. Dabei ist eine eindeutige Zuordnung nicht immer möglich. Der größte Teil dieser Forschungsergebnisse bezieht sich auf Vertrauen zwischen weitgehend gleichgestellten Interaktionspartnern. Die Erfassungen von Vertrauen in gesellschaftliche Institutionen allgemein und in den Beziehungen in professionellen Anwendungsfeldern werden dieser Systematisierung hinzugefügt. Es ist anzunehmen, dass den Ergebnissen der Felduntersuchungen zu diesem komplexen Phänomen eine höhere Aussagerelevanz zukommt als den unter Laborbedingungen entstandenen. Dem wird in der Ausführlichkeit der Darstellungen Rechnung getragen. Aus der Vielzahl vorliegender Ergebnisse werden diejenigen erörtert, die hinsichtlich der Thematik dieser Arbeit als erkenntnisbildend eingeschätzt werden.

3.2.2.1 Vertrauen als Persönlichkeitsvariable

Die Einordnung von Vertrauen als Persönlichkeitsvariable sieht Vertrauen als charakteristisches Merkmal der vertrauenden Person. Vertrauen hat hierbei keinen spezifischen Gegenstand, sondern richtet sich auf die Existenz im Ganzen. Insgesamt betrachtet sind die diesbezüglichen empirischen Befunde allein nicht von hohem Aussagewert für Vertrauen in zwischenmenschlichen Beziehungen und reichen für die Erklärung der Entstehung von Vertrauen in sozialen Zusammenhängen nicht aus[210].

Generalisiertes interpersonales Vertrauen

In seiner auf der Interpersonal Trust Scale basierenden Studie kam Rotter (1967, 1981) zu dem Ergebnis, dass Menschen, die anderen trauen, selbst als zuverlässig und ehrlich gelten und ihnen ebenfalls Vertrauen

---

209   vgl. Cocard, 2003: 87; Neubauer, 1991: 215 f.; Petermann, 1996: 49 ff.; Schweer & Thies, 1999: 32 f.
210   vgl. Petermann, 1996: 60; Schweer, 1996: 15 f.; Schweer & Thies 1999: 17; vgl. Kapitel 3.2.2.

entgegengebracht wird[211]. Er unterschied die Persönlichkeitsmerkmale ‚vertrauensvoll' und ‚misstrauisch'. Vertrauensvolle Menschen wären bereit, dem anderen einen Vertrauensvorschuss zu gewähren, bis sie vom Gegenteil überzeugt werden. Im Vergleich zu misstrauischen Menschen lebten vertrauensvolle sozial angepasster, hätten seltener Konflikte mit anderen, würden seltener lügen, gäben anderen eher eine zweite Chance und hätten insgesamt eine eher optimistische Erwartung an andere Menschen[212].

Bierhoff und Buck[213] bezeichnen ‚Grundvertrauen' als basal für zwischenmenschliches Vertrauen. Menschen mit hohen Vertrauenswerten auf der Rotter-Skala zeigen sich in der Gefangenen-Dilemma-Situation etwas kooperativer und zuversichtlicher als Personen mit geringeren generalisierten Vertrauenserwartungen[214]. Neubauer[215] bemerkt, dass Zusammenhänge zwischen generalisiertem interpersonalen Vertrauen und der impliziten Vertrauenstheorie einer Person bestehen. Allerdings spielen andere Variablen, wie persönliche Werthaltungen, Selbstkonzept oder konkrete Erfahrungen mit dem jeweiligen Interaktionspartner, ebenfalls eine Rolle.

Selbstvertrauen

Petermann[216] sieht eine Verknüpfung von erlebter Selbstwirksamkeit und Selbstvertrauen, das eine wichtige Bedingung für vertrauensvolles Verhalten darstellt. Ebenso wie Luhmann[217] ist er der Ansicht, dass nur jemand ein Risiko eingehen kann, der über Selbstvertrauen verfügt, da er dann eine stabilisierte Persönlichkeit besitzt und ihm „eine Art Selbstsicherheit innewohnt, die [...] befähigt, etwaigen Vertrauensenttäuschungen mit Fassung entgegenzusehen" (Luhmann, 2000: 102). Den positiven Zusammenhang zwischen interpersonalem Vertrauen und Selbstvertrauen bei Jugendlichen konnte Cocard empirisch belegen[218]. Selbstvertrauen und Vertrauen stehen in einem engen Zusam-

---

211 ders., 1981: 24.
212 ders., a.a.O.: 24 ff.
213 ders., 1997: 100 in Anlehnung an Giddens (1991)
214 Schlenker et al., 1973: 424 ff.
215 ders., 1991: 216.
216 vgl. ders., 1996: 111 ff.
217 ders., 2000: 102 ff.
218 vgl. ders., 2003: 137.

menhang[219]; Selbstvertrauen kann als vertrauensfördernde Bedingung gekennzeichnet werden.

Geschlecht und Alter

Es scheint geschlechtsspezifische Unterschiede hinsichtlich des physischen Vertrauens zu geben[220]. Weitere Hinweise auf geschlechtsspezifische Differenzen in Bezug auf Vertrauen gibt es durch Untersuchungen mit experimentellen Spielsituationen. Bemerkenswerte Ergebnisse sind dabei, dass Frauen und Männer unterschiedliche Grundannahmen über die menschliche Natur zu besitzen scheinen und dass Frauen nach eigenem kooperativen Verhalten eine höhere Erwartungshaltung an die Kooperationsbereitschaft des Spielpartners besitzen[221]. Frauen wie Männern wird gleichermaßen vertraut. Menschen gleichen Geschlechts werden öfter als Zielpersonen von Vertrauen benannt[222]. Während zwischen der Vertrauensbereitschaft bei Männern und Frauen zunächst keine Unterschiede festzustellen sind, zeigen Personen aus unteren gesellschaftlichen Schichten andere Ergebnisse auf: Dort ist ein Unterschied zwischen Vertrauen und Geschlechtszugehörigkeit auszumachen. Frauen sind hier weniger vertrauensbereit als Männer[223], besonders in Bezug auf Personen aus höheren Schichten[224].

Menschen aller Altersstufen werden in Studien als Vertrauenspersonen benannt, ebenso gilt das für Geschlecht und Schicht[225]. Eine Bevorzugung einer Person der eigenen Altersstufe konnte festgestellt werden, dies besonders stark bei 16- bis 25-Jährigen[226]. Bei der Kombination nach Alter und Geschlecht zeigte sich, dass Männer am meisten Vertrauen zu jüngeren Frauen haben, dies auch im Vergleich zu allen anderen Kombinationsmöglichkeiten für Frauen und Männer. Frauen hatten dieser Zielgruppe gegenüber weniger Vertrauen, jüngeren Männern gegenüber hingegen mehr[227]. Deutlich älteren Menschen wurde insgesamt von beiden Geschlechtern signifikant weniger Vertrauen entgegenge-

---

219 vgl. Deutsch, 1976: 148 f.; Endreß, 2001; Petermann, 1996: 111 ff., 119; Schweer, 1996.
220 vgl. Johnson-George & Swap, 1982.
221 Lacy, 1978, nach Petermann, 1996: 59 ff.
222 Bierhoff & Buck, 1997: 108 ff.
223 Bierhoff & Buck, 1984: 79 ff.
224 ders., a.a.O.: 95.
225 ders., a.a.O.: 88 ff.
226 ders., 1997: 108 f.
227 ders., 1984: 90.

bracht. Allerdings gilt dies nicht, wenn eine durch hohes Vertrauen gekennzeichnete Beziehung bereits besteht[228]. Generell zeigt sich, dass alle Personen als Zielperson für Vertrauen Menschen bevorzugen, die ihnen ähnlich hinsichtlich des Alters, des Geschlechts und des Sozialprestiges sind[229]. Auch in der pädagogischen Beziehung kann ein sehr großer Altersunterschied zwischen Lehrenden und Lernenden problematisch für die Entstehung von Vertrauen sein[230].

3.2.2.2 Vertrauen als Situationsvariable

Bei einer Einordnung von Vertrauen als Situationsvariable wird davon ausgegangen, dass es in Abhängigkeit zu Kontextbedingungen steht. Beziehung und Situation können in den Betrachtungen zusätzlich getrennt sein[231] oder, in Unterscheidung zu Persönlichkeitsvariablen, als Lebensbereiche und Situationen zusammengefasst werden[232].

Verstärkung, Information und Selbstexploration

Äußere Verstärkung trägt zur Bildung von Vertrauen bei[233]. Empfundene Machtlosigkeit führt zu weniger Vertrauen[234]. Resultate des Gefangenen-Dilemma-Spiels weisen darauf hin, dass „Modellernen, Verstärkung, die Dauer der Interaktion und Formen der wechselseitigen Abhängigkeit kooperatives Verhalten begründen und damit auch langfristig Vertrauen aufbauen" (Petermann, 1996: 45). Die Möglichkeit des Informationsaustausches und die Selbstöffnung der Interaktionspartner erhöhen die Kooperationsbereitschaft[235]. In der Interaktion spielen verbale wie nonverbale Verhaltenswiesen für wahrgenommene Vertrauenswürdigkeit eine wichtige Rolle. Das Verhalten gegenüber einem anderen Menschen sollte demnach verbal und nonverbal Interesse signalisieren, um vertrauenswürdig zu erscheinen. Ein ständiger Themenwechsel, Signale von Desinteresse, unangemessene Sitzhaltung und mangelnder Blickkontakt werden als Informationen der Nicht-Vertrauenswürdigkeit aufgefasst[236].

---

228 ders., a.a.O.: 88 ff., 93.
229 ders., a.a.O.: 95; ders., 1997: 108 f.
230 Schweer & Thies, 1999: 90 f.
231 vgl. bei Petermann, 1996: 60 ff., 64 ff.
232 vgl. bei Schweer 1996: 16 ff., 21 ff., 25 ff.; Schweer & Thies, 1999: 13; Thies, 2003: 52 ff.
233 Hake & Schmid, 1981.
234 Schill et al., 1980.
235 Schweer, 1996: 17; Petermann, 1996: 43, 69.
236 Rothmeier & Dixon, 1980: 316 ff., vgl. Petermann, 1996: 66 f.

Lebensbereich

Eine höhere Vertrauensstufe wird eher im sozialen Nahraum entgegengebracht[237]. Ein Zusammenhang zwischen Kontext und Vertrauenstendenz konnte mit einer Untersuchung zu Vertrauen in verschiedenen Lebensbereichen belegt werden[238]. Außerdem zeigt sich empirisch eine Verknüpfung zwischen impliziter Vertrauenstheorie einer Person und dem Vertrauen in verschiedenen Kontexten. Eine Person hat demnach an unterschiedliche Lebensbereiche und Adressaten auch unterschiedliche subjektive Erwartungen, die erfüllt sein müssen, damit Vertrauen entstehen kann. Schweer belegt in seinen Studien die Annahmen seiner differenziellen Vertrauenstheorie[239] und weist für den pädagogischen Bereich das Vorhandensein des Phänomens der individuellen, impliziten Vertrauenstheorie nach[240].

Komplexität

Von einer Prämisse im Sinne der funktionalistischen Theorie zu Vertrauen nach Luhmann[241] geht eine Studie von Oswald[242] aus. In Spielsituationen mit unterschiedlichen Komplexitätsniveaus konnte sie belegen, dass die Akzeptanz eines vorgelegten Konzeptes weitgehend unabhängig von dessen Einfachheit oder Differenziertheit mit steigender Komplexität der Situation zunimmt. Außerdem steigt bei zunehmender Komplexität die Zuschreibung von Kompetenz und das Vertrauen in die betreffende Person nimmt zu. Dagegen erhöht sich aber nicht die Sympathie für diese Person[243]. Daraus schließt sie, dass „Personen in komplexen Situationen nicht nur eine Entlastung suchen, indem sie Lösungsangebote zunehmend eher zu akzeptieren bereit sind, sondern dass sie darüber hinaus auch bereit sind, der lösungsanbietenden Person Vertrauen entgegenzubringen" (ders., a.a.O.: 86).

3.2.2.3 Vertrauen als Beziehungsvariable

Interaktionen in dyadischen Beziehungen werden aus dem Blickwinkel auf Vertrauen als Beziehungsvariable betrachtet. Sie werden einerseits

---

237   Cocard, 2003: 87 ff., 94 ff., 159 ff.; Gosmann, 1997: 47; Bierhoff & Buck, 1984:
        85; ders., 1997: 107; Schweer, 1996: 50 f., Schweer & Thies, 1999: 17 f.
238   vgl. Schweer, 1996: 50 ff., ders., 2000a: 384; Schweer & Thies, 1999: 18.
239   vgl. Kapitel 3.1.5.
240   vgl. ders., 1996: 89 ff.
241   vgl. Kapitel 3.1.1.
242   ders., 1997: 79 ff.
243   Oswald, 1997: 84 ff.

von den Merkmalen der beteiligten Personen beeinflusst; dabei stehen sie andererseits auch immer in einem bestimmten Kontext. Befunde zu den Bedingungen für interpersonales Vertrauen in unterschiedlichen Lebensbereichen lassen sich daher nicht trennscharf einordnen.

Zwischenmenschliches Vertrauen ist das Ergebnis einer sozialen Beziehung[244]. Beziehungen von Menschen werden oft mit Blick auf die soziale Austauschtheorie erklärt, nach der das implizierte und tatsächliche Ausmaß des gegenseitigen Austauschs vergleichbar groß sein muss, damit eine Beziehung als erstrebenswert angesehen wird[245]. Davon ausgehend sind besonders die Hinweise für die Forschung interessant, die signalisierende Funktion für den Interaktionspartner haben können.

Zuschreibung von Eigenschaften und Sympathie

Ergebnisse der Kommunikationsforschung zeigen einen Zusammenhang zwischen der wahrgenommenen Vertrauenswürdigkeit einer Person und der ihr zugeschriebenen Glaubwürdigkeit[246]. Im Sinne eines Vorschusses werden weitere zusagende Wesensmerkmale nach Wahrnehmung einer subjektiv positiv bewerteten Eigenschaft bei einer Person angenommen[247]. Die aufgrund eines - auch falschen - Persönlichkeitsfeedbacks gebildete subjektive Persönlichkeitstheorie über einen anderen erhält sich weitgehend aufrecht[248]. Informationen über die sozialen Motive des Interaktionspartners sind ausschlaggebend. Bierhoff und Buck zeigen, dass Personen, denen vertraut wird, in den bei ihnen vermuteten Eigenschaften positiver beurteilt werden als jene, denen nicht vertraut wird. Das Ausmaß des Vertrauens strukturiert demnach wahrscheinlich die Personenwahrnehmung[249].

Die dem Interaktionspartner zugeschriebene Intention und Glaubwürdigkeit stellen wesentliche Variablen für den Aufbau von Vertrauen dar[250]. Aus empirischen Ergebnissen[251] lässt sich schließen, dass die Personenwahrnehmung mit dem Prozess der Vertrauensentwicklung zu-

---

244 Schweer, 1996: 21.
245 vgl. Deutsch, 1976: 139 ff.; Gondek et al., 1992: 38 ff.; Hardin, 2001: 296 f.; Petermann, 1996: 64 ff.; Schweer, 1996: 24 f.; Thies, 2002: 42.
246 siehe Schweer, 1996: 18.
247 Schweer & Thies, 1999: 20 ff.
248 Bierhoff et al., 1983: 65 ff.
249 ders., 1984: 94.
250 Petermann, 1996: 67.
251 z.B. Bierhoff & Buck, 1984.

sammenhängt[252]. Auch rein äußere Merkmale spielen dabei eine Rolle[253]. Petermann benennt „Geschlecht, Alter, Körperbau, Haartracht, Sprechweise, eine besonders mütterliche oder kumpelhafte Haltung" (ders., a.a.O.: 126 f.) als solche möglichen, personengebundenen Sympathiemerkmale „zumindest in der Anfangsphase des Kontaktes" (ebd.). Der Anfangskontakt und der damit verbundene erste Eindruck sind ganz ausschlaggebend für die Entstehung von Vertrauen[254]. Dieser ist wichtig für die Gewährung eines Vertrauensvorschusses, allerdings ist der folgende Beziehungsverlauf entscheidend für die Aufrechterhaltung des Vertrauens[255]. Ein anfänglich positiver Eindruck wirkt sich vertrauensfördernd aus[256]. Bierhoff et al. Zeigen, dass Vertrauen und Sympathie miteinander korrelieren[257]. Die Zuschreibung bestimmter positiv eingeschätzter Eigenschaften, wie Kompetenz oder Verlässlichkeit, kann dennoch auch bei fehlender Sympathie[258] und selbst bei Misstrauen[259] stattfinden.

Täuschung

Wie anhand der Forschungsergebnisse zur Zuschreibung von Personeneigenschaften sichtbar wird, wäre besonders im Bereich der Selbstdarstellung Manipulation möglich. Offenbar jedoch ist solch eine Täuschung im Sinne einer Verhaltensstrategie zum Vertrauenserwerb nur kurzzeitig möglich. Entweder wird das gezeigte Verhalten nicht dauerhaft durchgehalten oder als Strategie durchschaut - und das eventuell mit schwerwiegenden Folgen für das Vertrauensverhältnis - oder es wird über längere Zeit beibehalten und somit zu echtem Verhalten[260]. Wesentlich ist vor allem die Bewertung des Verhaltens als echt oder nicht echt durch den anderen; daher ist es, jenseits von moralischen Gesichtspunkten, gleichgültig, ob das Verhalten ehrlich ist oder strategisch. Auch ein ehrliches Verhalten wird unter Umständen missge-

---

252   vgl. Schweer, 1996: 19 ff.
253   vgl. Petermann, 1996: 126 f.; Schweer & Thies, 1999: 21.
254   Gosmann, 1997: 48; Petermann, 1996: 126 f.; Schweer, 1996: 19 ff., 123 ff.;
      71 ff.; 175 ff.; Schweer & Thies, 1999: 20 ff.
255   vgl. Bierhoff et al., 1983: 65 ff.; Schweer & Thies, 1999: 22.
256   Schweer & Thies, 1999: 22.
257   ders., 1983: 70.
258   Bierhoff & Buck, 1997: 100; Oswald, 1997: 85.
259   Gondek et al, 1992: 38.
260   Cocard, 2003: 247; Luhmann, 2000: 84; Schweer & Thies, 1999: 35, 101 ff.,
      167 ff.

deutet. Gerade in hierarchischen Beziehungen kann dies zum Problem werden[261].

Wechselseitigkeit

Ein wesentliches Merkmal von Vertrauen ist Wechselseitigkeit[262]. Der Vertrauende erwartet, dass auch ihm Vertrauen entgegengebracht wird. Bleibt dies aus, stellt sich langfristig die Frage nach der Beziehungsqualität. Eine Erklärung dafür ist die Norm der Reziprozität[263]. Die Beziehung muss für die Beteiligten ihre Bedürfnisse nach sozialer Anerkennung und nach Austauschgerechtigkeit befriedigen. Für das pädagogische Feld interessant sind insbesondere Ergebnisse der Führungsforschung zur impliziten Führungstheorie[264]; auch sie belegen Reziprozitätserwartungen in Bezug auf Vertrauen[265]. Im schulpädagogischen Feld konnte nachgewiesen werden, dass dies nur in einem Teil dortiger Beziehungen tatsächlich realisiert ist[266]. Bei gezeigtem vertrauensvollen Verhalten in Interaktionsprozessen belegt Petermann Wechselwirkungen. In der Kind-Erwachsenen-Interaktion zeigen sich günstige Auswirkungen bei positiver Reaktion auf vertrauensvolles Verhalten des Kindes und bei vertrauensvollem Anfangsverhalten des Erwachsenen. Erkennbar ist wechselseitige Verstärkung vertrauensvollen Verhaltens zwischen Kind und Erwachsenem[267]. Schweer belegt im pädagogischen Feld, dass Lernende das ihnen entgegengebrachte Vertrauen umso höher einschätzen, je mehr sie dem Lehrenden vertrauen[268].

Die Handlungen in einer Vertrauensbeziehung haben beziehungsspezifische Formen und Toleranzen. Alle Handlungen im Rahmen des durch die Beteiligten als angemessen Definierten werden deren vorhandene Vertrauensbeziehung nicht zerstören. Mit Vertrauen geht dabei eine spezifische Toleranz für Varianzen hinsichtlich des Verhaltens einher. Dies lässt sich interaktionsgeschichtlich begründen und ist konstitutiv für Vertrauen[269].

---

261 Schweer, 1996: 64.
262 Schweer, 1996: 4 f.; Schweer & Thies, 1999: 23 f.; Thies, 2003: 41 f.
263 vgl. Bierhoff et al., 1983: 65 ff.; Gouldner, 1960; Schweer, 1996: 8; Schweer, 1998a: 8 f., Zimbardo, 1992: 373.
264 vgl. Neubauer, 1982; Nickel, 1976: 159 f.
265 Neubauer, 1991: 216 f.
266 vgl. Thies, 2003: 213, 221 ff.
267 vgl. ders., 1996: 87 ff.
268 vgl. ders., 1996: 176.
269 Endreß, 2001: 170.

Asymmetrische Struktur in partnerschaftlichen Beziehungen

Im Rahmen der Gefangenen-Dilemma-Situation konnte nachgewiesen werden, dass Vertrauen sich bei gleichmächtigen Partnern eher aufbaut. Vertrauen kann nicht durch Druck erzwungen werden[270]. Bierhoff et al. belegen, dass sich Hierarchie nachteilig auf die Entstehung von Vertrauen auswirkt. Sie sehen einen ausschlaggebenden Grund darin, dass zum Vertrauensaufbau einer der beiden Partner anfangen muss, beobachtbare Vertrauenssignale zu zeigen. Im Prozess der Vertrauensbildung muss einer der Interaktionspartner den Vertrauensaufbau beginnen. Das ist in einer hierarchischen Struktur erschwert, da hier anfängliches Vertrauen seltener entstehen kann. Generell kann daher gesagt werden, dass eine gleichgestellte Beziehung für die Entwicklung von Vertrauen günstiger als eine hierarchische ist[271].

3.2.3 Vertrauen bei Kindern und Jugendlichen

3.2.3.1 Entwicklungsstufen von Vertrauen

Die Bildung eines subjektiven Vertrauenskonzeptes entsteht über die Jahre der Entwicklung hinweg und zeigt sich in verschiedenen Vertrauensstufen. Selman et al. (1977) kategorisierten aufgrund von Interviews mit Kindern derartige verschiedene Entwicklungsstufen[272]. Bis zum dritten Lebensjahr scheint es noch kein greifbares Vertrauenskonzept zu geben, erst ab dann zeigen sich erkennbare Konkretisierungen. Sie stehen offenbar in engem Bezug zur sozial-kognitiven Entwicklung; daher können sie sich überlappen. Im Alter von ca. 3-5 Jahren hängt die Vertrauenswürdigkeit einer anderen Person von den wahrgenommenen physischen Fähigkeiten ab. Kinder haben, so Neubauer[273], in diesem Alter ein nahezu grenzenloses Vertrauen in die Eltern. Im Alter von ca. 5-11 Jahren werden die eingeschätzten Absichten des Gegenübers als Grundlage für Vertrauen gesehen. Dies bestätigen weitere Befunde, die auf Loyalität und Zuverlässigkeit hinsichtlich abgegebener Versprechen bei älteren Kindern hinweisen[274]. Im Alter von ca. 7-14 Jahren wird der Aspekt der Austauschgerechtigkeit bedeutsam. Ab dem 12. Lebensjahr entwickelt sich der Glaube an die Beständigkeit einer Beziehung als wichtige Komponente für Vertrauen. Im adoleszenten Alter entwickelt sich dies weiter zu einer Idee von Vertrauen,

---

270 Solomon, 1960, nach Petermann, 1996: 61.
271 ders., 1983: 65 ff.
272 vgl. ebd.; Neubauer, 1991: 215; Petermann, 1996: 49 ff.
273 ders., 1991: 215.
274 ebd.

die darauf beruht, dass Veränderungen einer Beziehung konstruktiv gesehen werden und die Stabilität der Beziehung bestätigen[275].

3.2.3.2 Vertrauen und Misstrauen im Jugendalter

Eine neuere Studie von Y. Cocard untersuchte Vertrauen und Misstrauen in der Wahrnehmung und Erlebniswelt von Jugendlichen[276]. Der hierbei verwendete Vertrauensbegriff bezieht sich auf eine Situation, in der man Unterstützung braucht und sich auf jemand anderen verlassen muss. Daher geht es um die Verlässlichkeit in der Zukunft[277]. Hingewiesen werden muss vorab auf den erweiterten Vertrauensbegriff bei Cocard, der sich auch auf nicht-personelle Objekte bezieht. Zu hinterfragen ist, inwieweit die vertrauensimmanente Risikokomponente bei einem ‚Gespräch' mit einem Plüschtier und inwieweit eine personale Komponente gegeben und der Vertrauensbegriff daher legitim ist[278]. Nachfolgend werden die wichtigsten Ergebnisse der Studie von Cocard dargestellt.

Alle Jugendlichen haben ein Bedürfnis nach vertrauensvollen Familienbeziehungen, auch wenn dies gegenwärtig nicht der Fall ist. Es besteht eine große persönliche Relevanz für Jugendliche, sich gegenwärtig und zukünftig auf Freunde und Familie verlassen zu können. Dies gilt ebenso unabhängig davon, ob es aktuell in ihrem Leben so ist[279]. Bei den Befragten herrscht „Konsens darüber, dass Vertrauen eine fundamentale Grundkomponente ist, die zumindest im unmittelbaren Lebensumfeld realisiert sein soll" (ders., a.a.O.: 103).

Auch Cocard stellte fest, dass sich das Ausmaß von Vertrauen bei Jugendlichen je nach Alter verändert; ebenso gibt es Unterschiede aufgrund der Geschlechtszugehörigkeit[280]. Ferner können Jugendliche unterschiedlich vertrauen. Außerhalb des sozialen Nahraumes ist ihr Vertrauen grundsätzlich spezifisch begründet[281]. Ihr Vertrauen ist vom Gegenüber abhängig, generalisiertes Vertrauen ist für Jugendliche untergeordnet[282]. „Interpersonales Vertrauen manifestiert sich in

---

275 Selman, 1977; Neubauer, 1991: 215; Petermann, 1996: 49 ff.
276 Mit dem Begriff ‚Jugendliche' werden hier 12- bis 20-Jährige bezeichnet.
277 ders., 2003: 84.
278 vgl. Kapitel 3.1.4.
279 ders., a.a.O.: 102 f.
280 ders., a.a.O.: 87.
281 ders., a.a.O.: 178.
282 ders, a.a.O.: 105.

der individuellen Lebenssituation, nicht aber in der Bewertung gesellschaftlicher Kontexte" (ders., a.a.O.: 151).

Starke Auswirkungen hat das Vertrauen in der Familie. Jugendliche, die hier vertrauen,[283]

- erleben Nähe zu elterlichen Meinungen,
- empfinden Einmischung der Eltern als weniger groß,
- empfinden, dass ihre Meinung und Vorschläge in der Familie berücksichtigt werden,
- fühlen sich anerkannt,
- haben Interesse an gemeinsamer Freizeitgestaltung mit der Familie,
- haben das Gefühl, Einfluss auf das familiäre Zusammenleben zu haben,
- sehen Übereinstimmung mit elterlichen Zukunftsvorstellungen.

Alle diese Punkte zeigten sich als problematisch bei Jugendlichen mit wenig erlebtem Vertrauen in der Familie. So haben auch Jugendliche, in deren Familie Entscheidungen unter Einbezug aller getroffen werden, mehr Vertrauen zu ihrer Familie als die, wo die Entscheidungsgewalt bei den Eltern liegt[284]. Viel Vertrauen in der Familie steht deutlich in Verbindung mit günstigerem Kommunikationsmilieu und intensiverem familiären Zusammenleben[285].

Jugendliche haben das Bedürfnis nach einem eigenen Standpunkt. Zu viel Einmischung in persönliche Bereiche durch Erwachsene beeinflusst Vertrauen negativ[286]. Jugendliche mit Mangel an verlässlichen Bezugspersonen und demnach wenig erlebtem Vertrauen haben nach eigener Einschätzung Hilflosigkeitsgefühle, viele persönliche Probleme, weniger konstruktive Problemlösungsstrategien (eher abwarten oder verdrängen) und zeigen sich dabei weniger selbstständig als vertrauensvolle Jugendliche. Jugendliche mit hohem interpersonalen Vertrauen haben mehr Selbstvertrauen und mehr Lebensfreude. Vertrauen baut größere Zufriedenheit, größere Selbstsicherheit, Erkennen von Sinnhaftigkeit des Lebens, ausgewogenes Lebensgefühl und höheres Wohlbefinden auf. Gleichzeitig entsteht Öffnung gegenüber anderen und Hilfe wird eher in Anspruch genommen[287].

---

283 ders., a.a.O.: 107 ff.
284 ders., a.a.O.: 112.
285 ders., a.a.O.: 129.
286 ders., a.a.O.: 118.
287 · ders., a.a.O.: 133 ff.

In der Studie 2 von Cocard wird nach Vertrauensgründen gefragt. Mehr als 50 % der genannten Vertrauensgründe hängen mit der Vertrauenswürdigkeit und den konkreten positiven Erfahrungen über die Zeit mit der Person zusammen. Vertrauen wird von Jugendlichen häufig im Zusammenhang mit Problemen benannt. Die häufigsten Motive für Vertrauen von Jugendlichen sind erwartete Verschwiegenheit und Verständnis[288]. Über 1/3 der Antworten lagen im Bereich der Vertrauenswürdigkeit (Items: Verständnis, Sicherheit, Verschwiegenheit, Ehrlichkeit). Die Verschwiegenheit macht dabei einen Anteil von fast 10 % des gesamten Antwortspektrums aus. Verschwiegenheit unterscheidet sich von der ebenfalls benannten und niedriger bewerteten Kategorie ‚Sicherheit‘. Das bedeutet, dass es Jugendlichen nicht ausreicht, Sicherheit zu haben im Sinne von ‚Ich kann ihm alles erzählen‘ und/ oder ‚Sie behandelt alles vertraulich‘, um Vertrauen zu können, sondern dass sie tatsächlich absolute Verschwiegenheit erwarten. Im Gegenteil: Jugendliche empfinden offenbar ‚Weitererzählen‘ als Vertrauensmissbrauch[289]. Vertraut wird daher bezeichnenderweise oft auch Heimtieren oder Objekten, wie dem Tagebuch oder einem Plüschtier, da diese mit Verständnis und Verschwiegenheit in Verbindung gebracht werden[290]. Die Jugendlichen vertrauen hier, weil das Objekt die in es gesetzten Erwartungen erfüllt und präsent ist, wenn es gebraucht wird[291]. Cocard weist darauf hin, dass der Vertrauensbegriff auch hinsichtlich nicht-personeller Objekte sehr unterschiedlich ist. So sei das Vertrauen zum Tagebuch etwas anderes als Vertrauen zum öffentlichen Nahverkehr. Der Unterschied liege in der psycho-sozialen Dimension[292].

Vertrauenspersonen aus dem sozialen Nahraum sind oft Ansprechpartner für Jugendliche. Wenn Jugendliche jemandem vertrauen, dann bestätigt sich dieses Vertrauen auch in der Generalisierung. Nur in wenigen Fällen und besonderen Situationen wird Personen, denen generelles Vertrauen entgegengebracht wird, misstraut. Die Vertrauensbeziehung kann trotzdem bestehen bleiben. Dies ist vor allem der Fall, wenn es sich um sehr persönliche Dinge handelt oder wenn eine beziehungsstörende Situation wie ein vorangegangener Streit oder andere ungünstige Rahmenbedingungen vorliegen[293]. Misstrauen kann

288   ders., a.a.O.: 166 ff.
289   vgl. ders., a.a.O.: 175.
290   vgl. ders., a.a.O.: 197 f.
291   ders., a.a.O.: 200.
292   vgl. ders., a.a.O.: 198.
293   ders., a.a.O.: 173 ff.

gegenüber Vertrauenspersonen dann entstehen, wenn „das Beziehungsverhältnis momentan gestört ist, sie für ein bestimmtes Anliegen als inadäquat oder wenig vertrauenswürdig erachtet werden oder ihre Verlässlichkeit durch ihr momentanes Verhalten in Frage gestellt ist" (ders., a.a.O.: 178). Für Vertrauen von Jugendlichen in ihrem sozialen Nahraum stellt Cocard fest:

> *Vertrauen existiert insbesondere dann, wenn über längere Zeit verlässliche und verschwiegene Menschen zugegen sind, die Verständnis für persönliche Anliegen aufbringen. Tiefgründige Vertrauensbeziehungen bedingen stabile Verhältnisse und Zeit. Es konsolidiert sich in Krisenmomenten, in denen sich Jugendliche unterstützt fühlen (ders., a.a.O.: 176).*

Für Jugendliche ist die Familie der zentrale Ort für Vertrauen[294]. Kontakthäufigkeit sowie daraus entstehende Nähe und Vertrauen stehen in engem Zusammenhang[295]. Das ist eine mögliche Erklärung, warum Jugendliche immer wieder vor allem Vertrauen in Eltern und Freunde angeben. Es erklärt auch, warum der Arzt von Jugendlichen erst nach dem Lehrer als Vertrauensperson benannt wird[296]. Personen, die nicht zum sozialen Nahfeld der Jugendlichen gehören, müssen die Vertrauensgründe deutlicher erfüllen als z.B. Familiengehörige[297]. Jugendliche sehen in solchen Beziehungen immer ein Risiko. Einzelnen Kontakten und Ereignissen kommt hier eine besonders hohe Bedeutung zu. Der Zeitfaktor spielt dabei eine geringe Rolle. Das Gegenüber muss sich in den jeweils stattfindenden Kontakten als vertrauenswürdig erweisen. Bedenkt man die Gründe für Vertrauen in solche Personen, so wird dies auch klarer: Jugendliche vertrauen solchen Personen vor allem deshalb, weil sie keine Alternative haben, z.B. wenn sie Hilfe brauchen. Vor allem kritische Momente spielen hier eine besondere Rolle[298]. Objekten und abstrakten Systeme wird ebenfalls nur aus funktionellen Gründen vertraut. Hier handelt es sich um Vertrauen aus Abhängigkeitsgründen oder fehlenden Alternativen. Gesellschaftliche Institutionen und Systeme werden von den Jugendlichen bis zum 20. Lebensjahr als Vertrauensobjekte gar nicht erwähnt; erst die Altersgruppe 20-21 benennt diese[299]. Das ist ein problematisches Ergebnis, denn ge-

---

294   ders., a.a.O.: 229.
295   ders., a.a.O.: 161 ff.
296   vgl. ders., a.a.O.: 163 f.
297   ders., a.a.O.: 168.
298   ders., a.a.O.: 177.
299   ders., a.a.O.: 201.

rade bei den Zielgruppen des Kinder- und Jugendhilfebereichs ist die Vertrauenstendenz für die Vertrauensgenese wesentlich[300].

Bei Jugendlichen unterscheidet sich Misstrauen gegenüber ehemaligen Vertrauenspersonen von Misstrauen gegenüber Personen außerhalb des sozialen Nahfeldes[301]. Vor allem fremde Menschen werden von Jugendlichen als Misstrauenspersonen benannt. Jugendliche haben Misstrauen zu Menschen mit bestimmten Charakterzügen (Unglaubwürdigkeit, Lügner) und in Bereichen, zu deren Vertretern sie keine persönliche Beziehung haben, wie zum Staat oder zur Polizei. Es besteht außerdem Misstrauen gegenüber Personen, mit denen die Jugendlichen Vertrauensenttäuschungen erlebt haben[302].

Bei den Misstrauensgründen rangiert fehlende Verschwiegenheit auf Platz 1, gefolgt von Lügen und geringer Kenntnis des Anderen. Hier sind der Bereich des Risikos (Items Einschätzung, Gewissheit) und wiederum der Bereich fehlender Vertrauenswürdigkeit (Sicherheit, Verschwiegenheit, Ehrlichkeit) als ausschlaggebend mit nahezu 50 % benannt[303]. Die Misstrauensmöglichkeit gegenüber Personen, die nicht zum sozialen Nahraum der Jugendlichen gehören, ist hoch[304]. Vorurteile oder Unberechenbarkeit aufgrund fehlender Informationen sind ausschlaggebend[305]. Misstrauenssituationen sind für Jugendliche gekennzeichnet durch generelles Misstrauen einer Person gegenüber. Sie misstrauen bei besonders relevanten Angelegenheiten und vor allem in Bezug auf bestimmte Verhaltensweisen des Anderen wie fehlende Verlässlichkeit und Vertrauensmissbrauch durch Weitererzählen oder Nicht-Ernstnehmen. Misstraut ein Jugendlicher jemandem, so bezieht sich das auf alle Bereiche, die mit dieser Person zu tun haben. In Bezug auf Situationen, in denen man einer Misstrauensperson doch Vertrauen schenken könnte, nannten die Jugendlichen Situationen eigener Hilflosigkeit ohne Alternativpersonen und Ausnahmesituationen mit Notfallcharakter. Die meisten jedoch schlossen Vertrauen gegenüber solchen Personen aus. Vertraut wird diesen also nur dann, wenn es wirklich gar nicht anders geht[306].

---

300   Schweer, 1996: 155 ff.
301   Cocard, 2003: 193.
302   ders., a.a.O.: 179 f.
303   ders., a.a.O.: 185.
304   ders., a.a.O.: 186, 194.
305   ders., a.a.O.: 194.
306   ders., a.a.O.: 188 ff.

Aus bisherigen Forschungen lässt sich ableiten, dass Vertrauen individuell ist. Speziell für Jugendliche kam Cocard zu demselben Ergebnis:
Wem wie und warum vertraut wird, ist individuell und unterschiedlich. Zum einen liegt das in der Individualität der Person begründet, insbesondere ihren Erfahrungen und ihrer Vertrauensauffassung,
zum anderen ist das abhängig von der anderen Person oder Personen-
gruppe und ebenso vom Kontext[307]. Die Situationsspezifik spielt eine
sehr große Rolle. Auch gegenüber Vertrauenspersonen ist Vertrauen
situationsabhängig[308]. Die Studie 3 verdeutlicht außerdem, wie unterschiedlich Vertrauen von den Befragten verstanden wird[309].

3.2.4 Vertrauen in professionellen Anwendungsfeldern

Die nachfolgend aufgeführten Befunde stammen aus Forschungsarbeiten im Rahmen gesellschaftlicher Institutionen, im therapeutischen
und im pädagogischen Anwendungsfeld. Strukturelle Ähnlichkeiten
professioneller Arbeitsbeziehungen sprechen für die teilweise Über-
tragbarkeit der Ergebnisse der Forschung von einem professionellen
Feld auf das andere[310]; daher sind die Ergebnisse für Soziale Arbeit von
Relevanz.

3.2.4.1 Vertrauen in Institutionen

Vertrauen wird als eine entscheidende Grundlage gesellschaftlicher
Institutionen verstanden. Eine positive Erwartungshaltung der Adressaten gegenüber der einzelnen Institution wird als Zeichen für generalisiertes Vertrauen verstanden[311].

Positive Indikatoren für die Vertrauenswürdigkeit einer gesellschaftlichen Institution sind moralische Integrität, Bürgernähe, Bürgerver-
pflichtetheit, öffentliche Verantwortung im Sinne eines erkennbaren
Nutzens sowie Hilfe für die Gesellschaft und Flexibilität bei Erfordernis.
Die Wahrnehmung der vertrauensfördernden Merkmale gesellschaftlicher Institutionen hängt mit der jeweiligen impliziten Vertrauenstheorie zusammen. Das individuelle Vertrauenserleben ist um so stärker, je mehr die subjektiven Erwartungen erfüllt werden. Je mehr die
Merkmale der Institution von der impliziten Vertrauenstheorie abwei-
chen, um so schwächer ist es. Zentrale Bestandteile der impliziten Ver-

---

307   ders., a.a.O.: 230.
308   ders., a.a.O.: 244.
309   vgl. ders., a.a.O.: 206 ff.
310   vgl. Schweer, 1996: 25.
311   Wagenblass, 2004: 43.

trauenstheorie in Bezug auf gesellschaftliche Institutionen sind die konkreten Merkmale: ‚öffentliche Verantwortung', ‚Bürgernähe', ‚moralische Integrität' und ‚gesellschaftliche Hilfefunktion'. Das individuelle Vertrauen hängt mit den entsprechenden Handlungstendenzen hinsichtlich der gesellschaftlichen Institution zusammen. Gesellschaftliche Institutionen sollten daher erkennbar für die Gesellschaft arbeiten und in ihrer Arbeit transparent sein. Durch Öffentlichkeitsarbeit und wechselseitige Kommunikation mit den Bürgern können sie Transparenz schaffen und sich so auch selbst inhaltlich sowie auf der Handlungsebene eine Rückkoppelung aus der Bevölkerung ermöglichen. Die Berücksichtigung dieser Konsequenzen, so Schweer, kann Vertrauen in zentrale gesellschaftliche Institutionen fördern[312].

Wie seine Forschungen hingegen aufzeigen, ist das subjektive Vertrauen Jugendlicher sowie junger Erwachsener in zentrale gesellschaftliche Institutionen eher gering[313]. Sozialen Organisationen wie Wohlfahrtsverbänden wird im Verhältnis zu anderen gesellschaftlichen Institutionen etwas mehr Vertrauen entgegengebracht. Gegenüber öffentlichen Ämtern haben junge Menschen weniger Vertrauen als zu Wohlfahrtsverbänden, noch weniger zu Kirchen und Wirtschaftsorganisationen. Gleichwohl spielen individuelle Erfahrungen der Untersuchten hinsichtlich eines höheren Vertrauens in die jeweilige Institution bei positiven und eines geringeren Vertrauens bei negativen Voreinschätzungen eine Rolle. Diese können sowohl auf eigenen Kontakten als auch auf vermittelten Erfahrungen beruhen[314].

3.2.4.2 Vertrauen in der therapeutischen Beziehung

Ein gewisses Maß an empfundener Sicherheit ist Voraussetzung für Vertrauen. Dieses kann nur durch Signale des anderen erreicht werden, die seine Berechenbarkeit und Zuverlässigkeit erkennen lassen. Diese Signale haben Orientierungsfunktion[315].

Von Jugendlichen wird der Arzt höchst selten als Vertrauensperson gesehen[316]. Für Kinder ist die Interaktionssituation mit einem Arzt durch besonders hohe Unsicherheit geprägt[317]. Für den Aufbau von Vertrau-

---

312 ders., 1997a: 208 f.
313 vgl. Schweer, 1997a: 208; ders., 2000a: 386.
314 ders., 1997a: 203 f.
315 Petermann, 1996: 115 f.
316 Cocard, 2003: 164.
317 Petermann, 1996: 108.

en in der Interaktion von Arzt und Kind sind gezielte positive Verstärkung, Rückmeldungen über das Verhalten sowie Erfahrung von Selbstwirksamkeit notwendig[318]. Die Untersuchung einer Kind-Erwachsenen-Interaktion zeigt ähnliche Ergebnisse[319] Orientierungshilfen in Form gezielter Zuwendung, Aufmerksamkeit für das Kind von Beginn des Kontaktes an, deutliche Sicherheitssignale wie Akzeptieren, Loben, Ermutigen oder Blick- und Körperkontakt sowie transparentes Verhalten sind wesentlich für den Abbau von Unsicherheiten und für den Vertrauensaufbau. Im Resultat seiner Studien zur Interaktion von Kind und Arzt sowie Kind und Erwachsener schreibt Petermann: Vertrauen ist ein „aktiver Prozess [...], der entscheidend vom Ausmaß empfundenen eigenen Kompetenzgefühls abhängt" (ders., a.a.O.: 122).

Der aufgeführte Befund zur Kind-Arzt-Interaktion von Petermann gibt bereits Hinweise auf die Relevanz der Beachtung der psychosozialen Ebene der Kinder als Patienten. Für die therapeutische Arbeit mit Kindern empfiehlt er deutliches Zeigen von Interesse, positive Zugewandtheit, Signale der Zuversicht, Akzeptanz und Kompetenzübertragung zur Stärkung des Selbstwirksamkeitserlebens[320]. Demgegenüber steht, dass die Dauer der Kommunikation in der Beziehung von Arzt und Patient oft sehr kurz ist und die Gesprächsinhalte das Fehlen von Offenheit vonseiten der Ärzte erkennen lassen[321]. Gerade die Wahrnehmung, dass der Arzt sich ausreichend Zeit für ihn nimmt, ist für den Patienten eine wichtige vertrauensbildende Komponente[322]. Als entscheidend für die vertrauensvolle Beziehung zwischen Arzt und Patient zeigte sich laut einer Umfrage unter 613 Patienten auch der verantwortungsvolle Umgang mit ihren persönlichen Daten. Über 95 % der befragten Personen wollen das Patientengeheimnis gewahrt sehen und 88,6 % würden sich nicht bei einem Arzt in Behandlung begeben, der die Diskretion ignoriert. Mit der Einhaltung des Datenschutzes steigern Ärzte das Vertrauen ihrer Patienten in ihre Praxis[323].

Besonders große Unterschiede zwischen der Patientenselbsteinschätzung und dem Arzturteil kommen durch große Distanz zustande, so etwa bei Arzturteilen nach Aktenlage. Bei engerem Kontakt zwischen

---

318   ders., a.a.O.: 99 ff., 107.
319   vgl. ders., a.a.O.: 97, 108.
320   ders., a.a.O.: 126 f.
321   Siegrist, 1978, nach Koller & Lorenz, 1997: 167.
322   Mader, 2001: 349.
323   ULD, 2003: o.S.

Arzt und Patient ist eine höhere Beachtung psychosozialer wie körperlicher Komponenten und der Therapieziele der Patienten zu verzeichnen[324]. Auch die Thematisierung von problematischen Aspekten trägt zum Aufbau von Vertrauen bei. Dazu zählen zum Beispiel eventuelle Nebenwirkungen von verordneten therapeutischen Maßnahmen[325]. Koller und Lorenz[326] stellen fest, dass Informationsaustausch und sachgerechte, echte Aufklärung, verbunden mit Klärung unterschiedlicher Standpunkte, Grundlage für den Aufbau von Vertrauen in der Arzt-Patient-Beziehung sein kann. Das Thema Vertrauen ist hier sowohl für den Arzt als auch den Patienten in dieser professionellen Beziehung wichtig[327].

Wie dargestellt, spielt in der partnerschaftlichen Beziehung die Variable Selbstöffnung für Vertrauen eine positive Rolle[328]. Eine Studie für die professionelle Beziehung belegt, dass bei Erwartung professioneller, sachkompetenter Hilfe Selbstöffnung vonseiten des Professionellen den Aufbau von Vertrauen behindern kann[329]. Für die Arzt-Patient-Beziehung meint dazu Mader, dass die Selbstöffnung des Arztes nicht in der professionellen Interaktionsbeziehung verankert sei. In erster Linie ist es der Patient, der sich offenbart[330]. Von weitaus größerer Bedeutung ist es jedoch, dass der Arzt der impliziten Theorie des Patienten entspricht, wie ein Arzt zu sein und zu handeln habe[331].

In allen psychotherapeutischen Verfahren wird ein ganz individueller Zugang der Beziehungsgestaltung für jeden Patienten als methodisch notwendig angesehen. Der Einfluss der Qualität der therapeutischen Beziehung auf den Erfolg psychotherapeutischer Arbeit ist empirisch belegt[332].

3.2.4.3 Vertrauen in der pädagogischen Beziehung

Vor der Darstellung der Forschungsergebnisse zum Vertrauensphänomen in der pädagogischen Beziehung sollen Ergebnisse aus dem schulischen Kontext zum Thema pädagogische Autorität von Frei (2003)

324   vgl. Koller & Lorenz, 1997: 168 ff.
325   Mader, 2001: u.a. 335.
326   ders., 1997: 170.
327   Mader, 2001: 340.
328   vgl. Kapitel 3.2.2.2.
329   Curtis, 1981 nach Petermann, 1996: 71 ff.
330   ders., 2001: 348.
331   ders., a.a.O.: 349.
332   vgl. Holm-Hadulla, 2000: 124.

betrachtet werden, denn pädagogische Autorität wird für Erziehungssituationen als Voraussetzung für Vertrauen benannt[333]. Die wesentliche Aussage von Frei (2003) lautet: Schüler beantworten Fragen zu pädagogischer Autorität in erster Linie fachbezogen, Lehrer hingegen personalbezogen[334]. In allen untersuchten Bereichen (Legitimation, Asymmetrie der Beziehung, Kompetenzen und Berufsrolle) ist die Sichtweise der Lehrer insgesamt stark personenbezogen. Fachkompetenz sowie methodisch-didaktische Kompetenzen sind hingegen für Schüler ausschlaggebend für pädagogische Autorität in der Schule[335]. Die Relevanz des Sachaspekts für pädagogische Autorität in der Schule ist hoch. Begründet werden kann dies mit dem Bildungsauftrag der Schule, der entsprechende Erwartungen herausbildet[336]. Fachkompetenz wird als Schlüsselkompetenz für Autorität von Lehrern gekennzeichnet, denn über sie erlangen Lehrer die Legitimation für pädagogische Autorität[337]. Eine weitere Quelle der Legitimation von Lehrern aus Sicht der Schüler ist vor allem ihre Zugehörigkeit zu dieser Berufsgruppe. Autorität ist der Berufsrolle des Lehrers aus Schülersicht immanent. „Die Lehrerin, der Lehrer ist aufgrund des Berufsauftrages und der Berufspflicht eine Autorität [...] Der Beruf an und für sich ist [...] eine zentrale Legitimationsquelle" (ders., a.a.O.: 190). Auch Lehrer sehen Autorität in ihrer Berufsrolle begründet. Sie benennen jedoch wiederum personale Aspekte (Überzeugungskraft, Umgang, Haltung) und betonen damit die Beziehungsebene[338]. Lediglich autoritätsnegierende Schüler benennen auch personalbezogene Bereiche als Gründe für Ablehnung[339]. So kommt Frei für diese Gruppe zu dem Ergebnis: „Überzeugungskraft, eine konstruktive Haltung respektive einen konstruktiven Umgang und eine Portion Ansehen bieten eine gute Voraussetzung für einen guten pädagogischen Bezug, damit auch bei [den autoritätsablehnenden Schülern] die Fachkompetenz ins Blickfeld rücken kann" (ders., a.a.O.: 178). Hier gilt es dann zunächst Beziehungsprobleme zu klären.

Damit sind vorab einige Aussagen zur pädagogischen Autorität als wesentliches Element der pädagogischen Beziehung und als eine Voraussetzung für Vertrauen in pädagogischen Zusammenhängen getroffen.

---

333 vgl. Huppertz & Schinzler, 1995: 100.
334 Frei, 2003: 175 ff., 200 f.
335 ders., a.a.O.: 201.
336 ders., a.a.O.: 180.
337 ders., a.a.O.: 175.
338 ders., a.a.O.: 189 f.
339 ders., a.a.O.: 201.

Nunmehr werden Forschungsergebnisse zu Vertrauen in der pädagogischen Beziehung aufgezeigt. Die nachfolgend zunächst dargestellten Ergebnisse von Schweer differenzieren die pädagogische Beziehung nicht nach der Zielgruppe. So sind Schüler, Studierende und Auszubildende bei seiner Sicht nicht getrennt[340]. Seine Ergebnisse zum Vertrauensphänomen beziehen sich also nicht nur auf Lernende im Kontext Schule. Die Fragebogenerhebung sowie eine Konkretisierung vertrauensbildender Faktoren[341] weisen darauf hin, dass Lernende sich beim Vertrauensaufbau vor allem an den sozialen Kompetenzen des Lehrenden orientieren. Es geht um die wahrgenommene Bereitschaft des Lehrenden, sich gegenüber Lernenden sowohl bei fachlichen als auch persönlichen Problemen hilfreich und kompetent zu verhalten[342]. In Ausbildungssituationen ist die Einschätzung der für Vertrauen als relevant betrachteten Verhaltensweisen des Lehrenden von der impliziten Vertrauenstheorie für den pädagogischen Lebensbereich der Lernenden abhängig[343]. Insgesamt wurden eher Situationen als vertrauensfördernd eingeschätzt, in denen sich der Lehrende unterstützend verhielt. Die Wahrnehmung der Komponenten Unterstützung, Zugänglichkeit, Respekt und Aufrichtigkeit ist besonders prägnant für den Aufbau von Vertrauen der Lernenden zum Lehrenden[344]. Sie „werden in höherem Maße bei solchen Lehrenden als realisiert wahrgenommen, zu denen tatsächlich intensivere Vertrauensbeziehungen bestehen" (Schweer, 1996: 169). Die durch die Lernenden erlebten Komponenten Unterstützung und Respekt werden von Schweer als bereichsspezifisch für Vertrauen in Lehr-Lernsituationen gekennzeichnet, während Zugänglichkeit und Aufrichtigkeit als bereichsunspezifische Vertrauensaspekte benannt werden[345]. Kontrastierend dazu steht das Ergebnis von Cocard aus Schülersicht: Die von ihm befragten jugendlichen Schüler gaben zu 80 % an, von ihren Lehrern bei Problemen wenig bis keine Unterstützung zu erhalten[346].

---

340 Die Begriffsverwendung ‚pädagogische Beziehung' ist nicht unproblematisch, da sich außerhalb des schulischen Kontext Erwachsene begegnen. Apel schlägt daher hierfür als besser das „Verhältnis eines bildenden Umgangs" (ders., 1999: 104) vor.
341 vgl. Schweer, 1996: 132 ff.; ders., 1997b.
342 ders., 1996: 139.
343 ders., a.a.O.: u.a. 164, 173, 181.
344 ders., a.a.O.: 165 f.; ders., 2000a: 392.
345 vgl. ders., 1996: 165.
346 Cocard, 2003: 125 ff.

Die erlebte Vertrauensintensität gegenüber dem Lehrenden ist umso höher, je mehr sein Verhalten den subjektiven Erwartungen der Befragten an vertrauensförderndes Verhalten entspricht. Im Verlauf der Interaktionsbeziehung wird mit steigendem Vertrauen das Lehrverhalten des Lehrenden positiver eingeschätzt. Dies motiviert die Lernenden, weiterhin seinen Unterricht zu besuchen. Mit höherem Vertrauen zum Lehrenden steigt auch der Wunsch, von ihm unterrichtet zu werden. Die Lern- und Leistungsmotivation hingegen sinkt bei geringerem Vertrauen[347]. Damit werden Ergebnisse von Imber bestätigt. Er belegte den Zusammenhang zwischen der Einschätzung der Schüler durch den Lehrer als ihm gegenüber vertrauensvoll und besseren Schulleistungen[348]. Erlebtes Vertrauen geht mit höher wahrgenommener Partizipation an der Ausbildung einher. Die Interaktionszufriedenheit der Lernenden steigt bei stärker erlebter Vertrauensintensität. Insgesamt hat erlebtes Vertrauen zum Lehrenden eine positive Einschätzung des Klimas in der Ausbildungssituation zur Folge. Dies führt zu verstärkten Vertrauenshandlungen der Lernenden[349]. Die Ausbildungssituation wird besonders dann als positiv eingeschätzt, wenn das Verhalten des Lehrenden den subjektiven Erwartungen an vertrauensförderndes Verhalten in der pädagogischen Beziehung entspricht[350].

In einer Interviewstudie zu Vertrauen von Studierenden mit offener Fragestellung[351] kam Schweer zu dem Ergebnis, dass die impliziten Vertrauenstheorien auch in diesem Kontext interindividuell variieren[352]. Verlässlichkeit, das persönliche Verhältnis und die Partnerschaftlichkeit der Beziehung sind von Relevanz für ihr Vertrauen in den Dozenten. Die Fachkompetenz spielt hier eine geringere Rolle. Besonders wichtig sind wiederum die erlebte Unterstützung und Hilfe[353]. Eine weitere Studie zeigt, dass sich Studierende im Anfangskontakt vor allem an den sozialen Kompetenzen des Lehrenden orientieren. Hilfsbereitschaft spielt eine besonders wichtige Rolle. Wahrgenommene fachliche Kompetenzen sind für die Bildung von Vertrauen im Anfangskontakt für sie ebenfalls relevant[354]. Besonders wichtig ist

---

347 Schweer, 1996: 178; ders., 2000a: 391 f.
348 ders., 1973: 145 ff.
349 Schweer, 1996: 175 ff.
350 ders., a.a.O.: 179 f.
351 „Was verstehen Sie unter Vertrauen zwischen Dozenten und Studierenden?" ders., a.a.O.: 94.
352 ders., a.a.O.: 121.
353 ders., a.a.O.: 107 ff.
354 ders., a.a.O.: 175.

die eingeschätzte Hilfsbereitschaft des Lehrenden. Wird ihm im Anfangskontakt Vertrauen entgegengebracht, sind der erste Eindruck des Lehrenden sowie die Bewertung seines Verhaltens im Seminar positiv. Hohes Vertrauen gegenüber dem Lehrenden ist verbunden mit der Annahme, dass er ebenfalls hohes Vertrauen entgegenbringt. Die Bedeutung der positiven Qualität des Anfangskontaktes für die Bildung von Vertrauen im Verhältnis von Dozenten und Studierenden konnte in der Forschung deutlich belegt werden[355].

Für Schüler ist das Ausmaß persönlicher Zuwendung durch den Lehrer für Vertrauen bedeutsam und wichtiger als für Auszubildende und Studierende. Schweer vermutet, dass dies mit den Entwicklungsstufen der Befragten verbunden ist. Die Akzeptanz der erzieherischen Komponente in der Lehrerrolle ist bei Schülern, im Gegensatz zu Erwachsenen in der Ausbildungssituation, außerdem höher[356]. Ebenfalls mit entwicklungspsychologischem Hintergrund[357] ist das Ergebnis zu betrachten, das einen Zusammenhang zwischen der Vertrauenstendenz und den wahrgenommenen vertrauensfördernden Merkmalen des Lehrenden nur bei Schülern belegt. Dies erklärt sich damit, dass die kognitive Differenzierung hinsichtlich einer grundsätzlichen Einstellung und einer spezifischen Person bei Kindern und Jugendlichen noch nicht ausgeprägt ist. Je stärker sich eine individuelle Vertrauenstendenz manifestiert hat, umso bedeutsamer wird die Erfüllung der subjektiven Erwartungen für Vertrauenskonkordanz[358]. Für die Vertrauensforschung bei Kindern und Jugendlichen ist daher die dyadische Beziehung bedeutend[359]. Dieses Ergebnis ergänzt auch die Befunde von Thies, nach denen Vertrauenstendenz und subjektive Relevanz Vertrauen zu einem konkreten Lehrer begünstigen[360], gleichzeitig jedoch keine Zusammenhänge zwischen den generellen Ansichten der Schüler über die Lehrer-Schüler-Beziehung und Vertrauen in einen konkreten Lehrer bestehen[361].

Die Forschung zu Vertrauen im schulpädagogischen Kontext zeigt, dass die Erziehungsziele von Lehrern sowohl wissensorientiert als auch auf die Entwicklung von Schlüsselqualifikationen und die Persönlichkeits-

---

355 ders., a.a.O.: 123 ff.
356 ders., a.a.O.: 140 f.
357 vgl. Kapitel 3.2.3.1.
358 Schweer, 1996: 180.
359 vgl. Thies, 2002: 187.
360 ders., a.a.O.: 147, 204 f.
361 ders., a.a.O.: 149.

entwicklung der Schüler gerichtet sind. Dabei haben Lehrer gleichzeitig die Bewertungsmacht durch Benotung[362]. Die Bereichsspezifik mit der Berufsrolle und der funktionalen Autorität von Lehrern und die damit verbundene Distanz zwischen Lehrern und Schülern bieten die Erklärung dafür, dass das Vertrauen von Schülern zu Lehrern eher gering ist. Der Lehrer ist in dieser Berufsrolle die vermittelnde Instanz zwischen Schülern und Schule. Daher sind die Ergebnisse nicht verwunderlich, die aufzeigen, dass Lehrer für jugendliche Schüler nicht als Ansprechpartner gelten, auch nicht bei Problemen schulischer Art. Der schulische Kontext ist für Vertrauen eher hinderlich, da er von Kontroversen geprägt ist. Die Beziehungsmuster sind hier an den strukturellen Rahmen gebunden. Der Kommunikationsgegenstand zwischen Lehrern und Schülern ist die Schülerleistung[363]. Lehrer, die ihre Beziehung zu den Schülern als distanziert beschreiben, zeichnen sich durch stärkere Sachorientierung aus[364]. Sowohl Lehrer als auch Schüler sehen die Asymmetrie der Beziehung als Unterscheidungsmerkmal zu anderen Beziehungen[365]. Die Bereichsspezifik (Abgrenzung zu anderen Beziehungen, Vertrauenstendenz, Asymmetrie der Beziehung) ist das zentrale Merkmal in der Lehrer-Schüler-Beziehung[366]. Schülern ist die Bereichsspezifik im schulischen Kontext klar[367]. „Das Wissen darum, in welchen Beziehungskonstellationen Vertrauen auf welche Weise realisierbar ist, wird offensichtlich im Wesentlichen durch differenzierte Erfahrungen in unterschiedlichen Lebensbereichen geprägt" (ebd.). Die von Cocard befragten jugendlichen Schüler benannten Lehrer sehr selten als Vertrauensperson[368].

Der Lehrer muss den ersten Schritt bei der Vertrauensherstellung tun und den Schülern einen Vertrauensvorschuss gewähren[369]. Lehrer und Schüler bekunden einhellig, dass vertrauensfördernde Impulse vom Lehrer ausgehen müssen[370]. Lehrer fühlen sich für die Etablierung einer Vertrauensbeziehung verantwortlich, die auf personalen Lehrermerkmalen wie Einschätzbarkeit und Berechenbarkeit, ebenso Gerech-

362   ders., a.a.O.: 83 ff., 217.
363   Cocard, 2003: 94.
364   Thies, 2002: 82.
365   ders., a.a.O.: 91, 214.
366   ders., a.a.O.: 127, 214.
367   Cocard, 2003: 128.
368   vgl. ders., a.a.O.: 164.
369   Thies, 2002: 59.
370   ders., a.a.O.: 96, 99, 125 f., 214.

tigkeit und Verzicht auf persönliche Sanktionen begründet werde[371]. Erwachsene in pädagogischen Kontexten, so Cocard, können nicht erwarten, dass die Schüler zuerst ihre Vertrauenswürdigkeit beweisen. Die Lehrer müssten zuerst vertrauen und das müsse dauerhaft authentisch sein. Dies diene den Schülern auch als Vorbild[372]. Die Bedingungsvariablen des Schülervertrauens sind interindividuell verschieden[373]. Als für Schüler vertrauensrelevante Beziehungsmerkmale gelten Achtung der Schülerpersönlichkeit, Angstfreiheit, Hilfeverhalten, persönliche Gespräche, gerechte Bewertung und Verzicht auf persönliche Kritik[374]. Die Ergebnisse von Thies dazu zeigen, dass sich die Schüler in ihrer Studie von den Lehrern überwiegend respektiert und gerecht benotet fühlen; ebenso haben sie wenig Angst. Die tatsächliche Hilfsbereitschaft der Lehrer hingegen schätzen sie gering ein und persönliche Gespräche sind so gut wie nicht realisiert[375]. Hier wird vermutet, dass beides nicht in den Kontext Schule gehört und über die übliche Unterrichtsroutine hinausgeht. Außerdem setzen sie einen Anlass voraus. Lehrer sehen sich im Gegensatz dazu deutlich gesprächsbereiter als Schüler sie wahrnehmen[376]. Cocard belegt, dass Schüler mit viel Vertrauen in Lehrer ihre Meinung stärker berücksichtigt finden und sich anerkannt fühlen. Besonders der Umgang mit der persönlichen Meinung der Schüler ist vertrauensrelevant. Vertrauen im schulischen Bereich kann also wachsen, wenn Lehrer Schüler anerkennen und ihre Meinung ernst nehmen[377].

Schüler, die hohes Vertrauen in Lehrer haben, nehmen deren vertrauensfördernde Maßnahmen deutlicher wahr als jene mit geringerem Vertrauen. Das gilt auch für Schüler mit einer positiven Vertrauenstendenz gegenüber Lehrern[378]. Diejenigen Schüler, die es sehr wichtig finden, einem Lehrer vertrauen zu können, erleben auch tatsächlich solche vertrauensvollen Beziehungen[379]. Manche Schüler vertrauen Lehrern auch ohne Erwiderung. Thies geht in diesen Fällen von einer psychologischen Notwendigkeit aus[380]. Ein ähnlicher Effekt zeigt sich

---

371 ders., a.a.O.: 96.
372 ders., 2003: 247.
373 Thies, 2002: 143, 146.
374 ders., a.a.O.: 170 f., 226.
375 ders., a.a.O.: 175, 226 f.
376 ders., a.a.O.: 227.
377 Cocard, 2003: 126 ff.
378 Schweer, 1996: 171; Thies, 2002: 194.
379 Thies, 2002: 147.
380 ders., a.a.O.: 204.

auf Lehrerseite: Lehrer mit vielen erlebten Vertrauensbeziehungen finden Vertrauen wichtiger als die mit wenigen. Sie geben dem Vertrauen als Erziehungsziel und -mittel eine höhere Bedeutung[381].

Lehrern fällt es schwer, das Vertrauen ihrer Schüler angemessen wahrzunehmen[382]. Unerwartet auftretendes Verhalten wie Unzuverlässigkeit, mangelnde Transparenz, Unberechenbarkeit und Ungerechtigkeit bis hin zu Bloßstellungen durch den Lehrenden zerstören Schülervertrauen[383]. Vertrauensenttäuschung verbergen Schüler eher vor Lehrern, um sich vor Sanktionen zu schützen[384]. Die Selbstreflexion bei verlorenem Schülervertrauen ist bei Lehrern offensichtlich gering. Das erklärt sich mit Unterschieden in der Reflexionsbereitschaft aber auch damit, dass Vertrauensverlust selbstwertschädlich wirken kann, insbesondere deshalb, weil die meisten Lehrer Vertrauen in der Beziehung zu den Schülern sehr wichtig finden[385]. Es fällt Lehrern ebenfalls schwer, ihre konkreten vertrauensfördernden Verhaltensweisen zu benennen. Thies kommt daher zu dem Schluss, dass es sich um einen von Lehrerseite wenig reflektierten Bereich handelt und es demnach ein „individuell unterschiedlich ausgeprägtes [...] Routinehandeln" ist (ders., a.a.O.: 216).

Gelungene Vertrauensbeziehungen zu Schülern erleichtern Lehrern deutlich ihre Arbeit. In Vertrauen sehen Lehrer eine motivationssteigernde Komponente. Mittels Vertrauen sehen sie auch eine positive Entwicklung der Lernatmosphäre durch ein gutes Unterrichtsklima und Angstfreiheit[386]. Darüber hinaus bemerken sie, dass vertrauende Schüler besser im Unterricht mitarbeiten[387]. Der Versuch, das Schülervertrauen zu gewinnen, sowie eine ehrliche und glaubwürdige Kommunikation werden von Lehrern als besonders wichtig genannt[388]. Lehrer halten die Verwirklichung ihrer Erziehungsziele ohne Vertrauen für unmöglich. Thies kennzeichnet Vertrauen bei Lehrern mit doppelter Bedeutung: als zentrales Erziehungsmittel und gleichzeitig wichtig erachtetes pädagogisches Ziel[389]. Das Unterrichtsverhalten der Schüler

---

381 ders., a.a.O.: 136 f.
382 ders., a.a.O.: 142.
383 Schweer, 2000a: 392.
384 Thies, 2002: 139, 219.
385 ders., a.a.O.: 221.
386 ders., a.a.O.: 108,131 f., 215.
387 ders., a.a.O.: 196 f.
388 ders., a.a.O.: 87 ff.
389 ders., a.a.O.: 217 f.

ist Bestandteil der impliziten Vertrauenstheorie von Lehrern. Lehrervertrauen ist eng mit der Wahrnehmung von Schülermerkmalen verbunden. So vertrauen Lehrer keinesfalls Schülern, die ihrer Zielerreichung im Wege stehen. Lehrer erleben demnach Vertrauen in hoher Intensität in gute Schüler, solche die wenig stören, von denen sie sich gemocht fühlen, von denen sie glauben, dass sie ihre Hilfsangebote erkennen und sie für gute Lehrer halten[390]. Mädchen wird vonseiten der Lehrer (weiblich und männlich) mehr Vertrauen entgegengebracht und ihr Vertrauen wird intensiver erlebt[391]. Bereichsspezifische Grenzen setzen Lehrer bei Verhaltensweisen, die Rollenkonflikte hervorrufen und die Asymmetrie der Beziehung berühren. Dazu zählen der Bereich des Privaten, das Duzen oder das Ausnutzen von als Vertrauen interpretiertem Verhalten[392].

3.3 Entstehung und Zerstörung von zwischenmenschlichem Vertrauen

3.3.1 Verlauf des Aufbaus von Vertrauen - ein Handlungsmodell

Die Frage, wie Vertrauen ausgelöst werden kann, beschäftigte vor allem f. Petermann. Seine Untersuchungen bezogen sich auf Erstkontakte im Verhältnis von Erwachsenem - Kind in einer Freizeiteinrichtung[393] und Arzt - Patient (Kind)[394]; die Kriterien wurden hierbei für den Klinikalltag spezifiziert. Beide Untersuchungen fokussieren vertrauensauslösendes Verhalten. Nachfolgende Ausführungen stellen das daraus von Petermann entwickelte generelle Phasenmodell zum Aufbau von Vertrauen dar[395].

Der Aufbau von Vertrauen aus Sicht desjenigen, der dies anstrebt, umfasst die Phasen

- Herstellen einer verständnisvollen Kommunikation,
- Abbau von bedrohlichen Handlungen,
- gezielter Einsatz von vertrauensauslösenden oder -fördernden Handlungen.

---

390   ders., a.a.O.: 150 ff.
391   Thies, 2002: 185.
392   ders., a.a.O.: 93 f., 215.
393   vgl. Esser & Petermann, 1985, nach Petermann, 1996: 76 ff., 87 ff.
394   vgl. Petermann, 1996: 81 ff., 98 ff.
395   vgl. ders., a.a.O.: 115 ff.

Diese konsistent zu erfüllenden Aufgaben stellen sich dem, der Vertrauen bei der anderen Person auslösen möchte. Die Phasen laufen aufeinanderfolgend ab; erst in der dritten Phase baut sich Vertrauen auf.

Das *Herstellen einer verständnisvollen Kommunikation* erfolgt über uneingeschränktes Zuhören, Aufrechterhalten des Blickkontaktes, intensive Zuwendung, sensibles Registrieren von nonverbalen und verbalen Hinweisen und Rückmeldung dazu. Insgesamt geht es um ein gezieltes Zuwenden und Einfühlen in den Anderen. Einfühlungsvermögen wird von Petermann als eine ganz zentrale Variable zur Vertrauensherstellung angesehen. Es beinhaltet ein uneigennütziges Sich-Hinein-Versetzen in den anderen, um eine verständnisvolle Kommunikation möglich zu machen. Im Widerspruch dazu stehen hohe Selbstbezogenheit und Konkurrenzverhalten[396].

Der *Abbau bedrohlicher Handlungen* ist nötig, da Situationen trotz nicht vorhandener tatsächlicher Bedrohung als bedrohlich wahrgenommen werden können. Der Person, die Vertrauen aufbauen möchte, sollte das bewusst sein. Für den Aufbau von Vertrauen muss eine gewisse Sicherheit vorhanden sein. Besonders für Menschen, die sich unterlegen fühlen, können einige Verhaltenssignale bedrohlich wirken. Nicht zuletzt in solchen Konstellationen muss Hilfe zur Einordnung der Signale gegeben werden, wenn der Vertrauensaufbau gelingen soll. Eine solche Hilfestellung kann nur über geplantes Vorgehen im Verhalten geschehen und dabei unerlässlich ist eine strukturierte Interaktion. Dieses Verhalten muss sich durch Eindeutigkeit, Durchschaubarkeit und Berechenbarkeit auszeichnen. Erwartungen an den Menschen, dessen Vertrauen gewonnen werden soll, müssen benannt werden. Rückmeldungen spielen hier wie in der vorangegangenen Phase eine wichtige Rolle; sie haben Orientierungsfunktion.

Der *gezielte Aufbau von Vertrauen* findet in der dritten Phase statt. Petermann empfiehlt, dem Anderen Aufgaben und damit Kompetenzen zu übertragen, da dies zur Entwicklung von Selbstvertrauen beiträgt. Die Variable Selbstvertrauen ist für die Entstehung von Vertrauen ausschlaggebend. Solche Aufgaben sollten nicht zu einfach, aber auch nicht unlösbar sein. In der Folge erlebt diese Person Selbstwirksamkeit und erwirbt eine erhöhte Verhaltenssicherheit. Damit ist der letzte Schritt zum Aufbau von Vertrauen erfüllt[397].

---

396   ders., a.a.O.: 109 ff.
397   vgl. ders., a.a.O.: 111 ff., 119.

Für eine Kontaktaufnahme mit Kindern werden die Verhaltensweisen ‚vertrauensvolles Verhalten gegenüber dem Kind‘, ‚positive verbale und nonverbale Reaktionen‘ und ‚Fragen nach selbstexplorativen Äußerungen‘ als vertrauensfördernd benannt; außerdem auch ‚Schweigen‘ und ‚Ausführen von Tätigkeiten‘[398]. In den Ergebnissen der genannten Untersuchungen wird auf weitere Wechselwirkungen verwiesen: Zum einen die zwischen vertrauensvollem Verhalten und positiven Reaktionen des Interaktionspartners, zum anderen die zwischen vertrauensvollem Verhalten des einen gefolgt von vertrauensvollem Verhalten des anderen Interaktionspartners[399].

Dies scheint nicht nur für die Interaktionsrichtung ‚Erwachsener zu Kind‘ oder ‚Arzt zu Kind‘ zu gelten, denn es zeigten sich auch Hinweise auf weitere Rückkoppelungseffekte. Petermann geht darauf nicht weiter ein; angesichts des asymmetrischen Verhältnisses (Erwachsener - Kind oder Arzt - Kind) stellt sich jedoch die Frage: Wie beeinflusst das Kind den Verlauf der Vertrauensbildung? Die Ergebnisse der Untersuchungen[400] zeigen, dass die Verhaltensweisen der Kinder in den untersuchten Interaktionen das Verhalten der Erwachsenen ebenfalls beeinflussten. Kooperatives Verhalten eines Kindes, wie ein Gespräch zu führen, Fragen zu beantworten oder zu stellen, Gefühle zu äußern oder etwas von sich zu erzählen, erleichtern dem Erwachsenen den Zugang zum Kind und eröffnen ihm die Möglichkeit, gezielter individuell vertrauensauslösend zu agieren. Gleichzeitig kann durch das Stellen von Fragen durch das Kind erlebt werden, eine richtige Information zu erhalten und den Interaktionspartner als zuverlässig und kompetent kennen zu lernen, was wiederum positiv auf die Vertrauensgenese wirkt. Es ist zu vermuten, dass einige dieser Verhaltensweisen auch für Jugendliche oder Erwachsene vertrauensunterstützend sind - so beispielsweise, dass auch für sie das Verhalten ‚Frage stellen‘ und richtige Informationen zu erhalten, vertrauensfördernd ist, ebenso wie das Erleben eines kontinuierlichen Gespräches.

Zusammenfassend kann gesagt werden, dass sich durch Einfühlungsvermögen, Vorhersagbarkeit und Berechenbarkeit des Verhaltens Vertrauensaufbau vorbereiten, durch anschließende Hilfe zum Erleben von Selbstwirksamkeit aufgrund von Kompetenzübertragung Vertrauen gezielt aufbauen lässt.

---

398 vgl. ders., a.a.O.: 97.
399 vgl. ders., a.a.O.: 92 ff.
400 vgl. ders., a.a.O.: 78 ff., 98 ff.

3.3.2 Verlauf des Abbaus von Vertrauen - ein Handlungsmodell

Äquivalent zum Aufbau von Vertrauen stellt Petermann[401] ein Modell des Abbaus von Vertrauen in drei Phasen dar:

* Zerstören einer vertrauensvollen Kommunikation,
* Wahl bedrohlicher Handlungen,
* gezielter Vertrauensbruch.

Hierbei kommt wiederum deutlich zum Tragen, dass Vertrauen und Angst nicht gleichzeitig erlebt werden können[402]. Die drei Phasen laufen zwar wiederum chronologisch ab, das Vertrauen kann aber in jeder Phase zerstört werden.

Das *Zerstören einer vertrauensvollen Kommunikation* zeigt sich als Folge von zu starker Selbstbezogenheit und mangelndem Einfühlungsvermögen. Die Bedürfnisse der anderen Person werden nicht beachtet. Eine für beide Seiten befriedigende Kommunikation besteht nicht. Eine gegebenenfalls daraus folgende konstruktive Zusammenarbeit kann so nicht entstehen. Handlungsweisen, wie starke Selbstdarstellung und Bevormundung des Anderen, tragen dazu bei.

Die *Wahl bedrohlicher Handlungen* beinhaltet solche Verhaltensweisen, die Desorientierung hervorrufen, unberechenbar sind oder gar direkt bedrohlich wirken. Dazu zählen zu viele Ratschläge oder Hinweise, willkürliches Verhalten, keine Rückmeldung, einseitige Rückmeldungen oder Schmeicheleien.

Der *gezielte Vertrauensbruch* wird durch das Einsetzen von Zynismus und Geringschätzung der Kompetenzen des anderen Menschen begünstigt. Der so abgewertete Mensch erlebt Verhaltensunsicherheiten, er verliert an Selbstvertrauen und erlebt sich als hilflos. Außerdem besteht nun eine hohe Wahrscheinlichkeit, dass dieser Mensch nicht mehr zu kooperativem Handeln bereit ist und sich zurückzieht.

3.3.3 Vertrauensaufbau in der professionellen Beziehung

Die Historizität einer Vertrauensbeziehung wird durch ihre qualitativen Entwicklungsstadien erkennbar. Es handelt sich dabei um die individuell erlebten Geschehnisse vor der ersten Begegnung, anschließend den Anfangskontakt mit der Bildung des ersten Eindrucks, die

---

401   vgl. ders. a.a.O.: 120 ff.
402   Petermann, 1996: 115; Schweer & Thies, 1999: 93.

darauf folgende Bildung von antizipatorischen Erwartungen, das folgende wechselseitig aufeinander bezogene Handeln, die Beendigung der Beziehung und die jeweils individuelle Zukunft, bereichert um die in der Beziehung gesammelten Erfahrungen[403].

Professionelle Beziehungen sind neben den bereits erwähnten Merkmalen[404] häufig durch eingeschränkte Wahlmöglichkeiten der Beteiligten gekennzeichnet. Während sich im informellen Lebensbereich die Alternative ergibt, sich der Beziehung zu entziehen, ist dies im professionellen Rahmen vor allem für die Adressaten oft nicht gegeben. Sie erleben hier neben sozialen Unsicherheiten auch einen eingeschränkten Bereich hinsichtlich möglicher Alternativen. Für sie ergibt sich ein höheres Risiko bei der Initiierung vertrauensfördernden Verhaltens, da dieses missverstanden werden könnte und aufgrund der Asymmetrie der Machtressourcen fatale Folgen haben kann[405]. Dabei gibt es zwischen den professionellen Beziehungen sicher Unterschiede hinsichtlich der Ausprägung dieser Machtressourcen und damit verbundener Spielräume und Sanktionsmöglichkeiten. Generell wird aber bemerkt, dass im Bereich der professionellen Beziehungen der Ranghöhere einseitige vertrauensfördernde Vorleistungen erbringen muss, wenn er am Aufbau einer vertrauensvollen Arbeitsbeziehung interessiert ist[406]. Die Realisierung informeller Kommunikation in professionellen Beziehungen kann ebenfalls Vertrauen fördern[407].

Folgt man der differenziellen Vertrauenstheorie von Schweer[408], so ist von einer ausschlaggebenden Rolle der impliziten Vertrauenstheorie einer Person für den jeweiligen Lebensbereich für die Vertrauensgenese auszugehen[409]. Der Adressat besitzt implizites Wissen darüber, wie der vertrauenswürdige professionell Tätige zu sein hat. Ebenso gilt das für diesen: auch er hat eine implizite Theorie über den Prototypen eines vertrauenswürdigen Adressaten[410]. In professionellen Beziehungen nehmen Personen sich besonders stark in ihrer jeweiligen sozialen Rolle wahr. Der professionell Tätige wird zusätzlich mit der Anbindung an eine Institution wahrgenommen und sein Verhalten

---

403 Schweer, 1996: 69 ff.
404 vgl. Kapitel 2.2.
405 vgl. Schweer, 1996: 62 ff.
406 Cocard, 2003: 65; Schweer, 1996: 43.
407 Schweer, 1996: 64 f.
408 vgl. Kapitel 3.1.5; Schweer, 1996.
409 vgl. Mader, 2001: u.a. 349; Schweer, 1998a: 11; ders., 2000a: 384.
410 vgl. Schweer, 1996: 57.

wird durch den organisatorischen Rahmen der Institution mitstrukturiert. Einen sehr wesentlichen Aspekt von Vertrauen in professionellen Beziehungen spricht Laucken[411] an: Wahrnehmung von Wohlwollen oder Nicht-Schaden reichen für Vertrauen in professionellen Beziehungen keinesfalls aus. Vertrauen bezieht sich hier betont auf fachliche Kompetenzen. Man vertraut einem fachlich kompetenten Juristen, obwohl er einem unsympathisch sein mag; man vertraut einem menschlich noch so angenehmen Arzt nicht, wenn man an dessen fachlicher Kompetenz zweifelt, so Laucken. Daraus ableitend kann davon ausgegangen werden, dass die wahrgenommene fachliche Kompetenz des Sozialarbeiters einen ausschlaggebenden Einfluss auf die Entstehung von Vertrauen des Klienten auch in der Beziehung zwischen Sozialarbeiter und Klient hat. In der Führungsforschung zeigte sich, dass fachliche Kompetenz von Vorgesetzten bei Mitarbeitern vorausgesetzt wird und nicht zu vertrauensbildenden Komponenten gehört[412], in der pädagogischen Beziehung spielt sie hingegen wahrscheinlich eine Rolle[413]. Daher bleibt die Frage offen, inwieweit Fachkompetenz in die jeweils konkrete Bereichsspezifik und in die individuelle Vertrauenstheorie der Adressaten integriert ist.

Im Rahmen der professionellen Beziehung begegnen sich Personen mit individuellen, bereichsspezifischen und bereichsunspezifischen Erwartungen an die jeweils andere Person. Als bereichsunspezifische Erwartungen gelten Zuverlässigkeit und Glaubwürdigkeit[414]. In der konkreten Situation wirkt sich die Übereinstimmung der aufgrund der impliziten Vertrauenstheorie vorhandenen Erwartungen mit dem tatsächlich gezeigten vertrauensfördernden Verhalten des Interaktionspartners günstig auf die Entwicklung von Vertrauen aus. Überzogene Erwartungen sind demnach als schwierig zu betrachten, da sie die Wahrscheinlichkeit der Übereinstimmung mindern. Vertrauensfördernd sind hingegen kompatible implizite Vertrauenstheorien, die sowohl ähnlich als auch ergänzend sein können[415]. Werden die erwarteten vertrauensfördernden Informationen wahrgenommen und positiv bewertet, kann Vertrauen entstehen. Vertrauen führt auf der Handlungsebene zu vertrauensadäquaten Verhaltensweisen. Daher kann der Adressat bei erlebtem Vertrauen eigene verbale und nonverbale Vertrauenshandlungen zeigen. Diese wiederum erhöhen die

---

411   vgl. ders., 2001: 20.
412   Schweer, 1996: 27.
413   vgl. Kapitel 3.2.4.3.
414   Neubauer, 1991: 216; Schweer, 1996: 73.
415   Schweer, 1998a: 11.

Wahrscheinlichkeit folgenden Vertrauens mit Initiierung vertrauensvollen Verhaltens des Interaktionspartners[416].

3.4 Anhaltspunkte für Vertrauen

Besonders günstig für die empirische Erfassung ist der Fokus auf Vertrauen als beobachtbares Verhalten[417]. Vertrauensvolle Handlungen
sind, allgemein gesagt, daran erkennbar, dass sie ein potenzielles Risiko für den Vertrauenden in sich bergen und seine Verwundbarkeit
steigern. Deutsch (1976) setzt vertrauensvolles Verhalten mit Vertrau-
en nahezu gleich. Dem soll hier so nicht gefolgt werden. Der Synopse
zum Vertrauensbegriff in Kapitel 3.1.2 entsprechend ist das Verhalten
eines Menschen, das als vertrauensvoll gekennzeichnet werden kann,
das äußere, sichtbare Ergebnis innerpsychischer Prozesse auf der kognitiven und emotionalen Ebene, das von personalen und situativen
Faktoren beeinflusst wird.

3.4.1 Kategorien vertrauensvollen Verhaltens

Verhaltenskategorien zwischenmenschlichen Vertrauens in der Interaktion werden von Petermann[418], Schweer[419] sowie Schweer und
Thies[420] vorgeschlagen. Es handelt sich um verbal und nonverbal gezeigte Signale in Form vertrauensvoller Handlungen, die an den Interaktionspartner gerichtet sind. Folgende Verhaltenskategorien und sie
qualifizierende Kriterien werden von den Autoren benannt:

* *Selbstöffnung/Selbstexplorative Äußerungen*
  „Selbstexplorative Äußerungen sind solche, bei denen dem Interaktionspartner intime Informationen über die eigene Person mitgeteilt werden [...] Selbstexplorative Äußerungen
  können eigene Schwächen offenlegen, diese Informationen
  können vom Interaktionspartner zur Durchsetzung persönlicher Interessen mißbraucht oder an andere weitergetragen
  werden" (Schweer, 1996: 76). Selbstexplorative Äußerungen
  gegenüber anderen Menschen bergen sowohl Ungewissheit
  als auch Risiko in sich, da deren Inhalt vom Interaktionspartner potenziell missbraucht werden kann.

---

416 Schweer, 1996: 73 ff.
417 vgl. Deutsch, 1962, nach Petermann, 1996: 13; Deutsch, 1976; Krumboltz &
     Potter, 1980, nach Petermann, 1996: 74 ff.
418 vgl. ders., 1996: 74 ff. in Anlehnung an Krumboltz & Potter, 1980.
419 vgl. ders., 1996: 75 ff.
420 vgl. ders., 1999: 22.

- *Bitte um Hilfe*
  Das Wohlwollen des Interaktionspartners ist das Ziel dieses
  Verhaltens. Risiko und Ungewissheit bestehen gleichermaßen wie ein intendierter Kontrollverzicht. Der Vertrauende
  zeigt sich in einer Form der Schwäche und Abhängigkeit von
  der anderen Person. Dieses Verhalten äußert sich zumeist in
  Form von direkten Fragen oder Aufforderungen.
- *Bitte um Rückmeldung über die eigene Person*
  Diese Kategorie ist der vorangegangenen ähnlich. Sie akzentuiert den Aspekt der zu erwartenden positiven Reaktion jedoch nicht. „Die Bitte um Feedback bezieht sich inhaltlich
  auf die explizite Aufforderung des Interaktionspartners, Stellung zu eigenen Einstellungen und Meinungen oder auch zu
  Handlungsabsichten und bereits realisierten Verhaltensweisen zu beziehen" (Schweer, 1996: 78).
- *Beziehungsorientierte Äußerungen*
  Hinsichtlich der beziehungsorientierten Äußerungen unterscheiden sich die Benennungen und Darstellungen der Autoren. Petermann beschreibt allein die Kategorie ‚Hier-und-
  jetzt-Äußerungen'. Die Kategorie ‚Kommunikation über die
  Interaktionsbeziehung' findet sich nur bei Schweer sowie
  bei Schweer und Thies. Beide Kategorien beziehen sich auf
  Äußerungen zur Interaktionsbeziehung und sind kaum voneinander zu unterscheiden. Bei Petermann wird die Abgrenzung zu Vergangenem und Bekanntem betont, während die
  Kategorie ‚Kommunikation über die Interaktionsbeziehung'
  dies neben der Aktualität auch beinhaltet. Es ist zu vermuten,
  dass die Petermann-Kategorie ‚Hier-und-jetzt-Äußerungen'
  von Schweer dahingehend weiterentwickelt wurde, denn die
  Gegenwart einer Beziehung beinhaltet auch immer ihre Hi-
  storie. Beide Kategorien werden daher unter der Kategorie
  Beziehungsorientierte Äußerungen zusammengefasst. Wie in
  den vorangegangenen Kategorien bestehen Risiko und Ungewissheit hinsichtlich der Reaktion des Gegenübers:
- *Kommunikation über die Interaktionsbeziehung*
  Hierzu zählen alle Äußerungen, die im Sinne einer Metakom-
  munikation auf die Interaktionsbeziehung zielen. Die Beziehung selbst ist das Thema. Dabei können vergangene, gegenwärtige und zukünftige Bezüge hergestellt werden. Es geht
  nicht um den tatsächlichen Austausch persönlicher Probleme,
  sondern um „Bewertungen und Interpretationen über den

anderen genauso wie Stellungnahmen zur Beziehung als solche" (Schweer, 1996: 77).

- *Hier-und-jetzt-Äußerungen*
Diese Kategorie beinhaltet alle Äußerungen mit aktuellem Bezug. Gemeint sind damit Äußerungen über die laufende Interaktion. Sie betreffen Aussagen über gegenwärtige Zustände sowie Aussagen über die Wahrnehmungen der Situation,
der Beziehung und des Interaktionspartners.

Daneben werden auch nonverbale Verhaltensweisen wie ‚Dem Anderen einen Gegenstand überlassen' erwähnt. Verbale Äußerungen
werden jedoch offenbar als Anzeichen für Vertrauen besonders wahrgenommen. In sozialen Situationen kommt damit die grundlegende
Einstellung sprachlich zum Ausdruck. Die genannten Kategorien bieten dazu eine Orientierungshilfe.

3.4.2 Das Zeigen von Vertrauen im Verhalten

Das sichtbare Auftreten von Vertrauenshandlungen ist als das Resultat einer individuellen Entscheidung[421] des Vertrauenden anzusehen.
Vertrauen kann zu vertrauensvollem Verhalten führen, wobei dieses
eine von mehreren Verhaltensmöglichkeiten darstellt[422]. Es wäre ebenso möglich, sich, trotzdem man vertraut, anders zu verhalten.

Geht man davon aus, dass vertrauensvolles Verhalten nicht unwill-
kürlich auftritt, sondern dass es als bewusster Vorgang aufgrund einer
Entscheidung zu betrachten ist, kann dieses Verhalten in Anlehnung
an entscheidungstheoretische Sichtweisen als eine Art soziale Strategie gekennzeichnet werden:

Die grundlegende Annahme der Theorie des Rational Choice ist: Je-
des menschliche Handeln läßt sich als zielgerichtetes Handeln ver-
stehen. Dieser Annahme liegt die Vorstellung zugrunde, daß jeder
Akteur in einer vorliegenden Entscheidungssituation einerseits ein
gewisses Wissen oder bestimmte Überzeugungen darüber besitzt,
welche Folgen die Wahl einer seiner Handlungsoptionen haben wird,
und andererseits über eine Bewertung der möglichen Folgen seiner
und der möglichen Handlungsentscheidungen der anderen verfügt.
Jede Entscheidung läßt sich dann so interpretieren, daß der Akteur

---

421   vgl. Deutsch, 1976: 135 f.
422   vgl. in diesem Zusammenhang die Untersuchungen von R. Damasio zur
      Funktion des orbitofrontalen Cortex, dargestellt bei Meienbrock, 2003b:
      16 ff.

versucht, auf der Basis seiner Überzeugungen hinsichtlich der möglichen Folgen seines Handelns den in seiner Bewertung der Folgen zum Ausdruck kommenden Nutzen zu maximieren. [...] Vertrauen [ist] dann im wesentlichen ein Problem der korrekten Wahrscheinlichkeitsabschätzung über das Verhalten eines möglichen Partners. Das Entscheidungsrisiko wird zum bestimmenden Merkmal (Lahno, 1998: 4 f.).

Eine solche Strategie erfordert ein gewisses Maß an sozialer Intelligenz[423]. Der Begriff der sozialen, oder, enger gefasst, interpersonalen Kompetenz ist hier ebenfalls naheliegend: Es handelt sich um die „Fähigkeit, Aufgaben, die im Umgang mit Personen auftreten, zu bewältigen" (Dorsch, 1976: 284). Diese wird benötigt, um sich in die Lage anderer versetzen zu können, um deren Verhalten vorhersagen oder sogar steuern zu können. In einer sozialen Umgebung können und müssen soziale Verhaltensweisen bis zu einem gewissen Grad für den Akteur erfolgreich sein. Daher kommt die Notwendigkeit einer Balance zwischen sozialer Verhaltensweise als langfristig erfolgreicher Strategie und unmittelbarem eigenem Vorteil in sozialen Interaktionen zum Tragen[424]. Es ist möglich, sich strategisch vertrauensvoll zu verhalten, obwohl man nicht vertraut. Schweer und Thies[425] beschreiben, dass so etwas in pädagogischen Situationen sinnvoll sein kann. Dauerhaft lässt sich ein solches Verhalten nicht inszenieren; es ist jedoch punktuell ausführbar[426]. Bei einer geringen Kontakthäufigkeit, wie das in professionellen Beziehungen meist der Fall ist, ist es demzufolge denkbar. Das zeigen auch die Ergebnisse von Cocard, der betont, dass der Zeitfaktor in solchen Beziehungen eine untergeordnete Rolle spielt und Vertrauen sich in jeder Begegnung neu etabliert[427].

Der lineare Zusammenhang von Vertrauen und Vertrauenshandlung benötigt als Zwischenschritt den Anlass. Thies beschreibt dies in Verknüpfung mit der Vertrauensintensität für das pädagogische Feld: „Das Ausbleiben einer Vertrauenshandlung lässt aber nicht auf die Intensität erlebten Vertrauens schließen; auch ein hoch vertrauender Schüler

---

423   Intelligenz allerdings ist eng definiert, so schreibt z.B. der Evolutionswissenschaftler N. Humphrey: Ein Tier zeigt Intelligenz, wenn es sein Verhalten auf die gesicherte Schlussfolgerung eindeutiger Tatsachen abstimmt (Humphrey, 1976: 304, eigene Übersetzung).
424   vgl. Humphrey, 1976: 309; Dawkins, 1996: 228 ff.
425   ders., 1999: 35.; auch Schweer, 1996: 64.
426   ders., 1999: 35, 101; vgl. Kapitel 3.2.2.3 unter Stichpunkt Täuschung.
427   vgl. ders., 2003: 161 ff.

wird nur dann eine Vertrauenshandlung realisieren, wenn ein entsprechender Anlass vorhanden ist" (ders., 2003: 225).

Insgesamt ist festzustellen, dass vertrauensvolles Verhalten keinen aus Vertrauen resultierenden Automatismus darstellt. Unter vertrauensvollem Verhalten ist ein Verhalten aufgrund einer bewussten Entscheidung für dieses Verhalten zu verstehen. Vertrauen *kann* sich demnach als beobachtbar in Vertrauenshandlungen zeigen. Deren Ausführung bedarf außerdem eines Anlasses.

4 Vertrauensrelevante Strukturmerkmale Sozialer Arbeit

Vertrauen als isoliertes Phänomen anzusehen ist nicht sinnvoll[428]. Für sein Verständnis und für den Nachvollzug seiner Bedeutung sind die rahmenden und es bedingenden jeweiligen systemischen Variablen erheblich. In die Betrachtungen müssen die vertrauensrelevanten Strukturmerkmale – in diesem Fall des Bereiches Soziale Arbeit – einbezogen werden.

Professionelles Handeln in der Sozialen Arbeit ist auf der personalen, der institutionellen und der gesellschaftlich-politischen Ebene angesiedelt[429]. Im Rahmen von „strukturell erzeugten Widersprüchen" (Gildemeister, 1983: VIII) bewegt sich Soziale Arbeit im Spannungsfeld zwischen Gesellschaft und Individuum[430]. Makrostrukturen haben entscheidenden Einfluss auf die Mikrostrukturen und damit auf die Binnenverhältnisse. Die professionelle Beziehung zwischen Sozialarbeiter und Klient ist das Binnenverhältnis, in dem sich Soziale Arbeit vollzieht. Die Zusammenarbeit zwischen Sozialarbeiter und Klient findet in der Praxis statt und fordert von beiden deren Bewältigung. Dazu benötigt es Verständigung regulierender Mechanismen, die diese Praxis möglich machen. Beziehungsherstellung und -gestaltung als Voraussetzung Sozialer Arbeit werden hier als wichtige Aufgaben des Sozialarbeiters angesehen.

Soziale Arbeit ist ein Teilbereich der modernen Gesellschaft[431]. Die strukturellen Einflüsse auf die Sozialarbeiter-Klient-Beziehung sind ausschlaggebend für die jeweils aktuelle, praktische Arbeitssituation in der Sozialen Arbeit. Wie sich die Bedingungen für diese professionelle Beziehung darstellen, ist zu klären. Ausgehend von der Wichtigkeit konkreter, situativer Faktoren bei der Betrachtung von Vertrauen, müssen sie beachtet werden. Nachstehend folgt deshalb eine Darstellung vertrauensrelevanter Strukturmerkmale moderner Sozialer Arbeit[432]. Das Handeln des Sozialarbeiters ist ohne die Berücksichtigung

---

428 vgl. Gondek, 1992: 37.
429 vgl. Kutscher 2002: 4.
430 vgl. Kutscher 2002: 223.
431 vgl. Bommes & Scherr, 2000: 5.
432 Eine Definition Sozialer Arbeit wird als „aussichtsloses Unterfangen" (Schlüter, 1995: 42) gesehen.

struktureller Rahmenbedingungen seiner Tätigkeit nicht verstehbar[433]. Die Interaktion zwischen Sozialarbeiter und Klient wird beeinflusst „durch die Probleme von Autorität, Einfluß, Abhängigkeit und [deren] Abwehr" (Possehl, 1993: 397). Diese entstehen vor allem durch die gesellschaftliche Funktion und die institutionelle Anbindung der Sozialen Arbeit sowie die unterschiedlichen Zugänge zu ihren Angeboten. Die strukturellen Gegebenheiten für die Sozialarbeiter-Klient-Beziehung können sich direkt auf die Einstellung des Klienten zum Sozialarbeiter auswirken. Die professionelle Beziehung in der Sozialen Arbeit bewegt sich in einem speziellen und großen Spannungsfeld, das einer aufmerksamen Betrachtung bedarf. Durch die Mehrdeutigkeit in der Berufsrolle des Sozialarbeiters sind die für Vertrauensentstehung notwendigen Faktoren Eindeutigkeit, Durchschaubarkeit und Berechenbarkeit[434] nur bedingt gegeben. Ob Vertrauen trotzdem entstehen kann, ist für die Arbeitsbeziehung von Interesse[435]. Die gesellschaftlich-institutionell strukturellen Merkmale stellen eine Einflussgröße dar, das professionelle Binnenverhältnis ist durch weitere Aspekte gekennzeichnet. Auch diese Größen werden nachfolgend detaillierter betrachtet. Weitergehende Dimensionen der Systematisierung zum Verständnis der Sozialarbeiter-Klient-Beziehung als die nachfolgend dargestellten sind sicher denkbar. In dieser Abhandlung finden die strukturellen Aspekte Sozialer Arbeit besondere Beachtung, die problematisch für die Vertrauensentstehung sein können, denn Angst und Vertrauen sind nicht gleichzeitig möglich[436].

4.1 Soziale Arbeit als gesellschaftliches Instrument

Professionen sind ein Typus akademischer Berufe, die auf wissenschaftlichem Wissen basieren, auf gesellschaftlich zentrale Güter und Werte wie Gesundheit, Recht oder Moral bezogen sind und zur Stabilität und Sicherheit der Gesellschaft beitragen (z.B. Arzt, Jurist, Pädagoge[437]). Professionswissen besteht vor allem in der Verfügung einer ausreichend großen Zahl komplexer Routinen, die in unklar definierten

---

433 Kähler, 2000: 188.
434 vgl. Petermann, 1996: 108.
435 vgl. Luhmann, 2001: 144.
436 Petermann, 1996: 115; Schweer & Thies, 1999: 93.
437 Die Diskussion um eigene Professionalität findet nicht nur in der Sozialen Arbeit statt, sondern auch in der Nachbar- und Bezugswissenschaft Pädagogik vgl. Thies, 2002: 58.

Situationen eingesetzt werden können[438]. Professionelle Identität bildet sich durch fachdisziplinäre Ausbildung, staatliche Lizenzierung, professionelles Setting und Kenntnis und Anwendung professioneller Methoden[439].

Soziale Arbeit wird als Semiprofession angesehen[440]. Es fehlen weitgehende Autonomie bei der Ausübung der beruflichen Tätigkeiten und das für Professionen typische hohe gesellschaftliche Ansehen. Soziale Arbeit befindet sich in einem nicht abgeschlossenen und weiter andauernden Professionalisierungsprozess[441], insbesondere auch durch die fehlende präzise Bestimmung ihres Gegenstandes (Grundlage einer wissenschaftlichen Disziplin wie einer eigenständigen Profession ist eine Gegenstandsbestimmung.). Über Soziale Arbeit wird behauptet, kein einheitliches Berufsbild abzugeben, bis heute „keinen in sich geschlossenen, von einheitlichem Selbstverständnis getragenen Berufsstand" (Bundesverfassungsgericht, 1972: o. S.) zu bilden, unbestimmte und unklare Identität als Normalität zu besitzen[442], keinen einheitlichen Fokus ihres Handelns aufzuweisen und keine Einheitlichkeit und Eindeutigkeit hinsichtlich ihrer Arbeitsfelder und Handlungsmuster abzugeben[443]. Sie ist gekennzeichnet durch Vielfalt und Heterogenität der Arbeitsfelder und Anstellungsträger[444], was nicht zuletzt zu Theoriebildungen und Methodenlehren führt, die oft rein bereichsspeziell oder rein global sind[445]. Soziale Arbeit hat keine einheitliche wissenschaftliche Wissensbasis[446]. So kommt Sahle zu dem Schluss, dass „dieser Beruf seinen Angehörigen keine Problemlösungsstrategien von zwingender Materialität zur Verfügung stellt" (ders., 1988: 29). Andererseits kann Soziale Arbeit für sich in Anspruch nehmen, in nahezu al-

---

438   vgl. Merten, 2002: 42 ff.; Müller, C.W., 1997: 261 f.; Luhmann, 2002a: 149; Pollak, 2002: 81.

439   vgl. Müller, C.W., 1997: 204.

440   vgl. Dewe et al, 1995: 36 f.; Gildemeister, 1996: 443 ff.; Merten 2002: 60 ff.; Schäfer, 2006: 40; Thiersch, 1993: 11.

441   vgl. Preußer & Völkel, 1977: 37.

442   Kleve, 2000: 69 f.

443   vgl. u.a. Bommes & Scherr, 2000: 208; Gildemeister, 1983: VII; ders., 1996: 443 ff.; Kreft & Mielenz, 1996b: 510; Müller, 1999: 17 f.; Schütze, 1997: 229; Stimmer, 2000b: 23 ff., 156 ff.

444   vgl. u.a. Erler, 1994: 11 f., 21 ff.; Galuske, 1998: 63 ff.; Gildemeister, 1983: VII; Kähler, 1997: 7 ff., 31 f.; Klüsche, 1994: 177 f., Merten, 2002: 73; Pantucek, 1998a: 82, 105 ff.; Thiersch, 1993: 15.

445   vgl. Staub-Bernasconi, 1998: 41 ff.

446   Bommes & Scherr, 2000: 208.

len gesellschaftlichen Bereichen präsent zu sein[447]. Diese Vielfalt und Heterogenität wird deutlich auf der Internetseite des Deutschen Berufsverbandes für Sozialarbeit, Sozialpädagogik und Heilpädagogik (DBSH)[448]:

> *Die sozialen Dienstleistungen werden in verschiedenen Arbeitsfeldern (Kinder- und Jugendhilfe, Strafvollzug, Krankenhäuser, Seniorenarbeit, betriebliche Sozialarbeit, freiberufliche Tätigkeit u.a.) erbracht und richten sich an die Gesamtheit der Bevölkerung.*
> *Methoden der Sozialarbeit sind Soziale Einzelfallhilfe, Soziale Gruppenarbeit, Gemeinwesenarbeit, Soziale Forschung, Soziale Planung.*
> *Sozialarbeit arbeitet im sozialen, wirtschaftlichen und politischen Bereich.*
> *Sozialarbeit leistet*
> *- Beratung und Information*
> *- Befähigung/Training, Organisation von Lernprozessen (in Bildung, Ausbildung, Erziehung)*
> *- Behandlung (z.B. Sozialtherapie, heilpädagogische Behandlung)*
> *- Vermittlung, Koordination und Vernetzung*
> *- Begleitung, Betreuung und gesetzliche Vertretung*
> *- Gutachterliche Stellungnahme*
> *- Lobbying für Benachteiligte, Diskriminierte und Randgruppen*
> *(ders., o. J.: o. S.)*

So erleben sich Menschen als Sozialarbeiter in dieser Rolle nicht einheitlich und gestalten sie auch unterschiedlich. Verschiedene professionelle Grundhaltungen innerhalb Sozialer Arbeit beschreibt beispielsweise B. Müller[449]:

- Geschlossener Typus: Fokussierung einer theoretischen Betrachtungsweise (z.B. psychologisiert, verwaltungstechnisch, rechtlich) wird kultiviert und methodisch untermauert, dieses Fachwissen steht im Vordergrund der Interventionen.
- Autistischer Typus: generelle Abwertung der Bedeutsamkeit von theoretischem Wissen, existierende Praktiken im Feld werden als dogmatisch angesehen.

---

447 vgl. Merten, 2002: 29.
448 Die offizielle Abkürzung ‚DBSH' für den Deutschen Berufsverband für Sozialarbeit, Sozialpädagogik und Heilpädagogik wird nachfolgend verwendet.
449 ders., 1997: 146 ff.

- Offener Typus: ohne Vordefinition einer Leitwissenschaft, ohne Spezialwissen, Fähigkeit zum Perspektivenwechsel zwischen unterschiedlichen Arten von Wissen, basierend auf „Wissen und Handlungsregeln, die helfen, je nach Situation benötigtes Handlungswissen selbst zu erschließen" (ders., a.a.O.: 149), fähig, die spezifische Bedingungen eines Handlungsfeldes zu berücksichtigen, „ohne sich diesen Bedingungen auszuliefern" (ebd.).

Die Berufsausübung des Sozialarbeiters bietet kein geschlossenes Bild:

> *[Die Berufsausübung des Sozialarbeiters] ist als solche weder Gegenstand besonderer Gesetze noch wird sie geprägt von den Vorschriften einer allgemeinen Berufsordnung oder ungeschriebenen Regeln standesgemäßen Verhaltens. Daher folgt sie den Sachgesetzlichkeiten der einzelnen Aufgabenbereiche und vollzieht sich in denjenigen Formen, die der jeweilige Träger der Sozialarbeit hierfür bereitstellt (BVerGE, 1972: o. S.).*

Ein einheitliches Berufsethos und ein exakter Verhaltenskodex für souveräne Normensicherheit werden vom Berufsverband DBSH[450] seit längerem vorgeschlagen. Bisher haben diese sowohl innerberuflich als auch in ihrer Außenwirkung nicht den Stellenwert berufsethischer Prinzipien anderer Professionen erreichen können. Es bestehen Theorien der Äquieffektivität, so bei Müller Kohlenberg[451], die die Ansicht vertritt, dass ehrenamtliche ebenso wirksam sei wie professionelle Helfertätigkeit. Dies hat in der Praxis schwerwiegende Auswirkungen in Form von Dequalifizierungsprozessen und damit sowohl auf die Qualität Sozialer Arbeit und nicht zuletzt auf ihr Ansehen[452]. Eine generalisierte klare Funktionsbeschreibung auch im gesellschaftlichen Kontext findet sich für Soziale Arbeit nicht. Das Bundesverfassungsgericht benennt vor allem, dass es Aufgabe der Sozialen Arbeit ist, „dem in soziale Bedrängnis geratenen Bürger, der seine Probleme nicht aus eigener Kraft zu meistern vermag, die Hilfe der Gemeinschaft zu vermitteln [bzw. zu verschaffen]. Dadurch wird die Stellung des Sozialarbeiters gegenüber seinem Klienten entscheidend geprägt" (ders., 1972: o. S.). Unter dieser Prämisse werden als generelle Aufgaben genannt:

- Repräsentant sein von Gesellschaft und Staat,

---

450   vgl. DBSH, 1998b.
451   vgl. ders., 1993a; 1993b.
452   vgl. DBSH, 2005a: 6; Wilken, 2006: 23 f.

- Wahrnehmung der Belange der Allgemeinheit,
- Mitteilung an übergeordnete Stellen bei Notwendigkeit zum Eingreifen[453].

Der Hilfeaspekt steht im Vordergrund. Der Begriff der Hilfe verweist auf den Problembezug. Mit ihm geht der Erziehungsbegriff einher; der normative Charakter ist immanent. Hilfe ist immer verbunden mit Herrschaft und Kontrolle[454]. In Bezug auf die Arbeit mit Klienten finden sich undeutliche Nennungen wie ‚Klärung Fragen seelischer Art von Klienten', ‚Klienten Rat geben' oder ‚fachkundigen Beistand leisten'[455]. Konstitutive Grundstrukturmuster Sozialer Arbeit sind Ganzheitlichkeit, Offenheit und Anspruch auf Allzuständigkeit[456]. Die Schwierigkeiten der Professionalisierbarkeit Sozialer Arbeit schlagen sich auch auf die Interaktionen in dieser nieder[457]. Trotzdem wird in der Sozialen Arbeit von einer professionellen Arbeitsbeziehung gesprochen.

4.1.1 Die gesellschaftliche Funktion

Die Beschreibung Sozialer Arbeit geht eng verbunden mit ihrer gesellschaftlichen Rolle einher. Sie wird als ein gesellschaftliches Phänomen betrachtet, das mehr ist als eine Reaktion auf gesellschaftlich problematisierte Bereiche[458]. Die „Soziale Arbeit selbst ist ein Produkt gesellschaftlicher Entwicklung und Teil des gesellschaftlichen Systems", so Stimmer (2000b: 34 f.). „Der gesellschaftliche Ort der Sozialen Arbeit ist [...] der Bereich kumulativer sozialer Probleme und damit die gesellschaftliche Peripherie" (Staub-Bernasconi, 1998: 51 f.). Sie hat die „Funktion einer letzten Hilfeinstanz und als Kompensator von Lücken im staatlichen System sowie als zivilgesellschaftlicher Akteur" (Richter, 2002: 166 f.). Soziale Arbeit ist funktionales Instrument der Gesellschaft, wird von ihr finanziert, ist Teil ihres Machtapparates[459] und „Agentin der Gesellschaft und ihrer Normen" (Pantucek, 2001: o. S.). Die Aufgabe des Sozialarbeiters besteht darin, den Klienten die Hilfe der Gemeinschaft zu vermitteln[460]. Wie bereits der damalige Bundesminister der Justiz argumentierte 1972 das Bundesverfassungsge-

---

453 ebd.
454 Becker-Lenz, 2005: 90 f. unter Verweis auf Gängler, 2001.
455 vgl. ebd.
456 Thiersch, 1993: 11.
457 vgl. Bommes & Scherr, 2000: 208.
458 vgl. Bommes & Scherr, 2000: 5.
459 vgl. u.a. Erler, 1994: 13, 37; Kähler, 1997: 40; Klüsche, 1994: 188 ff., Pantucek, 2001: o. S; Wendt, 1997b: 16 ff.; Zinner, 1981: 19 ff., 24.
460 vgl. Bundesverfassungsgericht, 1972: o. S.

richt, es sei nicht kennzeichnend für die sozialarbeiterische Tätigkeit, Klienten „im Rahmen eines höchstpersönlichen, grundsätzlich keine Offenbarung duldenden Vertrauensverhältnisses fachkundigen Beistand zu leisten [...] Sozialarbeiter hätten somit als Repräsentanten von Gesellschaft und Staat auch die Belange der Allgemeinheit wahrzunehmen" (ebd.). Jeder Sozialarbeiter muss sich vor dem Hintergrund seiner gesellschaftlichen Funktion grundlegend positionieren; so formuliert P. Pantucek[461]:

Meines Erachtens ist es unerlässlich, das Faktum unserer Mitwirkung an Herrschaft, unserer Beteiligung an der Macht, vorerst einmal anzuerkennen. Erst es klar zu sehen, eröffnet uns die Chance, ethisch verantwortlich zu handeln, unser eigenes Tun kritisch zu reflektieren und uns den ethischen Dilemmata des Alltags unserer Arbeit zu stellen (ebd.).

Soziale Arbeit enthält in ihrer gesellschaftlichen Funktion ein misstrauensauslösendes Moment. Historische Betrachtungen verweisen dabei insbesondere auf die Zeit des Nationalsozialismus in Deutschland. Hier geschah eine Form der Instrumentalisierung Sozialer Arbeit, in der auch ein Zusammenhang mit dem Vertrauen der Klienten in den Sozialarbeiter gesehen wird[462]. Verwiesen sei hierbei auf die treffende Anmerkung von Staub-Bernasconi, dass „legal nicht automatisch legitim bedeutet" (ders., 1998: 134). Das zeigt auf die Ebene der Risiken der Sozialen Arbeit in ihrer gesellschaftlichen Funktion. Als vertrauensrelevant werden allgemein solche strukturellen Dimensionen gesehen, die ein hohes Risiko für beteiligte Akteure in sich bergen. Nach Ansicht von Luhmann (2001) befinden sie sich den Bereichen:

- *Kontinuität der natürlichen und der moralischen Ordnung*
- *technische Kompetenz der Akteure in ihren Rollen*
- *treuhänderische Verpflichtungen der Akteure, das heißt Pflicht und Motive, die Interessen anderer vor ihre eigenen zu stellen.*
  (Barber, 1983, nach Luhmann, 2001: 144).

Diese vertrauensrelevanten Risikobereiche widerspiegeln zutreffend jene Gegebenheiten Sozialer Arbeit, die sich als besonders ambivalent kennzeichnen lassen. Das sind ihre funktionalistische gesellschaftliche

---

461 Pantucek, 2001: o. S.
462 Zur Sozialen Arbeit im Nationalsozialismus vgl. z.B. Erler, 1994: 76; Heddergott, 2000; Karberg, 1996: 154 f.; Kramer, 1995; Müller, 1999: 199 ff.; Otto & Sünker, 1989.

Einordnung und dies insbesondere in sich ändernde gesellschaftliche Werte und Zustände, das fehlende eindeutige Selbstverständnis und die hohe Heterogenität der Sozialen Arbeit, die Ambivalenzen von Hilfe, Kontrolle sowie Wirtschaftlichkeit und die große Flexibilität bei geringer Standardisierung in den Handlungsabläufen.

4.1.2 Die institutionelle Anbindung

„Institutionen sind auf Dauer gestellte Regelkomplexe, mit denen Prinzipien gesellschaftlicher Ordnung zum Ausdruck gebracht werden und Erwartungskontexte strukturiert werden, indem Gegenstand, Inhalt und Geltungsbereich von Regelungen, Handlungen und sozialen Beziehungen unabhängig von Einzelpersonen und Einzelsituationen bestimmt und in Form von handlungsleitenden Rationalitätskriterien konkretisiert werden" (Wagenblass, 2004: 26). Die beruflich institutionelle Anstellung von Sozialarbeitern ist die Regel. Sozialarbeiter sind Vertreter ihrer arbeitgebenden Institution und werden auch als solche von ihrem Klientel wahrgenommen. Soziale Arbeit wird in institutionellem Kontext geleistet und der Sozialarbeiter ist in seiner Arbeit seiner Institution verpflichtet[463]. Diese Anbindung birgt die Konsequenz, dass im institutionellen Rahmen mit dazugehörigen bürokratischen Strukturen ohne Ansehen der Person gehandelt werden müsste. Eine bürokratische Ausführung der Hilfe für einen Klienten jedoch schließe seine „Glaubwürdigkeit und Integrität [aus ...] (Nach der Devise: Vertrauen ist gut, Kontrolle ist besser.)" (Kasakos, 1980: 68). In einer modernen Gesellschaft muss Soziale Arbeit gleichzeitig Individualisierung als Grundprinzip der Aufgabenrealisierung beinhalten[464]. Der Sozialarbeiter ist unter Einsatz seiner Persönlichkeit der Vermittler zwischen institutionellem Auftrag und dem einzelnen Klienten[465].

[Der Sozialarbeiter] muss, will er den Betroffenen ‚gewinnen‘, also auf ihn Einfluß nehmen, seine Persönlichkeit einsetzen, seine Gefühle (Mitgefühle), sein soziales Ethos zur Geltung bringen, das verschiedenen Motivationen entspringt und humanitär, christlich oder politisch eingefärbt sein kann. Seine Persönlichkeit hat gera-

---

463 vgl. u.a. Bundesverfassungsgericht, 1972: o. S.; Germain & Gitterman, 1999: 418; Kähler, 1997: 72 ff.; ders., 2000; Kaiser: 238 f.; Kasakos, 1980; Müller, 1999: 18; Nicolay, 1993: 542; Pantucek, 1998: 101 ff.; ders., 2001: o. S.; Wagenblass, 2004: 61; Zinner, 1981: 19, 86 ff.

464 vgl. Dewe et al., 1995: 20 f.; Kähler, 1997: 32 ff., 38 ff.; Klüsche, 1994: 193; Pantucek, 1998a: 85 ff.; Zinner, 1981: 92 ff.

465 vgl. Luzio, 2005: 74 ff.; Wagenblass, 2004: 64 ff.

dezu die Vermittlung herzustellen zwischen der abstrakten Allge-
meinheit des Verwaltungshandelns und den einzelnen Menschen,
auf die dieses Verwaltungshandeln ausgerichtet ist (Zinner, 1981:
92).

Sucht ein Klient einen Sozialarbeiter auf, wird er sich in den meisten
Fällen von der dahinter stehenden Institution Unterstützung erhoffen. Dazu gehört generalisiertes Vertrauen[466] in diese Organisation,
auf deren Repräsentanten der Klient dann in Gestalt des Sozialarbeiters trifft. Möchte eine Institution Vertrauen schaffen, so müssen unabhängig vom einzelnen Mitarbeiter vertrauensfördernde Faktoren bereits in ihre Struktur implementiert sein. Vertrauen zielt dabei nicht
zuletzt auch auf Vertrauen in die Integrität der mit staatlicher Macht
ausgestatteten Sozialarbeiter. Für die Funktionsfähigkeit einer gesellschaftlichen Institution scheint Vertrauen unverzichtbar[467], denn
es schafft hier Stabilität, Raum für Handeln und Entscheidungsspiel-
räume[468]. Selbst wenn die Hilfeleistung in einem Aushandlungsprozess unter Mitwirkung des Klienten entsteht, so bleibt trotzdem ein
hohes Maß an Unsicherheit auf seiner Seite. Unsicherheiten und Risiken könnten durch Vertrauen reduziert werden und damit würden
Handlungsspielräume geschaffen, so der Vorschlag von Wagenblass[469].
Organisationsstrukturen haben großen Einfluss auf die Variabilität der
Interventionsmöglichkeiten und den Anteil professioneller Responsi-
vität der einzelnen Mitarbeiterin, wie sich empirisch zeigt, selbst innerhalb des gleichen Arbeitsfeldes. Hohe Standardisierung führt hier
zu Verringerung der angegebenen Aspekte. Restriktive Vorgaben und
Regelabläufe verhindern angemessene Interventionen „und fokussieren die Aufmerksamkeit der Professionellen auf die Einhaltung institutioneller Verfahren und Verpflichtungen" (Kutscher, 2002: 219).

Die Wahrnehmung des Sozialarbeiters als Person oder als Repräsentant
einer hinter ihm stehenden Institution beeinflusst maßgeblich den Prozess der spezifischen Vertrauensbildung. Ergebnisse der Vertrauensforschung zeigen, dass es für dieses Vertrauen von Klienten erheblich
ist, bei welchem Arbeitgeber der Sozialarbeiter angestellt ist[470]. Vertrauensbildende Prozesse im professionellen Kontext sind von der Struktur
und Organisation der Institutionen partiell abhängig. Das kann bedeu-

---

466   vgl. Wagenblass, 2004: 60, 62.; vgl. Kapitel 3.1.4.
467   Wagenblass., 2004: 41.
468   ders., a.a.O.: 46.
469   Wagenblass, 2004: 8.
470   vgl. Schweer, 1997a: 203 f.

ten, dass es aufgrund fehlenden Vertrauens in die betreffende Institution zu gar keiner Kontaktaufnahme durch den Klienten kommt. Es kann auch sein, dass der Klient das sozialarbeiterische Angebot nicht annimmt, weil er der dahinter stehenden Institution kein Vertrauen entgegenbringt. Das kann sich ausdrücklich bei erzwungenen Kontakten zeigen. Institutionell angestellte Sozialarbeiter verfügen über ein professionelles Handlungsrepertoire mit misstrauensauslösenden Handlungsweisen wie schriftliches Festhalten von Informationen des Klienten oder Kontakte zu Dritten[471]. Die Verknüpfung Sozialer Arbeit mit institutionellem Bezug bietet demzufolge eine Vielzahl von vertrauenshemmenden bis hin zu misstrauensauslösenden Momenten. Es liegt die Vermutung nahe, dass sie problematisch auf die Beziehung zwischen Sozialarbeiter und Klient und die Entstehung von Vertrauen in diesem Zusammenhang einwirken.

4.1.3 Der Zugang zu den Angeboten

Das Kennzeichen der Heterogenität Sozialer Arbeit setzt sich auch innerhalb eines Arbeitsfeldes fort[472]. Es bestehen ungleiche Zugangsformen zu den Angeboten Sozialer Arbeit, sodass Klienten ganz unterschiedliche Ausgangssituationen haben. Diese unterscheiden sich dahingehend, ob der Zugang behördlich verordnet, von der Sozialen Arbeit angeboten oder vom Klienten erbeten worden ist. Die Verschiedenheit dabei liegt im Grad der Freiwilligkeit der Inanspruchnahme des Angebotes durch Klienten[473].

Dies hat insgesamt Konsequenzen für die Qualität der Beziehung zwischen Sozialarbeiter und Klient. Stellt sich für den Klienten mit behördlich verordneter Inanspruchnahme ein Widerspruch zwischen der eigenen und der behördlichen Ansicht dar, wird er das sozialarbeiterische Angebot entweder trotzdem annehmen, scheinbar annehmen oder - soweit ihm das möglich ist - ablehnen. Er ist zum Kontakt unabhängig von seinem etwaigen Widerstand gezwungen. Der Zugang zu angebotenen Dienstleistungen auf der freiwilligen Basis des Klienten ist abhängig „von der Art der Initiative der Sozialarbeiter" (Kähler, 1997: 28). Bevor Hilfen hier realisiert werden können, müsse der Klient Motivation und Vertrauen für die Inanspruchnahme entwickeln. Der Bereich des erbetenen Zugangs wird als unabhängig von einer voran-

---

471   vgl. Kähler, 1997: 19 ff., 152 ff.; Kasakos, 1980: 53; Zinner,1981: 94 f.
472   vgl. Kähler, 1997: 10.
473   vgl. Becker-Lenz, 2005: 93 ff.; Germain & Gitterman, 1999: 71 ff., 101 ff.; Müller, B., 1997: 107 ff.; Kähler, 1997: 10 f., 26 ff.; 38 ff.

gegangenen Initiative durch den Sozialarbeiter gesehen. Hierbei ist der Grad der Freiwilligkeit relativ hoch. Für die professionelle Beziehung ist die individuelle Art des Zuganges zu den Angeboten Sozialer Arbeit somit überaus relevant. Allerdings: Die Inanspruchnahme von Angeboten Sozialer Arbeit durch Klienten ist nahezu nie vollständig freiwillig[474], sondern vergleichbar mit „der Motivation eines Menschen mit starken Zahnschmerzen zum Zahnarztbesuch" (Kähler, 1997: 28).

4.2 Soziale Arbeit als Beziehungsfeld

Die anhand der psychologischen Fachliteratur belegten bereichsspezifischen Einflussfaktoren im Hinblick auf Vertrauen in anderen professionellen Beziehungen müssen für die Soziale Arbeit explizit herausgearbeitet werden, da sonst die Frage nach Vertrauen nicht bereichsspezifisch betrachtet werden kann. Die strukturellen Rahmenbedingungen für die Sozialarbeiter-Klient-Beziehung wurden daher bereits näher dargestellt. In einem weiteren Schritt wird sich den innerstrukturellen Aspekten der professionellen Beziehung zwischen Sozialarbeiter und Klient genähert. Differenzierung und Vollständigkeit kann aufgrund der Pluralität und Heterogenität der Arbeitsfelder der Sozialen Arbeit auch an dieser Stelle nicht geleistet werden. Der Schwerpunkt der Darstellungen wird auf wesentliche und verallgemeinerbare Merkmale Sozialer Arbeit gelegt.

4.2.1 Konstitution der Sozialarbeiter-Klient-Beziehung

Soziale Arbeit ist seit ihren frühen Anfängen durch den unmittelbaren, persönlichen und interaktiven Kontakt zwischen Sozialarbeiter und Klient gekennzeichnet[475]. Als besonders abgrenzend zu anderen Professionen ist die Alltagsbezogenheit Sozialer Arbeit zu sehen[476]. Dies ist wohl das Typischste an der Arbeitssituation von Sozialarbeitern. Die meisten Handlungsverfahren in der Sozialen Arbeit bauen auf Kommunikation und Interaktion auf[477]. Interaktionen bilden hier auch die wesentliche Grundlage für Entscheidungen[478]. Weitere generalisier-

---

474 vgl. Becker-Lenz, 2005; Kähler, 1997: 28; ders., 2000: 191; Klüsche, 1994: 179 ff.; Mrochen, 1994: 70; Pantucek, 1998a: 114 ff.; Stiels-Glenn, 1997: 24.
475 vgl. Becker-Lenz, 2005: 91; Gildemeister, 1983: VII.
476 vgl. Heiner, 1998: 157 f., 167; Klüsche, 1994: u.a. 213; Pantucek, 1998a: 83 f.
477 vgl. Ackermann, 2000: 24; Bommes & Scherr, 2000: 201 ff.; Schütze, 1997: 232 f.
478 vgl. Bommes & Scherr, 2000: 210.

bare situative Merkmale sind angesichts der Vielfalt der Arbeitsfelder und Heterogenität der Tätigkeitsfelder schwer festzustellen.

Die Sozialarbeiter-Klient-Beziehung kennzeichnen strukturelle Aspekte professioneller Arbeitsbeziehungen ebenso wie Arbeitsbeziehungen anderer Professionen[479]. Ein schwerwiegendes spezielles Merkmal der professionellen Beziehung in der Sozialen Arbeit ist, wie vorab dargestellt, die Tatsache, dass der Sozialarbeiter Vertreter einer Institution oder auch staatlicher Gewalt ist und als solcher wahrgenommen wird. Sein professionelles Handeln, verbunden mit Autorität und Handlungsvollmacht gegenüber Klienten, ist durch gesellschaftliche Legitimation konstituiert. Kasakos[480] spricht von einer „Gewaltbeziehung, die zwischen [Sozialarbeiter und Klient] institutionalisiert ist" (ebd.).

Klienten werden durch normative Festlegungen der Gesellschaft oder die Angebote der Sozialen Arbeit selbst zu solchen[481]. Die Vielfalt der Arbeitsfelder Sozialer Arbeit bis hin zu präventiven Angeboten zeigt dies näher auf. Klienten werden als hilfsbedürftig definiert oder ordnen sich selbst so ein[482]. Die Kontaktaufnahme zu den Angeboten Sozialer Arbeit findet statt, wenn das eigene oder das Problem einer anderen Person als ein soziales und das Angebot der Sozialen Arbeit als dazu passend eingeschätzt wird. Das Ausmaß von Freiwilligkeit des Klienten bezüglich einer Inanspruchnahme der Angebote Sozialer Arbeit bestimmt seine Einflussnahmemöglichkeit auf die Beziehungsdauer. Aus der Professionalität der Beziehung ergeben sich formal klar festgelegte Rollen - ein Interaktionspartner ist Sozialarbeiter, der andere Klient. Sie nehmen sich gegenseitig in erster Linie in diesen ihren Rollen wahr[483]. Für spezifisches Vertrauen ist das bedeutend, denn soziale Wahrnehmungsprozesse haben handlungsleitenden Charakter[484]. Sowohl der Sozialarbeiter als auch der Klient haben Erwartungen an die Person des anderen, die mit seiner Rolle und den dazu gebildeten Zuschreibungen zu tun haben[485].

---

479   vgl. Kapitel 2.2.
480   ders., 1980: 54.
481   vgl. Klüsche, 1994: 189.
482   vgl. Bommes & Scherr, 2000: 208 ff.; Germain & Gitterman, 1999: 101 ff.; Kähler, 1997: 23 ff.; Pantucek, 1998a: 97 ff., 105 ff., 173.
483   vgl. Kähler, 1997: 21 f., 38; Sahle, 1988: 32 f.
484   Thies, 2002: 226.
485   vgl. Becker-Lenz, 2005: 99; Goffman, 1994.

Klienten tragen Selbst- und Fremdstigmatisierungen mit sich[486]. Oftmals haben sie institutionelle Vorerfahrungen, die zu Skepsis und Misstrauen führen[487] und sie verfügen über innere Abwehrsysteme besonders bei fehlender Freiwilligkeit[488]. Ungenaue Vorstellungen hinsichtlich ihres Problems sind anfangs nicht selten und somit erhoffen viele Klienten eine Veränderung durch den Sozialarbeiter. Die Hilfeerwartungen bestehen zunächst in Bereichen, die außerhalb der „Auseinandersetzung mit der eigenen Person" (Nicolay, 1993: 540) liegen. Gleichzeitig besteht der Wunsch nach weitestgehender Selbstverantwortung und Selbstbestimmung über das eigene Leben und dessen Gestaltung[489]. Aus dem Bereich der Hilfen zur Erziehung nach dem Sozialgesetzbuch VIII wird bemerkt:

> *Aktive, auch anspruchsvolle Klienten, Klienten die eigene Wünsche, Ziele und Lösungsvorschläge vorbringen (können), sind der Idealfall und eher selten. Es ist nach wie vor bei Hilfen zur Erziehung nicht der Normalfall, daß Klienten von sich aus Hilfe suchen und sich wegen einer möglichen Hilfe zur Erziehung an das Jugendamt wenden. Häufiger wird es nötig sein, Eltern oder auch Jugendliche erst einmal auf bestehende Problemlagen aufmerksam zu machen, sie zu motivieren, etwas an der Situation zu ändern und sie zu ermutigen, professionelle Hilfe in Anspruch zu nehmen [...] Es ist dann eine mühsame und auch langwierige Motivierungs- und Aktivierungsarbeit vor dem Beginn der eigentlichen Hilfe erforderlich (Seithe, 2001: 242).*

Die Gefährdung einer Klientifizierung besteht für Menschen „mit sehr begrenzten ökonomischen Ressourcen, [wie auch] bei einem Mangel an sozialen und spirituellen Ressourcen und zerrüttetem Selbstrespekt (Demoralisierungssysndrom)" (Mühlum, 2006: 10). Die Inanspruchnahme von Angeboten Sozialer Arbeit ist oft mit ambivalenten Gefühlen verbunden, so z.b. mit Hoffnung auf Hilfe und Unterstützung durch den Sozialarbeiter bei gleichzeitigem Vorhandensein von Misstrauen und Angst vor (weiterer) Herabwürdigung. Im heutigen Selbstverständnis der Sozialen Arbeit ist die historisch größtenteils stark vertretene Subjekt-Objekt-Struktur der Beziehung zwischen Sozialarbeiter

---

486   vgl. Germain & Gitterman, 1999: 101 ff; Kasakos, 1980: 66 f.; Nicolay, 1993: 540 ff.
487   vgl. Nicolay, 1993: 540 f.
488   vgl. Germain & Gitterman, 1999: 75; Nicolay, 1993: 540; Pantucek, 1998a: 174 f.; Sommer, 2001: 14; Stiels-Glenn, 1997: 20 ff.
489   vgl. Herwig-Lempp, 2007: 36; Klüsche, 1994: 184; Wilken, 2006: 23.

und Klient nicht mehr zeitgemäß[490]. Betrachtet man die historische Entwicklung der Sozialen Arbeit, zeigt sich, dass das Vertrauen des Klienten als notwendig angesehen wurde, damit er sich - überspitzt formuliert - vom Sozialarbeiter in ein besseres Leben führen ließe. Beispielhaft sei Alice Salomon genannt; allerdings problematisierte schon sie die Sicht auf die Beziehung zwischen Sozialarbeiter und Adressat als Subjekt-Objekt-Verhältnis als ursächlich für falsches professionelles Handeln. Es sei vielmehr eine Beziehung zwischen Subjekten. Der Klient müsse jedoch den Sozialarbeiter als Autorität anerkennen, um sich helfen zu lassen. Dies erfordere vom Sozialarbeiter besondere Fähigkeiten des Beziehungsaufbaus und die Herstellung von Vertrauen[491].

Moderne Soziale Arbeit hat ihre Sichtweisen erweitert bis hin zu Sozialer Arbeit als Dienstleistungsangebot. Das zeigt sich in der Praxis zwar in unterschiedlichen Ausprägungen; insgesamt ist dennoch zu bemerken, dass die professionelle Beziehung in der Sozialen Arbeit stark durch gesellschaftliche Prozesse der Moderne tangiert wird[492]. Seinen Ausdruck findet das nachhaltig in der „Pluralisierung, Individualisierung, Relativierung und Experimentierung von Lebensstilen" (Hettlage, 2002: 28). Die Verfügung der Sozialen Arbeit über ein Normalitätsmonopol gegenüber ihrem Klientel ist damit zunehmend und in vielen Punkten infrage gestellt[493]. Die Sichtweisen der Klienten spielen eine stärkere Rolle, sie selbst werden als aktive Subjekte betrachtet[494]. Die Beachtung der Personalität wird als wichtig angemahnt[495]. Dazu gehören „Verstehen und Achtung der Andersheit des Klienten" (ebd.).

Das Insistieren auf der Eigensinnigkeit lebensweltlicher Erfahrung der AdressatInnen ist Versuch und Instrument der Gegenwehr zu den normalisierenden, disziplinierenden, stigmatisierenden und pathologisierenden Erwartungen, die die gesellschaftliche Funktion der Sozialen Arbeit seit je zu dominieren drohen (Thiersch, 1993: 13).

---

490 Zur Geschichte der Sozialen Arbeit vgl. z.B. Erler, 1994: 47 ff.; Landwehr & Baron, 1995; Müller, C.W., 1999 und 1997; Sachße, 1993.

491 vgl. ders., 1928: 5 ff., 26 ff.

492 vgl. Giddens, 1995: 28 ff.; Henry-Huthmacher, 2002: 18; Hettlage, 2002: 28ff.

493 Zur Normalisierungsfunktion Sozialer Arbeit vgl. Schmidbauer, 1994: 26.

494 vgl. Butler & Drakeford, 2005: 650; Engel et al., 1996: 50 ff., 53; Pluto et al., 2003: 10 ff.; Wilken, 2006: 23.

495 vgl. Mühlum, 2006: 10.

Soziale Arbeit bewegt sich durch ihre veränderten Sichtweisen auf der Ebene der Beziehungsstruktur mittlerweile in einem funktionalen Selbstfindungs- und Spannungsfeld zwischen Wirtschaft und Politik: Als Anbieter von Dienstleistungen sieht sie sich als Teil der Wirtschaft[496] und unterliegt in ihrer Existenz dennoch sozialpolitischen Vorgaben[497]. Als solcher Teil der Politik bleibt ihr Bezug die Selbstbehauptung durch Machtbeziehungen[498].

Die Beziehung zwischen Sozialarbeiter und Klient ist unverkennbar durch strukturelle Asymmetrie gekennzeichnet. Diese Asymmetrie ergibt sich durch deren Unterschiede in Bezug auf Verfügung über Ressourcen in den Bereichen Macht und Kompetenz, wie sich das auch in anderen Professionen darstellt. Zielbezogenheit und normativer Charakter sind spezielle Kennzeichen[499], die nicht zuletzt den Machtaspekt verstärken. Klienten nehmen den Sozialarbeiter als mit Macht ausgestattet wahr, auch, wenn er sich selbst nicht als solcher erlebt[500]. Minderjährige Klienten erleben zusätzlich ihre von der Erwachsenenwelt abhängige, gesellschaftliche und persönliche Position in der Konfrontation mit den erwachsenen Sozialarbeitern und dem gesellschaftlichen Teilgebiet Soziale Arbeit[501].

Einseitig geprägte Hierarchien entstehen infolge einer rein erfolgsorientierten Arbeit, die den Beziehungsaspekt vernachlässigt, denn ihr fehlt eine Ebene gegenseitiger Verständigung. Die professionelle Beziehung in der Sozialen Arbeit soll daher als verständigungsorientiert gestaltet werden, da dies als Basis erfolgreichen methodischen Handelns angesehen wird[502]. „Anders als in der Medizin, wo die richtige ‚Verordnung' und genaues Befolgen der Verordnung [...] die entscheidenden Variablen des Handlungserfolgs sein mögen, *ist in der Sozialpädagogik der faire Kompromiß das entscheidende Interventionsinstrument"*, schreibt B. Müller (1997: 71, Hervorhebung im Original). „Zur instrumentellen

---

496   Zu Diskursethik und Sachzwängen der Marktwirtschaft: vgl. Apel, 2001: 91 f.
497   Hege, 2006: 14.
498   Zu Diskursethik und Sachzwängen der Marktwirtschaft: vgl. Apel, 2001: 91 f.
499   vgl. u.a. Becker-Lenz, 2005: 91; Engelke et al., 2005: 5 f.; Kähler, 1997: 38 ff.; Kasakos, 1980; Pantucek, 1998a: 84, 97 ff., Pantucek, 2001: o. S.; Sahle, 1988: 32; Wagenblass, 2004: 8; Kapitel 2.2.
500   vgl. Possehl, 1993: 397.
501   vgl. Schweer, 2000e.
502   vgl. Stimmer, 2000b: 43 ff.

muss die kommunikative Vernunft kommen, die das Selbst-Verständnis aller Beteiligten einbezieht" (Mühlum, 2006: 12). Hier geht es um das Bewusstsein subjektiver Sichtweisen. Von ebenso entscheidender Bedeutung ist, dass der Klient wirklich bereit ist, den institutionellen Auftrag und die damit vorgegebene Handlungsorientierung des Sozialarbeiters zu erfassen[503]. Das entspricht der Grundhaltung moderner Ansätze Sozialer Arbeit, veranlasst vor allem durch ethische und methodische Überlegungen. Die sinnvolle Ausgewogenheit der Pole Erfolgs- und Beziehungsorientierung kann durch professionelle Reflexion aufseiten des Sozialarbeiters gewährleistet werden. Beide Aspekte gelten als wesentliche Bestandteile erfolgreicher Sozialer Arbeit[504].

Die strukturellen Gegebenheiten in der Sozialen Arbeit bieten vielfältige Bezüge für Klienten, um die professionelle Situation subjektiv als bedrohlich wahrzunehmen. Dazu zählen der gesellschaftliche Auftrag und die institutionelle Anbindung der Sozialen Arbeit mit ihren strukturellen Konsequenzen, selbstwahrgenommene oder implizierte strukturelle Unterlegenheit auf Klientenseite sowie damit einhergehende oder unabhängig davon konstituierte Befürchtungen des Klienten. Der Sozialarbeiter muss erkennen, dass der „Akt des Hilfesuchens selbst ein [...] Stressor sein [kann]" (Germain & Gitterman, 1999: 102). Die professionelle Beziehung zwischen Sozialarbeiter und Klient als Interaktionspartner ist eine aus Berufsrolle und Klientifizierung heraus entstehende strukturell asymmetrische Konstellation. Sie bedarf der bewussten Gestaltung durch den professionell Tätigen[505]. Der fachlich einzige Grund, dies vorerst zurückzustellen, besteht in der Notwendigkeit einer Krisenintervention bei Selbst- und Fremdgefährdung des bzw. durch den Klienten[506].

4.2.2 Professionalität der Beziehung

Die professionelle Beziehung in der Sozialen Arbeit entsteht durch das Vorhandensein von Kommunikation und Interaktion, die durch Rollendifferenz und damit einhergehende Asymmetrie gekennzeichnet ist[507]. Professionelle Arbeit ist bezahlte Arbeit, die zeitlichen und inhalt-

---

503 vgl. Wagenblass, 2004: 38 ff.
504 vgl. Germain & Gitterman, 1999: 86 ff.; Pantucek, 1998a: 163 ff.; Stimmer, 2000b: 43 ff.
505 vgl. DBSH, 1998b: 53 f.
506 vgl. Kähler, 1997: 38, 77 ff.
507 vgl. Bommes & Scherr, 2000: 212; vgl. Kapitel 2.2.

lichen Vorgaben unterliegt[508]. Teilweise wird gesehen, dass diese Beziehungsstruktur Vertragscharakter habe[509]. Auch wenn sozialpädagogische Unterstützung Ergebnis eines Aushandlungsprozesses ist, so bleibt jedoch die Tatsache, dass es sich nicht um eine vertraglich abgesicherte Maßnahme im Sinne eines rechtlichen Vertragsverhältnisses handelt. Gleichheit vor dem Gesetz nach bürgerlichem Recht ist im Verhältnis von Sozialarbeiter und Klient nicht gegeben[510].

Die „Haltung intersubjektiver Beziehungsgestaltung" (Schlüter, 1995: 192) gilt als ethische Basis Sozialer Arbeit. Diese Haltung, die auf den ersten Blick idealerweise in einer partnerschaftlichen Beziehung zwischen Sozialarbeiter und Klient mündet, stößt in der Realität an strukturelle Grenzen. Die persönliche Beziehung zwischen dem Sozialarbeiter und dem Klienten in der Sozialen Arbeit wird als geradezu unmöglich beschrieben, besonders begründet durch den institutionellen Kontext und die damit einhergehende Bezahlung des Sozialarbeiters[511]. Für Soziale Arbeit kann dabei eine wesentliche Widersprüchlichkeit gesehen werden: „Eine persönliche Beziehung entsteht als Ausdruck von Interesse, Engagement und Sympathie. Methodisches Vorgehen verlangt dagegen eine gewisse Distanz, Reflexion und Orientierung an einem Regelsystem jenseits einer dialogischen Situation" (Müller-Kohlenberg, 1993b: 67). Dies kann bis zu einer gewissen Paradoxie im Handeln von Sozialarbeitern führen, so beispielsweise, wenn „der/die SozialarbeiterIn in der Beziehung zu den KlientInnen ‚ganzheitlicher menschlicher Bezugspunkt' sein soll und als ExpertIn sozialer Beziehungen Techniken einsetzt, die die Vertrauensgrundlage der Beziehung gefährdet [sic]" (Gildemeister, 1996: 445).

Wagenblass betont, dass persönliches Vertrauen in der professionellen Beziehung keine Rolle spielt[512]. Vertrauen in der professionellen Beziehung in der Sozialen Arbeit richtet sich damit an den hier tätigen Professionellen (spezifisches Vertrauen) und an die Soziale Arbeit als Expertensystem (generalisiertes Vertrauen)[513]. Eine persönliche Positionierung gehen professionell Tätige jedoch auch ein; sie tun dies dann über ihre professionelle Rolle hinaus[514]. Die Sozialarbeiter als Vertre-

---

508   vgl. z.B. Müller, 1999: 18; Müller, C.W., 1997: 204.
509   Sahle, 1988: 32.
510   Seithe, 2001: 312.
511   vgl. Müller-Kohlenberg, 1993a: 45.
512   vgl. ders., 2004: 61, ders., 2005: 1936.
513   Wagenblass, 2004: 61; vgl. Kapitel 3.1.4.
514   Kutscher, 2002: 215.

ter der Institution müssen bei den tatsächlichen Begegnungen mit ihren Klienten ihre eigene professionelle Vertrauenswürdigkeit unter Beweis stellen, da sie das Bindeglied zwischen Personen- und Systemvertrauen bilden[515]. Sie verkörpern die personale Dimension des Systemvertrauens - als Repräsentanten ohne Personalisierung. Demzufolge bezieht sich Vertrauen hier nicht auf persönliche Eigenschaften der professionell Tätigen, sondern auf ihre fachlichen Kompetenzen und Handlungsmuster und somit auf ihre Funktion als Rollenträger und Vertreter des Systems[516].

Die Definition seiner Rolle in der Binnenbeziehung bietet praktisch, aufgrund unterschiedlicher Ressourcenverteilung, Spielraum für den Sozialarbeiter. In der Fachliteratur Sozialer Arbeit wird die Partnerschaftlichkeit in der Berufsbeziehung von Sozialarbeiter und Klient oft als wesentliche Voraussetzung für die Arbeit dargestellt[517]. Diese Ansätze lassen sich einerseits mit einer professionellen Haltung erklären, der eine starke Asymmetrie der Beziehung zwischen Sozialarbeiter und Klient nicht entspricht. Aber vor allem methodische Überlegungen lassen das Ziel der Partnerschaftlichkeit entstehen. Ein sozialarbeiterisches Angebot kann dann einsetzen und wirksam werden, wenn der Adressat bereit ist, es anzunehmen. Daher werden immer wieder Bemühungen beschrieben, die Möglichkeit einer kooperativen Beziehung auch bei geringer Freiwilligkeit der Ausgangslage zu erhöhen[518]. Hier kommt ein berufliches und methodisches Dilemma der Sozialen Arbeit zum Ausdruck, das aufgrund ihrer gesellschaftlichen Funktion und institutionellen Anbindung entsteht. Kasakos, welche die Soziale Arbeit vor allem als Erziehungshandeln aufgrund ihres Erziehungsauftrags begreift[519], spricht von einer Imagemanipulation in der Praxis: „Die Verschleierung der Gewaltbasis von Erziehung ist eine Voraussetzung ihrer Effektivität" (ebd.).

Professionalität als Teil der Asymmetrie in der Sozialarbeiter-Klient-Beziehung ist eine bestehende und notwendige Tatsache. Darin liegen der Unterschied zu alltäglicher Hilfe und die Voraussetzung für das Gelingen praktischer Sozialer Arbeit, da sie aus der professionellen Di-

---

515 vgl. Luzio, 2005: 74 ff.; Wagenblass, 2004: 64; Giddens, 1995: 144; vgl. Kapitel 2.2.
516 Wagenblass, 2004: 75.
517 vgl. Baal, 1986: 44 ff.; Kasakos, 1980: 48; Sahle, 1988: 32 f.; Wendt, 1997b: 18.
518 vgl. Heiner, 1998: 158 f., 167; Nicolay, 1993: 543 ff.; Pantucek, 1998a: 165; Stiels-Glenn, 1996; Wendt, 1997b: 18f.
519 vgl. Kasakos, 1980: 69.

stanz wirksam wird[520]. Der Sozialarbeiter wird mit Problemstellungen aus dem Alltag der Klienten konfrontiert und agiert teilweise direkt in deren Lebenswelt. Das ist für Klienten auch bedrohlich, denn der Sozialarbeiter dringt dabei bis in die privaten und intimen Lebensbereiche der Klienten vor[521]. Das Agieren in den Lebensräumen der Klienten, wie etwa bei sozialpädagogischer Familienhilfe, ist dabei mit ambivalenten Gefühlen der Klienten verbunden[522]. Zu große Nähe zwischen Sozialarbeiter und Klient birgt die Gefahr, dass der Sozialarbeiter in Loyalitätskonflikte und Rollendiffusion gerät und seine methodisch wichtige „herausfordernde Distanz verliert" (Pantucek, 1998a: 176). Auch für den Klienten können sich problematische Verstrickungen ergeben, insbesondere kann es zu einer Verstärkung von Abhängigkeit kommen[523]. Der DBSH[524] fordert so eine rein berufsbezogene Gestaltung der Beziehung und erwartet von Sozialarbeitern „Dienstleistung im Rahmen eines Kontraktes" (ebd.) mit dem Klienten.

Professionell verstandene Partnerschaftlichkeit in der Sozialarbeiter-Klient-Beziehung ist insgesamt keine Abkehr von professioneller Distanz, vielmehr stellt sie eine mit der Berufsausübung einhergehende Abmilderung dar. Es ist zu vermuten, dass der Begriff der Partnerschaftlichkeit vonseiten der Sozialarbeiter auf eine erhoffte Kooperationsbereitschaft bzw. deren Erhöhung zielt; daher sei auf Ergebnisse von Possehl[525] verwiesen. Er schlägt vor, das Kooperationsmodell zu verwerfen und, ausgehend vom Modell eines Interessenkonfliktes zwischen den Interagierenden, die Interaktionssituation und den Aushandlungsprozess näher zu betrachten.

Schlussendlich steht in vielen Tätigkeitsfeldern Sozialer Arbeit der Kontroll- und Interventionsaspekt in engem und untrennbarem Verhältnis zur Profession. So wird zum Beispiel das Jugendamt als Instanz der sozialen Kontrolle und Eingriffsbehörde gesehen und erlebt[526]. Sehen die Mitarbeiterinnen ihre Rolle in der Beziehung dabei nicht ausreichend reflektiert, so kommt es für die Klienten zu unberechenbaren Wendungen, die in der Konsequenz vor allem ihr Leben stark beein-

---

520 Pantucek, 1998a: 173 ff., ders., 2001: o. S.
521 vgl. Baal, 1986: 61; am Beispiel der Sozialpädagogischen Familienhilfe: Nicolay, 1993: 540 ff.
522 vgl. Helming et al., 1999: 143; Nicolay, 1993: 540 ff.; Pluto et al., 2003: 21.
523 vgl. ebd.
524 vgl. ders., 1998b: 53.
525 vgl. Possehl, 1993: 407 f.
526 Conen, 1997: 8, 16; Pluto et al., 2003: 19 f., 45.

flussen[527]. Stete Partnerschaftlichkeit in der Sozialen Arbeit wäre daher eine unreflektierte Idealvorstellung. Sie würde das sich aus der Berufsrolle und dem Arbeitsauftrag ergebende Machtgefälle verleugnen und keine Verantwortung für diese Macht übernehmen[528].

4.2.3 Doppeltes Mandat

Der Konflikt der Aufgabenstellung zwischen sozialarbeiterischer/sozialpädagogischer Hilfe und staatlicher Kontrolle an den Sozialarbeiter ist ein zentrales und viel diskutiertes Thema der Sozialen Arbeit. Dieses sogenannte doppelte Mandat wird in nahezu sämtlichen Arbeitsfeldern und auf verschiedenen methodischen und theoretischen Ebenen problematisiert[529].

In ihrer Tätigkeit ist es für Sozialarbeiter erforderlich, Informationen vom Klienten zu erheben, um Hypothesen bilden, Zusammenhänge erkennen, mögliche Lösungen entwerfen und Entscheidungen fällen zu können. „Dabei geht es immer um beide Arten von Informationen: um objektive Tatbestände, Fakten und Zusammenhänge, aber auch um die subjektive Sicht der Klienten, ihre Problemwahrnehmung, ihre Ressourcen, Ängste und Wünsche" (Seithe, 2001: 257). Die „Dialektik von Freiwilligkeit und Zwang" (Kasakos, 1980: 69) ist kennzeichnend für Soziale Arbeit.

Das Ausmaß der Macht seitens des Sozialarbeiters hängt unmittelbar mit dem Spielraum zusammen, den der Klient aufgrund des möglichen Freiwilligkeitsgrads der Angebotsannahme hat[530]. Dabei sind für den Klienten die Reichweite der Möglichkeiten und deren Realisierung durch den Sozialarbeiter oft unklar[531]. Einige Autoren sprechen von einer Doppelgesichtigkeit der Begegnung zwischen Sozialarbeiter und Klient[532]. Einerseits wird dem Klienten vermittelt, in seinem Interesse

---

527   vgl. Conen, 1997: 6 f.
528   vgl. Baal, 1986: 47 f.; Kasakos, 1980: 48 ff.; Possehl, 1993: 397, 407; Stiels-Glenn, 1996: 21 ff.
529   vgl. z.B. Bäcker, 1996: 377; Becker-Lenz, 2005; Bommes & Scherr, 2000: 44 ff.; Conen, 1997; Galuske, 1998; Germain & Gitterman, 1999: 414 ff.; Gildemeister, 1996: 443; Heiner, 1998: 158; Jordan, 1996: 317 f.; Kähler, 1997: 72 ff.; Kaiser, 1981: 238 f.; Mrochen, 1994; Müller, 1999: 13; Münchmeier, 1996: 185; Pantucek, 1998a: 85; Sahle, 1988; Staub-Bernasconi, 1998; Stiels-Glenn, 1997; Stimmer, 2000b; Thiersch, 1993: 23 f.; Wagenblass, 2004: u.a. 33 f., 66, 109.
530   vgl. Müller, B., 1997: 107 f.; vgl. Kapitel 4.1.3.
531   vgl. Heiner, 1998: 158.
532   Kähler, 1997: 22; Kasakos, 1980: 54.

zu handeln, andererseits werden Interventionen mit derselben Begründung gegen seinen Willen durchgeführt und ihm dadurch die Machtverteilung in der Beziehung deutlich gemacht. Informationen werden erhoben und benötigt, um dem Klienten Hilfe zu vermitteln. Gleichzeitig kann er sich nicht sicher sein, inwieweit sie die Entscheidungen über ihn und sein Schicksal negativ beeinflussen bzw. in welcher Form sie unter Umständen verwendet werden[533]. Verschwiegenheit zusichern zu können, auch gegenüber allen staatlichen Instanzen, und die Anonymität der Klienten wahren zu können, wird z.b. aus dem Arbeitsfeld Straßensozialarbeit gefordert, denn dies sei die Basis für eine „vertrauensvolle und belastbare Beziehung" (Müller-Wiegand, 2000: 184 f.). In der Konsequenz beinhaltet das die Forderung nach völliger Entbindung von kontrollierenden Aspekten[534]. Vertrauen und Doppelmandat sind einander scheinbar widersprechende Termini:

Für die personenbezogene Hilfe [erscheint] ein Vertrauensverhältnis zwischen Professioneller und Klientin unabdingbar und gerade dies wird durch die ebenfalls zu realisierenden Kontrollaufträge gestört bzw. kann gar nicht entstehen (Becker-Lenz, 2005: 88).

Besonders dort, wo fehlende Freiwilligkeit der Angebotsannahme durch die Adressaten und der Kontrollaspekt der Sozialen Arbeit wesentliche Merkmale darstellen, wird die Frage nach Vertrauen der Klienten gestellt und kontrovers diskutiert, so beispielsweise in der Sozialen Arbeit zur Überwachung gerichtlicher Maßnahmen, wie Bewährungs- und Straffälligenhilfe[535]. Das problematische berufliche Rollendilemma drückt sich hier anschaulich aus. Stiels-Glenn schreibt: „Viele SozialarbeiterInnen wollen vertrauensvoll und kooperativ mit ihren KlientInnen zusammenarbeiten. Sie wollen das Image des ‚Sozialkontrolleurs' nicht" (1996: 14). Besonders in der Literatur zur Bewährungshilfe wird die vertrauensvolle professionelle Beziehung diskutiert[536] und es zeigt sich insgesamt ein von Resignation gekennzeichnetes Bild. Kurze und Störkel-Lang[537] kommen beispielsweise zu dem Ergebnis, dass der Aufbau einer vertrauensvollen Beziehung nicht „im Zentrum der Bemühungen einer professionell arbeitenden Fachkraft stehen sollte" (ebd.). Baal meint, dass die Bewährungshilfe nur

---

533   vgl. Müller, C. W. 1999: 182.
534   ebd.
535   vgl. Baal, 1986: 132 ff.; Kurze & Störkel-Lang, 2000; Päckert, 2001; Sommer, 2001; Stiels-Glenn, 1997; Waibel & Lübbemeier, 2001.
536   vgl. Baal, 1986: 132 ff.; Kurze & Störkel-Lang, 2000.
537   ders., 2000: 415.

bei Freiwilligkeit der Angebotsannahme durch die Adressaten sinnvoll arbeiten kann und daher auf diesen Adressatenkreis beschränkt sein müsse. Anderenfalls käme Vertrauenswürdigkeit der Bewährungshelfer nicht zustande, denn es bestünden Angst und Misstrauen aufseiten der Adressaten, was wiederum nicht zu erfolgreicher Realisierung der Aufgaben der Bewährungshilfe führt. So schlägt er vor, die unfreiwilligen Adressaten in andere Formen der Bewährungshilfe an ohnehin kontrollierende gesellschaftliche Institutionen zu verweisen[538]. Die Idee einer Teilung der Hilfe wird auch von Müller-Kohlenberg entworfen, begründet damit, dass Methode und Beziehung nicht zu vereinbaren seien. Auch sie verweist beispielhaft auf das Arbeitsfeld Bewährungshilfe. Das methodische Handeln könnte vonseiten professioneller Sozialarbeiter geleistet werden; für den Bereich der persönlichen Beziehung seien freiwillige Laienhelfer geeignet. So wäre das berufliche Rollendilemma zu lösen[539]. Andere Autoren schlagen ebenfalls die Abtrennung von Kontrollaufgaben vor[540].

Seit den 1990er-Jahren entwickelte sich zur Auflösung des Widerspruchs zwischen Intervention versus Motivation und Kooperation in der Kinder- und Jugendhilfe der Vorschlag, den normierenden Eingriff mit Motivation und Kooperation methodisch zu verknüpfen und im Rahmen eines Zwangskontextes damit sinnvoll zu arbeiten. Unter dieser Bedingung wird der Kontrollauftrag und der damit verbundene Druck durch das Jugendamt vom Sozialarbeiter genutzt, um im Rahmen einer Zwangsbeziehung zu den Klienten eine Bereitschaft zu Verhaltensveränderungen und deren nachhaltige Aufrechterhaltung zu erreichen[541].

Begründet mit der Asymmetrie der Beziehung und damit einhergehender Machtstruktur sieht Becker-Lenz die Unterscheidung von Arbeitsbündnis und Arbeitsbeziehung. Hier wird das Vorhandensein eines Arbeitsbündnisses mit Klienten verneint; es handelt sich um eine Arbeitsbeziehung, die es zu gestalten gilt[542].

All diesen Ausführungen ist gemein, dass sie das Doppelmandat als konstituierenden Bestandteil der Sozialen Arbeit bestätigen. Soziale

---

538   ders., 1986: 132 ff.
539   vgl. ders, 1993a, 1993b.
540   vgl. Becker-Lenz, 2005: 92, 94, 97, 100.
541   Conen, 1997: 11.
542   ders., 2005: 102.

Arbeit bewegt sich stets im Spannungsfeld zwischen Disziplinierung und Kontrolle, Aufklärung und Erziehung[543].

4.2.4 Differenzen

Das Thema Differenzen zwischen Sozialarbeiter und Klient wird als problematisch diskutiert. Damit einher gehen Schwierigkeiten der Balance zwischen in Bezug auf Distanz und Nähe im professionellen Verhältnis. Mühlum stellt dies dar:

> *Während das Achten die Andersheit des Anderen akzeptiert, ist Verstehen der Versuch, den Anderen auf Bekanntes zurückzuführen. Denn nur auf dem Hintergrund des Eigenen, mir Bekannten, ist Verstehen überhaupt möglich. Damit würde es aber zum Erblicken des Eigenen im Anderen, was das Achten der Andersheit konterkariert. Eine der vielen Ambivalenzen, die von Professionellen in der Sozialarbeit ausgehalten werden muss (ders., 2006: 10).*

Ganz allgemein beschreibt Heiner die Klienten Sozialer Arbeit als „Menschen [...], die mit geringen Ressourcen vor vielfältigsten Problemen stehen" (ders., 1998: 158). Staub-Bernasconi[544] schildert kritisch die Unterschiede zwischen Klienten und Professionellen, die sich bereits am Beispiel der Wissensressourcen zeigen:

> *Die einen verwalten das wissenschaftliche Wissen als symbolisches Kapital, werden dafür bezahlt und entscheiden autonom über die Angemessenheit ‚stellvertretender Deutungen'. Die anderen sollen über diese Deutungen nachdenken [...] Die unter Handlungsdruck stehenden AnwenderInnen haben zudem keine Chance, die psychischen, sozialen und kulturellen Begrenzungen ihres Alltagswissens über das hinaus, was sie unmittelbar betrifft, zu sprengen. Noch weniger dürften sie sich eine Aufklärung über die realen, gesellschaftlichen Machtverhältnisse, miteingeschlossen jene zwischen AkademikerInnen und Nicht-AkademikerInnen, erhoffen (ebd.).*

Zwischen Sozialarbeiter und Klient seien unterschiedliche „weit voneinander entfernte Herkunftsmilieus, Lebens-, Denk- und Sprachstile, emotionale Ausdrucksweise, Auseinandersetzungsformen usw." (Schlüter, 1995: 196) vorhanden. In der Bewährungshilfe sind die „[Herkunft] aus unterschiedlichen gesellschaftlichen Schichten, unterschied-

---

543   vgl. Erler, 1994: 78; Hege, 2006: 16.
544   Staub-Bernasconi, 1998: 72.

liche Sprache, unterschiedliche Gepflogenheiten, unterschiedliche Riten und Kulturen [...] keine Seltenheit" (Sommer, 2001: 14). Aufseiten des Sozialarbeiters lägen hingegen ein „höherer Bildungsgrad [und] entwickelteres Ausdrucksvermögen" (Schlüter, 1995: 192) vor. Die Lebenswelten der Hilfesuchenden und der Sozialarbeiter lägen nicht selten so weit auseinander, dass dem Sozialarbeiter der Perspektivwechsel sehr erschwert sei[545]. Weitere Unterschiede zwischen Sozialarbeiter und Klient können in Merkmalen wie Alter [...], der sozialen Klasse [...], der Ethnie und der Rasse [...], der Religion [...], des Geschlechts [...] oder der sexuellen Orientierung" (Germain & Gitterman, 1999: 423) liegen. Kleve[546] geht davon aus, dass Klienten der Sozialen Arbeit bestimmte Vorstellungen hinsichtlich der persönlichen Merkmale des Sozialarbeiters haben und diese einen starken Einfluss auf ihr Vertrauen oder Misstrauen diesem gegenüber ausüben. Er benennt „Alter, Geschlecht, Profession, Ruf, äußere Erscheinung (Figur, Kleidung, Frisur), Sprachstil oder Dialekt [,...] auch die Art und Weise der Problemsicht der Beraterin [...]" (ebd.) als ausschlaggebende Eigenschaften. In der ersten Phase der Beziehung sind nonverbale Signale für die Interaktionspartner besonders relevant. Dies gilt sowohl für die eigenen wie für die wahrgenommenen des Gegenübers. Die „Erscheinungsformen der Personen, ihr Alter, ihr Geschlecht, die Einrichtung der Umgebung sowie die Art des Auftretens geben [erste] Anhaltspunkte" (Kähler, 1997: 19) für den Interaktionspartner.

Stark differenzierende Sichtweisen gehen vor allem von einem klassischen Klientel der Sozialen Arbeit aus, das - häufig in mehreren Bereichen - unterprivilegiert ist[547]. Das ist allerdings nicht immer der Fall. Eine tendenziell defizitäre Sichtweise auf die Adressaten vonseiten der Sozialarbeiter ist offenbar weit verbreitet[548]. Klienten werden von Sozialarbeitern anscheinend auch schichtspezifisch wahrgenommen, wie empirische Ergebnisse zeigen[549]. Die der Unterschicht zugeordneten Klienten werden dabei von den Sozialarbeitern als sympathischer eingeschätzt als Mittelschichtklienten, unter anderem deshalb, weil sie eher bereit seien, dem Sozialarbeiter und dessen Angebot zu vertrauen. Eine Einteilung der Klienten nach Auftreten und Verständigungsfähigkeit bzw. -bereitschaft wurde ebenfalls belegt. Diese Wahrnehmungen führen zu Selektion und Akzentuierungen und damit auch

---

545   vgl. Stimmer, 2000b: 165.
546   vgl. Kleve, 2000: 130.
547   vgl. auch Kapitel 4.2.1.
548   vgl. Knieschewski, 1996: 367.
549   vgl. Kasakos, 1980: 56 ff.

zu Vorlieben der Sozialarbeiter für bestimmte Kliententypen, was in der Konsequenz Auswirkungen auf die Qualität der Beziehung und die Hilfe hat. Eine weitere Untersuchung[550] stellt den Zusammenhang zwischen diagnostischen Festlegungen zur Rückkehr von Kindern in den elterlichen Haushalt und Interaktionen zwischen Sozialarbeitern und den Eltern dar. Die Kooperationsbereitschaft der Klienten, deren Akzeptanz der sozialarbeiterischen Sichtweisen und deren Verbalisierungsverhalten zeigten sich als wichtigste Grundlage für eine positive Einschätzung zu Gunsten ihrer Erziehungsfähigkeit. Auch hier war die Qualität der Interaktion zur Zufriedenheit der Sozialarbeiter relevant für fachliches Handeln und Entscheiden.

Der Sozialarbeiter hat oftmals schon vor dem Erstkontakt Informationen über den Klienten[551]. Er hat theoretische Fachkenntnisse und Vorerfahrungen aus der professionellen Praxis im Problemfeld des Klienten. „Der Status des Professionellen verleiht eine Aura von Sachkenntnis und Kompetenz" (Germain & Gitterman, 1999: 418f.). Sein gesellschaftlich und institutionell konstituierter Auftrag beeinflusst seine Wahrnehmungen und Vorgehensweise. Er hat Rechte und Pflichten aufgrund seiner Profession, während der Klient als Privatperson auftritt. Die aus der Berufsrolle erwachsende Asymmetrie beeinflusst die Kommunikation zwischen Sozialarbeiter und Klient, da der Sozialarbeiter das „Fragerecht, [...] Deutungsmonopol [und ...] Handlungsoptionen als Problemlösung" (Dewe et al., 1995: 125) hat. Typisch ist auch das deutliche Intimitätsgefälle zwischen Sozialarbeiter und Klient[552].

Ein die professionelle Beziehung kennzeichnendes Machtgefälle entsteht allein durch die Tatsache, dass der Klient ein Problem hat und der Sozialarbeiter nicht. In der Sozialen Arbeit kann keine Gleichwertigkeit zwischen Sozialarbeiter und Adressat hergestellt werden, da dafür Äquivalenzleistungen der Klienten notwendig wären, die diese nicht erbringen können[553]. Soziale Tauschbeziehungen bauen auf wechselseitiger Abhängigkeit auf[554]. Dazu benötigt es gegenseitiger Angebote. Wenn eine Seite nichts anzubieten und keine Alternativen hat (Durchsetzung durch Zwang, Rückgriff auf eigene oder fremde Ressourcen), jedoch Hilfe oder Vergleichbares wünscht, bleibe ihr nur die Form der Unterwerfung, so stellen es Gondek et al. dar. Diese verleiht dem an-

---

550   vgl. Holland, 2000: 151 ff.
551   vgl. Kähler, 1997: 53 ff.; Nicolay, 1993: 547.
552   vgl. Bommes & Scherr, 2000: 212; Kasakos, 1980: 53 f., 65.
553   vgl. Knieschewski, 1996: 367.
554   Gondek et al., 1992: 47.

deren persönliche Macht, die sich durch Bindung der Hilfeleistung an Willfährigkeit zeigt. So kommt es zu einer Hierarchie zwischen den Akteuren. Psychosoziale Ausgeglichenheit könne jedoch nur erlangt werden, wenn das Gefühl besteht, dass über gleichwertige Ressourcen im sozialen Tausch verfügt wird. Sonst erwachsen aus dem ständigen Verbleib in der untergeordneten Rolle Spannungen und Widerstände. Außerdem verhindere Willfährigkeit eigene Initiative und Verantwortungsübernahme[555]. Gegenseitige Anerkennung stellt in der Fachdiskussion der Beziehung von Sozialarbeitern und Klienten ein Kernthema dar. Eine klientenorientierte Sichtweise im professionellen Interaktionsverhältnis in der Sozialen Arbeit benötigt eine normative Ausrichtung an Prinzipien wie Reziprozität und Anerkennung. Dies ist bisher nicht der Fall[556]. Im Zusammenhang damit muss sich unter dem Fokus auf Vertrauen die Frage nach der Möglichkeit von Reziprozität in einem Vertrauensverhältnis im Rahmen der professionellen Beziehung in der Sozialen Arbeit stellen.

4.3 Soziale Arbeit als Feld pädagogischer Interaktion

Es ist nicht klar definiert, wann von Sozialpädagogik und wann von Sozialarbeit bzw. wann von beiden in Form Sozialer Arbeit gesprochen wird. Die Verschränkung einer Sozialisierungs- und einer Erziehungsdimension findet sich in der Sozialen Arbeit wieder. Luhmann beschreibt eine solche Verknüpfung: „Wenn von Erziehung gesprochen wird, denkt man [...] an eine intentionale Tätigkeit, die sich darum bemüht, Fähigkeiten von Menschen zu entwickeln und ihre soziale Anschlussfähigkeit zu fördern. [...] Es lässt sich kaum etwas Wichtigeres denken als die Sorge, dass die Menschen Formen und Verhaltensweisen erreichen, die gesellschaftliches Zusammenleben ermöglichen" (ders., 2002a: 15). Beide Dimensionen kommen demnach miteinander verschränkt zum Tragen. Es wäre daher verfehlt, in Verbindung mit Sozialer Arbeit generell nur von einer Dimension zu sprechen.

Vor der Benutzung des Begriffs ‚pädagogisch' stellt sich die Frage nach seiner Verwendbarkeit als Beschreibung für ein professionelles Verhältnis auch zwischen Erwachsenen. Dies ist nicht eindeutig und wird je nach Sichtweise, was ein pädagogisches Verhältnis konstituiert, befürwortet oder abgelehnt, wie beispielsweise im Hochschulbereich:

---

555   ders., a.a.O.: 44 f.
556   Kutscher, 2002: 224.

Das Verhältnis zwischen Professoren und Studierenden kann kein pädagogisches, wohl aber das eines bildenden Umgangs sein; denn eine pädagogische Beziehung kann nur zwischen Erwachsenen und Noch-nicht-Erwachsenen bestehen. Nur in dieser Situation können Erwachsene aus pädagogischer Verantwortung für die noch Unmündigen entscheiden. Studierende sind junge Erwachsene und deshalb in einer anderen Position, auch wenn sie fachspezifisch Lernende sind. Deshalb bedeutet die Lehre nur ein Angebot, mit dem sie frei umgehen können (Apel, 1999: 104).

Andererseits führt die mit Interventionsberechtigung ausgestattete Beziehung des staatlich legitimierten Sozialarbeiters zu erwachsenen Klienten auch zum Vergleich mit dem Interventionsverhältnis zwischen Eltern und Kindern, hier im Bereich der Kinder- und Jugendhilfe:

Meist geschehen ‚Eingriffe' nicht unbedingt aufgrund einer positiven Haltung zu dem Rollensegment ‚Kontrollauftrag', sondern auf dem Hintergrund steigender eigener Hilflosigkeit und massiven Drucks durch das Umfeld. ASD-SozialarbeiterInnen zeigen eine Tendenz - wie nicht wenige andere psychosoziale Berufsgruppen -, darum bemüht zu sein, als nette und stets verständnisvolle HelferInnen betrachtet zu werden. Abgrenzungen und Auseinandersetzung werden dabei eher über lange Zeit hinweg vermieden. Dies geht sicherlich einher mit einer allgemeingesellschaftlich vorfindbaren Situation: Auch Eltern zeigen heute eher ein Bemühen, mit ihren Kindern partnerschaftlich und freundschaftlich umzugehen. Dabei wird jedoch oft außer acht gelassen, daß es notwendig ist, den Kindern Orientierung zu geben und Reibungsflächen zu bieten (Conen, 1997: 6).

Die Verwendung des Begriffs ‚pädagogisch' kann in der Sozialen Arbeit demnach auch für die Arbeit mit volljährigen Klienten sinnvoll sein.

Pädagogische Probleme und Fragestellungen sind Sonderfälle allgemeiner menschlicher Probleme[557]. Der Bezugspunkt von Pädagogik und die Adressatin pädagogischer Arbeit ist die Person. Zunächst geht es also nicht um das Individuum[558]. Pädagogische Tätigkeit ist situationsorientiert. Zentral sind der pädagogische Prozess und das Arrangement, in dem dieser sich realisiert. Erziehung beruht auf der Inter-

---

557   Giesecke, 1993: 23.
558   vgl. Luhmann, 2002a: 36 ff.

aktion von Anwesenden, sie benötigt den unmittelbaren Kontakt von Pädagogen und Adressaten und sie bedarf einer pädagogischen Atmosphäre. Das professionelle pädagogische Verhältnis ist durch die Absicht zu erziehen[559] bzw. Lernen zu ermöglichen[560] bestimmt. Erziehung und Lernen haben dabei einen normativen Zielaspekt[561]. Die konkrete pädagogische Interaktion beinhaltet damit stets Erziehungshandeln. Eine pädagogische Beziehung existiert temporär immer beim Zusammentreffen von pädagogischem Personal und Adressaten.

Ein pädagogisches Verhältnis besteht also dort, wo sich Akteure einer zwischenmenschlichen Beziehung wechselseitig auf Erziehung beziehen. Dazu kann auch die professionelle Beziehung zwischen Sozialarbeiter und Klient zählen[562]. Auch wenn Soziale Arbeit in ihrer curricularen Ausbildung in der Bundesrepublik Deutschland an vielen Ausbildungsstätten ein Teilbereich der Pädagogik ist und ihre Schwerpunkte partiell auf pädagogische Kompetenzen ausrichtet, sind Erkenntnisse und Forschungsergebnisse insbesondere aus dem schulpädagogischen Feld keinesfalls ohne Weiteres auf Sozialpädagogik übertragbar. Dies ist insbesondere mit der bis heute deutlich unterschiedlichen gesellschaftlichen Funktion der beiden Professionen begründbar:

> Schulische wie sozialpädagogische Einrichtungen (sind) als komplementäre Bereiche gesellschaftlicher Reproduktion durch Erziehung zu begreifen, schulischerseits durch die Qualifizierung mittels Selektion für das Beschäftigungssystem, seitens der Sozialpädagogik durch die integrative Aufgabe, indem sie Hilfe an den vielen Übergängen und Konfliktstellen leistet und Schäden ausbessert, die dem Einzelnen dabei zugefügt werden (Homfeldt & Schulze-Krüdener 2001: 9).

Pädagogische Theorie und Forschung zur Interaktion zwischen Pädagogen und Klienten fokussierten in ihrer Entwicklung vor allem auf Merkmale der Klienten oder der Pädagogen. Die jeweiligen Bedingungsvariablen lagen insbesondere in Form von Dependenzanalysen vielfach im Mittelpunkt pädagogischen Forschungsinteresses. Die hierin liegenden Vereinfachungen der Interaktion - nämlich unter Vernachlässigung von verschiedenen strukturellen Einflüssen und inter-

---

559   vgl. Luhmann 2002b: 59 ff.
560   vgl. Giesecke, 1993: 104.
561   Neubauer., 1991: 214.
562   vgl. Hamann, 1994: 46 f.

aktiven Rückkoppelungseffekten - haben Modellcharakter und sind z.B. für die Erklärung bestimmter Erziehungsstile hilfreich, für die Erfassung der Realität der pädagogischen Interaktionen sind sie unzureichend[563]. Die Interaktionsebene zwischen den Akteuren auch in der Jugendhilfe ist definitorisch weitgehend ungeklärt[564]. Für den Bereich Lehrer-Schüler-Beziehung entwickelte sich zunehmend eine transaktionale Sicht, die nachfolgend dargestellt wird. Anschließend werden das pädagogische Verhältnis und die pädagogische Autorität näher betrachtet unter Berücksichtigung dessen, dass ausgesprochen vielfältige Aspekte auf das pädagogische Handeln wirken und es daher keine ‚pädagogische Reinheit‘ gibt. Schlussendlich wird die Arbeit mit Kindern und Jugendlichen im Speziellen betrachtet, denn sie stellen als Klientel Sozialer Arbeit im Unterschied zu erwachsenen Klienten besondere Anforderungen im Hinblick auf Beziehung und Vertrauen[565].

4.3.1 Transaktionalität in der pädagogischen Beziehung

In Erweiterung rein interaktionistischer Modellvorstellungen und aufgrund empirischer Befunde entwarf Nickel (1976) ein viel beachtetes transaktionales Modell für die Lehrer-Schüler Beziehung[566]. Es bietet eine Erklärungshilfe innerhalb der Komplexität beziehungsbeeinflussender Komponenten und kann auf weitere interpersonale Beziehungen übertragen werden; ebenfalls auf Abläufe der Vertrauens- oder Misstrauensverstärkung[567]. Im Modell wird ein Kreislauf gegenseitiger Verstärkung zwischen Lehrern und Schülern abgebildet. Die Kernannahme der dabei dargelegten transaktionalen Sicht ist es, dass in einer Interaktionssituation eine gegenseitige Beeinflussung der Beteiligten stattfindet; weitere einflussnehmende Größen sind deren Individualität und die Gegebenheiten der Situation. Subjektive Verarbeitungsprozesse werden als relevant angesehen. Sowohl vor als auch in der Interaktion entstehen bei den Beteiligten individuelle Wahrnehmungs-, Bewertungs- und Erwartungsbündel. In der Interaktion werden sie zusätzlich situationsdeterminiert. In der Folge erwächst jeweils ein Verhalten bei den Beteiligten; dazu zählt auch die Entscheidung gegen eine Verhaltensweise[568]. Beide Interaktionspartner unterliegen

---

563   vgl. Nickel, 1976: 153 ff.; Thies, 2002: 31 ff.
564   vgl. Kutscher 2002: 7.
565   vgl. Kapitel 3.2.3.
566   vgl. ders., a.a.O.: 164 ff.
567   Neubauer, 1991: 220.
568   vgl. Thies, 2002: 34 ff.

diesen Vorgängen gleichermaßen. Im Falle einer pädagogischen Interaktion betreffen sie sowohl Schüler als auch Lehrer[569].

Diese Transaktionalität führt innerhalb einer Interaktionssituation zu hoher Komplexität. Es erwächst die Notwendigkeit, Mechanismen der Wahrnehmungsvereinfachung einzusetzen, d.h. sich am Gewesenen zu orientieren und Bewährtes zu wiederholen, um Gleiches in der Zukunft zu erreichen. Die evolutionäre Forschung bestätigt und ergänzt solche Einsichten soziologischer und sozialpsychologischer Erklärungsansätze: Höhere intellektuelle Fähigkeiten von Primaten - und ableitend die des Menschen - werden als Anpassung an die Komplexität des sozialen Lebens angesehen, nicht als verursacht durch eine Notwendigkeit praktischer Erfindungen zur Sicherung des Überlebens[570]. Weitaus komplizierter als der Umgang mit der materiellen Umwelt sind soziale Beziehungen unter dem Aspekt der Berechenbarkeit, da Menschen sich in ihren Einstellungen, Motiven und den daraus folgenden Verhaltensweisen theoretisch permanent verändern können. Die Vorahnung, was der Interaktionspartner tun könnte, ist eine besondere Leistung des Bewusstseins und empirisch beobachtbar bei sozial hochentwickelten Lebewesen. Das Zusammenleben mit anderen erfordert es herauszufinden, auf wen man sich verlassen kann. Dabei handelt es sich um einen hochkomplexen Vorgang, denn jeder versucht, die Motive des jeweils anderen zu erfassen, unter Berücksichtigung der Tatsache, dass dieser ebenfalls so handelt. Es ist ein jeweiliges Abschätzen der sozialen Situation[571]. „Jeder kann sein Verhalten festlegen, wenn er weiß, wie andere ihr Verhalten festlegen, aber das Umgekehrte gilt ebenso" (Luhmann, 2002a: 32).

Ein Mensch ist durch den - auch passiven - Eintritt in eine soziale Beziehung nicht nur gegenständlich, sondern ebenso, wie M. Buber es beschreibt, ein ‚Du' und ein ‚Ich', das die Welt so oder auch ganz anders begreifen und erfahren kann. Dies trifft für die eigene wie auch die andere beteiligte Person und deren jeweiliges Handeln zu[572]. Soziale Situationen sind daher nicht nur durch Komplexität, sondern auch durch mindestens doppelte Kontingenz gekennzeichnet, wenn nicht durch mehrfache (zusätzlich zur Nichtvorhersagbarkeit der Aktionen und Reaktionen der Interaktionspartner kommt die der gesellschaftlichen

---

569   Nickel, 1976: 164 ff.
570   vgl. Humphrey, 1976: 316.
571   vgl. ders., a.a.O.: 309.
572   vgl. Buber, 1974: 10 ff.; Luhmann, 2000: 6.

Umgebung[573]). Es herrscht Unbestimmtheit über Verlauf und Fortgang von Kommunikation und Interaktion. Die Konsequenzen des eigenen Verhaltens hängen vom Verhalten aller anderen an der Interaktion Beteiligten in einer sich oftmals ständig ändernden Umgebung ab. Auch wird jeder Akteur in seinem Denken und Handeln von sich selbst ‚überrascht'; das führt auch in pädagogischen Situationen zu doppelter Kontingenz. Neben verbaler Kommunikation existiert zugleich nonverbale Kommunikation und immer auch der Modus des Wahrnehmens und der des Wahrgenommenwerdens. Die Folge ist ein Informationsüberschuss. Dieser jedoch wird nicht kommuniziert. In der Konsequenz weiß niemand der Teilnehmer wirklich sicher, was eigentlich vor sich geht[574]. Für die Pädagogik stellt sich in der Zuspitzung hier die Frage: „Wenn man individuelle Menschen als Konglomerate autopoietischer, eigendynamischer, nichttrivialer Systeme begreift, gibt es keinen Anlass zu der Vermutung, man könne sie erziehen. Wie ist es möglich, dass man es trotzdem versucht?" (Luhmann, 2002a: 83).

Das Verhalten von professionell Tätigen wird folglich wesentlich auch durch die Interaktionen mit ihren Adressaten modifiziert und umgekehrt. Der dargestellte Hintergrund der Transaktionalität von Interaktion weist zudem auf eine Komponente hin, die wesentlich Einfluss auf eine soziale Einstellung wie zwischenmenschliches Vertrauen hat – die Erwartung. Ein Vertrauender nimmt an, dass sein Gegenüber in einer gewissen Weise handeln wird, auch wenn diese Antizipation geradezu unmöglich ist. Es entsteht ein Erfordernis der Fähigkeit aufseiten der an einer Interaktion beteiligten Personen, „fremde Erwartungen in die eigene Selbstdarstellung einzubauen [..., denn der] Weg zum Vertrauen führt über ein umformendes Eingehen auf fremde Erwartungen" (Luhmann, 2000: 80).

Dass sich der Pädagoge im praktischen Handeln die Transaktionalität von Interaktion bewusst macht, ist folglich für die professionelle pädagogische Arbeit unabdingbar. Vor allem der Einfluss von Erwartungen, die neben den Einstellungen bereits mit in die Interaktionssituation gebracht werden, ist ausschlaggebend für den Interaktionsverlauf. Deshalb stehen Erwartungen in der professionellen Beziehung - hierbei sind es in erster Linie Rollenerwartungen – im Vordergrund von

---

573   vgl. Possehl, 1993: 33.
574   vgl. Arnold et al., 2005: 20, 35 ff.; Gondek et al., 1992: 42; Luhmann, 2002a: 58; Muth, 1982: 59 f.

Reflexionsempfehlungen[575]. Den Pädagogen wird in diesem Zusammenhang ebenso nahe gelegt, die eigenen Anteile an der Interaktion im professionellen Kontext zu bedenken[576].

4.3.2 Pädagogisches Verhältnis und Autorität

In der pädagogischen Beziehung begegnen sich Personen in ihrer ganzen Persönlichkeit, dennoch ist sie als partikular zu kennzeichnen[577]. Neben der Tatsache, dass sich das pädagogische Verhältnis (im Unterschied zum familiären) im professionellen Rahmen gegen Bezahlung abspielt, ist es auch auf mehr oder weniger klar definierte Zwecke ausgerichtet, unterliegt zeitlichen, inhaltlichen und arbeitsvertraglichen Vorgaben und ist in der Konsequenz von vornherein emotional distanzierter als im familiären Rahmen. Von den Pädagogen wird eine dem entsprechende emotionale Distanz erwartet[578]. Pädagogisches Handeln ist eine Form des sozialen Handelns. Das erklärt, weshalb pädagogische Kompetenz nicht durch Regeln pädagogischer Technologie fundiert ist, sondern, so Giesecke[579], durch Qualität der pädagogischen Beziehung. Pädagogische Tätigkeit erfordert es, in der Situation zu handeln und in Distanz zum Handlungsraum zu reflektieren[580].

Das pädagogische Verhältnis war und ist Gegenstand zahlreicher theoretischer Überlegungen[581]. Zwei namhafte Vertreter pädagogischer Theorien zu diesem Thema sind H. Nohl und M. Buber. Nohl entwarf eine umfassende Theorie des pädagogischen Verhältnisses, deren Kern der ‚pädagogische Bezug' darstellt. Das pädagogische Verhältnis ist darin durch eine intensive emotionale Dimension in der Erziehung gekennzeichnet; es geht um pädagogische Leidenschaft, Liebe und Verantwortung. Der Pädagoge strebt nach der Verwirklichung des dem Kind innewohnenden Ideals[582]. Für Buber[583] stellte sich Erziehung als personale Begegnung dar: „Ich werde am Du. Ich werdend spreche

---

575   vgl. Nickel, 1976: 157 ff.; vgl. Kapitel 3.3.3.
576   vgl. Germain & Gitterman, 1999: u.a. 69 ff., 414 ff.; Neubauer, 1991: 221; Nickel, 1976: 153.
577   vgl. Erler, 1994: 37; Giesecke, 1993: 13, 104 ff.
578   vgl. Giesecke, 1993: 13, 47 ff., 112 ff.; ders., 1997: 12 ff.; Müller-Kohlenberg, 1993a: 45, ders., 1993b: 68; Zinner, 1981: 87 ff., 157 ff.
579   vgl. ders., 1993: 13.
580   vgl. Giesecke, 1993: 13 ff.; Koring, 1992: 64 ff.
581   vgl. Giesecke, 1997.
582   ders., 1988: 164 ff.
583   vgl. ders., 1974, 1995.

ich Du. Alles wirkliche Leben ist Begegnung" (ders., 1974: 18). Während der Mensch seine Welt in der Sachebene erkennen und sich so darin zurechtfinden kann, benötigt er das lebendige Gegenüber, um sich selbst und die Welt wirklich zu erfahren[584]. „Der Mensch wird am Du zum Ich" (ders., a.a.O.: 37). Diese Idee wurde von Buber auf die Pädagogik übertragen und die Bedeutsamkeit für das pädagogische Verhältnis durch das Paradigma eines dialogischen Prinzips betont: Hier steht die personale Begegnung vor pädagogischer Intention und Methode, deren Planbarkeit sich damit relativiert. Im Vordergrund der konkreten Begegnung zwischen dem pädagogischen Mitarbeiter und dem Klienten steht nicht eine pädagogische Absicht des Pädagogen, sondern das, was sich zwischenmenschlich zwischen den Beteiligten ereignet. Das ist - in dieser Sicht - die eigentliche Pädagogik[585]. Eine so verstandene Erziehung findet idealerweise im Rahmen eines Arbeitsbündnisses statt, das bei Buber als ‚Verbundenheit' beschrieben ist: „der Gegenpol von Zwang ist nicht Freiheit, sondern Verbundenheit. [...] Freiheit ist die wiedergewonnene Möglichkeit. [...] Zwang ist das Nichtverbundensein [...] Verbundenheit in der Erziehung [...] das ist Aufgeschlossen- und Einbezogensein" (ders., 1995: 26 f). Die strukturelle Asymmetrie der Beziehung zwischen den Beteiligten wird weder von Buber noch von Nohl infrage gestellt. Sie begrenzt das Verhältnis zwischen dem Pädagogen und dem Zögling, sodass nur eingeschränkte Gegenseitigkeit vorhanden sein kann[586]. Auch Wechselseitigkeit und Transaktionalität im pädagogischen Verhältnis kommen zum Ausdruck: „Beziehung ist Gegenseitigkeit. Mein Du wirkt an mir, wenn ich an ihm wirke. Unsere Schüler bilden uns, unsre Werke bauen uns auf. [...] Unerforschlich einbegriffen leben wir in der strömenden All-Gegenseitigkeit" (Buber, 1974: 23).

Im pädagogischen Verhältnis kommt der rationalen Dimension – der Sache – die objektivierende Rolle zu. Sie führt zu einer sachlich begründeten Autorität. Die sachliche Begründung in der Erziehung ist „das Medium zu Wachstum, Autonomie und Mündigkeit" (Frei, 2003: 39); die sachlich begründete Autorität „verbreitet Einsicht und Akzeptierung der Anweisungen und Bestimmungen, Achtung vor dem Erzieher und seinen Anforderungen sowie Vertrauen und emotionale Wärme ihm gegenüber" (Hobmair, 1996: 86, zitiert nach Frei, ebd.).

---

584   vgl. ders., 1974: 9 ff.
585   Buber, 1974: 40 ff.
586   Buber, 1995: 40 ff.

Die Akzentuierungen der Pädagogik und somit auch des pädagogischen Verhältnisses werden durch den jeweiligen theoretischen Background beeinflusst[587]. In moderner Pädagogik wird der autoritative Erziehungsstil als am günstigsten angesehen. Er ist ein Erziehungsstil, der Autorität befürwortet und gleichzeitig sachlich begründet:

> *Der autoritative Erziehungsstil [wirkt sich] vorteilhaft auf das Mündigwerden des jungen Menschen aus. Der autoritative Erziehungsstil wirkt erfolgreich, weil die Autoritätsperson sachlich kontrollierend, ihre erzieherische Haltung von Wohlwollen geprägt und das Verhalten dem kindlichen Entwicklungsstand angemessen ist. Ein Verhalten, basierend auf klaren Erwartungen, welches die Erzieherin/der Erzieher auch umzusetzen bereit ist sowie ein Verhalten, das Zuwendung, Sensitivität und Verständnis vermittelt, stärkt das Wachstum des Kindes (Frei, 2003: 35).*

Autorität wird dabei betrachtet als Kennzeichen eines bestimmten Beziehungsgefüges, bei dem eine Person abhängig von der anderen ist, ihr glauben, folgen bzw. gehorchen soll. Pädagogen verfügen über Amtsautorität aufgrund der pädagogischen Atmosphäre, in der sich Beziehungen und Situationen etablieren. Sie sind zunächst von Amts wegen bevollmächtigt, pädagogisch zu handeln. Daneben benötigen sie aber noch weitere Aspekte, um zu pädagogischer Autorität zu gelangen[588]: Anerkennung ihrer persönlichen Autorität vom Zu-Erziehenden und „Achtung, Wertschätzung sowie Verantwortungsbewusstsein gegenüber dem anderen, denn Autorität dient dem anderen" (ders., a.a.O.: 102). Diese Gesichtspunkte in ihrer Gesamtheit werden als Voraussetzung für Gehorsam, Wirksamkeit von Erziehungsmitteln und für Vertrauen gesehen. Erlangt eine pädagogische Person eine solche Autorität nicht, so muss sie auf Mittel des Zwangs und der Gewalt zurückgreifen, die jedoch zu Autorität konträr stehen. Das Fehlen der Anwendung von Zwang ist Kennzeichen von Autorität[589]. Gleiches wird über Vertrauen behauptet: Zwang und Vertrauen werden als Prinzipien angesehen, die sich wechselseitig ausschließen[590].

Es ist die zentrale Aufgabe pädagogischen Handelns, Lernen zu ermöglichen[591]. Lehren und Erziehen sind Ausdruck innerer Haltung

---

587 vgl. Hamann, 1994: 47.
588 vgl. Huppertz & Schinzler, 1995: 100 ff.
589 ders., a.a.O.: 100; Geißler, 1982: 64 f.
590 vgl. Antfang & Urban, 1994: 5; Wagenblass, 2004: 101.
591 vgl. Giesecke, 1993: 13, 104 ff.

und Lenkung zugleich. Dabei lassen sich zwei Autoritätsbereiche aufseiten der Pädagogen charakterisieren: die Wert- und Sollensautorität sowie die Erkenntnis- und Wissensautorität. Während sich die Wert- und Sollensautorität auf die Berechtigung von Wertvorstellungen und von Forderungen bis hin zu Befehlen bezieht, zielt die Erkenntnis- und Wissensautorität auf die sachliche Richtigkeit von Aussagen, Behauptungen und Feststellungen. Die Verflechtung beider steht in engem Zusammenhang mit pädagogischer Verantwortung[592].

Die Qualität einer pädagogischen Beziehung lässt sich anhand von Autorität beschreiben, wenn die Beziehung interaktionistisch betrachtet wird. „Autorität wird einerseits von der Lehrperson beansprucht, andererseits wird sie von den Lernenden zuerkannt (zugeschrieben)" (Frei, 2003: 36). Legitimation und Ungleichheit werden als Voraussetzungen für Autorität benannt[593]. Aus beiden Komponenten ergibt sich eine innere Anerkennung, deren Gründe Gehorsam aus Zwang oder bejahter Abhängigkeit, Ansehen, Überzeugungskraft und Fachkompetenz sind[594]. Legitimiert wird die Asymmetrie im pädagogischen Verhältnis zwischen den Beteiligten aufgrund eines einseitig vorhandenen Kompetenz- und Wissensvorsprungs. Hier fällt der Begriff „Reifegefälle"[595]. Jonas verweist auf das Archetypische an der Verantwortung gegenüber Kindern, gekennzeichnet von „nicht-reziproker Verantwortung und Pflicht, die spontan anerkannt und praktiziert wird [...] der Ursprung der Idee von Verantwortung überhaupt, [... die uns] von der Natur mächtig eingepflanzt ist" (ders., 1979: 85, zitiert nach Burckhardt, 2001: 322). Es entsteht so das Recht des Erwachsenen, Verantwortung für das Kind zu übernehmen. Die Mündigkeit einer Lehrperson begründet deren Verantwortungsübernahme für den Schüler[596]. Das Verhältnis zwischen Ungleichen, verstanden als Autoritätsverhältnis, legitimiert sich erst durch die pädagogische Verantwortung[597].

Ein Potenzial pädagogischer Autorität im pädagogischen Binnenverhältnis liegt in gegenseitiger Anerkennung der Beteiligten durch gegenseitigen Respekt und Wertschätzung; so erst entsteht ein „echtes pädagogisches Verhältnis" (Frei, 2003: 191). Dieses ist spannungs-

---

592 Frei, 2003: 40.
593 ders., a.a.O.: 28 f., 173.
594 ders., a.a.O.: 29 f.
595 Herzog, 1991: 415; Frei, 2003: 31.
596 Frei, 2003: 189.
597 ders., a.a.O.: 32.

reich und zielt letztendlich darauf, sich aufzulösen[598]. „Das pädagogische Verhältnis ist ein fragiles und immer von der Gefahr bedroht zu scheitern [...] Es beinhaltet alters- und situationsspezifisch viel Dynamik und entsprechende Momente der Krise" (Frei, 2003: 201). Die Chance auf ein positives Verhältnis zwischen Lehrer und Schüler besteht, wenn der Lehrer alters- und situationsspezifisch differenziert agiert[599]. Auch die Ablehnung der Autoritätsperson (Lehrer) bedeutet Bindung[600]; wird sie durch die betreffende Lehrperson konstruktiv wahrgenommen, bietet sie die Möglichkeit der Reflexion[601].

4.3.3 Kinder und Jugendliche als Adressaten

Gerade im Bereich professioneller Arbeit mit Kindern und Jugendlichen zeigt sich ein besonderes Interesse am Vertrauensthema, wie dargestellt im therapeutischen oder pädagogischen Verhältnis sowie im Kontext der Kinder- und Jugendhilfe[602]. Eine große Rolle für dieses Interesse liegt im Besonderen der Arbeit mit Kindern und Jugendlichen, nämlich in dem eindeutigen „Erziehungsaspekt und damit [der] Frage von Transparenz und Wertorientierung im Verhältnis von Professionellen und AdressatInnen" (Kutscher, 2002: 3).

Die spezielle Darlegung der Vertrauensformen für die Kinder- und Jugendhilfe unterscheidet sich hingegen nicht von den allgemeinen Darstellungen: Generalisiertes Vertrauen wird als grundlegende positive Erwartung gegenüber der Jugendhilfe als Institution geschildert und spezifisches Vertrauen als grundlegende positive Erwartung in Bezug auf das institutionalisierte Handeln der Professionellen als Vertreterinnen der Institution[603]. Die Adressaten der Kinder- und Jugendhilfe werden demnach hinsichtlich des Themas Vertrauen als gleich betrachtet; eine Unterscheidung zwischen Kindern und Jugendlichen einerseits und Erwachsenen als Adressaten andererseits wird bisher nicht vorgenommen.

---

598   ders., a.a.O.: 34, 187, 199.
599   ders., a.a.O.: 200.
600   ders., a.a.O.: 37.
601   ders., a.a.O.: 200.
602   z.B. Cocard, 2003; Kutscher, 2002; Petermann, 1996; Schweer insbesondere 1996, 2000a, 2000e; Thies: 2002; Wagenblass: 2004; vgl Kapitel 3.2.3, Kapitel 3.2.4.2 und Kapitel 3.2.4.3.
603   Wagenblass, 2004: 106.

4.3.3.1 Vertrauenstendenz

Bei spezifischem Vertrauen von Jugendlichen zu professionell Tätigen im Kinder- und Jugendhilfebereich gibt es ambivalente Tendenzen. Forschungsergebnisse weisen auf signifikante Differenzen zwischen dem Erleben der Jugendlichen hinsichtlich ihrer Probleme und Belastungen und den darauf bezogenen Deutungen der professionell Tätigen hin. Der fachliche Zugang zu diesen Adressaten und die Anschlussfähigkeit an deren Lebenswelt sind eindeutig problematische Bereiche[604].

Jugendliche grenzen ihr Verständnis von Vertrauen gegenüber Personen außerhalb des eigenen engen sozialen Umfelds klar ein. Es geht dann vor allem um funktionale Aspekte wie Hilfe in Notlagen oder Ratgeben aus einer distanzierten Position[605]. Die Distanz solcher Personen zum Umfeld des Jugendlichen kann vertrauensunterstützend sein[606]. Jugendliche sehen in diesen Beziehungen jedoch immer ein Risiko. Sie vertrauen solchen Personen vor allem dann, wenn sie keine Alternative haben. Kritische Momente ihres Lebens spielen hier die besondere Rolle[607]. Objekte und abstrakte Systeme werden ebenfalls nur aus funktionellen Gründen vertrauensrelevant. Das von den Kindern und Jugendlichen in solchen Zusammenhängen geschilderte Vertrauen besteht nur aus Abhängigkeitsgründen oder wegen fehlender Alternativen[608]. Dabei geht es um eine ganz eigene Auffassung über Vertrauen: Es bezieht sich vorrangig auf die Erwartung von Unterstützung und entspricht damit einem Vertrauensverständnis im Sinne des rational choice[609].

Als Verhaltensempfehlungen zum Vertrauensaufbau für Personen außerhalb des engen sozialen Umfelds der Jugendlichen werden Aufrichtigkeit, Verlässlichkeit, Respekt sowie Unterstützung und Hilfe benannt[610]. Mit zunehmendem Alter von Kindern und Jugendlichen wird Vertrauen eher im persönlichen, intimen Bereich erfahren und weniger im lebensnahen Bereich[611]. Forschungsergebnisse aus der Lehrer-Schüler-Beziehung belegen bestätigend, dass mit zunehmendem Alter

---

604 Wagenblass, 2004: 157.
605 Cocard, 2003: 244; vgl. Kapitel 3.2.3.2.
606 Cocard, 2003: 177.
607 ders., a.a.O.: 177.
608 ders., a.a.O.: 201.
609 vgl. Kapitel 3.4.2.
610 Schweer, 2000e: 264.
611 Cocard, 2003: 93.

der Kinder und Jugendlichen die Gewinnung von ‚Schülervertrauen' schwieriger wird[612].

4.3.3.2 Interventionsberechtigung von Erziehungspersonen

Einige Ergebnisse einer Studie von Frei (2003) zum Thema Interventionsberechtigung von Lehrern bei Schülern werden nachfolgend vorgestellt. Sie sind auf das Verhältnis zwischen Sozialarbeiter und Klient teilweise übertragbar, da es sich um Untersuchungen von Bereichen des erzieherischen Einflusses handelt, die nicht nur auf den sachbezogenen Kontext von Schule bezogen sind.

In ihrer Studie zu Interventionsberechtigungen von Lehrern bei Schülern kam Frei (2003) zu dem Ergebnis, dass die Interventionsberechtigung der Lehrer für alle von ihr betrachteten Bereiche mit zunehmendem Alter der Kinder und Jugendlichen aus deren Sicht schwindet, was mit entwicklungspsychologischen Prozessen erklärbar ist[613]. Zu den Begleiterscheinungen der Entwicklung der Kinder und Jugendlichen gehören die Reorganisation ihrer Persönlichkeit und ihrer sozialen Beziehungen, die Entwicklung von Eigenständigkeit und Eigenverantwortung sowie die kritische und distanzierte Betrachtung ihrer Lehrpersonen und die zunehmende Relativierung von Kompetenz. Die Kompetenzzuschreibungen der 11-, 12- und 14-Jährigen (5., 6. und 8. Schulklasse) an ihre Lehrer unterscheiden sich signifikant. Mit fortschreitendem Alter der Schüler schätzen diese die Kompetenzen ihrer Lehrer deutlich niedriger ein[614].

Inwieweit Kinder und Jugendliche den Einfluss durch Lehrer auf ihre individuellen Angelegenheiten zulassen, differiert nach einem moralischen, einem sozial konventionellen und einem persönlichen Bereich. Interventionsberechtigung haben Lehrer aus Schülersicht in den Bereichen ‚Moral' (Grenzen anderer), ‚Allgemeine Konventionen' (Zusammenleben in der Schule) und ‚vernünftiges Handeln im Bereich der Gesundheit'. Der Bereich ‚schulische Konventionen' (Regelungen für Persönliches im Schulkontext) ist umstritten[615]. In der dabei entstehenden Überschneidung von Schulischem und Privatem bleibt ein Spielraum für beide Seiten. Das birgt auch Konfliktpotenzial in sich.

---

612 Thies, 2002: 103.
613 vgl. ders., a.a.O.: 192 ff., 199; vgl. Montada & Rippe, 1986; Oerter & Veerbeck, 1986.
614 Frei, 2003: 185.
615 ders., a.a.O.: 35, 192 f.

Der persönliche Bereich ist aus Schülersicht spätestens ab dem 14. Lebensjahr für den Einfluss des Lehrers absolut tabu. Überschreitet der Lehrer diese Grenze, ist dies ein Ausgangspunkt für Konflikte. Doch auch Lehrer sehen meistenteils in der Privatsphäre der Schüler einen Bereich, in dem sie keinen Einfluss geltend machen. Zwischen dem Wohlbefinden der Schüler und der Interventionsberechtigung für den Lehrer bestehen positive Zusammenhänge[616]. Je wohler sich Schüler in der Schule fühlen, desto mehr Autorität schreiben sie ihren Lehrern zu[617]. Geht man davon aus, dass pädagogische Autorität und pädagogische Intervention im Zusammenhang stehen, so sind dies für Erziehungssituationen richtungsweisende Ergebnisse.

4.4 Zwischenbilanz

Es wurden Strukturmerkmale und vorzufindende Bedingungen in der Sozialen Arbeit der Gegenwart beschrieben, die einflussnehmend auf die Binnenbeziehung zwischen dem Sozialarbeiter und dem Klienten sind und damit als relevant für das Vertrauen des Klienten zum Sozialarbeiter bezeichnet werden[618]. Für Soziale Arbeit generell bereichsspezifisch und vertrauensrelevant sind:

* die gesellschaftliche Funktion der Sozialen Arbeit,
* die institutionelle Anbindung der Sozialen Arbeit,
* die differenten Zugänge zu Angeboten Sozialer Arbeit mit den Bezügen Grad der Freiwilligkeit der Inanspruchnahme und Eingriffsintensität,
* die Asymmetrie innerhalb der Beziehung aufgrund ihrer Rollenimmanenz und ihrer Professionalität, das Doppelmandat der Sozialen Arbeit und die Differenzen zwischen Sozialarbeiter und Klient.

Im heutigen Begriffsverständnis findet sich Vertrauen auf der Makroebene als System-, Institutionen- oder generalisiertes Vertrauen. Auf der Mikroebene in professionellen Zusammenhängen zeigt es sich als spezifisches Vertrauen und bezieht sich auf Rollenzuschreibungen[619]. Die dargestellten strukturellen Merkmale und Bedingungen der Sozialen Arbeit beeinflussen den Habitus und die Praxis von Sozialarbeitern als Rollenträger und wirken auf die professionelle Beziehung

---

616   ders., a.a.O.: 193 ff.
617   ders., a.a.O.: 186.
618   vgl. Fragestellungen und Gliederung der Arbeit; Heinze, 2001: 123 ff.
619   Wagenblass, 2004: 159.

in der Sozialen Arbeit ein[620]. Diese Bereiche müssen daher im Zusammenhang betrachtet werden. Ursachen für Unklarheiten und Ambivalenzen hinsichtlich der Rolle von Vertrauen, die sich in fachinternen Schwierigkeiten im Umgang mit dem Thema Vertrauen des Klienten in der professionellen Beziehung zeigen, sind bereits in den strukturellen Gegebenheiten Sozialer Arbeit zu finden. Bis zu diesem Punkt der Arbeit kann festgestellt werden, dass alle dargelegten strukturellen Bereiche sowohl auf der Makro- als auch auf der Mikroebene für Klienten eine Vielzahl von vertrauenshemmenden bis hin zu misstrauensauslösenden Momenten bieten.

Im Hinblick auf die Arbeit mit Kindern und Jugendlichen ist Soziale Arbeit ein Feld pädagogischer Interaktion; Sozialarbeiter und Klient handeln in einer pädagogischen Beziehung. Forschungsergebnisse und Betrachtungen aus dem schulpädagogischen Arbeitsfeld stellen dazu die folgenden Punkte als relevant für Vertrauen dar:

- die Transaktionalität in der pädagogischen Beziehung,
- die Gestaltung des pädagogischen Verhältnisses, die pädagogische Autorität und der Erziehungsstil der Erziehungspersonen,
- die Vertrauenstendenz der Adressaten,
- die Interventionsberechtigung der Erziehungspersonen.

Diese Bereiche tangieren die professionelle Beziehung und das Thema Vertrauen des Adressaten zum Professionellen in der pädagogischen Arbeit unmittelbar. Alle genannten Punkte werden gerahmt durch den dynamischen Aspekt der pädagogischen Beziehung und das mit ihr einhergehende letztendliche Ziel der Auflösung. Ein wesentliches und für Vertrauen relevantes Kennzeichen von Interaktion ist ihre Transaktionalität. Die Erwartungen der Akteure an den jeweils anderen spielen für den Interaktionsverlauf eine ausschlaggebende Rolle, denn sie werden neben Einstellungen bereits mit in die Interaktionssituation gebracht. Die individuellen und entwicklungsbedingten Eigenheiten besonders im Jugendalter stellen für eine gelingende professionelle Beziehung beachtenswerte Komponenten dar. Insbesondere die Befugnis der professionellen Erziehungspersonen zu Interventionen Kindern und Jugendlichen gegenüber ist dabei ein sensibler Bereich.

---

620   vgl. Becker-Lenz, 2005: 91; Luzio, 2005: 74 ff.

Amplifikation

5 Der Vertrauensbegriff in der Sozialen Arbeit

Soziale Arbeit hat bei grundlegenden Begriffen oft keine eigene fachspezifische Sprache. Sie bedient sich statt dessen vielfach der Alltagssprache und modifiziert diese. Die Verwendung eines unspezifizierten umgangssprachlichen Begriffes als Erklärungsbegriff für professionell methodisches Handeln kann sich allerdings als problematisch herausstellen.

Anzustreben wäre, die Verwendung des Begriffs ‚Vertrauen' in den Zusammenhängen der Sozialen Arbeit klarer zu verankern. Vertrauen besteht in der Sozialen Arbeit bisher nicht als systematisch erprobte und begründete Kategorie. Es ist zunächst ein Konstrukt, das vornehmlich der gemeinsamen Verständigung dient und vor allem als Abstraktum dargestellt wird. Vertrauen ist weder Inhalt des professionellen Reflexionsbestandes noch weist es einen fachlich fundierten Zusammenhang zum Methodenrepertoire der Sozialen Arbeit auf. In keiner Darlegung zur Sozialen Arbeit wird vor der Verwendung des Vertrauensbegriffs die Klärung unternommen, was genau gemeint ist. Das verweist den Leser auf eine eigene Interpretation des von den Autoren Gemeinten und erschwert gültige Schlussfolgerungen. Für die Praxis relevant ist dabei einmal der Umstand, dass dies auf fachlicher Ebene zu Verständigungsproblemen führen kann. Andererseits werden mit dem Vertrauensbegriff Erwartungen verbunden, die teilweise stark differieren. Die unspezifische Begriffsverwendung ist keinesfalls typisch nur für Soziale Arbeit, sondern ein berufsübergreifendes Phänomen. So schreibt Schmitt als Resümee seiner Nachforschungen:

Der Begriff des Vertrauens ist allgemein und unspezifisch und führt zunächst nicht weiter In dem Versuch zu verstehen, was unter Vertrauen alles gefasst wird, wurden neben eigenen Überlegungen und lexikalischer Definition Beispiele für die zumeist undifferenzierte Begriffsverwendung im Alltag, der Politik und der Werbung vorgestellt und die Sichtweisen von Teildisziplinen der Psychologie und weiterer Wissenschaften befragt. Einige Ergebnisse dieser Nachforschung [...] zeigen viele Facetten auf, jedoch kein über mehrere Fächer hinausreichendes gemeinsames Verständnis dieses Begriffs. Auch bleibt unklar, ob im Berufsvollzug eigenes Vertrauen in den Gegenüber oder dessen Vertrauen möglich und/oder nötig ist (ders., 2000: 356).

Aufgrund der bisherigen Recherche kann festgehalten werden: Zum Begriff Vertrauen gibt es zahlreiche Theorien. Ihnen gemeinsam sind bestimmte generalisierte Aspekte und Kennzeichen von Vertrauen[621]. Im Zusammenhang mit Vertrauen können Zuverlässigkeit und Glaubwürdigkeit des Interaktionspartners als kontextunabhängige Verknüpfungen gelten. Für das tiefere Verständnis eines bereichsspezifischen Vertrauensbegriffs muss im Gebiet Sozialer Arbeit nach typischen Komponenten gesucht werden, denn er erklärt sich erst vor dem Hintergrund seiner jeweiligen Zielbestimmungen: Was bedeutet Vertrauen in der Sozialen Arbeit und was soll es hier leisten? Hier stellt sich die Frage nach dem sachlichen Bezug einer Vertrauensbeziehung. Sie steht jenseits von „methodenfixiertem Vorgehen [im Sinne einer] Instrumentalisierung [oder gar] Ökonomisierung" (Mühlum, 2006: 10). Es wird davon ausgegangen, dass es sich in erster Linie um ein Umsetzungsproblem aufgrund einer uneinheitlichen und vielfältigen Begriffsverwendung in der Sozialen Arbeit handelt. Der Aufbau einer vertrauensvollen Beziehung wird meistenteils gefordert und als Basis und Rahmen der Arbeit mit Klienten angesehen. Bereichsspezifische Handlungshinweise fehlen jedoch, wozu und wie dies zu geschehen hat[622].

In dieser Arbeit geht es fokussiert um spezifisches Vertrauen zum Sozialarbeiter. Vertrauenstendenz und implizite Vertrauenstheorien von Klienten in der professionellen Binnenbeziehung haben bisher für Soziale Arbeit keine empirische Basis. Die Praxiserfahrungen vieler Autoren können in diesem Schritt zum Tragen kommen: ‚Erwartete Erwartungen' von Klienten an Sozialarbeiter als Grundlagen der Einstellungsbildung werden in der Fachliteratur Sozialer Arbeit aus Sicht der Sozialarbeiter dargestellt. Sozialarbeiter beschreiben in ihren Darlegungen potenzielle Voraussetzungen für Klientenvertrauen aus ihrer Sicht und geben professionell Tätigen damit Hinweise, die sie für praxisnah und -relevant halten. Gleichzeitig zeigen sich in der Diskussion auch deutliche Hinweise darauf, dass Vertrauen in dieser professionellen Beziehung vielleicht nicht nötig sei oder so schwer operationalisierbar, dass eine Abkehr vom Begriff nahe liege[623]. Der Bereich der ‚erwarteten Erwartungen' von Klienten aus Sicht von Sozialarbeitern wird daher folgend näher betrachtet.

---

621 vgl. Kapitel 3.1.2.
622 Zum Aufbau von Vertrauen in der Sozialen Arbeit allgemein: Arnold, 2003.
623 vgl. Kapitel 2.

Eine besonders wichtige Erwartungsdimension für Vertrauen ist Verschwiegenheit. Die Autoren der Fachliteratur der Sozialen Arbeit problematisieren diese für ihren Bereich. Die besonderen Bedingungen für Verschwiegenheit im professionellen Zusammenhang in der Sozialen Arbeit werden deshalb gesondert betrachtet.

Um eine Konkretisierung des Vertrauensbegriffs für die Soziale Arbeit vorzunehmen, werden im Anschluss verschiedene Fokussierungen und Verwendungen des Vertrauensbegriffs im Fachgebiet dargestellt. Die Beschreibung der Bedeutungskreise von Klientenvertrauen beschließt diesen Erkenntnisschritt.

5.1 Klientenerwartungen als Vertrauensgrundlage

Erwartungen sind handlungssteuernde Determinanten der professionellen Beziehung. In der Diskussion zum Verhältnis von Vertrauen zu Erwartungen ist nicht klar, ob Vertrauen als Folge einer Erwartung (im Falle einer Erwartungskonkordanz) oder als Grundlage für Erwartungen an den Interaktionspartner in einer Situation zu betrachten ist[624]. Es liegt nahe zu vermuten, dass es in beiden Fällen eine Rolle spielt. Erwartungen, so zeigt auch Thies[625] auf, spielen für die Vertrauensentstehung in verschiedenen Phasen der Vertrauensetablierung eine ganz herausragende Rolle. Subjektive Relevanzen bilden normative Erwartungen: Wie sollte sich jemand als Vertreter einer sozialen Kategorie verhalten? Eine Verhaltensvorhersage führt zu antizipatorischen Erwartungen: Wie wird er sich verhalten? Entsteht bei der konkreten Begegnung mit solch einer Person Übereinstimmung zwischen beiden Erwartungsformen, kann eine positive Grundhaltung erreicht werden. Dies ist mit Zufriedenheit und positiven Emotionen verbunden. Im gegenteiligen Fall entstehen Ablehnung und Unzufriedenheit.

Soziale Arbeit ist in ihren Tätigkeitsfeldern als Angebot zu betrachten. Sozial und kulturell problematisch gewertete Realitäten werden in Verbindung zu professionell unterstützten Entwicklungs- und Sozialisationsprozessen gebracht. Der Bereich der Lebensbewältigung steht im Mittelpunkt des vermittelten Wissens an Klienten. Die Handlungs- und sozialen Kompetenzen der Klienten im Rahmen sozialer und gesellschaftlicher Anforderungen, so in den Bereichen Alltags- und Konfliktbewältigung, sind Gegenstand Sozialer Arbeit. Es spielt

---

624   vgl. Lahno, 1998: 6 ff., Schweer, 1996: 22 f.
625   ders., 2002: 35 f.

dabei keine Rolle, ob es sich um eine Sicht auf den Sozialarbeiter etwa als Dienstleister, Normalisierungs- oder Eingriffsinstanz handelt. In jedem Fall steht ein Angebot dahinter, das Erwartungen hervorruft.

Um Entscheidungen hinsichtlich ihrer Einstellung diesem Angebot gegenüber treffen zu können, benötigen Adressaten ein Mindestmaß an Informationen. Würde man einem Vertrauensbegriff folgen, nach dem jegliches Fehlen von gesicherten Informationen Vertrauen hervorrufen muss, wäre dem Phänomen Vertrauen nicht Genüge getan. Denn Vertrauen setzt ein Mindestmaß an Sicherheit voraus. Völlig diffuse Erwartungen, so wird hier argumentiert, reichen nicht aus, um von Vertrauen zu sprechen. Im Gegensatz dazu stehen Ansichten zu spezifischem Vertrauen, wie bei Luzio geschildert[626], nach denen sich Klientenvertrauen immer auf unpersönliche Objekte bezieht (Wissenschaft, Berufsausbildung, Standards, fachliche Kompetenz und Autorität der Fachkräfte) und der Klient qua Inanspruchnahme der professionellen Leistung spezifisch vertraut. Dies geschieht in Ungewissheit und in Erwartungen, die auf Annahmen begründet sind, die mit der institutionellen Legitimation und Performanz einhergehen. Luzio sieht darin eine riskante Vorleistung, bei der der Klient die Risikofaktoren der Leistung und der professionellen Beziehung sozusagen ignoriert:

> [Vertrauen] erfüllt die Funktion, eine Kooperation des Klienten mit dem Professionellen zu ermöglichen, auch wenn der Klient nicht abschätzen kann, ob das professionelle Urteil richtig ist, ob einzelne Behandlungsschritte kompetent durchgeführt werden, ob der Professionelle vertraulich mit den ihm offenbarten Informationen umgehen wird und inwieweit die Behandlung seines Falles mit Unsicherheitsfaktoren verbunden ist [...] Verhandelt wird ein so hohes Gut, dass im Falle einer Ausnutzung der relativen Inkompetenz des Klienten der persönliche Schaden immens ist. Zum anderen ist es wegen des hohen Ausmaßes des möglichen Schadens unwahrscheinlich, dass die Kooperation des Klienten auf einem Kalkül beruht, das den Schaden in seiner Kosten-Nutzen-Abwägung mitberechnete (Luzio, 2005: 71 ff.).

Generalisiertes Vertrauen würde hierbei direkt auf spezifisches Vertrauen übertragen. In der Fortführung seiner Argumentation relativiert Luzio dies und deutet an, dass generalisiertes Vertrauen nur eine

---

626   vgl. ders., 2005.

Basis bilden kann, weil letztlich doch der Interaktionsverlauf bestimmt, ob Vertrauen entsteht[627].

Erlebte Vertrauenswürdigkeit ist wesentliche Voraussetzung für Vertrauen. Sie baut auf wahrgenommenen Merkmalen und Erwartungen hinsichtlich zukünftigen Handelns auf. Gleichzeitig muss die Situation ein Vertrauensproblem beinhalten, das vom potenziell Vertrauenden definiert wird. Damit sind minimale Voraussetzungen für von Klienten erlebte Vertrauenswürdigkeit benannt: ein Mindestmaß an Information und an Sicherheit, Wahrnehmung eines Vertrauensproblems und im Ergebnis Erwartungskonkordanz.

Die antizipierten Klientenerwartungen sind den unterschiedlichen Vertrauensformen (generalisiert, spezifisch) entsprechend auf verschiedenen Ebenen zu suchen. Klienten Sozialer Arbeit erwarten zunächst, dass ihnen durch den Sozialarbeiter die Hilfe der Gesellschaft vermittelt wird[628]. Wie auch insgesamt von allen Bürgern ist es als Erwartung von Klienten anzusehen, dass Sozialarbeiter Gesellschaft und Staat repräsentieren, Belange der Allgemeinheit wahrnehmen und bei Notwendigkeit in (fachlich korrekter Form) intervenieren[629]. Klienten müssen von Kompetenz und Verantwortungsbewusstsein aufseiten der Sozialarbeiter ausgehen können; das heißt vor allem, dass deren Handeln sich an gesellschaftlichen und fachlichen Standards orientiert[630].

Der Sozialarbeiter erhält seine Handlungslegitimation nicht allein durch seine persönlich-professionellen Kompetenz, sondern aufgrund seiner institutionellen Anbindung[631]. Zunächst gilt „das Vertrauen des Hilfsbedürftigen weniger der Person des Sozialarbeiters als vielmehr der Institution, die hinter ihm steht" (Bundesverfassungsgericht, 1972: o.S.)[632]. Von der Person des Sozialarbeiters sind Expertenschaft, Kompetenz und fachliche Autorität zu erwarten[633]. Äquivalent dazu entstehen beim Sozialarbeiter die Erwartungen, dass seine Vertrauenswürdigkeit in diesen Bereichen wahrgenommen wird und dass Klienten

---

627 vgl. ders., a.a.O.: 79.
628 vgl. Kapitel 4.1.
629 BVerGE, 1972: o. S.
630 Luzio, 2005: 74 ff.; Wagenblass, 2004: 101.
631 vgl. Kasakos, 1980: 49.
632 vgl. auch Luzio, 2005.
633 Luzio, 2005: 77; Pantucek, 1998a: 163.

ihm vertrauen[634]. Was genau damit gemeint ist, bleibt unklar, denn dass Bemühen um generelle Tätigkeitsbeschreibungen als Erwartungs-grundlagen für die Soziale Arbeit ist wenig erfolgreich; so finden sich in Bezug auf die Arbeit mit Klienten undeutliche Nennungen[635]:

> *Sozialarbeit ist eine Profession, die einzelne Menschen und Gruppen befähigt, ihr Leben und Zusammenleben zunehmend mehr selbst zu bestimmen und in solidarischen Beziehungen zu bewältigen. Sozialarbeit fördert die persönliche und soziale Kompetenz sowie das soziale Umfeld. Der Ansatz von Sozialarbeit ist ganzheitlich. Bedürfnisse von einzelnen Menschen, Gruppen und dem Gemeinwesen werden in ihrer Gesamtheit erfaßt (DBSH., o. J.: o. S.).*

Bei Sozialer Arbeit handelt es sich demnach um gesellschaftlich legitimierte präventive, korrigierende und kompensierende professionelle Tätigkeiten. In der konkreten Interaktion geht es um Stärkung und/ oder Entwicklung der sozialen und Handlungskompetenz des Klienten innerhalb der ihn umgebenden Gesellschaft und Kultur bis hin zu der innerhalb seines unmittelbaren Umfelds. Die Normen der betreffenden Bereiche regeln soziale Kompetenz, also das, was als sozial erwünscht gilt.

Der ursprüngliche Anspruch von Sozialer Arbeit als ,Normalisierungs-instanz' ist bis heute als eine wesentliche Erwartung an Soziale Arbeit zu sehen[636]. Dies zielt vor allem darauf, gesellschaftliche Normen zu vertreten, zu kontrollieren, ihre fehlende Einhaltung im Sinne einer Unvollkommenheit korrigieren zu können, bis dahin, ihre Nichteinhaltung mit ihr möglichen Sanktionen zu belegen. Insbesondere Kinder- und Jugendhilfe bezieht sich deutlich auf Normen, setzt Normen und vermittelt diese im Umgang mit Kindern, Jugendlichen und Erziehungspersonen. Das Bild der Sozialen Arbeit in der Gesellschaft ist offenbar das einer mit Ressourcen und Macht ausgestatteten Instanz. So nennt der Vertrauensforscher Schweer selbst im Zusammenhang mit den Kategorien vertrauensvollen Verhaltens das Jugendamt als Beispiel für eine Zielinstitution der Möglichkeit eines Vertrauensmissbrauchs:

> *Beispielsweise setzt sich ein Schüler, der seinem Lehrer von den erheblichen Alkoholproblemen der Eltern berichtet, einer solchen Ge-*

---

634   vgl. Luzio, 2005: 74 ff.
635   vgl. Kapitel 4.1.
636   vgl. Kapitel 4.1.1 und Kapitel 4.2.1.

fahr aus. Der Schüler kann zunächst nicht wissen, wie der Lehrer mit dieser Information umgehen wird - ob er sich bei den Eltern direkt nach der Richtigkeit der Erzählungen erkundigen wird, das Jugendamt einschaltet oder aber ob er diese Information an andere Kollegen oder sogar an die Mitschüler weitergeben wird (ders., 1996: 76).

Insbesondere das Jugendamt als Institution Sozialer Arbeit wird als eine Instanz der sozialen Kontrolle und als Eingriffsbehörde gesehen und erlebt[637]. Vertrauenshemmende und misstrauensauslösende Aspekte sind offenbar nicht nur in die Struktur Sozialer Arbeit verankert[638], sondern auch in der Außenwirkung Sozialer Arbeit präsent.

Die Wahrnehmung der Beziehung durch Klienten wird in der interaktionsintensiven Sozialen Arbeit als wichtiger Fakt angesehen. Teilweise sehen Sozialarbeiter bei Klienten in diesem Bereich eine höhere Relevanz als in fachlicher Kompetenz[639]. In den Grundprinzipien Sozialer Arbeit finden sich interaktionsbezogene ‚erwartete Erwartungen' der Klienten an den Sozialarbeiter und entsprechende Äquivalenzreaktionen des Sozialarbeiters auf diese Erwartungen der Adressaten:

1. Als Individuum behandelt werden - Individualisieren
2. Gefühle ausdrücken - Gefühle [des Klienten] zulassen
3. Verständnis finden - kontrollierte Anteilnahme
4. Wertschätzung finden - Annahme des Klienten
5. Keine Verurteilung - Nicht richten
6. Entscheidungsfreiheit - Selbstbestimmung zulassen
7. Geheimhaltung - Verschwiegenheit (Erler, 1994: 87).

Die Klienten Sozialer Arbeit haben vielfach ein beschädigtes Selbstwertgefühl[640] und, so Nicolay, ein „starkes Bedürfnis nach Anerkennung, Bestätigung intakter Kompetenzbereiche und konkreter Hilfe" (ders., 1993: 541). Das kann so weit führen, dass sie eine respektvolle Behandlung gar nicht erwarten[641] und erstaunt sind, wenn sie ihnen entgegengebracht wird[642]. Praxis und Ausmaß von Beteiligungspro-

---

637   Conen, 1997: 8, 16; vgl. Gläss & Etzel, 2000.
638   vgl. Kapitel 4.
639   vgl. Arnold et al., 2005: 15.
640   vgl. Nicolay, 1993: 541; Kasakos, 1980: 66, 73; Stimmer, 2000b: 165 f.
641   vgl. Kasakos, 1980: 74
642   Dazu finden sich mehrfache Beispiele aus der Praxis der Sozialen Arbeit bei Weinberger, 1998: 215 ff.

zessen sind sehr unterschiedlich ausgeprägt[643]. Kinder und Jugendliche schildern, dass sie sich im Zusammenhang mit Erwachsenen in einer deutlich zurückgestellten Rolle im Hilfeprozess sehen:

> *Die Motivation der Kinder und Jugendlichen, sich selbst und die eigenen Interessen in den Hilfeprozess einzubringen, wird häufig getrübt durch ein mangelndes Vertrauen, gehört zu werden. Seine (Jugendlicher, Anm. S.A.) Rolle bestand lediglich darin, den Entscheidungen der Erwachsenen zuzustimmen (Pluto et al., 2003: 30).*

Informationen über die Soziale Arbeit und das, was Sozialarbeiter tun, bilden eine wichtige Grundlage für Erwartungen. Zur Erreichung von Erwartungskonkordanz hinsichtlich der Vertrauenswürdigkeit von Sozialarbeitern und für die Vertrauensgenese ist relevant, was Klienten denn über die Tätigkeit von Sozialarbeitern wissen und demnach überhaupt erwarten können. Dazu müssten sie über konkrete Mindestinformationen einerseits hinsichtlich der Unterstützungsmöglichkeiten durch Angebote der Sozialen Arbeit verfügen, andererseits hinsichtlich der Risiken, die sie eingehen. Für die Vertrauensgenese ist dies hochgradig relevant. Ein Beispiel aus einem Bereich der Sozialen Arbeit für Menschen mit Behinderung zeigt auf, dass dies in der Realität teilweise nicht der Fall ist:

> *Wie soll ein Normalbürger wissen, dass Schulen für geistig Behinderte, für praktisch Bildbare, Schulen zur individuellen Lebensbewältigung oder Förderschulen mit dem Schwerpunkt Geistige Entwicklung jeweils der gleichen Zielgruppe dienen und mit den jeweiligen Bezeichnungen spezifische Konnotationen im Sinne einer ‚moral correctness' verbunden werden? (Wilken, 2006: 24).*

Ein weiteres Beispiel stammt wiederum aus der Praxis des Jugendamtes:

> *Während der Beratungsgespräche im Jugendamt ist mir allerdings aufgefallen, dass vielen KlientInnen die spezifischen Aufgaben des Sozialpädagogischen Dienstes als Teil des Jugendamtes nicht im Geringsten bekannt sind. Dafür kann [...] nicht den betreffenden KlientInnen die Verantwortung zugeschrieben werden. Schließlich kann man nicht verlangen, dass alle, die Beratung in öffentlichen sozialpädagogischen Stellen aufsuchen, das Kinder- und Jugendhilfegesetz studieren. Sicherlich sind auch die SozialarbeiterInnen in*

---

643   vgl. Pluto et al., 2003.

*den entsprechenden Institutionen nur bedingt dafür verantwortlich,
dass ihre KlientInnen sich häufig völlig unwissend über den institutionellen Kontext, der z.b. über Hilfe oder Kontrolle entscheidet,
in die Beratung begeben. Vielmehr scheint die mangelnde Kenntnis institutioneller Bedingungen ein strukturelles Problem zu sein
(Kleve, 2000: 123 f.).*

Nach kritischem Literaturstudium und Praxiserfahrungen ist zu vermuten, dass sich diese letzte Aussage nahezu verallgemeinern lässt.
Gleichzeitig stellt sich die Frage, ob eine daraus zu folgernde strukturell bedingte Erwartungsunklarheit für Klienten einen Begriff wie Vertrauen zulässt. Der Berufsverband DBSH bemerkt im Ergebnis einer
eigenen Umfrage zum Ansehen von Sozialer Arbeit, dass diese „häufig von denjenigen kritischer gesehen wird, die selbst eher in die Lage
kommen könnten, entsprechende Dienstleistungen in Anspruch zu
nehmen" (Nodes, 1999: 7). Der Begriff ‚kritisch' verweist hier auf eine
abwehrende Tendenz. Zugleich wird geschlussfolgert, dass bei diesen „Menschen mit niedrigen Bildungsabschlüssen und der Selbstein-
schätzung ‚bescheidener Lebensverhältnisse' [...] wenig Kenntnis über
die Felder Sozialer Arbeit vorliegt (ders., a.a.O.: 6). Auch an anderen
Stellen wird bestätigt, dass trotz einer generell formulierten positiven
Einstellung gegenüber der Institution Jugendhilfe die potenziellen Klienten kaum konkrete Erfahrungen, unzureichende Kenntnisse und Informationen haben, sodass unrealistische Erwartungen nicht ausgeschlossen sind[644].

Das bedeutet, dass hier weder die für Vertrauen konstitutiven Merkmale in Form spezifischer Erwartungen noch Vertrautheit als struk-
turgebende Basis vorhanden sind. Vertrauen ist dagegen stets spezifisch gerichtet, also jeweils im Hinblick auf bestimmte Aspekte und
Situationen[645]. Damit zeigt sich, dass für die Verwendung des Vertrauensbegriffs in der professionellen Beziehung in der Sozialen Arbeit
wesentliche Voraussetzungen fehlen. Noch deutlicher wird dies unter
Hinzunahme der unterschiedlichen Arten des Zugangs und damit der
Aspekte Freiwilligkeit und Reziprozität. So zeigt eine empirische Arbeit zum Thema Partizipation in der Sozialen Arbeit:

*Nach ihrer [gemeint sind die Fachkräfte, Anm. S. A.] Einschätzung
würden Adressaten daher nicht freiwillig zum Jugendamt kommen.
Diese Konstellation, die die Beziehung zwischen Adressaten und*

---

644   vgl. Gläss & Etzel, 2000: 247; Wagenblass, 2004: 156.
645   Endreß, 2001: 170.

Fachkräften insbesondere am Anfang prägt, kann nicht als förder-
lich für Partizipation gesehen werden, da diese ein Mindestmaß an
Vertrauen voraussetzt. [...] Das Image sowohl des Jugendamtes als
auch freier Träger wirkt insofern eher hinderlich auf die Initiierung
einer partizipativen Entscheidungsfindung, als weder Adressaten
noch Kooperationspartner von den Institutionen der Kinder- und
Jugendhilfe ein hohes Maß an Offenheit für (gleichberechtigte) Aus-
handlungsprozesse erwarten (Pluto et al., 2003: 20 f.)

In einer Arbeit aus dem Gebiet der Sozialen Arbeit zum Thema Vertrauen wird betont:

> *Erst indem die AdressatInnen darauf vertrauen, dass die Profes-*
> *sionellen bei der Klassifikation ihres Problems so handeln werden,*
> *dass ihnen als AdressatInnen durch die Leistungen (der Jugend-*
> *hilfe) kein Schaden zugefügt wird, entsteht die Grundlage für eine*
> *wirksame Hilfe auf der Basis einer erfolgreichen Kooperation. Ob*
> *professionelles Handeln wirksam wird, hängt also wesentlich davon*
> *ab, ob es gelingt, zwischen AdressatInnen und Professionellen eine*
> *vertrauensvolle Basis aufzubauen (Wagenblass, 2004: 162, Hervor-*
> *hebung im Original).*

Vertrauen setzt die Mutmaßung voraus, „dass die jeweils interaktions-
leitenden Erwartungen an andere nicht enttäuscht werden. Vertrauen
stützt sich auf Annahmen über die Handlungen, Haltungen, Habitu-
alitäten anderer, vorzugsweise derjenigen, mit denen wir in unmittelbaren Kontakt treten" (Endreß, 2001: 166). Für Verhältnisse des nicht
reflexiv verfügbaren Ausgeliefertseins wie auch für die Form des
Sich-jemandem-gedankenlos-Näherns kann nicht von Vertrauen gesprochen werden. Es kommen dabei „zudem auch nicht die für ein
Vertrauensverhältnis angeführten Umschreibungen in Betracht, den
jeweils anderen als glaubwürdig, verlässlich oder zuverlässig einzu-
schätzen" (Endreß, 2001: 170 f.). Ein weiterer wichtiger Hinweis dazu
kommt von Oswald: Sie betont, dass unterschieden werden muss zwischen der „Akzeptanz einer angebotenen Hilfe und dem Vertrauen in
diejenige Person, die diese Hilfe anbietet" (ders., 1997: 79).

Der Beitrag der Institution Soziale Arbeit für die Bildung von Erwartungen ist wesentlich und offenbar bisher nicht ausreichend, um von
vertrauensetablierenden Grundlagen für die Binnenstruktur sprechen
zu können. Auf der institutionellen Ebene werden dazu mehrere Möglichkeiten auch fachintern vorgeschlagen: Soziale Arbeit als Ganzes

sollte sich intensiv um das Vertrauen ihrer Adressaten bemühen[646].
Dimensionen, die dabei für die Soziale Arbeit vorgeschlagen werden,
zielen in erster Linie auf ihre Bekanntheit und ihr Image:

> *[Die Institution] sichert durch ihre Bekanntheit, daß potentielle
> Klienten den Weg zur Sozialarbeit finden. Das Image des jeweiligen
> Sozialen Dienstes in der Zielgruppe bestimmt weitgehend [sic] wie
> (und ob überhaupt) Nachfrager den Sozialarbeitern am Beginn des
> Unterstützungsprozesses, vor allem beim Erstkontakt, gegenüber-
> treten und welche Hoffnungen und/oder Befürchtungen sie hegen.
> [...] Diese Organisationen sind für sie auch Repräsentanten gesell-
> schaftlicher Verhaltensstandards, Normen, Werte [;...] das doppelte
> Mandat des Sozialarbeiters [...] kehrt hier wieder als Ambivalenz
> des Bildes, das Menschen von sozialen Organisationen haben (Pan-
> tucek, 1998a: 102).*

Aufforderungen an die Institutionen sind daher „Niedrigschwelligkeit
[, ...] Lebensweltnähe [, ...] Offenheit [, ...] Klarheit [,...] Verläßlichkeit [,
...] und [sie sollten] keine Geheimnisse vor ihren Klienten haben" (ders.,
a.a.O.: 103). Die Angebote der Sozialen Arbeit müssen in der Öffentlichkeit zielgruppenorientiert dargestellt werden und nicht zuletzt Respekt und Achtung ausdrücken. Konkrete Erwartungen könnten sich
so erst bilden. Als wesentliche Grundlagen für spezifisches Vertrau-
en werden Annahmen über „Fachkompetenz des Professionellen, von
seiner Einhaltung bestimmter Standards und von fachlicher Autorität
der Profession" (Luzio, 2005: 77) genannt, die durch die Institutionen
generiert werden müssen. Die Darstellung der Wertorientierung ist
dabei eine ganz erhebliche Komponente[647]. Wesentliche Maßnahmen,
deren gegenwärtige Mangelhaftigkeit innerhalb der strukturellen Gegebenheiten in der Sozialen Arbeit für Vertrauen problematisch ist, benennt Wagenblass in Form von Vorschlägen, die Klientenvertrauen
unterstützen können:

• Bereitstellung von Informationen und Wissen über Soziale
  Arbeit und ihr Leistungsspektrum zur Ermöglichung der Ent-
  wicklung von Annahmen sowohl über Unterstützungsmög-
  lichkeiten als auch über das Verhalten der professionellen
  Fachkräfte,
• Schaffung von Transparenz über verfügbare Leistungen,

---

646 vgl. Wagenblass, 2004; ders., 2005.
647 Luzio, 2005: 77 f.

- Schaffung von Transparenz über interne Entscheidungswege und -vollzüge bei Inanspruchnahme von Angeboten Sozialer Arbeit,
- Etablierung von Verfahren der Begründung der professionellen Problemdeutungen und Handlungen,
- Etablierung und Gewährleistung von adressatenspezifischen Rechten, Widerspruchsmöglichkeiten und Partizipation[648].

Nicht zuletzt schließen diese Anforderungen ein, dass für Sozialarbeiter die Möglichkeiten der Reflexion ihres professionellen Handelns eine stete Verbesserung erfahren[649].

Anhand der therapeutischen und der pädagogischen Berufsbeziehung wurde gezeigt, dass die strukturelle Asymmetrie zwischen Professionellem und Adressaten eine ganz wesentliche Variable der professionellen Beziehung darstellt[650]. Für die professionelle Beziehung zeigte sich, dass bereichsspezifische Merkmale für Vertrauen besonders relevant sind[651]. Die professionelle Beziehung bildet eine Schnittstelle zwischen Vertrauen in Institutionen und zwischenmenschlichem Vertrauen[652]. Dabei haben, dem von M. Schweer entwickelten differenzialpsychologischen Ansatz folgend, die Vertrauenstendenz und die implizite Vertrauenstheorie der Adressaten Bedeutung. Eine Erweiterung der allgemeinen um bereichsspezifische Variablen zur Vertrauensentstehung ist notwendig, um dem besonderen Kontext und Verhältnis in der professionellen Beziehung und dann ihrer jeweiligen konkreten Einbettung gerecht zu werden. Ausgehend von Erkenntnissen der modernen Pädagogischen Psychologie[653] lassen sich konkrete Erwartungen vertrauensfördernder Merkmale und Handlungen des Sozialarbeiters aufgrund impliziter Theorien von Klienten nur bereichsspezifisch konkretisieren. Das bedeutet, dass die individuellen, bereichsspezifischen Erwartungen an den Sozialarbeiter ganz unterschiedlich sein können. Auch die Vertrauenstendenz der Klienten zu Sozialarbeitern müsste hinterfragt werden. Dabei stellt sich hier unbeantwortet die Frage nach einer für alle Arbeitsfelder und Zielgruppen Sozialer Arbeit geltenden Bereichsspezifik. Es ist wahrscheinlich,

---

648   ders., 2005: 1940.
649   vgl. ebd.
650   vgl. Kapitel 3.2.4.2 und Kapitel 3.2.4.3.
651   vgl. Kapitel 3.3.3 sowie die Ausführungen von Schweer, 1996; Cocard, 2003: 64.
652   vgl. Kapitel 2.2, Kapitel 3.1.4 und Kapitel 4.2.
653   vgl. v.a. Schweer, 1996, 1998a, 2000a; Thies, 2002.

dass aufgrund der hohen Komplexität der Angebote Sozialer Arbeit die Erwartungen von Klienten arbeitsfeld- und zielgruppenspezifisch erhoben werden müssten. Dies könnte ein Weg zu einer übergreifenden Zusammenführung sein. Eine Begründung findet diese Überlegung auch in der Tatsache, dass selbst Sozialarbeiter sich oft z.b. eher als Familienhelfer, Bewährungshelfer oder Heimmitarbeiter, denn als Sozialarbeiter im Allgemeinen verstehen, da die Anforderungen an die Tätigkeiten stark variieren können. Beabsichtigte man differenzierte Aussagen, so wären Fragen nach arbeitsfeldspezifischen vertrauensrelevanten Unterschieden innerhalb der Sozialen Arbeit und zielgruppenspezifischen vertrauensrelevanten Aspekten zu klären. In dieser Arbeit soll jedoch keine Trennung, so etwa nach Arbeitsfeldern, vorgenommen werden, denn die unter ‚Soziale Arbeit' subsumierten Tätigkeiten und Arbeitsfelder gehören dahingehend zusammen und es ist nicht angestrebt, so Zusammengehörendes in seinen Grundfragen aufzuteilen. Es wäre dennoch zukünftig zu überlegen, ob es in Bezug auf Klientenerwartungen und Vertrauen nicht zweckdienlich oder notwendig sein könnte.

5.2 Erwartung von Verschwiegenheit im Kontext der Sozialen Arbeit

Zuverlässigkeit ist kontextunabhängig eine Voraussetzung für Vertrauen. Die Erfüllung der Erwartung von Verschwiegenheit kann als Zeichen der Zuverlässigkeit angesehen werden. Wie die empirische Forschung im professionellen Bereich zeigt, gibt es einen Zusammenhang zwischen Datenschutz und Vertrauen[654]. Einhergehend mit der Diskussion von Vertrauen in der Sozialen Arbeit tritt oft die Verknüpfung zu Verschwiegenheit auf. Diese wird als wichtiger Aspekt angesehen, wenn es um die positiv bewertete vertrauensvolle Beziehung zwischen Sozialarbeiter und Klient geht:

> *Eine vertrauensvolle und belastbare Beziehung baut sich auf durch sensibles Vorgehen und ein verlässliches »DA« - Sein, durch Zuverlässigkeit, Parteilichkeit und der Zusicherung von Verschwiegenheit. Zuverlässigkeit meint hier vor allem, getroffene Absprachen einzuhalten und sich durch eigenes Verhalten und konkretes Handeln als zuverlässige Begleitperson zu präsentieren, was auch durch Verschwiegenheit besonders im Umgang mit sozialen Kontrollinstanzen wie Polizei, Gericht oder allgemein Behörden zum*

---

654   vgl. Kapitel 3.2.4.2.

Tragen kommt. Die Wahrung der Anonymität ist daher ein weiterer wesentlicher Aspekt; hierzu ist es auch notwendig, dass Streetwork von jeglichen behördlichen Kontroll- und Sanktionsmaßnahmen entbunden ist (keine Akten, keine Aufzeichnungen) (Müller-Wiegand, 2000: 184 f.).

Diese Selbst- und Klientenerwartung an Zuverlässigkeit von Sozialarbeitern in Form von Verschwiegenheit ist im Zusammenhang mit Vertrauen naheliegend. Die eigene Zuverlässigkeit drückt sich auch für Sozialarbeiter in ihrer Verschwiegenheit aus. In der Sozialen Arbeit wird die Verschwiegenheit in der professionellen Beziehung durch die strukturellen Gegebenheiten stark beeinflusst. Die einschlägigen juristischen Regelungen geben den Sozialarbeitern vor, wie sie mit Tatsachen, die ihnen anvertraut werden, umzugehen haben. So gibt es weitreichende Datenschutzregelungen mit Verschwiegenheitsvorgaben, deren Aufgabe darin besteht „das partizipative Entstehen von Hilfe und die Vertrauensbeziehung als deren konstitutive Voraussetzung [zu schützen]" (Meysen, 2006: 40-5).

Der Bereich der Verschwiegenheit in der Sozialen Arbeit ist allerdings auch eingeschränkt, sodass keinesfalls von absoluter Verschwiegenheit gesprochen werden kann. Offensichtlich wird dies im Beschluss des Bundesverfassungsgerichtes zum Zeugnisverweigerungsrecht von Sozialarbeitern im Strafverfahren[655]. Im konkreten Fall ging es um eine Sozialarbeiterin, die im Strafprozess gegen einen Klienten als Zeugin über ihr in ihrer Arbeit bekannt gewordene Tatsachen nicht aussagen wollte. Sie begründete dies damit, dass zwischen ihr und ihren Klienten ein Vertrauensverhältnis bestehe, das dem in anderen Professionen gleich käme, für die eine Gewährung des Zeugnisverweigerungsrechtes im Strafverfahren gelte. Das Bundesverfassungsgericht nahm die Vielfalt der Tätigkeitsfelder und Methoden, das Fehlen eines klaren Berufsbildes sowie einer unabhängigen und eigenverantwortlichen Berufsausübung von Sozialarbeitern als Indizien dafür, dass keine für den Beruf typische Vertrauenssituation hinsichtlich der Verschwiegenheit über Tatsachen des privaten Lebensbereiches des Klienten bestehe. Das Gericht begründete seine Entscheidung mit einem fehlenden Vertrauensverhältnis zwischen Sozialarbeiter und Klient hinsichtlich der Wahrung von individuellen Geheimhaltungsinteressen. Obwohl es andeutet, dass Verschwiegenheit Voraussetzung für Vertrauen ist, führt es in seiner Begründung des Beschlusses aus, dass Verschwie-

---

655   vgl. ders., 1972: o. S.

genheit nicht zu den Erwartungen an Soziale Arbeit zähle. Gleichzeitig argumentiert das Gericht, dass durchaus eine Vertrauensbeziehung bestehe, diese sei jedoch „nicht typischerweise auf die Erwartung des Klienten gegründet, der Sozialarbeiter werde Tatsachen aus der Privatsphäre des Betreuten gegenüber jedermann verschweigen. Denn eine solche Erwartung ist mit dem Berufsbild des Sozialarbeiters nicht verbunden" (Bundesverfassungsgericht, 1972: o. S.). Für spezielle Tätigkeitsfelder wie Sozialpädagogische Familienhilfe, Bewährungshilfe oder Jugendgerichtshilfe verneint das Gericht die Stellung des Sozialarbeiters als Vertrauensperson gänzlich.

Das fehlende Zeugnisverweigerungsrecht im Strafverfahren für Sozialarbeiter als Berufsgruppe kann als eine schwerwiegende Einschränkung für die Soziale Arbeit gesehen werden. Der Deutsche Berufsverband für Sozialarbeit, Sozialpädagogik und Heilpädagogik (DBSH)[656], der die vertrauensvolle Beziehung zwischen Sozialarbeiter und Klient für die Arbeit als existent voraussetzt, konkretisiert daher in seinen berufsethischen Prinzipien in Hinblick auf die Problematik der gesetzlichen Zeugnispflicht: „Diejenigen Mitglieder des DBSH, für die kein Zeugnisverweigerungsrecht besteht, bemühen sich um die Befreiung von der gesetzlichen Zeugnispflicht, wenn ihre Aussagen das Vertrauensverhältnis zur Klientel gefährden und dem keine ernstliche Gefährdung Dritter entgegensteht" (ders., 1998b: 54).

Die Darlegungen des Bundesverfassungsgerichts weisen bis heute auf eine Besonderheit hinsichtlich des Vertrauensbegriffs für die Soziale Arbeit hin: Verschwiegenheit gilt hier nicht als Bestandteil von Vertrauen. Dieser Ausschluss bezieht sich prekärerweise auf Informationen und Angelegenheiten des privaten Lebensbereiches, die der Klient im professionellen Arbeitskontext preisgibt. Hier geht es um Informationserhebung und -weitergabe an übergeordnete Stellen und Dritte, selbst bzw. im konkreten Fall solche, die das „Seelenleben" (ebd.) des Klienten betreffen. Dabei ist eine Datenweitergabe nicht nur im Rahmen strafrechtlicher Zeugnispflichten Thema in der Sozialen Arbeit. Autoren, die in ihren Tätigkeiten in potenziell strafrechtlich tangierten Bereichen wie Bewährungshilfe oder Straßensozialarbeit agieren, problematisieren ebenfalls eine fehlende Diskretion im Umgang mit den persönlichen Daten der Klienten. Dies trifft auch für allgemeine Darstellungen Sozialer Arbeit zu, so z.B. bei Zinner (1981). Zu den vom Berufsverband DBSH formulierten ethischen Grundprinzipien

---

656 DBSH, 1998a: 49.

Sozialer Arbeit gehört ein verantwortungsvoller Umgang mit anvertrauten Daten:

Die Mitglieder des DBSH sind verpflichtet, anvertraute persönliche Daten geheimzuhalten. Sie geben diese Daten nur weiter, wenn sie aus gesetzlichen Gründen offenbart werden müssen. Personen, deren Daten weitergegeben werden, sind darüber zu unterrichten (ders., 1998b: 54).

Hier liegt die Verfügungsgewalt über die Daten nicht allein bei der Person des Sozialarbeiters, da er in hohem Maß weisungsgebunden und gesetzlich zur Offenbarung in bestimmten Kontexten verpflichtet ist. Der Klient erhält in diesem Fall lediglich die Mitteilung über die Datenweitergabe. Die Weitergabe von Daten an übergeordnete Stellen und Dritte gehört im Rahmen der Unterstützungsprozesse zu den professionellen Vollzügen. Es zählt zu den Erwartungen der Gesellschaft an Soziale Arbeit, dass Informationen über Tatsachen des privaten Lebensbereiches des Klienten weitergegeben werden, sobald dies erforderlich ist. Die dazu gehörigen datenschutzrechtlichen Regelungen bieten den vom Gesetzgeber dafür als ausreichend angesehenen Schutz. Selbst angesichts dessen, dass es für einzelne Tätigkeitsgebiete von Sozialarbeitern, wie Schwangerschaftskonfliktberatung, Sonderregelungen gibt, bleibt jedoch festzustellen, dass Verschwiegenheit im Sinne einer Wahrung von individuellen Geheimhaltungsinteressen nicht unerlässlich in die Soziale Arbeit integriert ist.

Wesentlichen Komponenten für Vertrauenswürdigkeit - Zuverlässigkeit und Glaubwürdigkeit - sind an dieser Stelle strukturell bedingt nicht umfassend gegeben. Hier besteht ein für die Soziale Arbeit zunächst spezifisch ausgerichtetes Phänomenverständnis. Ob dabei tatsächlich von Vertrauen gesprochen werden kann, ist fraglich. Es wäre zu prüfen, ob hier nicht ein Begriff abgeleitet werden kann, der diesen Bereich präziser bestimmt als der Vertrauensbegriff und der gleichzeitig für die Praxis Sozialer Arbeit handhabbar ist.

In den Ausführungen geht es vor allem um Daten, die den Charakter von Vertraulichkeiten tragen. In soziologischen Ausführungen bei Endreß findet sich eine Präzisierung des dem Vertrauen verwandten Begriffs ,Vertraulichkeit':

Mit dem Begriff der Vertraulichkeit bezeichnen wir ein – stets situatives und thematisch spezifisches Verhältnis zu einem oder mehre-

ren Menschen, insofern dieses den Charakter des Geheimen, des In-
offiziellen, des strikt Persönlichen, des ausnahmslos Privaten trägt;
das also eine Situation des »unter uns« meint, in der man sich je-
mandem anvertraut oder von jemandem ins Vertrauen gezogen
wird bzw. Vertraulichkeiten (»Geheimnisse«) austauscht, insofern
(wechselseitig) davon ausgegangen wird, dass die gemachte Mittei-
lung »in guten Händen« liegt (ders., 2001: 167 f.).

Der Begriff der Vertraulichkeit könnte in diesem Sinne für die dargestellte Problemstellung Sozialer Arbeit geeignet sein, denn er bezieht
sich auf persönliche Daten und deren Weitergabe. Es wäre dann zu
formulieren, dass Vertraulichkeit nicht Erwartung an und Bestandteil
von Sozialer Arbeit ist. Die Verschwiegenheit über die individuellen
und ganz privaten Dinge des Lebens der Klienten gehört nicht zu den
generellen Verbindlichkeiten Sozialer Arbeit; das heißt also, sie unterliegen nicht der Vertraulichkeit. Der Vertrauensbegriff müsste an dieser Stelle gar nicht verwendet werden. Anstelle einer Negation eines
Vertrauensverhältnisses in der Sozialen Arbeit ist ein generelles Ver-
traulichkeitsverhältnis zu verneinen.

5.3 Vertrauen im Hilfeprozess

Zahlreiche Autoren Sozialer Arbeit betonen die positive Wirkung von
Vertrauen auf den Hilfeprozess[657]. Die aus der Psychologie stammende
Annahme, dass „Vertrauen die Offenheit der Kommunikation und die
Bereitschaft zur Problembearbeitung sowie zur Einstellungsänderung
verbessert" (Petermann, 1996: 16), scheinen auch Autoren aus der Sozialen Arbeit zu teilen. So forderte Alice Salomon die Sozialarbeiter auf,
sich psychologische Techniken für den in der Sozialen Arbeit notwendigen Vertrauensaufbau anzueignen. Dieser sei für die Hilfeannahme
notwendig[658]. Dabei könnte angenommen werden, Vertrauen entstehe
in der Zusammenarbeit selbst. Aber gerade in der Anfangsphase dieser professionellen Arbeitsbeziehung ist es nicht gegeben. In diesem
Stadium ist die Beziehung im Gegenteil dazu noch nicht einmal durch
Tragfähigkeit gekennzeichnet[659].

Der Vertrauensbegriff wird oft nicht zielgenau verwendet, sondern
als Oberbegriff benutzt. Das führt zu unterschiedlichen Besetzungen

---

657   vgl. Kapitel 2.
658   ders., 1928: 30.
659   vgl. Conen, 1997: 11; Pluto et al., 2003: 19 f.; Sommer, 2001: 11.

seiner Bedeutung, die zunächst entschlüsselt werden müssen. Es werden daher Möglichkeiten der Konkretisierung gesucht. Bedeutungskreise von Vertrauen im Hilfeprozess werden so nachfolgend über essenzielle, oft wiederkehrende Grundaussagen zum Phänomen in der Sozialen Arbeit verdeutlicht.

5.3.1 Vertrauen als Gefühlsäußerung

Vertrauen wird teilweise als Gefühl diskutiert. Die Unklarheit und Komplexität des Phänomens lässt hierbei die Vermutung aufkommen, dass es sich bei Vertrauen vor allem um ein Gefühl handelt und erlebtes Vertrauen demnach eine Gefühlsäußerung sei.

Professionen als eine spezifische Form moderner Berufe sind gekennzeichnet durch eine bestimmte Ausformung und Ausbalancierung des Verhältnisses [...] insbesondere einer wissenschaftlich-rationalen Problembearbeitung auf der einen Seite und einer im starken Maße durch Gefühle (etwa der Hilfsbedürftigkeit, der Angst, des Vertrauens) beeinflussten zwischenmenschlichen Beziehung auf der anderen (Daßler, 1999: 9).

Unabhängig von der Richtigkeit dieser Einschätzung von Vertrauen ist zu vermuten, dass damit Befürchtungen von zu stark emotional geleitetem und damit unfachlichem Handeln einhergehen. Nicht zuletzt mit dem berufstypischen hohen Frauenanteil in den Mitarbeiterstrukturen Sozialer Arbeit[660] bestehen Assoziationen zu Gefühlsbetontheit und „Gefühl als Handlungsprinzip" (Skiba, 1975: 233). Im Rahmen der Professionalisierungsdebatte Sozialer Arbeit spielen andererseits Begrifflichkeiten wie Effizienz, Effektivität, Ökonomisierung und Management auch immer wieder eine Rolle[661]. Ein stark rationalistisches Verständnis kann fachliche Aspekte im sozial-emotionalen Bereich kaum integrieren, da sie schwer zugänglich zu sein scheinen. Das zeigt sich in Grundannahmen dieser Sichtweise:

Handlungskoordinierung auf der Basis präziser Zielformulierungen und Aufgabenbeschreibungen ist rationaler als Handlungskoordinierung auf der Basis von Wissen, abstrakten Regeln (auch Ethiken) und Aushandlungssystemen. Ergebniskontrolle auf der Basis objektiver quantifizierbarer Parameter ist rationaler als Ergebniskontrolle auf der Basis kommunikativer Abstimmungs- und Rückkopplungsprozesse (Otto & Schnurr, 2000: 7).

---

660   vgl. DBSH, 2005b: Es besteht hier ein Frauenanteil von 80% .
661   vgl. Schneider, 2006: 8.

Auch in der Debatte zum Thema Vertrauen in der Schulpädagogik zeigen sich im Zusammenhang Befürchtungen von fachlicher Grenzwertigkeit, wie bei Distanzlosigkeit zwischen Lehrer und Schüler[662], und die Einordnung von Vertrauen in eine Kategorie spontaner Gefühlsäußerungen[663]. Es wird verkannt, dass emotionale Aspekte nur einen Teil von Vertrauen neben anderen darstellen. So wird es in der Pädagogik als Kernproblem der Diskussion gesehen, „dass ein sehr einseitiger bzw. extremer Vertrauensbegriff zugrunde gelegt wird, der eine sehr hohe affektive Beteiligung impliziert" (ders., a.a.O.: 59).

Hier werden mit Vertrauen schwere bis unmögliche Messbarkeit, Steuerbarkeit und Kontrollierbarkeit verknüpft. Eine erhoffte Quantifizierbarkeit ist damit infrage gestellt. Für die Praxis scheint es zu abstrakt. Aus diesem affektiv assoziierten Bereich könnten ambivalente Einstellungen stammen. Damit einhergehende Befürchtungen sind vor diesem Hintergrund nachvollziehbar.

Dieser Vertrauensbegriff fokussiert jedoch extrem auf einen Teilbereich von Vertrauen und ist angesichts des heutigen Vertrauensverständnisses in der professionellen Beziehung aus der Konsensmeinung einschlägiger Wissenschaftler nicht haltbar. Eine auf diesem Begriffsverständnis beruhende Argumentation ist verkürzt und damit unvollständig. Die Problematik weist auf das Fehlen eines eindeutigen Begriffs für diesen Bereich in der deutschen Sprache hin, denn in der Alltagssprache ist der emotionale Aspekt mit Vertrauen sehr stark verknüpft. So zeigt sich in der Arbeit von Lahno zu Vertrauen ein ebenfalls stark emotional besetztes Verständnis[664]. Die so entstehende notwendige Flexibilität der Begriffsverwendung zeigt sich daher auch in den differenzierten Bezugnahmen zu Vertrauen und dessen Bewertungen in unterschiedlichen Lebensbereichen[665]. Den Dimensionen von Vertrauen[666] entsprechen sehr wahrscheinlich keine voneinander unabhängigen Faktoren. Aber es ist zu vermuten, dass der emotionale Aspekt des Vertrauensphänomens in der persönlichen Beziehung eine weitaus größere Gewichtung hat als in der professionellen Beziehung. Daher ist zunächst die für professionelle Beziehungen entwickelte derzeit gebräuchliche Bezeichnung ‚spezifisches Vertrauen' exakter[667].

---

662   vgl. Thies, 2002: 59.
663   vgl. Thies, 2002: 58.
664   vgl. ders., 2001: 186 f.
665   vgl. Kapitel 2 und Kapitel 3.2.2.2.
666   vgl. Kapitel 3.1.2: kognitiv, emotional und behavioral.
667   vgl. Kapitel 3.1.4.

5.3.2 Vertrauen als Methode

Eine Frage, deren Beantwortung innerhalb dieser Arbeit verfolgt werden sollte, ist, ob Vertrauen in der Sozialen Arbeit nicht selbst als 'Methode' angesehen werden kann. Wie in den Ausführungen von Rogers zur Rolle der Akzeptanz in der Gesprächspsychotherapie deutlich wird, ist Vertrauen dort eine ausschlaggebende Komponente in der professionellen Interaktion und kann zugleich Methode sein:

> [...] es ist die Haltung, die mit größter Wahrscheinlichkeit dazu führt, daß der Klient Vertrauen fasst, sein Selbst weiter erkundet und unrichtige Äußerungen korrigiert, sobald sich sein Vertrauen gefestigt hat (Rogers, 1977: 28).

Die therapeutische Beziehung findet im geschützten Raum statt, nicht zuletzt durch die Gegebenheit von Vertraulichkeit. Es ist kaum möglich, therapeutische Beziehung von therapeutischen Techniken zu trennen[668]. Vertrauen wird hier benötigt, damit tiefenpsychologische Prozesse möglich werden. ‚Vertrauen' bezieht sich dabei nicht primär auf die soziale Beziehung zwischen dem Psychologen und dem Klienten. Es handelt sich um Verfahren, die deutlich in den Bereich der Psychotherapie gehören und nicht in die Soziale Arbeit. Die Grenzen zwischen Therapie und Beratung sind zwar fließend. Gesprächsführungsprinzipien sind in beiden Gebieten ähnlich. Vor allem die Variablen Akzeptanz, Empathie und Echtheit sind in beiden Bereichen präsent. Unterschiede ergeben sich aus Zielsetzung und Kontext. Diese Verfahren sind daher nicht Inhalt Sozialer Arbeit. Sozialarbeiter haben dafür, dem entsprechend, keine adäquate Ausbildung[669]. Nichts anderes zeigt sich darin, dass Sozialarbeit und Sozialpädagogik keine Teilbereiche der Psychologie sind. Der Sozialarbeiter wird den Klienten im Fall schwerwiegender seelischer Probleme ebenso unterstützen, eine dafür geeignete Therapie zu finden, wie er dies im Falle physischer Probleme hinsichtlich des Aufsuchens eines Arztes tut. Dies schützt einerseits den Sozialarbeiter vor Überforderung und unterstützt andererseits die Autonomie des Klienten und seine Möglichkeiten der Weiterentwicklung. Ein großes Problemfeld stellt dabei die Tatsache dar, dass Soziale Arbeit sich hier in einem prekären Grenzbereich bewegt, da Klienten vielfach keine therapeutische Hilfe aufsuchen würden.

---

668 Holm-Hadulla, 2000: 125 ff.
669 vgl. Sahle, 1988: 33.

Es ist daher folgerichtig, dass in der Sozialen Arbeit zunehmend auch mit therapeutischem Background gearbeitet wird. Dabei handelt es sich um als solche gekennzeichnete therapeutische Settings, die eine fundierte Ausbildung in therapeutischem Arbeiten voraussetzen. Diese besondere Arbeitsform in der Sozialen Arbeit stellt sich in der familientherapeutischen Arbeit dar[670]. In den Hinweisen zu diesem Bereich findet sich der therapeutische Vertrauensbegriff: „Neben der Beratung der einzelnen Familienmitglieder bzw. der Familie in Richtung auf eine veränderte, positivere und konstruktivere Sicht sowohl von sich selbst als auch der Familie stellt die von einer *wohlwollenden und vertrauensvollen Beziehung getragene Herausforderung vor allem der Eltern* eine zentrale Interventionsform dar, um Veränderungsprozesse zu bewirken" (Conen, 1996: 9, Hervorhebung im Original).

In jüngster Zeit zeigt sich in der Sozialen Arbeit auch eine Entwicklung hin zu therapeutischem Selbstverständnis. So schreibt Herwig-Lempp:

> *Sozialarbeit befasst sich mit sozialen Problemen, wobei ‚sozial' nichts anderes heißt als ‚zwischenmenschlich'. Soziale Arbeit hat also ihr originäres Arbeitsfeld genau dort, wo die Familientherapie einmal angefangen hat: bei den Beziehungen zwischen Menschen. Der Unterschied zwischen Therapie und Sozialarbeit ist allerdings, dass es die Soziale Arbeit letztlich häufig nicht nur mit mehr beteiligten Personen, sondern auch noch mit weiteren Professionen und Institutionen und ihren jeweiligen Sichtweisen, also Konzepten und Theorien zu [tun] hat (ders., 2002: 17)*

Es geht also weniger um die Beziehung des Sozialarbeiters zum Klienten als vielmehr um die Arbeit mit Beziehungen. (Systemische) Sozialarbeit wird hier als Weiterentwicklung therapeutischer Ansätze definiert. Diese Sichtweise integriert therapeutische Arbeit in die Soziale Arbeit und lässt Grenzen unscharf werden:

> *Vielleicht ist nicht ganz deutlich geworden, wann man nun von Familientherapie und wann von Systemischer Therapie oder Sozialarbeit spricht. Dies ist auch nicht festgelegt. [... Ich weise] darauf hin, dass man auch von ‚lösungsorientiertem', „lösungsfokussiertem' oder ‚kurzzeittherapeutischen' Ansätzen spricht. Es gibt nicht die eindeutige oder gar ‚richtige' Bezeichnung für diese Art zu Arbeiten (ders., a.a.O.: 20, Hervorhebung im Original).*

---

670   Insbesondere Inanspruchnahme und Finanzierung nach SGB VIII § 27 (3).

Inwieweit sich diese Sichtweisen in der Sozialen Arbeit weiter entwickeln und in den Rahmen der strukturellen Gegebenheiten Sozialer Arbeit einpassen, bleibt zunächst abzuwarten[671]. Die Sichtweise auf Soziale Arbeit als therapeutisches Handeln ist in der Debatte und wird teilweise kritisch diskutiert, so z.b. bei C.W. Müller[672]. In der originären Sozialen Arbeit ist therapeutisches Handeln im klinischen Sinne nicht zu finden, ebenso wenig wie in der grundständigen Ausbildung. Vertrauen als Methode gehört demnach in den Bereich therapeutischer Arbeit und bisher nicht in die Soziale Arbeit. Die Rolle von Vertrauen im therapeutischen Setting kann somit in dieser Abhandlung nicht Thema sein. Es ist anzunehmen, dass es wesentliche Unterschiede zwischen den Professionen gibt, deren entscheidender Punkt die Bedeutung von Vertrauen als methodische Dimension ist. Für die Darstellung dieser Differenz wie auch für die jeweilige Präzisierung gibt es bisher keine Begriffe.

5.3.3 Vertrauen in Verbindung zur Interaktionsatmosphäre

Betrachtet man die Situation eines Klienten der Sozialen Arbeit, so kann davon ausgegangen werden, dass er sich tatsächlich in einer Situation großer Komplexität findet. Mit zunehmender Komplexität der jeweiligen Gegenwart steigt auch der Bedarf für Vergewisserungen. Entsprechend bezieht sich ein Bedeutungsverständnis von Vertrauen auf eher atmosphärische Komponenten.

Eine weitere unentbehrliche Voraussetzung für die Hilfe in Ausnahme- oder Notsituationen ist es, ein Vertrauensverhältnis zwischen BeraterInnen und Klienten herzustellen. Ein wichtiger Schritt dazu ist es, Interesse an den Schwierigkeiten der Klienten zu zeigen, die Absicht an einer Problemlösung zusammen zu arbeiten und die Person der Klienten zu akzeptieren. Auch und gerade unter den administrativen Arbeits- und Aufgabenverteilungen in einer Institution ist es erforderlich, den Klienten das Gefühl zu geben, daß die Problemlösungskapazitäten einer solchen Institution ihnen zur Verfügung steht. Desweiteren, daß nicht gegen ihre Interessen gearbeitet wird, sondern daß trotz der aktuellen Situation ihre persönlichen Kompetenzen nicht in Frage gestellt, sondern unterstützt werden (Erler, 1994: 90).

---

671   Ein solcher Weiterbildungsbereich Sozialer Arbeit findet sich als Angebot von diversen Anbietern und in Planung im Rahmen von Hochschulausbildung.

672   vgl. ders., 1997.

Der Autor integriert hier die strukturellen Gegebenheiten Sozialer Arbeit[673] und gibt arbeitsfeldübergreifende und vom Einzelfall unabhängige, demnach ritualisierbare Empfehlungen. Aus Sicht konkreter Praxis schreibt Conen unter der Überschrift „Werben um Vertrauen und Kooperation" (ders., 1997: 9) über einen „auf Vertrauen und Kooperation setzenden Arbeitsansatz" (ebd.) in der Kinder- und Jugendhilfe:

> *Hilfeplanungsgespräche unter Einbeziehung auch der Eltern sowie Helferkonferenzen zeigen ein qualifizierteres Vorgehen als noch vor wenigen Jahren [...] Bei Kindesvernachlässigung und -mißhandlung zeigt sich das Bemühen um einen qualifizierteren Umgang u.a. auch darin, daß man sich vielfach eher um das Vertrauen und die Kooperation mit den Eltern bemüht als über Eingriffe und gerichtliche Interventionen Einfluß auf das Erziehungsverhalten der Eltern zu nehmen [...] Nicht wenige der Hilfeplangespräche, an denen die Eltern beteiligt sind, verlaufen eher wie Tribunale gegen die Eltern, die u.a. von LehrerInnen oder KitaerzieherInnen massiv kritisiert und auch abgewertet werden [...] Es ist unbedingt erforderlich, daß sich bei der Hilfeplanentwicklung eine Konzeption durchsetzt, die die Kooperation zwischen allen Beteiligten in den Mittelpunkt stellt (ebd.).*

In den Darstellungen werden mehrere Ebenen der Beziehungsgestaltung angesprochen: einfühlendes Verstehen, Hilfeangebot und Akzeptanz einerseits und Abbau bedrohlicher Handlungen andererseits. Dies erinnert deutlich an die Phasen der Herstellung bzw. der Zerstörung von Vertrauen nach Petermann[674]. Die Vertrauensgenese erfordert es, deutliche Sicherheitssignale zu zeigen bzw. wahrzunehmen. Die eigentliche Herstellung von Vertrauen ist damit jedoch noch nicht geschehen, denn erst die dritte Phase im angeführten Handlungsmodell gilt der eigentlichen Herausbildung von Vertrauen. Sicherheitssignale stellen in den Phasen zur Herstellung von Vertrauen ganz wesentliche Punkte dar. Vertrauen kann deshalb nicht selbst ein Sicherheitssignal sein. Die Benutzung des Vertrauensbegriffs wäre demnach ein unzulässiger Vorgriff.

An dieser Stelle wird ein Alternativbegriff für Vertrauen benötigt. Für die Entstehung von Vertrauen ist zunächst Vertrautheit notwendig. Vertrauen und Vertrautheit sind inhaltlich verschiedenartig. Der Be-

---

673   vgl. Kapitel 4.

674   vgl. Kapitel 3.3.1 und Kapitel 3.3.2

griff der Vertrautheit wurde bereits kurz eingeführt[675]. An dieser Stelle wird er nunmehr relevant. Die Darlegungen von Endreß[676] können das Thema Vertrautheit aus soziologischer Sicht erklären. Dort wird der Begriff ‚Vertrautheit' in drei verwendeten Kontexten dargestellt:

- als Charakterisierung des 'Zustands' einer sozialen, engen Beziehung,
- als Charakterisierung von Umständen, Situationen, Gegebenheiten oder Sachverhalten als „(sehr gut) bekannt, über die wir hinreichend orientiert sind, also Bescheid wissen" (ders., a.a.O.: 167.),
- als Charakterisierung für „Zeichen, Symbole, Rituale und Handlungsformen [als] uns wohlbekannt und in ihrer Verwendung geläufig" (ebd.).

Mit der letzten Nennung weist Endreß auf einen für Soziale Arbeit besonders relevanten Punkt:

An dieser Stelle ist festzuhalten, dass wir nicht etwa Handlungsroutinen oder Ritualen ‚vertrauen', sondern dass wir mit Routinen und Ritualen ‚vertraut' sind und in Interaktionen darauf ‚vertrauen', dass dies für andere ebenso gilt, sodass beispielsweise bestimmten Praxisformen der Charakter des Selbstverständlichen zukommt. Der Zustand des ‚Vertrautseins' umschreibt ein Verhältnis unterstellter gesicherter Orientierung, er bringt die Annahme hinreichend abgestützten, gesicherten Wissens über andere oder über ‚etwas' auf den Begriff (ebd.).

Dieser Zustand benötigt Grundlagen für die Bildung von sicheren Erwartungen. Diese Grundlagen müssen nicht zwingend in einer gemeinsame Vergangenheit der Akteure liegen. Im Bezug zwischen Vertrautheit und Vertrauen in der Sozialen Arbeit ist zu vermuten, dass oft die Schaffung von Vertrautheit gemeint ist und der Vertrauensbegriff dafür synonym verwendet wird. Es werden dabei Schritte der Entstehung von Vertrautheit beschrieben. Für die Vertrauensentstehung sind sie notwendig, da Vertrautheit als Grundlage von Vertrauen fungiert. Ist Vertrautheit hergestellt, impliziert das die Möglichkeit für Vertrauen; es muss aber nicht entstehen. Vertrauen ohne Vertrautheit hingegen ist nicht möglich: Es hat sie prinzipiell zur Voraussetzung[677]. Wie aufgrund der empirischen Ergebnisse von Petermann dargestellt

---

675 vgl. Kapitel 3.1.1.
676 ders., 2001: 166 f.
677 ders., a.a.O.: 167 f.

wurde, ist ein genügendes Maß an empfundener Sicherheit Voraussetzung für Vertrauen. Dazu benötigt der Klient Sicherheitssignale, die Orientierungsfunktion haben[678]. Betrachtet man die Phasen 1 (Herstellung verständnisvoller Kommunikation) und 2 (Abbau bedrohlicher Handlungen) des Handlungsmodells zur Herstellung von Vertrauen von Petermann[679] genauer, so lässt dies den Schluss zu, dass sie die Herstellung von Vertrautheit beinhalten. Es zeigen sich tatsächlich vor allem interaktiv-atmosphärische Komponenten, die damit angesprochen werden: Durch Einfühlungsvermögen und eine Atmosphäre der Vorhersagbarkeit und Berechenbarkeit des Verhaltens lässt sich Vertrauensaufbau vorbereiten. Damit stellt sich die Frage, ob der Vertrauensbegriff an dieser Stelle nicht zu weit geht und der Vertrautheitsbegriff nicht ausreichen kann.

Die Trennung zwischen Vertrauen und Vertrautheit erscheint auch in der soziologischen Fachliteratur nicht eindeutig. Vertrautheit als Grundlage zur Bildung von relativ sicheren Erwartungen beschreibt Luhmann[680]. Bei Lahno ist in den Vertrauensbegriff diese Komponente von Vertrautheit integriert, wenn er davon spricht, dass auch Vertrauen eine Grundlage der Erwartung des Vertrauenden an den anderen ist, abhängig von dem, was die Beteiligten füreinander fühlen und von dem Vertrauenscharakter einer Situation[681]. In Vertrautheit sieht er eine außergewöhnliche, stark emotional geprägte Basis des Vertrauens und dies vor allem in engen persönlichen Beziehungen[682]. Auch bei Endreß ist Vertrautheit ein „Verhältnis größerer Nähe und intensiverer persönlicher Zugewandtheit" (ders., 2001: 169) im Gegensatz zu Gewohnheit, Selbstverständlichkeit oder Bekanntheit. Aber sie setzt eine intensive persönliche Beziehung nicht voraus. Im Bereich der Dienstleistungen entsteht sie durch die Wahrnehmung aufgrund derer institutioneller Rahmung durch konkrete Erfahrungen mit der Dienstleistung selbst. Vertrauen in die Personen, die die Dienstleistung umsetzen, besteht nur insofern, als dass „sie ihre beruflichen Aufgaben adäquat erfüllen" (ebd.).

Das oft geforderte Bemühen um eine ‚vertrauensvolle Basis' in der praktischen Arbeit von Sozialarbeitern impliziert die Schaffung eines auf Vertrauen ruhenden Fundaments am Anfang der professionellen

---

678   ders., 1996: 115 f.; vgl. Kapitel 3.2.4.2.
679   vgl. Kapitel 3.3.1.
680   Luhmann, 2000: 22 f.
681   vgl. ders., 1998: 6 ff.
682   vgl. ders., 2001: 277 ff.

Beziehung. Es könnte jedoch Vertrautheit sein, die hier zunächst geschaffen werden muss - „[...] eben ein wechselseitig eingespielter Horizont des Akzeptablen (... Vertrautheit) [, die] Vertrauen zu begründen vermag" (ders., a.a.O.: 171). Damit besteht die Möglichkeit, den Begriff ‚Vertrauen' unter atmosphärischen Gesichtspunkten durch den Begriff ‚Vertrautheit' zu konkretisieren. Auch Vertrautheit kann nur entstehen, wenn nicht bereits Misstrauen dominiert. Die Abwesenheit von Misstrauen bedeutet nicht die Anwesenheit von Vertrauen[683]:

> *Allerdings ist die Abwesenheit eines solchen Misstrauens noch nicht positiv als Vertrauen zu qualifizieren; Formen des Sich-zunächst-einmal-Einlassens-auf, also des grundsätzlichen Kredit-Gewährens bilden die vom ausgeprägten Vertrauen zu unterscheidenden interaktiven Auftakthaltungen (ders., a.a.O.: 168).*

Es fällt hier der Begriff der ‚interaktiven Auftakthaltungen', der die Frage aufwirft, ob in der Sozialen Arbeit überhaupt, jedoch insbesondere in der Anfangsphase der professionellen Beziehung generell von Vertrautheit (oder gar Vertrauen) gesprochen werden sollte. Unter den strukturellen Gegebenheiten in der Sozialen Arbeit in Verbindung mit den Erwartungsunklarheiten der Klienten ist das fraglich und wird unterstrichen durch die Empfehlungen von Wagenblass zur Unterstützung der Ermöglichung von Vertrauen[684], die ebenfalls auf den hier als Vertrautheit gekennzeichneten Bereich zielen.

Eine wesentliche Aufgabe im Rahmen der Beziehungsgestaltung in der Sozialen Arbeit kann also die Herstellung von Vertrautheit sein: Neben der Entwicklung einer verständnisvollen Kommunikation gehören dazu die transparente und nachvollziehbare Aufklärung von professioneller Seite über strukturelle Gegebenheiten, Ressourcen und Grenzen. Alle strukturell gegebenen und nicht verhandelbaren Bedingungen für die Sozialarbeiter-Klient-Beziehung müssten vom Sozialarbeiter dazu klar formuliert und dargestellt werden (z.B. fehlende Vertraulichkeit und doppeltes Mandat). Gleichzeitig müsste hinterfragt werden, ob die Erwartungen der Klienten ihr Äquivalent in der Realität Sozialer Arbeit finden können. So könnte ‚Vertrautheit' aufkommen, die auch in Zeiten krisenhafter Entwicklungen im Hilfeverlauf eine stabile Basis bietet. An dieser Stelle sei als ein Verständigungsvorschlag nochmals verwiesen auf die prägnante Erläuterung von Endreß dazu, in welcher er ein „Verhältnis unterstellter gesicherter Orientie-

---

683   vgl. Kapitel 3.1.3.
684   vgl. Kapitel 4 und Kapitel 5.1.

rung" (ders., 2001: 167) nennt. Hierbei kann der von Conen für Soziale Arbeit sowohl in Bezug auf Erwachsene als auch auf Kinder erwähnten Notwendigkeit des Entgegenkommens durch Orientierung entsprochen werden. Ebenso ist es gerade erst in solch einem Rahmen möglich, „dabei gleichzeitig Reibungsflächen zu bieten" (ders., 1997: 6)[685].

5.3.4 Vertrauen als Mittel zur Steuerung des Hilfeverlaufs

Sozialarbeiter brauchen als Arbeitsgrundlage eine tragfähige Beziehung zum Klienten, um die Hilfe effektiv und sinnvoll gestalten zu können. Vertrauen wird in diesem Zusammenhang als eine Art Arbeitsmittel gesehen, um dies möglich zu machen. Folgt man Luzio, so müssten Sozialarbeiter die Wahrnehmung ihrer Vertrauenswürdigkeit aufgrund ihrer Professionszugehörigkeit und damit das Klientenvertrauen erwarten können[686]. In der Praxis bestätigt sich dies so nicht. Sozialarbeiter können nicht generell davon ausgehen, dass Klienten sich kooperativ verhalten, wahrheitsgemäße und vollständige Informationen preisgeben oder sich authentisch zeigen[687]. Dies zeigt sich zum Beispiel im Bereich der Jugendhilfe nach dem Sozialgesetzbuch VIII: „Vor allem bei ambulanten Hilfeangeboten ist [...] eine enge Kooperation mit der Familie erforderlich [, ...] die MitarbeiterInnen [müssen] relativ rasch das Vertrauen der Familie erwerben, wollen sie nicht außen vor bleiben oder von der Familie funktionalisiert werden" (Conen, 1997: 10). Die Aussage verweist einerseits darauf, dass generelles Vertrauen in Soziale Arbeit hier so gut wie keine Rolle spielt und es Aufgabe des Sozialarbeiters im konkreten Fall bleibt, die professionelle Beziehung zu gestalten, und zwar von Grund auf. Andererseits zeigt sich, dass Klienten Möglichkeiten der Verfremdung der Beziehung haben. Klienten können sich aus strategischen Gründen kooperativ verhalten. Unbemerkt oder unreflektiert wird das von Sozialarbeitern durchaus honoriert, so bei Willfährigkeit oder eloquentem Auftreten[688]. Bei Sozialer Arbeit kann dieses Vorgehen für Klienten auch sinnvoll sein, denn sie hat Eingriffsmöglichkeiten, die das Leben der Klienten ausschlaggebend tangieren können. An einem öffentlich gewordenen Beispiel lässt sich das illustrieren:

---

685   vgl. Kapitel 4.3.
686   Luzio, 2005: 74 ff.
687   vgl. Becker-Lenz, 2005.
688   vgl. Kapitel 4.2.4.

Der neuerliche Hungertod eines Kindes in Deutschland ist vermutlich auch auf das Versagen der Behörden zurückzuführen. Trotz regelmäßiger Besuche von Mitarbeitern des Jugendamtes war nicht aufgefallen, dass der zweijährige [... Junge] verhungert war. ‚Die Familie hat uns offenbar gelinkt', sagte der Präsident des Landgerichts [... S.]. Die stark verweste Leiche des Kindes war auf dem elterlichen Grundstück gefunden worden. Die Eltern sitzen [...] in Untersuchungshaft, die fünf weiteren Kinder des Paares sind in der Obhut des Jugendamtes [...] Mehrere Male im Monat habe es in der Wohnung der Familie [...] Besuche von Jugendamts-Mitarbeitern gegeben [...] Die Mitarbeiter glaubten der Darstellung der Mutter, dass [... der Junge] sich bei der Schwester ihres Mannes oder bei der Großmutter aufhalte. Nachgeprüft worden sei dies aber nicht. Den Mitarbeitern habe sich ein unterschiedliches Bild geboten. Bei einigen Besuchen sei alles sauber und ordentlich gewesen, bei anderen nicht [...] Damals war der kleine [... Junge] längst tot: [...] Aus Angst, das Sorgerecht für ihre anderen Kinder zu verlieren, versteckten die beiden Arbeitslosen den verhungerten [... Jungen] in einer Mülltonne. dpa (Der Tagesspiegel, 2006: o. S.).

Die Anforderung an Sozialarbeiter zu einer problemadäquaten Situationseinschätzung und die von den Sozialarbeitern wahrgenommene Kooperation der Klienten stehen sich hier gegenüber: Das Verhalten der Familie in Form der Information, wo das Kind sich befinde und die Wahrnehmung von zeitweise geordneten Verhältnissen wurden offenbar als ausreichend kooperativ angesehen. Die nachgängige Begründung der Eltern für die Schutzbehauptung lag in der Befürchtung des Verlustes des Sorgerechtes für die anderen Kinder. Dieses Beispiel zeigt auch: Klienten ist der Kontrollauftrag von Sozialer Arbeit bewusst. Im Falle einer eingeschätzten eigenen Normabweichung von Klienten wird auch mit der Möglichkeit von Sanktionen gerechnet. Diese können dann vor der Wahrnehmung der Unterstützungsmöglichkeiten stehen, Information und Kooperation verhindern, bis hin zu Vertuschungstendenzen und Manipulation der Sozialarbeiter[689].

Vonseiten der Sozialen Arbeit wird daher betont, wie wichtig es sei, dass eine Exploration oder Anamnese den Charakter eines vertrauensvollen Gespräches entwickelt. Um dies möglich zu machen, wird

---

689   vgl. Becker-Lenz, 2005.

auf die Gesprächsvariablen nach Rogers[690] verwiesen, zusätzlich unter dem Aspekt der Datenfixierung:

Die Anwendung der Gesprächsvariablen nach Rogers [...] ist hier äußerst hilfreich und führen dazu, daß das Gegenüber sich angenommen fühlt und gleichzeitig die Verantwortung für das Gespräch nicht abgibt sondern starke Eigenbeteiligung entwickelt. Gelingt es, eine solche vertrauensvolle Atmosphäre herzustellen, ist das Mitschreiben und Notieren von Informationen in der Regel kein Problem. Die Klienten können meist gut verstehen, daß es nötig ist, sich bei so vielen Einzelheiten und Informationen etwas aufzuschreiben. Auch ein transparent einsehbarer Themenkatalog oder selbst eine Frageliste sind dann für die Interaktion nicht schädlich, wenn der Fragende damit nicht rigide umgeht und sie ausschließlich als Hilfsmittel für das Gespräch einsetzt (Seithe, 2001: 258).

Damit ist mehr als die Herstellung von Vertrautheit angesprochen. Es geht verstärkt um motivierende und auf Kooperation zielende Komponenten. Um die „eigene Sicht der Klienten auf ihr Problem und die Problementwicklungen, ihre eigenen Deutungen" (Seithe, 2001: 254 unter Verweis auf Schefold, 1998) als wichtige Bestandteile der zu erstellenden Anamnese zu erhalten (so genannte „individuelle Hilfepläne", ebd.), ist neben der Verdeutlichung, „daß man Verständnis für ihre Sichtweisen und Erfahrungen aufbringt und ehrliches Interesse an ihren Deutungen und Belastungen hat" (ebd.), die vertrauensvolle Beziehung als nötig benannt. Hier geht es um Informationserhebung, jedoch nicht allein die von äußeren Umstände in der Lebenswelt der Klienten; es geht um die Erfahrung der subjektiven Seite der Lebenswelt. Dem Sozialarbeiter dient dies als Arbeitsgrundlage aus wesentlichen Gründen: zur Diagnosestellung, zur Einschätzung der Geeignetheit und Notwendigkeit einer Hilfemaßnahme und der Klarheit hinsichtlich der Motivationslage des Klienten. Dazu nötig ist eine zuvor in einem Aushandlungsprozess gemeinsam mit den Klienten entwickelte Problemdefinition. Der Sozialarbeiter fordert Informationen nicht zuletzt, um im Verlauf der Arbeit stellvertretende Deutungen

---

690   „Der Therapeut oder Berater (Rogers verwendet beide Begriffe synonym...) soll den Klienten bedingungslos wertschätzen, also dessen Person achten und eine warme Atmosphäre schaffen. Darüber hinaus soll er empathisches Verstehen realisieren, also die Welt des Klienten aus dessen Augen sehen. Als dritten zentralen Variablenkomplex nennt Rogers Echtheit und Kongruenz." (Thies, 2002: 59, Hervorhebungen im Original).

möglich zu machen und Problemlösungsmöglichkeiten der Klienten erweitern helfen zu können. Die genaue Exploration kommt den Klienten auf diesem Weg zugute:

> *Die Maßnahme, die dem Klienten fremd bleibt, weil es nicht seine, sondern die des Sozialarbeiters ist, macht ihn nicht stärker [...] Die Maßnahme ‚gehört' dem Sozialarbeiter, so wie ein Ratschlag dem Ratgeber ‚gehört': Er kann ihn sich selbst als Leistung zurechnen. Der Mißerfolg, der gehört dann dem Klienten, der mit dem Ratschlag nichts angefangen und die Maßnahme nicht genützt hat (Pantucek, 1998a: 167).*

Es handelt sich um eine ähnliche Sicht auf Informationsgewinnung und Kooperation wie im Fall der im o.g. Verfahren betroffenen Sozialarbeiterin[691], dass Klienten „ihr ganz persönliche Dinge anvertrauen [müssten], damit sie die richtige Grundlage für ihre Arbeit habe" (Bundesverfassungsgericht, 1972: o. S.). Verbindet man diese Gedanken mit dem angeführten Beschluss des Bundesverfassungsgerichtes, entsteht damit für die Begriffsverwendung ‚Vertrauen' eine Paradoxie. Eben dieser folgt die Argumentation des Gerichts: Es behauptet trotz seines Beschlusses, in dem ein Vertrauensverhältnis negiert wird, dass im Vertrauen des Klienten eine Grundlage erfolgreicher Berufstätigkeit von Sozialarbeitern liege[692]. Über die starke Betonung des Ausschlusses von Verschwiegenheit aus dem Berufsverhältnis im o.a. Beschluss kommt der Kontrollaspekt Sozialer Arbeit klar zum Ausdruck und löst so die Paradoxie auf. Der Sozialarbeiter benötigt diese Informationen für die Gewährleistung der Hilfen und um Entscheidungen fällen zu können. Es ist für den Klienten wie auch den Sozialarbeiter jedoch nicht klar, ob dies nach der ‚Informationsübergabe' nach den Vorstellungen des Klienten geschieht. So ist die Befürchtung von Eingriffen, wie im o.a. Fall (Der Tagesspiegel) des Sorgerechtsentzugs, als durchaus berechtigt anzusehen.

Neben Information und Kooperation soll auch die Motivation des Klienten zur Hilfeannahme und Mitarbeit über eine vertrauensvolle Beziehung reguliert werden. Den Gedanken der Motivierung mit Grundlegung der professionellen Beziehung vor dem eigentlichen Hilfebeginn beschreibt z.B. Seithe[693]. Es ist jedoch ein deutliches Problem, von Klienten Motivation zu erwarten, um arbeiten zu können.

---

691   vgl. Kapitel 5.2.
692   vgl. ders., a.a.O.: o. S.
693   vgl. ders., 2001: 243.

In einer Vielzahl von Arbeitsbereichen der sozialen Arbeit [...] ist nicht damit zu rechnen, daß Klienten motiviert sind, Hilfen in Anspruch zu nehmen. I.d.R. fürchtet ein sexuell mißbrauchender Vater nicht nur die negativen Sanktionen für sein Verhalten, sondern hat auch keinerlei ,Leidensdruck' von sich aus z.b. eine therapeutische Hilfe anzunehmen. Warten professionelle HelferInnen jedoch darauf, dass er sich ,motiviert' zeigt, kann unter Umständen lange gewartet werden. Erst durch den Druck und Zwang von Institutionen der sozialen Kontrolle, wie z.b. durch Gerichte oder eben auch durch das Jugendamt, ist es möglich, daß er sich in eine Beratung oder Therapie begibt (Conen, 1997: 10).

Damit ist die Motivationsform besonders zu Hilfebeginn angesprochen. Diese steht in enger Verbindung zur Zugangsart. In der Sozialen Arbeit kommt es oft vor, dass Klienten gegen ihre eigene Motivation zur Hilfeannahme aufgefordert sind. Dies führt zu schwierigen Ausgangsbedingungen:

Für Kontrollhandeln ist das Vorliegen von Motivation keine notwendige Voraussetzung, durchaus aber für den Bereich der Hilfe. Ein guter Teil der in der Sozialen Arbeit so viel Zeit und Energie verzehrenden Motivationsarbeit hat seine Ursache in Mischzuständen der beiden Interventionslogiken (Becker-Lenz, 2005: 89).

Demzufolge geht es zunächst um die Herstellung des Zustandes einer extrinsischen Motivation. Dieser wird idealerweise in einen intrinsischen Motivationszustand überführt, dessen Ermöglichung über Vertrauen gesucht wird:

Erst wenn sich auf der Basis beginnenden Vertrauens eine Eigenmotivation [...] entwickelt hat, können sinnvoller weise Ziele bestimmt [...] werden, die über eine Entlastung hinausgehen (Nicolay, 1993: 546).

Die wesentlichen Erwartungen der Sozialarbeiter an ihre Klienten, wie die bisherige Analyse zeigt, sind Information, Kooperation und Motivation. Sieht man Vertrauen als Basis dafür an, so wird dieses sehr wichtig für den einzelnen Sozialarbeiter, denn es ermöglicht ihm die Ausführung seines Arbeitsauftrages. Es wäre notwendig, damit sich Klienten auf den Hilfeprozess einlassen, ihre Sichtweisen einbringen und aktiv am Hilfeprozess teilnehmen. Für beide Seiten - Sozialarbeiter und Klient - wird damit vorausgesetzt, dass sie unter einem geteilten Wert oder Ziel handeln, nämlich, dass sie Vertrauen als positiv bewerten und anstreben und dies auch in der professionellen Beziehung. Als Bedingung ist dies jedoch nicht haltbar. Mit der beidseitigen Anerkennung dessen würden auch beide Seiten im Sinne einer Dialogbzw. Diskursethik Verantwortung dafür tragen[694]. Voraussetzung dafür wäre ein gleichberechtigter Anteil an der professionellen Beziehung mit inhärenter Kommunikation und deren Folgen. Aufgrund der Asymmetrie der Beziehung in der Sozialen Arbeit kann dies nicht der Fall sein. Die Verantwortung für die professionelle Beziehung muss allein beim Sozialarbeiter liegen. Auf dieser Seite wird Vertrauen als instrumenteller Wert bemerkt; der Sozialarbeiter benötigt einen vertrauenden Klienten: „Wir sind angewiesen auf ein Mindestmaß an Vertrauen unserer Probanden, wenn wir auch nur in Ansätzen etwas Sinnvolles erreichen wollen" (Waibel & Lübbemeier, 2001: 10). Das Gelingen des Erwerbs von Vertrauen des Klienten erscheint als eine persönliche Erwartung des einzelnen Sozialarbeiters: „Dennoch glauben Sozialarbeiter an dieses, Kontrolle angeblich weitgehend ausschließendes, Vertrauensverhältnis, offenbar weil es auf ihr persönliches Zutun, im Grunde gegen den Gesetzesauftrag, zustande kommt" (Zinner, 1981: 160). Damit steht auf der anderen Seite die Rolle des Klienten: Vor allem Kooperation wird als der Klientenrolle immanent und für Klienten als geradezu verpflichtend angesehen[695]. „Dem Klienten in seiner komplementären Rolle ist dadurch aber die Rolle des Vertrauenden aufgezwungen" (Luzio, 2005: 80).

Der Ausdruck ‚strategische Interaktion'[696] für das Vorgehen vonseiten des Sozialarbeiters erscheint hier als passend. Eine strategische Absicht wird dann durch das Angebot einer vertrauensvollen Beziehung und die Selbstdarstellung von Vertrauenswürdigkeit verdeckt[697]. So schreibt Kasakos: „Dem Klienten wird versichert, dass die von ihm angebotene Version seiner Selbst akzeptiert wird. Dadurch wird sein Vertrauen gestärkt. Er fühlt sich behaglich und geht aus sich heraus" (ders., 1980: 70). Das lässt sich in die Angebotsperspektive integrieren: Im Verhältnis von Sozialarbeiter und Klient geht es dann besonders um die Reibungslosigkeit der Zusammenarbeit und der Leistungserbringung[698]. Herriger und Kähler[699] legen ein Ergebnis dar, das diesen wenig beach-

---

694   vgl. Apel, 2001: 70; Böhler, 2001: 167 ff.
695   vgl. Luzio, 2005: 79 f.
696   Apel, 2001: 91.
697   vgl. Luzio, 2005: 80 f.
698   vgl. Arnold et al., 2005: 14 f.; Leidner, 1993: 220 f.
699   ders., 2003: 155 ff.

teten Aspekt beleuchtet. Selbst wenn die Arbeit mit den Klienten nicht zu signifikanter Verbesserung von deren Lebenslage geführt hat, so sehen Sozialarbeiter die Arbeit dennoch als erfolgreich an, wenn die professionelle Beziehung sich positiv gestaltet hat: „Die Qualität des Beziehungskontraktes, der Sozialarbeiter und Klient verbindet, ist hier Messlatte des beruflichen Erfolgs" (ders., a.a.O.: 156). Dies dürfte die Arbeitszufriedenheit der Sozialarbeiter erhöhen und somit deren Motivation aufrechterhalten wie auch langfristig vor beruflichen Deformationen wie Burn-out schützen. Gondek et al. meinen, Vertrauensbeziehungen würden interessengeleitetes strategisches Handeln nicht ausschließen[700]. Jedoch stellt sich hier auch die deutliche Frage nach der Wirklichkeit von Vertrauen in solch einer Konstellation.

Motivation, Information und Kooperation werden als arbeitsstrategische Erwartungen von Sozialarbeitern mit Vertrauen verknüpft. Sie stoßen an Grenzen, wo es sich um normierte Erwartungshaltungen handelt. Eine erlebte Enttäuschung hierbei liegt nicht im Bereich des Vertrauens, sondern im Bereich der Erwartungen. Bei solchen Erwartungen und ihrer Verknüpfung mit dem Vertrauensbegriff erklärt es sich, dass Vertrauen vor allem in eingriffsintensiven Bereichen Sozialer Arbeit diskutiert wird. Eine Versicherung oder Signalisierung des Klienten, dass er dem Sozialarbeiter vertraut, kann, wie aufgezeigt, für den Sozialarbeiter trügerisch sein. Der Sozialarbeiter befindet sich in der Beziehung in einem Zustand scheinbarer Gewissheit. Dies kann dazu führen, dass er professionell notwendige Distanz und Skepsis verliert („kritische Distanznahme", Engelke et al., 2005: 4). Ein damit einhergehendes Risiko aufseiten des Sozialarbeiters ist jedoch gering im Verhältnis zu dem mit der Asymmetrie der Beziehung verbundenen Risiko aufseiten des Klienten wie auch zu dessen Verlust der Möglichkeit, das Potenzial der Hilfeleistung auszuschöpfen. Es ist dabei schwerwiegend, dass Soziale Arbeit in vielen Fällen als letzte Hilfeinstanz angesehen wird, so bei Entscheidungen in Bezug auf Freiheitsentzug, Sorgerecht, Fremdunterbringung oder bei gesellschaftlich und wirtschaftlich exkludierenden Lebensverläufen aufgrund von sogenannten Schulschwänzerkarrieren, Drogenmissbrauch oder Kriminalität. Bei mangelnder Kooperation besteht damit ein unter Umständen existenzielles Risiko für den Klienten, denn bei Sozialer Arbeit handelt es sich um ein vorläufiges und damit begrenztes Angebot. Der Sozialarbeiter hat das nur vorläufige Mandat, den Klienten zu unterstützen und Hilfe zur Selbsthilfe zu vermitteln. Er trägt dafür die Ver-

---

700   Gondek et al., 1992: 34, 39.

antwortung. Was sie davon annehmen, bestimmen Klienten selbst; die Realisierung liegt in deren Verantwortung[701].

Hier steht ein wesentliches Problem zur Diskussion: Vertrauen wird als Medium benannt, das für Klienten Unsicherheiten und Risiken reduziert und Handlungsspielräume schafft[702]. Die Frage ist, wie diese Aussage sich mit den Erwartungsunklarheiten der Klienten und der Kontrollfunktion Sozialer Arbeit vereinbaren lässt und inwiefern diese ‚erwartete Erwartung' die Klientensicht berücksichtigt. Denn der (potenziell) Vertrauende identifiziert und kennzeichnet die Situation als eine, die Vertrauen erfordert[703]. Das heißt, *er* definiert ein Vertrauensproblem. Im Fall der Sozialen Arbeit (als auch der Pädagogik) scheint es sich um die Wahrnehmung eines Vertrauensproblems im Sinne einer Stellvertretung durch die professionell Tätigen zu handeln. Dies kann in der Sozialen Arbeit damit zusammenhängen, dass Sozialarbeitern ihr Kontrollauftrag deutlich bewusst ist. Ebenfalls ist das durch die fehlende Normierung hinsichtlich eindeutigen personenunabhängigen Handelns erklärbar, das bemerkenswerte Spielräume (weitaus größere als z.B. in der Schulpädagogik oder Medizin) auf mehreren Ebenen zulässt, so in den Bereichen Verschwiegenheit, Partizipation oder Entscheidungen[704]. Erwartungsleitende ‚Wenn-Dann'-Zusammenhänge sind somit kaum auszumachen.

Zuverlässigkeit und Glaubwürdigkeit sind bereits unabhängig vom Bereich Variablen von Vertrauen[705]. Bei diesen beiden Begriffen geht es um

> *die Frage, wieweit eine Person in ihrem Verhalten konsistent ist und wieweit sie ihre geäußerten Absichten und Versprechen in die Tat umsetzt [...] Eng verbunden ist damit die Frage [...] wieweit die gezeigten Handlungen mit den tatsächlichen Einstellungen und Meinungen der Person übereinstimmen (Neubauer, 1991: 216).*

Beide Bereiche zeigen sich in der Sozialen Arbeit als problematisch: Durch die Aspekte des Einzelfalls und der Transaktionalität mit inhärenter doppelter Kontingenz sozialer Interaktionen[706] können Sozial-

---

701   vgl. Thiersch, 1993: 16 f., Urban-Stahl, 2007: 21.
702   Wagenblass, 2004: 8.
703   Luhmann, 2000: 54.
704   vgl. Holland, 2000; Kasakos, 1980; Pluto et al., 2003.
705   Neubauer, 1991: 216; Schweer, 1996: 73.
706   vgl. Kapitel 4.3.1.

arbeiter selbst nur bis zu einem gewissen Grad ihr eigenes Verhalten voraussagen. Hinzu kommt die Praxis des Personalwechsels, der oft verwaltungsbedingt ist.

Jugendliche aber auch Personensorgeberechtigte können bei häufigem Wechsel der Ansprechpartnerinnen kaum vertrauensvolle, stabile Beziehungen zu den zuständigen Fachkräften aufbauen. Dies ist aber gerade in einer Situation, die für die Adressaten von großer Unsicherheit geprägt ist, nahezu unabdingbar, um eine Basis zu finden, auf der über Problemlösungsstrategien und die Zukunft nachgedacht werden kann, ohne dass die Adressaten befürchten müssen, dass Verhaltensweisen oder Äußerungen gegen ihre Interessen verwendet werden können (Pluto et al., 2003: 34).

Die Möglichkeiten des einzelnen Sozialarbeiters, dem Klienten Vertrauenswürdigkeit anzubieten, sind daher ausgesprochen eingeschränkt und für den Bereich der Verantwortung in der professionellen Beziehung problematisch.

Weiterführend können Erkenntnisse aus der pädagogischen Forschung[707] sein, die belegen, dass Vertrauensbeziehungen im professionellen Zusammenhang von den Zielgruppen nicht unbedingt angestrebt oder sogar nicht gewünscht sind. Andererseits betonen professionell Tätige die Wichtigkeit von Vertrauen. Thies beschreibt in ihrer Studie, dass Lehrer Vertrauen in der Lehrer-Schüler-Beziehung deutlich bedeutsamer finden als Schüler[708] und Schüler dem Vertrauen in der Beziehung zu den Lehrern nur geringe Relevanz zumessen. Im Gegenteil sind Schüler in ihrer Vertrauenstendenz hier eher vorsichtig. Die potenziell vertrauenshemmenden strukturellen Merkmale im Kontext Schule (Risikofaktor und fehlende Freiwilligkeit in der Beziehung) werden von den Schülern dabei akzentuiert[709]. In Bezug auf pädagogische Autorität (die als grundlegend für Vertrauen angesehen wird[710]) wird die Diskrepanz zwischen der stark personalbezogenen Sichtweise der Lehrer und der sehr sachbezogenen Sichtweise der Schüler zu Fragen der pädagogischen Autorität wie folgt interpretiert: „Die unterschiedlichen Einschätzungen könnten [...] aufzeigen, dass das Autoritätsbild der Lehrpersonen einem Wunschbild entspricht, das von den

---

707 vgl. auch Kapitel 3.2.4.3.
708 vgl. ders., 2002: 123.
709 ders., a.a.O.: 220 f.
710 vgl. Kapitel 3.2.4.3 und Kapitel 4.3.2.

Lernenden nicht in dieser Weise wahrgenommen wird" (Frei, 2003: 183). Auch Cocard stellt die Frage nach Realität und Notwendigkeit von Vertrauen im pädagogischen Kontext. Dabei kommt er zu dem Ergebnis:

> *Es muss [...] die Frage gestellt werden, ob es ein sinnvolles und erstrebenswertes Ziel sein soll, im Rahmen diverser Interaktionen in einem pädagogischen Kontext mit jedem Jugendlichen eine vertrauensvolle Beziehung zu führen [...] Reichen korrekte, persönlichkeitsrespektierende Umgangsformen nicht aus, bei denen sich alle Beteiligten ernst genommen fühlen? Viele Jugendliche haben in Bezug auf Lehrpersonen oder Arbeitskollegen angegeben, dass sie keine Vertrauensbeziehungen erwarten und eigentlich auch keine anstreben. In bestimmten Kontexten sind sie zufrieden, wenn sie Wege finden, wie sie mit den anderen auskommen und eine akzeptable Zusammenarbeit realisieren können. Auch dieser Aspekt darf nicht vernachlässigt werden und verweist nicht nur erneut auf die gegenseitige Bereitschaft, die vorhanden sein muss, damit interpersonales Vertrauen entstehen kann. Er verdeutlicht ebenfalls, dass das Vertrauensausmass vom Kontext abhängt, in welchem die Protagonisten miteinander zu tun haben. Wenn für viele Jugendliche z. B. bestimmte Lehrpersonen oder Arbeitskolleginnen und -kollegen nicht zu ihren Vertrauenspersonen gehören, so stehen sie ihnen aber auch nicht zwangsläufig misstrauisch gegenüber. Die Erwartungen an sie unterscheiden sich deutlich von denen, die sie an persönliche Vertrauenspersonengruppen wie z. B. ihre Familie und ihre Freunde haben (Cocard, 2003: 247 f.).*

Die Untersuchung zu Vertrauen im Bereich Sozialer Arbeit von Wagenblass zeigt ebenso für die Kinder- und Jugendhilfe auf, dass sich sowohl auf der Ebene des generalisierten wie auch des spezifischen Vertrauens strukturell bedingt keine hinreichenden Bedingungen finden, um von Grundlagen für Vertrauen zu sprechen[711]. Auch in anderen Arbeiten finden sich hierzu deutliche Hinweise[712]. In der professionellen Beziehung Vertrauen zu erhalten, um „mit den anderen aus[zu]kommen und eine akzeptable Zusammenarbeit [zu] realisieren" (Cocard, 2003: 247) bzw. um Motivation und Kooperation sowie konstruktive Informationen zu realisieren, ist somit eine problematische Erwartung.

---

711 Wagenblass, 2004: 156 f.
712 vgl. Becker-Lenz, 2005; Pluto et al., 2003: 31 ff.

5.4 Zielkategorien von spezifischem Vertrauen in der Sozialen Arbeit

Nach den Vorarbeiten ist es nun möglich, Vertrauen für die Soziale Arbeit als Konstrukt genauer zu beschreiben. Den fachinternen Begriffsverwendungen folgend steht das 'Vertrauen des Klienten zum Sozialarbeiter' in unmittelbarem Bezug zu den Begriffen Motivation, Kooperation und (konstruktive) Information. Sozialarbeiter deuten offenbar das Auftreten dieser Sachverhalte im professionellen Binnenverhältnis als Hinweise für Vertrauen des Klienten zum Sozialarbeiter. Diese drei Variablen sind im Wesentlichen die mit dem Vertrauen des Klienten zum Sozialarbeiter verknüpften Bedeutungsaspekte aus der professionellen Sicht. Sie können demnach als die bereichsspezifisch mit dem Vertrauen des Klienten zum Sozialarbeiter verknüpften Sachverhalte gelten. Sozialarbeiter formulieren sie in Form von Erwartungen an das Verhalten ihrer Klienten und qualifizieren sie damit als Zielkategorien von spezifischem Vertrauen in der Sozialen Arbeit. Nachfolgend werden diese erläutert, um eine Rahmung und Verdeutlichung des damit jeweils Gemeinten zu vollziehen.

5.4.1 Motivation

Mit dem Begriff der Motivation wird ein psychischer (psychophysiologischer) Prozess bezeichnet[713], der Aktivierungsgrad, Intensität und Ausdauer sowie Zielrichtung von Verhalten beschreibt[714]. Motivation ist in Informationsverarbeitungsprozesse als Verhaltensregulation integriert und führt zu Bevorzugungen und Meidungen von Objekten oder Situationen.

> *[Motivationen] lassen auf unterschiedliche Beziehungen des betreffenden Organismus zur Umwelt [...] schließen [...] Verhaltens- oder Tätigkeitsmotivierungen haben subjektive Komponenten insofern, als sich darin die Widerspiegelung von Zuständen des Subjekts [...] ausdrückt; sie haben zugleich objektive Komponenten insofern, als sich darin die Widerspiegelungen von Objekten oder Situationen darstellen, die für das betreffende Subjekt bedeutsam sind. [...] Zu beachten ist dabei, daß sich die Motivation für das Verhalten überhaupt sowie für einen einzelnen Verhaltensakt aus der Korrespondenz zwischen widergespiegelten inneren Zuständen*

---

713   Clauß et al., 1976: 350.
714   Nuttin, 1994: 1403.

und widergespiegelten äußeren Umständen (oder Gegenständen)
ergibt (Clauß et al., 1976: 350, Hervorhebung im Original).

Motivation hat demnach Bewertungscharakter. Die Funktionen von
Motivation sind Aktivierung, Verhaltenssteuerung und Verhaltensbegründung. Der Begriff Bedürfnis ist mit dem Begriff Motivation grundlegend verknüpft[715]. Es existieren dazu unterschiedliche Theorien. Grob
können primäre Bedürfnisse (physiologisch definierte Bereiche) und
sekundäre Bedürfnisse (psycho-sozial definierte Bereiche) unterschieden werden. Dabei spielen das Wollen und die Erkenntnis, das damit
verbundene Ziel erreichen zu können, für die Motivation ausschlaggebende Rollen. Ein Ereignis wird demnach in Bezug auf die persönliche
Zielerreichung bewertet. Bedürfnis, Zielvorstellung und wahrgenommene Verwirklichungsmöglichkeit sind somit motivierend[716].

Relevant ist die Frage, wie jemand motiviert ist. Während intrinsische
Motivation aufgrund eigener Bedürfnisse entsteht, führt extrinsische
Motivation zu Verhaltensweisen, die mit instrumenteller Absicht
durchgeführt werden. Diese werden durch Signale mit Aufforderungscharakter in Gang gesetzt, deren Befolgung ein positives Ergebnis erwarten lässt. Intrinsische und extrinsische Motivation schließen sich
nicht grundsätzlich aus und können zugleich in denselben Verhaltensweisen wirken. Die Stärke der Motivation lässt sich aus der Motivationsform nicht ableiten. Die Möglichkeit, Sanktionen zu vermeiden
oder einen unangenehmen Kontext zu verlassen, kann ebenso stark
motivieren wie die Aussicht auf Verbesserung einer Lebenslage aufgrund rein intrinsischer Motivation.

5.4.2 Information

Der Begriff der Information meint zunächst eine Mitteilung[717]. Kennzeichen von Information ist die Relevanz innerhalb eines bestimmten
Kontextes. Objektive Informationen werden immer durch die Subjek-
tivität des Informierenden und des Informationsempfängers gefärbt:
„Die subjektive Information ergibt sich als Widerspiegelung objektiver
Parameter der Information durch das Bewusstsein, d.h. die subjektive
Information enthält Aussagen über die individuelle Wertigkeit objektiver Wahrscheinlichkeitsverteilungen über Reizmengen" (Clauß et
al., 1996: 246). Mit dem Begriff der Information geht der Begriff der

---

715   Clauß et al., 1976: 350; Nuttin, 1994: 1404 f.
716   Nuttin, 1994: 1406 ff.
717   Clauß et al., 1976: 245 f.; Weltner, 1994: 976 f.

Desinformation einher; unterschieden wird zwischen direkten (Betrug, Schutzbehauptung) und indirekten Formen (Verschweigen, Verfälschung, Ablenkung). Kennzeichnend für diese Formen, wie auch für die Information, ist, dass die Desinformation intentional ist und der Beeinflussung des Kommunikationspartners dient. „Informationsaustausch ist die Grundlage jeglicher Art von Verhaltenssteuerung" (Clauß et al., 1976: 246).

5.4.3 Kooperation

Als psychologischer Begriff deutet Kooperation auf soziale Wechselwirkung, die sich als bezogenes Handeln innerhalb eines raumzeitlichen Bezugssystems zwischen mindestens zwei Individuen als Interaktion zeigt. Unter dem Aspekt des Informationsaustausches weist der Begriff auf soziale Kommunikation (Clauß et al., 1976: 294). Die Möglichkeit des Informationsaustausches und die Selbstöffnung von Interaktionspartnern erhöhen die Kooperationsbereitschaft[718]. Kooperationsbereitschaft und –fähigkeit sind Voraussetzungen für soziale Interaktion[719]. Sie beinhaltet wechselseitige Verhaltensbeeinflussung durch die Übermittlung von Informationen. Die Selbstdarstellung dabei hängt wesentlich mit den eigenen Interaktionsmotiven zusammen. Somit haben die Beteiligten die Möglichkeit, das Verhalten des jeweils anderen Interaktionspartners zu beeinflussen.

Ziel von Kooperation ist die Bündelung von individuellen Kräften zum Vorteil aller Beteiligter. Kooperation „setzt geregeltes und geordnetes Zusammenwirken der Individuen voraus, also die Koordinierung der individuellen Kräfte und Informationen in Raum und Zeit. Deshalb entsteht in Kooperationssituationen [...] das Bedürfnis nach gegenseitiger Regelung des Verhaltens (Clauß et al., 1976: 294). Die Freiwilligkeit bei Kooperation ist nicht eindeutig. Es gibt Kooperation sowohl aufgrund freiwilliger als auch erzwungener Teilnahme. Sie definiert sich deshalb als „Art und Umfang, in denen die individuelle Tätigkeit mit dem Tun anderer verbunden und/oder davon abhängig ist" (Marschner, 1994: 1141).

Kooperationsbereitschaft als Maß für Vertrauen wird insbesondere unter einem entscheidungstheoretisch geprägten Vertrauensbegriffs gesehen, bei dem Probleme des Vertrauens als spezielle Fälle einer Entscheidung unter Risiko gesehen werden. Dahinter liegt die Erwartung,

---

718 Schweer, 1996: 17; Petermann, 1996: 43, 69.
719 vgl. Gildemeister, 1983: IX.

dass ein positives Ereignis bei Kooperation eintreten wird[720]. Zu vertrauen bedeutet dabei, die rational begründete Überzeugung zu besitzen, der andere werde in erwünschter Weise handeln. Schwierig zu handhaben ist dabei die Ungenauigkeit der Trennung von Vertrauen und Kooperation[721]. Die Vorteile von Zusammenarbeit können oft nur erlangt werden, wenn die Beteiligten bereit sind, Risiken einzugehen[722]. Die dabei notwendige Kooperation wird, so Lahno, durch Vertrauen reguliert und verstärkt: Es erlaubt ursprünglich einander fremden Menschen, ihre individuellen Interessen auch über längere Zeit gemeinsam zu verfolgen, indem es aus den individuellen Interessen gemeinsame, geteilte Interessen entstehen lässt[723].

5.4.4 Verknüpfung der Kategorien und Transfer

Die Aspekte Motivation, Kooperation und Information vonseiten der Klienten werden als wichtige Grundlagen im Rahmen der Arbeitsbeziehung in der Sozialen Arbeit beschrieben. Als Zielbegriffe aus professioneller Sicht werden sie im Zusammenhang mit dem Vertrauen des Klienten zum Sozialarbeiter benannt. Sie zeigen untereinander enge Verknüpfungen.

Bereitschaft und Fähigkeit der Klienten zur Kooperation werden als ausschlaggebend für Wirksamkeit und Erfolg Sozialer Arbeit betrachtet[724]. Kooperation bezeichnet Art und Umfang, in denen individuelles Handeln mit dem anderer verbunden ist.

Informationen stellen einen Teilaspekt von Kooperation dar und können daher sachlich dieser zugeordnet werden. Sie haben als eigenständige Dimension Bedeutung, da in der Sozialen Arbeit zum größten Teil mithilfe von Kommunikation gearbeitet wird und der Sozialarbeiter somit in hohem Maß auf Informationen vonseiten der Klienten angewiesen ist. Gleichzeitig spielt die Qualität der Informationen eine erhebliche Rolle[725].

Motivation entsteht durch ein Bedürfnis und die Möglichkeit der Zielerreichung in Bezug auf dieses Bedürfnis. Begründet in der Funk-

---

720   Petermann, 1996: 40; Schweer, 1996: 16.
721   vgl. Pieper, 2000: 92.
722   Lahno & Matzat, 2004: o. S.
723   Lahno, 2001: 258 ff.
724   Wagenblass, 2004: 162.
725   vgl. Kapitel 5.3.4

tion von Motivation (Aktivierung, Verhaltenssteuerung und Verhaltensbegründung) ist zu erwarten, dass sie sich in der Sozialen Arbeit mindestens in Form von Hilfeannahme durch den Klienten zeigt. Ebenso ist zu erwarten, dass sich Motivation in kooperativem Verhalten zeigt, da dieses aufgrund von Motivation entsteht.

Es stellt sich die Frage, ob Vertrauen die Motivation eines Klienten ersetzen und zu Kooperation führen kann, wenn Motivation fehlt. Insbesondere dort, wo aufgrund des Kontextes eine geringe Motivationslage vorliegt, wird Vertrauen als Brücke zwischen fehlender/geringer Motivation und Hilfeannahme, Kooperation und Information beschrieben. Das verweist auf einen entscheidungstheoretisch geprägten Begriff: Klienten sollten Vertrauen haben in der Erwartung, dass ein für sie positives Ereignis eintreten wird. Damit sind Situationen erklärbar, in denen Klienten nicht kooperieren (bei fehlender Erwartung eines positiven Ergebnisses) oder scheinbar kooperatives Verhalten zeigen (in Form z.B. von Willfährigkeit). Sie tun dies dann, um einen unangenehmen Kontext schnellstmöglich verlassen zu können. Hier fehlt die Erwartung eines positiven Resultats des eigentlichen Angebots. Da das Produkt der Hilfe in der Sozialen Arbeit selbst erst im Hilfeverlauf entsteht, kann auch der Sozialarbeiter das Eintreten eines positiven Ergebnisses nicht garantieren. Damit ihre Arbeit sinnvoll bleibt, müssen Sozialarbeiter trotzdem davon ausgehen, dass für den Klienten ein Erfolg entstehen wird, und zwar ein solcher, der seinen Bedürfnissen entspricht und dass ihm kein Schaden entsteht. Dem einzelnen Klienten muss dennoch freigestellt sein, ob und in welcher Form er Motivation als Grundlage der Kooperation entwickelt, welche Informationen er im Rahmen dessen in der Arbeitsbeziehung mit dem Sozialarbeiter preisgibt und ob er sich in einen kooperativen Zustand begibt.

Die Kooperation selbst zielt auf die Bündelung von individuellen Kräften zum Vorteil aller Beteiligter[726]. In der Sozialen Arbeit besteht die Verantwortung des einzelnen Sozialarbeiters darin, seinen Klienten zu unterstützen und ihm Hilfe zur Selbsthilfe zu vermitteln. Diese Unterstützung anzunehmen liegt in der Selbstbestimmung des Klienten; ebenso, ob und wie er die Inhalte einer Hilfe zur Selbsthilfe realisiert[727]. Probleme in Bezug auf die unterschiedlichen Machtverhältnisse bleiben dabei prekär[728]. Das Ziel der Zusammenarbeit aus professioneller

---

726   vgl. Kapitel 5.4.3.
727   vgl. Thiersch, 1993: 16 f.
728   vgl. Kapitel 4; vgl. Kapitel 5.3.4.

Sicht ist die Verantwortungsübernahme des einzelnen Klienten und in Folge die Auflösung der Arbeitsbeziehung[729]. Daher muss es in der Arbeitsbeziehung möglich sein, dass der Klient Aktivität entwickelt, diese zukunftsorientiert ist und sich nach außerhalb der Beziehung richtet. Es kann dann von der Realisierung eines kooperativen Zustands vonseiten des Klienten gesprochen werden.

5.5 Zwischenbilanz

Unter Bezugnahme insbesondere auf sozialarbeiterische Wissensbestände wurde der Begriff 'Vertrauen' rekonstruiert. Seine verschiedenen Verwendungszusammenhänge in der Sozialen Arbeit wurden analysiert und diskutiert.

Erwartungen bilden die wesentliche Grundlage für die Entstehung von Vertrauen. Aufgrund fehlender empirischer Befunde zu Klientenerwartungen wurden vorstehend ‚erwartete Erwartungen' der Klienten an die Soziale Arbeit entwickelt. Dieser Punkt unterstreicht die geringe Kenntnis des Fachgebietes über die tatsächlichen Erwartungen ihrer Zielgruppen in Bezug auf konstituierende Variablen von Vertrauen. Auch eine Vertrauenstendenz und implizite Vertrauenstheorien der Adressaten Sozialer Arbeit sind bisher empirisch nicht erfasst. Informationen in der Öffentlichkeit über die Soziale Arbeit und das, was Sozialarbeiter tun, als wichtige Grundlagen für Erwartungen von (potenziellen) Klienten, sind augenscheinlich gering und vage. Die Grundlagen für die Bildung von Erwartungen in einem Ausmaß, dass Erwartungskonkordanz aufseiten der Klienten Sozialer Arbeit und damit wahrgenommene Vertrauenswürdigkeit von Sozialarbeitern entstehen könnten, sind offenbar bisher nicht ausreichend. Dazu fehlen ein ausreichendes Maß an Information und an Sicherheit. Vor allem aber gibt es gar keinen empirischen Beleg für die Wahrnehmung eines Vertrauensproblems vonseiten der Klienten in der Interaktion mit Sozialarbeitern.

Wird Soziale Arbeit als Angebot verstanden, so sind die dargelegten Reflexionen als Sicht des Anbieters auf seine Adressaten zu sehen. Die dabei antizipierten Klientenerwartungen liegen in den folgenden Bereichen:

---

729   vgl. Urban-Stahl, 2007: 21.

- *Unterstützung:* Vermittlung der Hilfe der Gesellschaft und Normierungsinstanz in Form gesellschaftlich legitimierter Tätigkeiten.
- *Berufsrolle des Sozialarbeiters:* Vertreter der Institution und des Staates, Expertenschaft in Form von fachlicher Kompetenz und fachlicher Autorität, Verantwortungsbewusstsein.
- *Interaktion:* Erwartung eines verständigungsorientierten Umgangs.
- *Sicherheit:* Verschwiegenheit.

Die Wahrscheinlichkeit ist hoch, dass aufseiten der Klienten eine geringe Vertrauenstendenz vorliegt. Dies wird gestützt durch Befunde von Bezugswissenschaften[730]. Eine weitere Begründung findet diese Behauptung in der Tatsache, dass vertrauenshemmende und misstrauensauslösende Aspekte in den Strukturen Sozialer Arbeit verankert sind[731].

Insgesamt weist die Verwendung des Vertrauensbegriffs in der Sozialen Arbeit Undeutlichkeiten auf. Bedeutungskreise von Vertrauen in der Sozialen Arbeit wurden mithilfe von Fachliteratur recherchiert. Der Vertrauensbegriff steht dort vorrangig in Assoziation zu

- Verschwiegenheit,
- Interaktionsatmosphäre,
- Gefühlsäußerung,
- Methode,
- Steuerungsfähigkeit des Hilfeprozesses.

Festgestellt wurde, dass die Möglichkeit zur absoluten Verschwiegenheit in der Sozialen Arbeit strukturell nicht vorhanden ist. Im Zusammenhang mit dem Thema Verschwiegenheit wird der Begriff Vertrauen oft als Synonym für den treffenderen Begriff Vertraulichkeit benutzt und dies vor allem im Kontext juristischer Fragen. Folgerichtig ist die Aussage zu treffen, dass in der Sozialen Arbeit Vertraulichkeit nicht gegeben ist. Unter Berücksichtigung der unklaren Erwartungen von (potenziellen) Klienten ist zu vermuten, dass das Ausmaß des Fehlens von Vertraulichkeit in der Sozialen Arbeit den Klienten kaum bekannt ist. Wissenschaftlichen Erkenntnissen folgend ist davon auszugehen, dass Kinder und Jugendliche unter diesen Gegebenheiten ihr Vertrauen einem Sozialarbeiter gegenüber ausschließen würden[732].

---

730 vgl. Kapitel 3.2.3.2 und Kapitel 3.2.4.1.
731 vgl. Kapitel 4.
732 vgl. Kapitel 3.2.3.2.

Die Verknüpfung der Arbeits- und Interaktionsatmosphäre mit dem Begriff Vertrauen ist nicht treffgenau. Der Zusammenhang erfordert den Begriff der Vertrautheit, mit dem im sozialen Bezug ein Zustand von Orientiertheit beschrieben wird. Der Begriff Vertrauen wird teilweise synonym für den exakteren Begriff Vertrautheit benutzt. Unter Berücksichtigung der unklaren Erwartungen von (potenziellen) Klienten ist zu vermuten, dass der Zustand von Vertrautheit in der Sozialen Arbeit zunächst kaum vorhanden ist. Da er die Basis für etwaiges Vertrauen darstellt, müsste er erst hergestellt werden. Dies findet auch Begründung in den Handlungsanweisungen zur Herstellung von Vertrauen, dessen Phasenmodell den Aufbau von Vertrautheit in der Vertrauensgenese beinhaltet[733]. An dieser Stelle kann noch nicht von Vertrauen gesprochen werden.

Sichtweisen auf Vertrauen in der Sozialen Arbeit als Gefühlsäußerung lassen sich nicht bestätigen, denn Vertrauen ist als soziale Einstellung und nicht als Gefühl definiert. Gleichzeitig fehlt es an Begriffen, um Differenzen von Nuancierungen der kognitiven und der emotionalen Ebenen sowie zwischen persönlichem, spezifischem und generalisiertem Vertrauen deutlicher zu machen. Die breite Verwendung des Begriffs erweist sich hier als Problem.

Auch für die Einordnung von Vertrauen als Methode in den Zusammenhängen der Sozialen Arbeit gibt es keine hinreichende fachliche Fundierung. Problematisch für die Diskussion ist auch hier die mangelnde Verfügbarkeit über eindeutigere Begriffe, mit denen die Konkretisierungen des Gemeinten in der professionellen Beziehung im therapeutischen Zusammenhang oder in der (nicht therapeutischen) Sozialen Arbeit abgebildet werden könnten. Unabhängig vom Kontext wird bislang der Begriff ‚Vertrauen‘ verwendet. Das erschwert die Verständigung. Bisher gehört Vertrauen als Methode im klinisch-therapeutischen Sinne nicht in den Bereich der Sozialen Arbeit.

Eine Konkretisierung der Zielbestimmung von Vertrauen in der Sozialen Arbeit erfolgte über die Erwartungen der Sozialarbeiter an Vertrauen für die Zusammenarbeit mit ihren Klienten. Es stellte sich die Frage, wozu der Sozialarbeiter aus seiner Sicht das Vertrauen seines Klienten benötigt. Von hoher Relevanz für Sozialarbeiter ist Vertrauen als Unterstützung der Steuerungsfähigkeit des Hilfeprozesses. Die we-

---

733   vgl. Kapitel 3.3.1.

sentlichen in diesem Zusammenhang formulierten Erwartungen der Sozialarbeiter an ihre Klienten sind

- Motivation,
- Kooperation,
- Information.

Diese sind als Zielbegriffe von Klientenvertrauen vonseiten der Sozialarbeiter zu verstehen. Sie zeigen untereinander enge Verknüpfungen. Zur Ermöglichung eines konstruktiven Hilfeverlaufs wird das Vertrauen des Klienten relevant für den Sozialarbeiter, wenn man es als Bedingung für diese Kategorien ansieht. Die erfolgreiche Ausführung des an den Sozialarbeiter gerichteten Arbeitsauftrages wird damit durch Klientenvertrauen denkbar: Der Sozialarbeiter benötigt es, damit Kooperation möglich wird, das heißt, Klienten sich auf den Hilfeprozess einlassen, ihre Sichtweisen einbringen und aktiv am Hilfeprozess teilnehmen. Die Reibungslosigkeit von Zusammenarbeit und Leistungserbringung wird damit durch Vertrauen vonseiten des Klienten gewährleistet.

Insgesamt ist jedoch festzustellen, dass für spezifisches Vertrauen wesentliche Bereiche in der Sozialen Arbeit prekär sind:

- Vertrauenshemmende bis misstrauensauslösende strukturelle Gegebenheiten,
- geringes generalisiertes Vertrauen aufseiten der Adressaten,
- strukturell fehlende Vertraulichkeit,
- geringe Vertrautheit und unklare Erwartungen von den (potenziellen) Klienten.

Eine arbeitsstrategisch normierte Erwartung von Vertrauen des einzelnen Klienten zum Sozialarbeiter ist unter diesen Voraussetzungen problematisch. Angesichts der bestehenden schwierigen Rahmenbedingungen für Vertrauen in der Sozialen Arbeit und unter Berücksichtigung seiner problematischen Operationalisierbarkeit stellt sich Vertrauen in der professionellen Beziehung zwischen Sozialarbeiter und Klient als professionelle Grauzone dar. Das Vertrauen des Klienten wird damit zur persönlichen Leistung des einzelnen Sozialarbeiters.

In der analysierten Literatur wird Klientenvertrauen zum Sozialarbeiter nicht als eigenständiges Bild, sondern mithilfe von anderen Sachverhalten dargestellt. Verschiedene inhaltliche Bedeutungen wie auch unterschiedliche Zielbestimmungen werden außerdem damit verknüpft. Diese Darstellungen führen zu dem Begriff ‚Konstrukt' und die folgenden Sachverhalte werden dabei abgebildet:

- Das Vertrauen des Klienten zum Sozialarbeiter ist erforderlich, damit vonseiten des Klienten die Aspekte Motivation, Kooperation und Information im Rahmen der Arbeitsbeziehung möglich werden. Sie werden als grundlegend für die Zusammenarbeit beschrieben.
- Der Klient zeigt sich motiviert, er kooperiert und gibt die notwendigen Informationen. Er handelt in dieser Weise, wenn er vertraut.

Damit wird als subjektive Theorie von Sozialarbeitern behauptet, dass das Vertrauen des Klienten zum Sozialarbeiter zwingend ist, damit vonseiten des Klienten die Aspekte Motivation, Kooperation und Information im Rahmen der Arbeitsbeziehung möglich werden. Von Sozialarbeitern wird in der Arbeitsbeziehung mit Klienten das Vorhandensein von Motivation, Kooperation und konstruktiver Information angestrebt. Ist dies nicht der Fall, dient fehlendes Vertrauen als Erklärungsfigur. Es wird damit als Bedingung für einen kooperativen Zustand vonseiten des Klienten beschrieben. Gleichzeitig wird dieser Zustand als ein Anzeichen für Vertrauen angesehen.

Qualitative Untersuchung von Beobachtungsdaten aus dem Arbeitsfeld stationäre Kinder- und Jugendhilfe

Die Frage, wie sich die Interaktionen in der unmittelbaren Begegnung der einzelnen Sozialarbeiter mit ihren Klienten gestalten, macht den Fokus in diesem Teil der Abhandlung aus. Das Vertrauen des Klienten zum Sozialarbeiter ist dabei erkenntnisleitend. Von Interesse wird es sein, welche Verhaltensweisen Sozialarbeiter zeigen, um die Zusammenarbeit mit den Klienten in der professionellen Beziehung zu realisieren und welche davon vertrauensfördernden Charakter haben können. Es werden solche Sachverhalte gesucht, aus denen auf das Vertrauen des Klienten zum Sozialarbeiter geschlossen und mit deren Hilfe das Vertrauen des Klienten zum Sozialarbeiter erschlossen werden kann.

Die Untersuchung von Beobachtungsdaten aus einem Feld Sozialer Arbeit - der stationären Kinder- und Jugendhilfe - soll der Fortsetzung der bisherigen Gedankenführung und Diskussion dienen und weiterführende Einsichten ermöglichen. Bis zu diesem Punkt der Abhandlung sind Erkenntnisse zu Vertrauen in der Sozialen Arbeit aus reflexivem Material von Sozialarbeitern bzw. Theoretikern der Sozialen Arbeit entwickelt worden. Im Ergebnis wurden bisher folgende Aussagen getroffen: Das Vertrauen des Klienten zum Sozialarbeiter wird aufseiten der Sozialarbeiter vorrangig mit den Zielkategorien Kooperation, Motivation und Informationsgabe verknüpft; und: Es zeigte sich als eine subjektive Theorie von Sozialarbeitern, dass das Vertrauen des Klienten zum Sozialarbeiter nötig ist, damit vonseiten des Klienten die Aspekte Motivation, Kooperation und Information im Rahmen der Arbeitsbeziehung möglich werden. Sie werden als grundlegend für die Zusammenarbeit beschrieben. Der Klient zeigt sich motiviert, er kooperiert und gibt die notwendigen Informationen, wenn er vertraut. Vertrauen wird damit als Bedingung für einen kooperativen Zustand vonseiten des Klienten beschrieben. Gleichzeitig wird dieser Zustand als ein Anzeichen für Vertrauen angesehen.

6 Datenerhebung

6.1 Eingrenzung des Untersuchungsbereichs

Die Pluralität und Heterogenität der Arbeitsfelder der Sozialen Arbeit machen eine Differenzierung und Selektion für eine Untersuchung notwendig. Für diese Untersuchung wurden Daten aus dem Bereich des Sozialgesetzbuchs VIII (Kinder- und Jugendhilfegesetz) ausgewählt. Dies wird folgendermaßen begründet:

- Es ist ein stetiger Bedeutungszuwachs erzieherischer Hilfen in der Bundesrepublik Deutschland zu verzeichnen. So nahmen im Jahr 2001 ca. 2,5 % aller Kinder und Jugendlichen innerhalb der deutschen Bevölkerung Leistungen der Kinder- und Jugendhilfe nach dem Sozialgesetzbuch VIII in Anspruch[734].

- Die Handlungsfelder Sozialer Arbeit im Bereich des Sozialgesetzbuch VIII bieten eine gute Grundlage zur Betrachtung professionellen Handelns in der Sozialen Arbeit, da hier weitestgehende Mono-Professionalität und Autonomie von Sozialarbeitern vorherrschen. Durch die institutionelle Ansiedelung beim Jugendamt besteht nicht die Gefahr einer Orientierung an den Bezugssystemen anderer Disziplinen, wie z.B. bei Sozialer Arbeit in den Bereichen Psychiatrie, Krankenhaus, Schule oder Justiz. Daher sind für eine die Soziale Arbeit betreffende Untersuchung Daten von Vorteil, die aus Handlungsfeldern im Bereich des Sozialgesetzbuchs VIII stammen.

- Daten aus Arbeitsfeldern der Kinder- und Jugendhilfe nach dem Sozialgesetzbuch VIII bieten sich für eine altersgruppen- und problembereichsübergreifende Untersuchung und Darstellung an, da sich die Leistungen und Aufgabenbereiche des Sozialgesetzbuchs VIII an Kinder, Jugendliche und Erwachsene richten; die Angebote betreffen komplexe Problembereiche.

Die nachfolgend dargestellte Untersuchung ist aus den angeführten Gründen auf den Bereich der Kinder- und Jugendhilfe nach dem Sozialgesetzbuch VIII eingegrenzt. Der spezifische Fokus ist auf den Bereich der Hilfen zur Erziehung und hierbei der stationären Kinder- und Jugendhilfe ausgerichtet.

---

734 Statistisches Bundesamt, 2003: 4.

Mit dem Begriff ‚stationäre Einrichtung' werden Einrichtungen bezeichnet, die Hilfen zur Erziehung nach dem Sozialgesetzbuch VIII über Tag und Nacht bereitstellen, wie z.B. Kinder- und Jugendwohnprojekte, Kinderheime, Kinder- und Jugendnotdienste sowie sonstige betreute Wohnformen. Als Erzieher, Pädagogen, Betreuer oder Mitarbeiterinnen sind alle dort angestellten Fachkräfte, unabhängig von ihrer Ausbildung oder Qualifikation, gemeint. In dieser Abhandlung wird den Begriffsverwendungen des Sozialgesetzbuchs VIII gefolgt, das den Begriff „Kinder" auf bis zu 14-Jährige bezieht und bei den 14- bis 18-Jährigen von „Jugendlichen" spricht. „Junger Volljähriger" ist, wer 18, aber noch nicht 27 Jahre alt ist.

Das Sozialgesetzbuch VIII[735] wurde am 03. Oktober 1990 in den neuen und am 01. Januar 1991 in den alten Bundesländern eingeführt. Kinder- und Jugendhilfe ist Kontroll- wie auch Hilfe- und Unterstützungsinstitution und ihr Handeln staatlich legitimiert. Besondere Schwerpunkte liegen in der Wahrung des Kindeswohls und dem Eingreifen bei Kindeswohlgefährdung. Im Jahre 2005 kam es zur Weiterentwicklung des Gesetzes mit wesentlichen Vertiefungen hinsichtlich des besonderen Schutzauftrages des Jugendamtes bei Kindeswohlgefährdung.

Die grundlegenden Aufgaben der Kinder- und Jugendhilfe werden in § 1 Abs. 3 des SGB VIII beschrieben. Danach soll sie:

1. junge Menschen in ihrer individuellen und sozialen Entwicklung fördern und dazu beitragen, Benachteiligungen zu vermeiden oder abzubauen,
2. Eltern und andere Erziehungsberechtigte bei der Erziehung beraten und unterstützen,
3. Kinder und Jugendliche vor Gefahren für deren Wohl schützen,
4. dazu beitragen, positive Lebensbedingungen für junge Menschen und ihre Familien sowie eine kinder- und familienfreundliche Umwelt zu erhalten oder zu schaffen.

Bei ihren Maßnahmen soll Kinder- und Jugendhilfe dem Grundsatz folgen, „mit einem vertretbaren Aufwand den größtmöglichen Nutzen für Kinder, Jugendliche und ihre Familien zu erzielen" (Tischner, o. J: o. S.). Leistungen der Kinder- und Jugendhilfe werden einerseits durch öffentliche Träger und andererseits durch Träger der freien Jugendhilfe erbracht. Zielgruppen der Kinder- und Jugendhilfe sind

---

735 Nachfolgend wir der Begriff ‚Sozialgesetzbuch' mit der Abkürzung ‚SGB' beschrieben.

nach dem § 6 Abs. 1 und 3 SGB VIII junge Menschen, Mütter, Väter, Personensorgeberechtigte von Kindern und Jugendlichen mit tatsächlichem Aufenthalt in der Bundesrepublik Deutschland, seit 2005 auch Umgangsberechtigte in Bezug auf die Ausübung des Umgangsrechts. An allen sie betreffenden Entscheidungen im Rahmen der Kinder- und Jugendhilfe sind die Kinder und Jugendlichen zu beteiligen (§ 8 Abs. 1 SGB VIII). Von der Kinder- und Jugendhilfe ist die bestimmte Grundrichtung der Personensorgeberechtigten bei der Erziehung zu beachten. Kulturelle Bedürfnisse und Eigenarten junger Menschen und ihrer Familien sowie unterschiedliche Lebenslagen von Mädchen und Jungen sind zu berücksichtigen, Benachteiligungen sind abzubauen und die Gleichberechtigung von Mädchen und Jungen ist zu fördern (§ 9 Pkt. 2 und 3). Die Jugendhilfe richtet ihre Angebote also an Kinder und Jugendliche sowie - im weiteren Sinne - deren Familien als Adressaten. Adressatenorientierung in diesem Bereich liegt in einem besonderen Spannungsfeld, da neben dem Doppel- oder gar Dreifachmandat (Hilfe, Kontrolle und Wirtschaftlichkeit) zusätzlich der Erziehungsaspekt eine Rolle spielt. Hier stellen sich Fragen von Reziprozität und Steuerung, Transparenz und Legitimation, Macht, Autorität und Freiwilligkeit im Interaktionsverhältnis zwischen Pädagogen und Klienten im professionellen Handeln[736].

Leistungen der Jugendhilfe *Hilfe zur Erziehung, Eingliederungshilfe für seelisch behinderte Kinder und Jugendliche und Hilfe für junge Volljährige* werden in Kapitel 2, vierter Abschnitt, SGB VIII rechtlich gerahmt. Heimerziehung ist eine Form der Hilfen zur Erziehung gemäß §§ 27 ff. SGB VIII. Ihre Hauptzielgruppe sind Kinder und Jugendliche. Sie ist eine stationäre Hilfeform und wird über Tag und Nacht außerhalb der Familie des Kindes oder Jugendlichen geleistet. Rechtsgrundlage der Heimerziehung bildet § 34 SGB VIII (Heimerziehung, sonstige betreute Wohnform) in Verbindung mit § 27 SGB VIII. Der Anspruch auf Aufnahme und Förderung in einer stationären Einrichtung der Jugendhilfe ergibt sich auch für seelisch behinderte Kinder und Jugendliche aus § 35 a SGB VIII (Eingliederungshilfe für seelisch behinderte Kinder und Jugendliche) sowie nach Eintritt des Klienten in die Volljährigkeit aus § 41 SGB VIII (Hilfe für junge Volljährige, Nachbetreuung).

Im Jahr 2006 wurden für den Bereich stationärer Hilfen der Kinder- und Jugendhilfe (Heimerziehung; sonstige betreute Wohnform) in

---

736   vgl. Kutscher, 2002: 3 f.

der Bundesrepublik Deutschland 24544 begonnene Fälle registriert[737]. Die Gründe für eine stationäre Unterbringung in einer Einrichtung der Jugendhilfe sind vielfältig. Neben den unter dem Begriff „Kindeswohlgefährdung" nach §§ 1666, 1666a BGB subsumierten Gründen[738] kann insbesondere bei Entwicklung von selbst- und fremdgefährdendem Verhalten bzw. sozialen Auffälligkeiten (z.B. Leistungs- und Schulprobleme, Delinquenz und Kriminalität, gewalttätiges Verhalten oder gehäufte Abgängigkeit) bei gleichzeitiger Überforderung und fehlenden Lösungsstrategien der Eltern eine zeitweilige Fremdunterbringung Entlastung für die Familie bringen. Während es bis zur Mitte des 19. Jahrhunderts üblich war, verwahrloste und/oder delinquente Kinder und Jugendliche in Arbeits- und Zuchthäusern unterzubringen, entwickelte sich insbesondere nach Beginn der Sozialversicherungsgesetzgebung in Deutschland zunehmend ein Bewusstsein für die besondere Lage der Kinder und Jugendlichen. Damit einher gingen Fremdunterbringungen in Armenkinderanstalten und Rettungshäusern sowie in Besserungs- und Erziehungsanstalten[739]. Geprägt durch die Ergebnisse mehrerer Reformwellen mit Paradigmenwechseln hinsichtlich der Sichtweisen von Individuumszentrierung über systemökologische Ansätze hin zu partnerschaftlicher Beteiligung und Mitwirkung der Betroffenen stellt Heimerziehung in ihrer heutigen Angebotsform eine vor allem familienergänzende Hilfe dar. Die Verantwortung und Sorge für die Erziehung und Entwicklung ihrer Kinder obliegt den Eltern. Sie sind verpflichtet, diesen optimale Entwicklungsbedingungen zu schaffen und ihnen die Werte, Regeln und Normen der bestehenden Gesellschaftsform weitestgehend erfolgreich zu vermitteln. Kommt es zu Auffälligkeiten im Verhalten des Kindes oder im Erziehungsverhalten der Eltern, werden Maßnahmen der Jugendhilfe vakant. Eine dieser Maßnahmen stellt die Unterbringung in stationären Kinder- und Jugendhilfeeinrichtungen dar. Sinn dieser Hilfeform ist es, die Beziehung des Kindes zu seinen Eltern zeitweise zu unterbrechen, da diese den Erwartungen an ihre Elternrolle so nicht entsprochen haben. Gleichzeitig soll in den meisten Fällen das ‚gestörte' Kind dem negativen Einfluss der Eltern entzogen und einem

---

737 vgl. Statistisches Bundesamt, 2007.
738 Weiterführend u.a. Herausgeberband „Gefährdete Kinder – was tun?" von T. Fabian & S. Haller, 2003, dort insbes. der Beitrag von R. Balloff am Beispiel der Misshandlung und seelischen Vernachlässigung sowie der Band „Kindeswohlgefährdung" des Vorstandes der Sektion Rechtspsychologie im BDP, 2004, dort inbes. im Beitrag von R. Balloff zu Kindeswohl in HKÜ-Fällen S. 413-416.
739 vgl. Baron, 1995: 57 ff.

positiven pädagogischen Einfluss ausgesetzt werden. Die Elternrolle wird faktisch auf Pädagogen übertragen, die durch größtenteils kindzentrierte Arbeit eine Veränderung des auffälligen Verhaltens beim Kind bzw. Jugendlichen erwirken sollen[740]. Kritische Stimmen bemerken, dass durch Heimunterbringung durchaus aus Sicht des Helfersystems darauf hingedeutet wird, dass es das „Kind ist, das das Problem ist" (Conen, 1991: 2), insbesondere da durch die Unterbringung außerhalb der Familie eine adäquate Problembeseitigung signalisiert wird. Grundzüge traditioneller Heimerziehung sind in der Praxis nach wie vor vorherrschend. Eine wesentliche Veränderung der defizitären Sichtweise insbesondere auf die Rolle der Eltern fand durch das Aufkommen systemischer Sichtweisen in der Sozialen Arbeit statt. Als ein primäres Ziel der Unterbringung wird in § 34 SGB VIII die Erreichung der Rückkehr des Kindes in die eigene oder eine andere Familie genannt. So wird Heimerziehung je nach Ausgestaltung heute tendenziell eher als familienunterstützend und -ergänzend betrachtet[741]. Öffentliche Jugendhilfe stellt heute neben Familie, Schule und Beruf einen eigenständigen Erziehungsbereich dar. Sie ist nicht als partieller Ersatz für die Familie konzipiert, sondern vor allem als Ergänzung und Unterstützung familiärer Erziehung. Die grundsätzliche Priorität familiärer Erziehung wird durch das SGB VIII nicht angetastet[742]. Dabei stellt die Beziehung der Heimmitarbeiterinnen zu den Kindern bzw. Jugendlichen eindeutig keinen Eltern- und Familienersatz dar, da es sich um eine Ersatzbeziehung mit eingeschränkten Möglichkeiten handelt. Conen benennt dabei den Mangel an Kontinuität, die Qualifizierung der Mitarbeiterinnen und die der Beziehung innewohnende Distanz[743]. „Die Zugehörigkeit und Verbindung eines Kindes zu seiner leiblichen Familie stellt für das Kind einen fundamentalen Bestandteil seines Selbstverständnisses und seiner Identität dar" (ders., a.a.O.: 4).

Heimerziehung richtet sich an Kinder und Jugendliche, die vorübergehend oder auf Dauer nicht in ihrer Familie leben können. Handelt es sich um eine auf längere Zeit angelegte Lebensform, so hat sie die Kinder und Jugendlichen auf ein selbstständiges Leben vorzubereiten. Sie hat die Aufgabe, Kindern und Jugendlichen einen Lebensort anzubieten, an dem sie verbesserte Zukunftschancen entwickeln können[744]. Die Mitarbeiterinnen in den stationären Einrichtungen sind auch er-

---

740 vgl. Bredau, 2001: 4 ff.
741 vgl. Bredau, 2001: 7 f.; Tischner, o. J., o. S.
742 Sachße, 1996: o. S.
743 ders., 1991: 3.
744 vgl. Tischner, o.J., o.S.; Thiersch: 1993: 19.

setzende Interaktionspartner für die Alltagskommunikation und –interaktion der Kinder und Jugendlichen[745]. In ihrer Berufsrolle sind sie für Erziehung, Betreuung, Beratung und teilweise therapieähnliche Interaktionen zum Zweck der „Einwirkung auf Individuen" (ebd.) zuständig. Das Heim stellt einen künstlich geschaffenen Lebens- und Lernraum dar, dessen Strukturmerkmale darauf ausgerichtet sind, Möglichkeiten zu günstigen und idealerweise nachhaltigen Verhaltenskorrekturen zu bieten. Im Rahmen der Heimunterbringung werden die Kinder und Jugendlichen mit vielfältigen und oft ungewohnten Aspekten konfrontiert; so etwa mit Haus- und Gruppenregeln, Strukturierungen des Tagesablaufs, Angeboten der Freizeitgestaltung, Partizipationsmöglichkeiten und vor allem mit Kontakten zu neuen Bezugspersonen. Die Gestaltung all dieser Aspekte hat nachhaltigen Einfluss auf die Entwicklung des Kindes bzw. Jugendlichen und seine Bereitschaft, das Hilfsangebot in der stationären Unterbringung anzunehmen[746]. Die gruppenorientierte Arbeitsform je nach Einrichtung kann verschieden stark ausgeprägt sein. Insbesondere die Integration von Elementen einzelfallorientierter Jugendhilfe weicht den rigiden Charakter auf (wie § 35 SGB VIII Intensive sozialpädagogische Einzelbetreuung; § 27 Abs. 3 SGB VIII Systemische Beratung sowie § 30 SGB VIII Erziehungsbeistand/Betreuungshelfer). Wichtige generelle Aufgabe der Heimerziehung ist die Unterstützung und Beratung von Jugendlichen in Fragen der Ausbildung und Beschäftigung sowie der allgemeinen Lebensführung.

Eine weitere stationäre Form der Unterbringung stellen *vorläufige Maßnahmen zum Schutz von Kindern und Jugendlichen* dar. Sie gehören zu den anderen Aufgaben der öffentlichen Jugendhilfe und werden in Kapitel 3, erster Abschnitt SGB VIII ausgeführt: § 42 SGB VIII (Inobhutnahme von Kindern und Jugendlichen) und - bis zum Erlass des Kinder- und Jugendhilfeweiterentwicklungsgesetzes von 2005 - § 43 SGB VIII (Herausnahme des Kindes oder des Jugendlichen ohne Zustimmung des Personensorgeberechtigten[747]). Hier zeigt sich der Aufgabencharakter im Verhältnis zu Leistungen aus den vorangestellten Paragrafen. Es er-

---

745   vgl. Bommes & Scherr, 2000: 211.

746   vgl. Tischner, o.J., o.S.

747   Seit dem Kinder- und Jugendhilfeweiterentwicklungsgesetz zum SGB VIII im Oktober 2005 ist § 43 in dieser Form weggefallen. § 42 erfuhr eine vollständige Änderung, wobei wesentliche, hier dargestellte Inhalte erhalten blieben. Hinzugekommen und den Themenbereich berührend ist § 8a. Da die Erhebung der Beobachtungsdaten im Zeitraum 2002-2003 unter der damaligen Gesetzeslage und demnach vor Änderung der Paragrafen erfolgte,

gibt sich ein Recht von Kindern und Jugendlichen. Wenn sie um Inobhutnahme bitten, ist das Jugendamt verpflichtet, sie in Obhut zu nehmen (ehem. § 42 Abs. 2, neu Abs. 1 Nr. 1 SGB VIII), ebenso, wenn eine dringende Gefahr für das Wohl des Kindes oder des Jugendlichen gegeben ist (ehem. § 42 Abs. 2 und ehem. § 43, nunmehr geänderter § 42 Abs. 1 Nr. 2 sowie § 8a SGB VIII, Besonderer Schutzauftrag des Jugendamtes bei Kindeswohlgefährdung). In solchen akuten Notsituationen ist die Unterbringungsmöglichkeit nach § 42 SGB VIII (Inobhutnahme von Kindern und Jugendlichen) vorgesehen.

6.2 Datengrundlage

Für die hier vorliegende Untersuchung wurden als Datengrundlage Beobachtungsprotokolle verwendet. Die Anfertigung dieser Protokolle erfolgte im Zeitraum November 2002 bis April 2004 im Rahmen des Projektes 'Wissensmanagement in der Sozialen Arbeit' an der Hochschule für Technik, Wirtschaft und Kultur Leipzig (FH), Fachbereich Sozialwesen. In dieses Projekt war die Autorin als wissenschaftliche Mitarbeiterin involviert, neben dem Projektleiter, Prof. Dr. Rudolf Schweikart, und der wissenschaftlichen Mitarbeiterin, Diplom-Sozialarbeiterin/Sozialpädagogin (FH) Dana Kempe. Es gehörte daher zu den Aufgaben, das Forschungsdesign zu erarbeiten, den gesamten Forschungsverlauf inklusive der Auswertung des erhobenen Materials erfolgreich durchzuführen sowie alle anstehenden Aufgaben im Rahmen des Projektes zu erfüllen. Nachfolgend wird beschrieben, wie diese Datengrundlage entstanden ist und wie sie für die Untersuchung vorlag.

6.2.1 Entstehung

Die Datengrundlage ist durch eine offene, teilnehmende, unsystematische bzw. niedrig-strukturierte, natürliche Fremdbeobachtung entstanden[748]. Dazu führten Praktikanten im Rahmen ihrer praktischen Studiensemester des Studiums Sozialwesen in Arbeitseinheiten eines Sozialbetriebes der Sozialen Arbeit mit dem Schwerpunkt Kinder- und Jugendhilfe diese Form der Beobachtungen durch und fertigten Beobachtungsprotokolle an. Ihre Aufgabe bestand darin, in Anlehnung

---

wird die zum damaligen Zeitpunkt geltende Gesetzeslage besonders berücksichtigt.

748   vgl. Kromrey, 1985: 188f.; Moser, 1995: 147 ff.

an die Grundideen der Ethnographie[749], für sie interessantes Material zu erheben und im Rahmen dessen Interaktionssituationen zu notieren. Was die Beobachter dabei für erhebenswert hielten, war durch die damit erfolgte Vorgabe in inhaltlicher Richtung eingegrenzt.

Über die Erhebungsmethode der teilnehmenden Beobachtung, ergänzt durch vorliegende Eigenmaterialien des Sozialbetriebes und informelle Gespräche mit Mitarbeitern und Klienten, wurden alle Materialien gesammelt, die sich dem Feld zuordnen ließen. Eine gleichmäßige Erfassung von berufsbiografischen Daten war im Untersuchungsfeld nicht möglich und wurde deshalb nicht weiter verfolgt. Die Erhebungen erfolgten begleitend im sozialarbeiterischen Alltag. In einem Zeitraum von zweimal sechs Monaten arbeitete je ein Beobachter in einer der vier Beobachtungseinheiten. Insgesamt waren in der Pretestphase des Projektes die 2 oben angegebenen wissenschaftlichen Mitarbeiterinnen und in der Hauptphase der Beobachtungen 8 Praktikanten (5 weiblich, 3 männlich) als Beobachter eingesetzt. Alle Beobachter hatten die Vorgabe, täglich mindestens zwei Beobachtungen durchzuführen. Anschließend wurden diese Materialien an Transkripteure gegeben. Die Projektdarstellung der Forschergruppe und detaillierte Ausführungen zu Methode und Vorgehen bei der Erhebung dieser Daten befinden sich in Arnold et al., 2005.

Dieses Vorgehen bot die Möglichkeit, das Material auch für eine weitere Fragestellung zu verwenden. Für den Forschungsgegenstand der hier dargelegten Untersuchung wurde dem gefolgt, da bisher wenig empirisch gesichertes Material für die Soziale Arbeit zur Verfügung steht und eine Annäherung erst erfolgen muss. So bietet sich die Möglichkeit, in Anlehnung an die Grounded Theory[750] (gegenstandsbezogene Theoriebildung) Theorien nicht allein abstrakt, sondern in Auseinandersetzung mit dem Gegenstand - hier: spezifisches Vertrauen in der Sozialen Arbeit - aus der durch Beobachter beschriebenen Praxis heraus zu entwickeln. Die Erhebung der Daten durch Beobachtungen durch Praktikanten in nahezu täglichem Kontakt über einen längeren Zeitraum zeigt Vorteile gegenüber Erhebungsmethoden wie Interviews. Eine dabei mögliche Performance des Interviewpartners bildet die Realität unter anderen Gesichtspunkten ab. Eine solche Performance von Akteuren im beruflichen Alltag über einen län-

---

749   vgl. Spradley, 1980: 34; Lüders, 2000: 390; Maeder & Brosziewski, 1997: 356 ff.; Zorzi, 2001: o. S.
750   Glaser, 2004; Glaser & Strauss, 1967, 1979.

geren Untersuchungszeitraum ist eingeschränkt. Eine Kombination experimenteller Designs mit qualitativen Erhebungsmethoden könnte als optimaler angesehen werden, um das Vertrauen des Klienten zum Sozialarbeiter empirisch zu erfassen[751].

6.2.2 Beschreibung des Untersuchungsfelds

Für die Durchführung der Untersuchung wurde ein Sozialbetrieb in einer größeren Stadt in der Bundesrepublik Deutschland gewählt, dessen Leistungen im Bereich der Kinder- und Jugendhilfe nach dem Sozialgesetzbuch VIII (Kinder- und Jugendhilfegesetz) liegen. Das Untersuchungsfeld kann im Sinne moderner Ethnographie als gesellschaftliche Teilkultur betrachtet werden[752].

Die Eingrenzung der Beobachtungsfelder war auf vier Untergliederungen (Arbeitseinheiten) des Sozialbetriebes erfolgt. Unter Berücksichtigung der Freiwilligkeit der Teilnahme am Projekt und aus Überlegungen im Rahmen des kontextgebenden Forschungsprojektes heraus wurden folgende Arbeitseinheiten ausgewählt:

• Wohngruppe für Jungen,
• Wohngruppe für Mädchen,
• Sozialpädagogische Kriseninterventionsstelle für Jugendliche und deren Familien,
• Sozialpädagogische Kriseninterventionsstelle für Kinder und deren Familien.

Die Zielgruppen der Angebote sind durch die entsprechenden Paragrafen des Sozialgesetzbuchs VIII definiert[753]. Die Beobachtungsprotokolle beziehen sich auf den Bereich der stationären Hilfen zur Erziehung nach dem Sozialgesetzbuch VIII. Hier ist es nach wie vor üblich, Angehörige verschiedenster Berufsgruppen, zu deren Adressaten weitestgehend Kinder und Jugendliche gehören, einzusetzen, wie z. B. Diplom-Kinderkrankenschwestern, Erzieher der Bereiche Kinderkrippe, Kindergarten, Hort und Heim, Fachkräfte der Sozialen Arbeit, Pädagogen (z.B. Grundschulpädagogik, Freizeitpädagogik), Erziehungswissenschaftler, Diplom-Sozialarbeiter und/oder Diplom-Sozialpädagogen (FH). In das Feld fließen demzufolge unterschiedliche berufliche Qualifikationen ein. Diese können allerdings nicht als Maßstab für die Zugehörigkeit zur Gruppe der ‚Sozialarbeiter‘ genommen werden, wie

---

751   vgl. Offe, 2003: 2.
752   vgl. Lüders, 2000: 390; Maeder & Brosziewski 1997: 335 ff.
753   vgl. Kapitel 6.1.

dem Material des Forschungsprojektes zu entnehmen ist, in dem die Datengrundlage entstand.

In ihrer tatsächlichen Tätigkeit zeigten sich die Mitarbeiter der Beobachtungsfelder innerhalb der jeweiligen Teams als gleichwertige Mitglieder *einer* Berufsgruppe. Dies liegt sicher auch darin begründet, dass die Zuordnung zu einer ihrem Abschluss entsprechenden bestimmten Berufsgruppe von den Akteuren selbst nicht vorgenommen wurde und die Aufgabengebiete in der Arbeit mit Klienten und Kontaktpersonen nach Berufsgruppen nicht getrennt waren. Es ist zu vermuten, dass im Anstellungsverhältnis dahingehend keine Trennung vorgenommen war und allen Mitarbeitern dieselben Kompetenzen zugeschrieben wurden. Zum Verständnis der Zugehörigkeit zu einer Gruppe schreiben Maeder & Brosziewski 1997: 338: „,Zugehörigkeit' zu einer Gruppe kann vom Forscher nicht als gegeben angenommen oder gesetzt werden. ‚Zugehörigkeit' ist ein Problem, das von den Akteuren im Kontakt mit relevanten Anderen selbst gelöst werden muß und vom Forscher nur durch das Verstehen der Selbst- und Fremdbeschreibungen erschlossen werden kann." Insgesamt interessierten daher als professionelle Akteure *alle* Mitarbeiter, die durch Selbstzuschreibung (berufliches Selbstbild) und Fremdzuschreibung (Anstellungs- und Aufgabengebiet) als ‚Sozialarbeiter' gekennzeichnet waren. Wesentlich dabei ist die Einbettung des Handelns dieser Mitarbeiter innerhalb des Kontextes der Gruppenzugehörigkeit; diese Selbst- und Fremdzuordnung hat sichtbare Resultate für ihr Handeln. Das hat auch zur Folge, dass die Klienten und andere Kontaktpersonen alle Mitarbeiter unabhängig von deren beruflichen Abschlüssen als beruflich gleichwertig wahrnahmen: In keiner Beobachtung wurden die unterschiedlichen Qualifikationen der Mitarbeiter direkt oder indirekt thematisiert.

6.2.3 Qualität

Als wichtige Merkmale für die Qualität von Studien mit teilnehmender Beobachtung gelten das „situationsangemessene Handeln des Beobachters, sein geschulter Blick und seine Fähigkeiten, heterogenes Material zu einer plausiblen Beschreibung zu verdichten" (Lüders, 2000: 388). Im Zusammenhang mit der Beobachterrolle sind intersubjektive Fehlerquellen (Rollendefinition des Beobachters, Auswahl der Schlüsselpersonen, Intensität der Interaktion) sowie intrasubjektive Fehlerquellen (going native und Intra-Rollenkonflikte) zu nennen. Im Verlaufe entsprechender Forschung ist beständig zu überprüfen, inwieweit sie auftreten und die Objektivität der Beobachtungen beeinflussen. Sie müssen besonders kontrolliert werden[754].

Um dem zu entsprechen, wurde vor der laufenden Kontrolle der Fehlerquellen im Projektverlauf eine intensive Vorbereitung der Beobachter auf ihre Rolle durchgeführt. Dies geschah in mehreren Seminaren und einer Beobachterschulung unter der Leitung des Projektleiters und Hochschulprofessors. Nach dieser Vorbereitung der Beobachter wurden die Beobachtungen in den beschriebenen Beobachtungsfeldern[755] in der dargestellten Art und Weise[756] durchgeführt.

Die Anwesenheit fremder Personen beeinflusst immer das Geschehen, das beobachtet werden soll. Um im Feld so wenige Störungen wie möglich durch die Beobachtungen zu verursachen, war die bereits vorhandene Rolle des Praktikanten/der Praktikantin genutzt worden. Diese Rolle war für die Mitarbeiterinnen und die Klientinnen bekannt. Sie hat zusätzlich den Vorteil, hierarchisch zwar relativ untergeordnet, jedoch gleichzeitig nicht zu sehr in die Mitarbeiterstrukturen involviert zu sein. Studierende des Sozialwesens in ihren praktischen Studiensemestern sind in der Situation der (neugierig) Lernenden in einem Feld ihres Interesses als Beobachter besonders motiviert. Demgegenüber besteht gerade für Mitglieder dieser Gruppe der Nachteil, dass sie recht schnell das ‚beobachtete Fremde‘ nicht mehr als solches wahrnehmen. So könnte die ethnografische Neugier nachlassen und eine Verkürzung der Beobachtungen sowie derer Beschreibungen eintreten. Eine weitere Herausforderung ist es, in der Rolle des Praktikanten ein gewisses ‚going native‘ zu vermeiden. Gerade dieses Phänomen ist bei teilnehmender Beobachtung nicht ungewöhnlich[757].

Die Trennung der Forscher von den Beobachtern im Feld bietet den Vorteil, bei gleichzeitiger Kontrolle des Forschungsdesigns sowie des Forschungsverlaufs die Gefahr zu stark ausgeprägter selektiver Wahrnehmung und Aufzeichnung im Sinne der Fragestellung einer Studie zu verringern[758]. Gleichzeitig erhöht sich die Wahrscheinlichkeit der Eignung des Materials für eine Sekundäranalyse unter anderer Fragestellung.

---

754   Friedrichs und Lüdtke, 1971: 34 ff.
755   vgl. Kapitel 6.2.2.
756   vgl. Kapitel 6.2.1.
757   vgl. Bungard, 1981: 47 ff., Friedrichs & Lüdtke, 1971: 34.
758   vgl. Bungard, 1981: 103; Friedrichs & Lüdtke, 1971: 40.

6.2.4 Form

Das gesamte Datenmaterial umfasste 1802 Datensätze. Diese waren nach Materialart unterschieden (Tabelle 1).

Tabelle 1: Aufteilung der erhobenen Daten nach Materialart, N = 1802 (Mehrfachzuordnungen möglich).

Datenform	An-zahl
Interaktion Mitarbeiterin-Klient	939
Interaktion Mitarbeiterin-Mitarbeiterin	474
Interaktion Mitarbeiterin mit Personen anderer Institutionen bzw. aus dem Helfernetz (ASD, Polizei, Familienhelfer usw.)	259
Interaktion Mitarbeiterin mit Klientensystem (Eltern, Großeltern, enge Bezugspersonen, Lehrer usw.)	113
Material (Berichte, Aktennotizen, Gesprächsprotokolle usw.)	280

Die Protokolle der Kategorie ,Interaktion Mitarbeiterin-Klient' wurden für die Bearbeitung der Fragestellungen dieser Untersuchung verwendet. Es handelt sich um schriftliche Beobachtungsprotokolle zu beobachteten Situationen in Form von Dateien des Textverarbeitungsprogramms WORD für WINDOWS.

Die Dateien waren nach einem nachvollziehbaren Prinzip in Vorbereitung einer Datenauswertung gespeichert. Das Datenmaterial war mit Codierungen versehen, die Zuordnungen zum jeweiligen Beobachtungsfeld, Art des Materials und den beteiligten Interaktionspartnern ermöglichen. Entsprechend grundlegender ethischer Normen in der erziehungswissenschaftlichen Forschung waren die Daten vollständig anonymisiert.

Die Codierung aller personalen Daten der Mitarbeiterinnen wurde mittels eines Ziffernsystems vorgenommen. Das geschätzte Alter der Mitarbeiterinnen war von den Beobachtern hinzugefügt. Zum Schutz der persönlichen Daten waren sowohl die männlichen wie auch die weiblichen professionellen Akteure mit der Bezeichnung ,Mitarbeiterin' beschrieben. Damit wurde dem Umstand entsprochen, dass in dem Untersuchungsfeld größtenteils Sozialarbeiterinnen beschäftigt sind und somit die Sozialarbeiter eventuell zu identifizieren wären. Es ist daher nicht erkennbar, ob es sich um einen Mitarbeiter (männlich) oder eine Mitarbeiterin (weiblich) handelt. Die Codierung der Beobachter wurde mittels eines Buchstabensystems vorgenommen. Es ist daher nicht erkennbar, ob es sich um einen Beobachter (männlich) oder eine Beobachterin (weiblich) handelt.

Für die Klienten lag eine Codierung der personalen Daten in Form von Phantasienamen für den Bereich Wohngruppen vor. Die Beobachterinnen in den Kriseninterventionsstellen hatten sich aufgrund der starken Fluktuation der Klienten entschieden, die Klienten mit ihren Vornamen zu benennen. Dies diente dem Zweck der Wiedererkennung durch die Beobachter, falls ein Klient mehrmals in der Kriseninterventionsstelle aufgenommen werden würde. Die personalen Daten der Klienten der Wohngruppen und der Kriseninterventionsstellen mussten mittels eines Buchstaben-Ziffernsystems anonymisiert und die uneinheitliche und mangelnde Anonymisierung damit bereinigt werden. Das Alter der Klienten war von den Beobachtern hinzugefügt worden.

Ansonsten wurden an der Datengrundlage keinerlei Veränderungen vorgenommen. Das führt zum Verbleib zahlreicher Rechtschreibfehler und grammatikalischer Besonderheiten im Material.

6.3 Auswahl der Teilgesamtheit

Die Auswahl der Daten für diese Untersuchung umfasst zunächst sämtliche Beobachtungsprotokolle mit dem Merkmal 'Interaktion Mitarbeiterin-Klient' (= 939). Diese Datenmenge fällt für eine qualitative Analyse jedoch verhältnismäßig groß aus. Forschungsökonomische Gründe schränken eine vollständige systematische sequenzielle Analyse des Gesamtmaterials ein. Es wurde eine hohe Variabilität durch systematische Kriterienänderung angestrebt. Dies diente der Erhöhung der Geltung der Ergebnisse, da so divergente Perspektiven berücksichtigt werden können. Es wurde ein Auswahlverfahren erarbeitet, das gleichzeitig dem Ausgleich von Beobachtungsfehlern und damit der weiteren Stabilisierung der Ergebnisse dient. Die Auswahl wurde nach den 4 Beobachtungseinheiten unter Berücksichtigung der verschiedenen eingesetzten Beobachter getroffen und auf 10% der Datensätze (= 94) reduziert. Um eine niedrige personale Einflussnahme bei der Datenauswahl zu gewährleisten, wurden die jeweils ersten Datensätze nach Nummerierung ausgewählt. Zugunsten der Vergleichbarkeit der Daten wurden einige Datensätze von der Analyse ausgeschlossen. Dies betraf Datensätze mit folgenden Merkmalen:

- vergleichsweise sehr lang (mehr als 100 Zeilen) andauernde Situation,
- starke Interventionen durch Beobachter oder andere Personen,
- vorrangige Interaktion der Sozialarbeiter mit anderen Personen,
- zu viele Beteiligte, dadurch keine klaren Einzelinteraktionen zwischen Sozialarbeiter und Klient von anderen unterscheidbar,
- Qualität/Form der Beobachtung ist nicht vergleichbar und reicht deshalb nicht aus, z B. wenn Interaktionen nur grob oder einseitig beschrieben sind.

Mittels eines Nachrückverfahrens wurden diese Datensätze durch die nächst nachfolgenden ersetzt. Für jede Beobachtungseinheit ergeben sich somit 23 Datensätze von jeweils 3 verschiedenen Beobachtern zu jeweils unterschiedlichen Zeitpunkten der Beobachtungen (Differenz bis zu 6 Monaten). Aus rechnerischen Gründen wurden aus einer Einheit 25 Datensätze berücksichtigt, da sich ansonsten bei gleicher Auswahl aus jeder Beobachtungseinheit die Teilgesamtheit von 94 Datensätzen nicht ergeben hätte. Die beiden Protokolle wurden in der Reihenfolge wie angegeben ausgewählt. Zwei der 10 Beobachter waren in jeweils zwei Beobachtungseinheiten eingesetzt; damit erklärt sich die sich ergebende Anzahl von 12 Beobachtern. Von den insgesamt registrierten 300 Klienten und 31 Mitarbeiterinnen der Grundgesamtheit des Datenmaterials können in dieser Teilgesamtheit 56 Klienten und 26 Mitarbeiterinnen berücksichtigt werden (Personalebene).

7 Datenanalyse

7.1 Vorgehen

Es wird nachfolgend beschrieben, wie bei der Untersuchung der Beobachtungsdaten vorgegangen wurde. Dazu wird zunächst die Methode der Datenanalyse vorgestellt und erläutert. Das daran anschließende Kapitel dient der Darstellung des Vorgehens bei der Entwicklung und Codierung von Zähleinheiten. Da bereits Konzepte für beobachtbares Vertrauen existieren, sind diese zu berücksichtigen. Deshalb wird in dem darauf folgenden Kapitel ein vorliegendes Kategorienschema zur Erfassung von Vertrauen aufgezeigt. Die Codierung und Entwicklung von Kategorien bezogen auf das Untersuchungsmaterial in dieser Abhandlung wird anschließend dargelegt.

7.1.1 Methode der Datenanalyse

Sozialarbeitswissenschaft und damit Forschung in der Sozialen Arbeit sind gegenüber unterschiedlichen Forschungsansätzen und Forschungsmethoden offen. Ein Zusammenhang besteht hierbei zum Prozess der Professionalisierung und zur Komplexität des Sozialen, aber auch zu der bisher uneindeutigen wissenschaftstheoretischen Positionierung der Sozialarbeitswissenschaft[759].

Die folgende Erkenntnisbildung beruht auf qualitativen Forschungsschritten. Diese können dazu dienen, Fragestellungen der Sozialen Arbeit zu untersuchen, zu denen bisher wenige Erkenntnisse vorliegen und bei denen deshalb für eine quantitative Methode noch zu viele Unklarheiten bestehen. Für eine praxisbezogene Frage kann eine qualitative Vorgehensweise Grundlegendes entdecken[760]. Die Wahl einer qualitativen Forschungsmethode zur Beantwortung der Forschungsfragestellungen dieser Abhandlung begründet sich dadurch, dass es bisher keine vertrauensbezogene Rahmentheorie zur professionellen Binnenbeziehung in der Sozialen Arbeit gibt. Die Übertragung vorhandener fachfremder Theorien, wie etwa zur schulpädagogischen oder therapeutischen Beziehung, auf Soziale Arbeit ist dafür nicht geeignet, da Vertrauen jeweils nur bereichsspezifisch verstanden werden kann[761]. Die Frage nach Vertrauen des Klienten zum Sozialarbeiter bezieht sich auf fachspezifische Problemkonstellationen. Der Weg zu

---

759   vgl. Schwendemann, 2005.
760   vgl. Moser, 1995: 98 f.
761   vgl. Kapitel 3.1.2.

phänomenbezogenen Erkenntnissen muss auf der fachspezifischen Wahrnehmung des Phänomens beruhen[762]. Für die Ergründung der Sachverhalte, die sich im Konstrukt ‚Vertrauen des Klienten zum Sozialarbeiter' abbilden, ist die Orientierung am Alltäglichen der Sozialen Arbeit günstig und es ist erforderlich, die Handlungsmuster der Akteure gegenstandsbezogen zu rekonstruieren:

> *Die empirische Wirklichkeit der Sozialen Arbeit gilt in dieser Perspektive als soziale Welt, deren Strukturen wesentlich durch die Konstruktionen der in ihr handelnden Menschen bestimmt sind. Rekonstruiert werden also die strukturellen Voraussetzungen, die Verfahren, die Regeln und die Konstitutionsbedingungen, mit denen die Menschen als Akteure in sozialen Situationen und Interaktionen Wirklichkeit herstellen und behaupten (von Wensierski, 2003: 72).*

Solch eine Rekonstruktion der Wirklichkeit Sozialer Arbeit kann über eine qualitative Forschungsmethode erfolgen. Es wird hier davon ausgegangen, dass Sozialarbeiter über Wissen und Erfahrung zur Frage des Vertrauens ihrer Klienten verfügen und dass sich dieses in sozialen Prozessen im Zusammenhang mit ihrem eigenverantwortlichen professionellen Handeln zeigt. Allgemein gilt berufliches Wissen, das vor allem aus beruflicher Qualifikation und aus Berufserfahrung durch professionelles Handeln entsteht, als zu großen Teilen implizit. Es wirkt wiederum auf das professionelle Handeln. Das implizite Wissen der Sozialarbeiter ist eine wesentliche Ressource für die Untersuchung bereichsspezifischer Phänomene. Eine Möglichkeit der Erfassung dieses Wissens sind Methoden, die wenig Explikationszwang beinhalten, offen gestaltet und nicht zu dominierend sind. Durch Explikationszwang in Form von Interviews oder retrospektiven Nachfragen zu abgelaufenen Handlungen kann dieses Wissen schwer erfasst werden. Auch Aktenstudien scheinen nicht besonders geeignet zu sein, da sie meistenteils von den Mitarbeiterinnen zu ihrer Absicherung[763] und außerdem – verschiedentlich begründet - unvollständig verfasst werden[764]. Die Analyse von protokollierten Beobachtungen mit einer dem Material gegenüber relativ offenen Untersuchungsmethode zur Phänomenklärung ist deshalb nahe liegend. Eine geeignete Forschungsmethode für die hier untersuchte Fragestellung ist die Grounded Theory.

---

762   vgl. Thole, 2003: 49.
763   Müller, C.W., 1997: 265.
764   vgl. Müller, C.W., 1997: 182 f., 259; Zinner, 1980: 96.

Grounded Theory ist keine einheitliche Forschungsstrategie. Sie wurde in den 1960er-Jahren entwickelt. Ihre Begründer, Barney G. Glaser und Anselm S. Strauss, veröffentlichten sie als „The Discovery of the grounded theory" im Jahr 1967. Grounded Theory wird unterschiedlich beschrieben als Methodologie (Erkenntnistheorie), Forschungsstil (Stil) und/oder Methode (Verfahrenspaket mit Sampling, Auswertungsschritten usw.). Die Wege von Glaser und Strauss trennten sich in den 1970er-Jahren - und damit auch die Ansichten, was unter Grounded Theory zu verstehen sei. Während Glaser an der ursprünglichen Version mit einem rigide gegenstandsgeleiteten Vorgehen ohne Zulassung einer konkreten zugrunde liegenden Fragestellung festhielt, entwickelte Strauss zusammen mit Juliet M. Corbin ein liberaleres Konzept[765]. Dieses wird von Glaser weitgehend abgelehnt ebenso wie die Einordnung der Grounded Theory als qualitative Forschungsmethode. Er sieht in ihr kein qualitatives Verfahren, sondern eine Theorieentwicklung in sich.

In der Bundesrepublik Deutschland wird Grounded Theory als qualitative Forschungsmethode rezipiert[766]. So verstanden zielt sie auf die Generierung einer Theorie bzw. eines Modells eines bestimmten Handlungsfeldes aus diesem heraus. Es geht hierbei um die methodisch geleitete 'Entdeckung' von Phänomenen, die für das Untersuchungsfeld typisch und relevant sind. Da die bisherige Forschung im Bereich der Sozialen Arbeit zum Vertrauen gering und für den Bereich spezifischen Vertrauens wenig aussagefähig ist, fehlt es an hinreichenden Theorien zum Vertrauen des Klienten zum Sozialarbeiter. Die Favorisierung eines alltagsverstehenden Zugangs zu der sozialen Wirklichkeit in der praktischen Tätigkeit von Sozialarbeitern mit ihren Klienten liegt hier nahe. So bietet sich ein solches Verfahren an, das wenig forciert arbeitet. Gegenüber dem Material der Daten ist die Grounded Theory offen. Hierfür ist jede Art von Daten geeignet, soweit sie der gegenstandsbezogenen Theoriebildung dient: „All is data" (Glaser, 2004: o. S.). Das Hinzuziehen von Literatur vor und im Verlauf der Datenanalyse wird im Sinne der streng genommenen Grounded Theory kritisch gesehen. Literatur und vorhandene Theorien sollten immer auch als eine Art von Daten betrachtet werden, da dem Forschenden ansonsten der Blick auf Wirklichkeiten im Material verstellt werden kann. Es ist ganz abzulehnen, dem Material vorhandene Theorien 'überzustülpen'[767]. Vom For-

---

765   vgl. Strauss & Corbin, 1996.
766   vgl. Mruck & Mey, 2004.
767   Glaser, 2004: o.S.; Strauss, 1994: 40.

schenden sind Zurückhaltung und Reflexion in Bezug auf voreilige Interpretationen und Schlüsse verlangt, um eine phänomennahe Analyse und Beschreibung zu gewährleisten. Dies dient neben der gegenstandsbezogenen Nähe der Ergebnisse auch der Validität. Dieser Forschungslogik folgend, zwingt sich der Weg auf, hypothesengenerierend statt hypothesenprüfend vorzugehen. Hoffmann-Riem formulierte 1980 für die Forschungsarbeit ein Prinzip der „theoretischen Offenheit" mit der Forderung nach dem Verzicht auf Theorie. Dieses besagt, „daß die theoretische Strukturierung des Forschungsgegenstandes zurückgestellt wird, bis sich die Strukturierung des Forschungsgegenstandes durch die Forschungssubjekte herausgebildet hat" (ders., a.a.O.: 343). Entgegen der dahinter liegenden Annahme, dass ein völliger Verzicht auf Theorie für die Offenheit gegenüber dem Material notwendig sei[768], erscheint es jedoch auch sinnvoll, vorhandenes Wissen mit heranzuziehen, um dieses integrieren und fortführen zu können. Deshalb wurde in dieser Abhandlung auch der Anforderung an wissenschaftliche Sozialforschung gefolgt, an vorhandenes theoretisches Wissen über den Untersuchungsgegenstand anzuschließen[769]. Das Vorgehen ist daher zu kennzeichnen als ein deduktives und induktives Verfahren, dessen Schwerpunkt je nach Etappe im Forschungsprozess wechselt. Die Verantwortlichkeit jedes Forschenden, so Strauss, besteht in solch einer reflektierten Vorgehensweise:

(1) seine Originaldaten ernsthaft zu überprüfen oder zu bestätigen; (2) einen engen Bezug zu seinen Daten herzustellen; und (3) eine neue Theorie zu entwickeln, die auf einem wirklichen Austausch zwischen der bereits bestehenden und der sich erst entfaltenden Theorie beruht. [... Deshalb] muss die sozialwissenschaftliche Forschung [...] die Formulierung vorläufiger Hypothesen, die mittels der Deduktion abgeleiteten Implikationen und die Überprüfung von Hypothesen miteinander verflechten – und zwar immer aus dem Datenmaterial heraus (ders., 1994: 40).

In diesem Sinne sind die bereits dargelegten Ausführungen in den Kapiteln dieser Abhandlung zu berücksichtigen. Erste, für den Bereich der Sozialen Arbeit spezifische Erkenntnisse zum Vertrauen von Klienten zu Sozialarbeitern konnten so über den Einbezug, die Analyse und die Reflexion theoretischen Materials entwickelt werden. Neben der Beabsichtigung einer Analyse multipler Bezugspunkte des Untersuchungsgegenstandes findet diese Vorgehensweise ihre Begründung in der Tat-

---

768   vgl. Kelle et al., 1993: 45 ff.
769   vgl. Witzel, 2000.

sache, dass sich in der Praxis der Sozialen Arbeit ihre Funktionsbezüge im individuellen Handeln der Akteure wiederfinden und diese beiden Faktoren damit einer Gleichzeitigkeit unterliegen: Das Handeln der Akteure ist erst vor dem kontextuellen Hintergrund nachvollziehbar. Dabei ist davon auszugehen, dass im professionellen Zusammenhang die funktionsbezogenen Aktionen vor den individuellen als Prioritäten stehen. Das Erkenntnisinteresse richtet sich somit vordergründig auf das Phänomen Klientenvertrauen in der Binnenbeziehung Sozialer Arbeit: Wenn spezifisches Vertrauen der Klienten eine grundlegende und ausschlaggebende Komponente in der Sozialen Arbeit ist, so sollte sich das in einem Material aufzeigen lassen, das im Untersuchungsfeld Soziale Arbeit in ihrer Praxis erhoben worden ist. Gleichzeitig werden jedoch die Daten als erkenntnisleitend betrachtet, was die Möglichkeit für die Entdeckung anderer Gewichtungen offen hält. Andere bzw. weitere Sachverhalte, die sich als bedeutsam herauskristallisieren, sind ebenfalls zu beschreiben.

Die Anzahl der heranzuziehenden Fälle ist durch das vorhandene Material zunächst begrenzt (Sekundäranalyse). Im Sinne des Theoretical Sampling nach der Grounded Theory wurden Stichproben des Materials nach jeweils neu festzulegenden Kriterien während des Forschungsprozesses vorgenommen. Das Sampling ist dann beendet, wenn eine theoretische Sättigung erreicht ist[770]. Im Rahmen der Grounded Theory wird die folgende Vorgehensweise vorgeschlagen[771]:

- *Offenes Codieren*: Dieses steht am Beginn des Forschungsprozesses. Das Datenmaterial wird analytisch betrachtet und Phänomene werden identifiziert. Theoriegenerierende „W-Fragen" (Böhm et al., 1992: 33)[772] werden dabei an das Material gestellt. Es werden die zentralen Textstellen als Indikator für das zu untersuchende Phänomen mit Codes benannt und versehen. Das Ergebnis ist eine Liste vorläufiger Codes/Kategorien.
- *Axiales Codieren*: Dieser Schritt dient der Verfeinerung und gegebenenfalls Differenzierung der vorhandenen Kategorien. Die Kategorien werden zueinander in Beziehung gesetzt. Unter Zuhilfenahme von Codefamilien lassen sich Konkretisierungen vornehmen. Insbesondere die von Glaser entwi-

---

770 vgl. Moser, 1995: 102 f.; Wiedemann, 1991.
771 vgl. Strauss, 1994: 94 ff.
772 Damit gemeint sind die Fragen: Was?, Wer?, Wie?, Wann?, Wielange?, Wo?, Wieviel?, Wie stark?, Warum?, Wozu?, Womit? (ebd.)

ckelte sogenannte C-Familie dient als konzeptueller Rahmen für soziale Interaktionen (kausale Modelle: Ursache, Konsequenzen/Folgen, Wirkungen, Bedingungen)[773]. Die vorläufigen Codes/ Kategorien aus dem Schritt des offenen Codierens werden dabei gegebenenfalls revidiert.

- *Selektives Codieren:* Die bis zu diesem Punkt entwickelten Kategorien werden so verdichtet, dass sich (im günstigen Fall) eine Schlüsselkategorie im Sinne eines Oberbegriffs ergibt, unter die die erarbeiteten Erkenntnisse subsumiert werden können. In Bezug auf diese zentrale Kategorie kann nunmehr eine Theorie/ein Modell des Handlungsfeldes erstellt werden. Eine empirische Überprüfung von entwickelten Hypothesen anhand des Materials ist sinnvoll. In der selektiven Codierung der Grounded Theory ist diese möglich.

Dieses Vorgehen dient der Erarbeitung von Erkenntnissen, welche Interaktionen im Untersuchungsfeld stattfinden und welche Elemente dabei zu welchen Verläufen beitragen. Für die hier vorliegende Fragestellung ist dieses Vorgehen daher zweckmäßig.

Die klassischen Gütekriterien (Validität, Reliabilität, Objektivität) sind aus methodologischen Gründen im Rahmen qualitativer Forschung nur begrenzt verwendbar. Klassische Validitätskonzepte quantitativer Sozialforschung beschreiben interne Validität als Übereinstimmung zwischen den verwendeten Items und dem untersuchten Gegenstand und externe Validität als Gültigkeit im Bereich der Verallgemeinerbarkeit und Prognose[774]. Eine wesentliche Fragestellung hierbei ist es, inwieweit es gelingt, den Untersuchungsgegenstand in den Daten abzubilden. Die weitere Frage bezieht sich darauf, ob die aus dem Material gezogenen Schlüsse tatsächliche Aussagen über den Gegenstand liefern. Um eine Prüfung der internen Validität vorzunehmen, wird vorgeschlagen, konkurrierende Erklärungshypothesen nebeneinander zu stellen und nach bestätigenden oder widerlegenden Aspekten zu vergleichen[775]. Für qualitative Forschung werden verschiedentlich Gütekriterien vorgeschlagen, so bei Moser[776]:

- Transparenz (Verfahrensdokumentation),
- Stimmigkeit (Vereinbarkeit von Zielen und Methoden),

---

773   vgl. Böhm et al, 1992: 57 f.; Kelle, 1997: 328; Mey & Mruck, 2004: 28.
774   vgl. Kelle et al., 1993: 35 ff.
775   ders., a.a.O.: 44 f.
776   vgl. ders., 1995: 188 ff.

- Adäquatheit mit den Kriterien Triangulation und kommunikative Validierung (Berücksichtigung verschiedener Perspektiven und zutreffende Beschreibung einer Perspektive),
- Intersubjektivität (mehrere Forscher),
- Anschlussfähigkeit (im Rahmen des Wissenschafts- und Praxissystems).

Auf alle diese Kriterien wurde in dieser Untersuchung Wert gelegt. Der Aspekt der kommunikativen Validierung zeigt sich als problematisch, da zwischen der Datenerhebung und der Datenanalyse ein größerer Zeitraum liegt. Aufgrund der hohen Fluktuation im Bereich der Sozialen Arbeit sowohl aufseiten der Mitarbeiter, insbesondere aber aufseiten der Klienten, ist dieser Punkt nicht zu realisieren. Ein generell im Rahmen qualitativer Forschung auftretendes Phänomen ist die Vielfalt der Interpretationsmöglichkeiten. Es spricht einiges dafür, dass diese bei quantitativer Forschung ebenso möglich ist. Die prinzipielle Erkenntnisgrenze in der wissenschaftlichen Forschung schlägt sich dabei nieder. Eine vorgeschlagene Verbesserung dieses Zustandes wird in der Arbeit in einer Forschergruppe gesehen (Intersubjektivität). Forschungsökonomische Gründe und der bestehende Rahmen schlossen ein Vorgehen in der hier getätigten Untersuchung unter Beteiligung weiterer Forscher aus. Die entwickelten Folgerungen basieren auf Interpretationen einer Einzelperson vor dem Hintergrund der in den vorangegangenen Kapiteln dargestellten Theoriebezüge. Als Gütekriterium ist die Bearbeitung empirischen Materials mittels einer „nominalen Gruppentechnik" (Kelle et al., 1993: 50) umstritten, da auch eine Konsensmeinung hierbei keinen Wahrheitsanspruch erheben kann[777]. Gleichzeitig bietet das Theoretical Sampling eine Möglichkeit zur Erhöhung der Geltung der Ergebnisse, da über die Kriterienänderung systematisch divergente Perspektiven berücksichtigt werden. Nicht zuletzt ist bei qualitativen Verfahren zu bedenken, dass die methodisch vorgenommenen Interpretationen der Daten auch nie völlig frei von den autobiografischen Komponenten des Forschenden sind; diese werden als Erfahrungen an jedes Material herangetragen.

7.1.2 Codierung und Entwicklung von Zähleinheiten

Aufgrund des umfangreichen Datenmaterials und der damit verbundenen Komplexität wurde ein allgemeiner Zugang zum Material gesucht. Hilfreich waren Hinweise aus der dokumentarischen Metho-

---

777   vgl. ebd.

de nach Bohnsack[778]. Eine formulierende Interpretation mit der Suche nach dem jeweiligen Ober- und gegebenenfalls Unterthema der protokollierten Situationen unterstützte die Gliederung und gleichzeitig den Zugang zum Inhalt. Zu Gunsten der Übersichtlichkeit und zur Verstärkung der Aussagekraft der Beantwortung der Forschungsfragen war eine solche Sortierung günstig, insbesondere aufgrund der Menge des Datenmaterials. Ein derartiges Vorgehen wird als methodisch legitim beschrieben[779]. Das ist auch für die Kombination verschiedener methodischer Ansätze der Fall[780].

Durch Beobachtungen werden „Ablauf und Bedeutung einzelner Handlungen und Handlungszusammenhänge [erfasst]" (Kromrey, 1985: 186). In der hier vorliegenden protokollierten Form sind die Beobachtungsdaten gewissermaßen statisch und sind im Rahmen einer Sekundäranalyse als „Bedeutungsträger" (ders., a.a.O.: 168) zu untersuchen. Das methodische Vorgehen erfordert die Entwicklung eines Kategorienschemas. Es dient der Identifizierung und Zuordnung wesentlicher Elemente im Datenmaterial. Nach einer Zerlegung und Vercodierung von Textsequenzen in Zähleinheiten kann auch qualitativ analysiertes Datenmaterial quantitativ nachvollziehbar werden[781].

Die Elemente wurden im Verlauf des Schritts der offenen Codierung über die Frage ‚Welche wesentlichen Aspekte kennzeichnen die jeweilige Situation?' identifiziert und begründet. Dabei interessierten drei Ebenen: Wer eine Rolle in der Interaktion spielt (Personalebene), was das Thema in der Interaktion ist (Sachebene) und was in der Situation geschieht (Interaktionsebene). Nach der jeweiligen Benennung der Elemente der Personalebene und der Sachebene in Form eines Codes wurde die protokollierte Beobachtungssituation im Ganzen gekennzeichnet. Eine solche Codierung wäre für eine Frequenzanalyse geeignet, denn eine Zähleinheit umfasst jeweils die gesamte beschriebene Situation. Im Ergebnis liegen Kennzeichnungen der jeweiligen protokollierten Situation vor, die Häufigkeiten von auftretenden Themen aufzeigen. Ebenfalls auf diese Weise gekennzeichnet sind die dabei agierenden Personen und sie betreffende Daten, wie Ort der Interaktion, und wer von ihnen den Impuls zur Interaktion gab. Die dritte Ebene der Codierung, bezogen auf die Frage, was in der Situation geschieht (Inter-

---

778   vgl. ders., 2003.
779   vgl. Kromrey, 1985: 177; Mayring; 1996: 91 ff.
780   Mayring, 1996: 107 ff.
781   vgl. ders., a.a.O.: 168 ff.

aktionsebene) wurde hingegen in Sequenzen gekennzeichnet[782]. Die quantitative Analyse identifizierter und codierter Elemente der untersuchten Interaktionsabläufe in den Protokollen ist methodisch somit nicht vertretbar, denn innerhalb der Situationen treten Wiederholungen von Verhalten auf, die ein quantitatives Ergebnis verfälschen würden. Zähleinheiten können hier lediglich der Orientierung über interessierende, jedoch aus erwähnten Aspekten unverbindliche und gesondert zu betrachtende Häufigkeiten dienen.

7.1.3 Ein Kategorienschema zur Erfassung von Vertrauen

Da bereits Konzepte für beobachtbares Vertrauen existieren, erschien es sinnvoll, diese zu berücksichtigen, um an vorhandenes theoretisches Wissen über diesen Untersuchungsgegenstand anzuschließen. Um Vertrauen zu identifizieren, liegen Kriterien in einem Kind-Erwachsenen-Interaktionsbogen[783] vor (Tabelle 2). Er ist zur Untersuchung von Interaktionen zwischen Erwachsenen und Kindern entwickelt und als Instrument der Verhaltensbeobachtung erprobt worden. Als Rahmen zur Einordnung der Analyseergebnisse vorliegender Beobachtungsdaten ist dieser Interaktionsbogen zunächst qualifiziert, da in ihn erkennbare Verhaltensweisen für Vertrauen eingearbeitet sind (Kategorien 6, 9, 11 und 15), ebenso wie einige der Kategorien für vertrauensförderndes (Kategorien 7 und 18) wie -zerstörendes Verhalten (Kategorien 8 und 17). Hier finden sich also Verhaltenskategorien, die dem Forschungsgegenstand gerecht werden könnten, denn problemrelevante Dimensionen sind enthalten. Der Bogen ist allerdings nicht geeignet, um für die protokollierten Beobachtungssituationen als Kategorienschema im Vorhinein angewendet zu werden, da er in einem Kontext entstanden ist, der methodisch anders orientiert war als die hier vorgenommene Untersuchung. Es wurde lediglich das System des Bogens entlehnt und für die eigene Kategorienbenennung und -sortierung als ideengebend berücksichtigt. So erscheint eine Unterscheidung zwischen Tätigkeiten, verbalen und nonverbalen Verhaltenswiesen sinnvoll, ebenso wie eine Nummerierung und teilweise die Benennung der Kategorien.

---

782   Die ausführliche Erläuterung der Vorgehensweise folgt in Kapitel 7.1.4.
783   vgl. Esser 1983, ausführlich dargestellt bei Petermann, 1996: 76 ff.

Tabelle 2: Kind-Erwachsenen-Interaktionsbogen, Esser (1983) nach Petermann (1996: 76 ff.) mit vertrauensbezogenen Kategorien (kursiv).

Nr.	Kategorie	Erläuterung der Kategorie
I	Tätigkeiten	
1	Eine Tätigkeit ausführen	Beginn einer eigenen Tätigkeit; Beteiligung an einer Tätigkeit des Interaktionspartners; Fortsetzen einer begonnenen Tätigkeit
2	Eine Tätigkeit abbrechen oder unterlassen	Eine begonnene Tätigkeit beenden, abbrechen oder sich davon abwenden, eine Tätigkeit, zu der aufgefordert wurde, nicht ausführen
II	Verbales Verhalten	
3	Auf Tätigkeiten bezogene Äußerungen	Tätigkeitsbegleitende Äußerungen oder Äußerungen über eigene Tätigkeiten
4	Äußerungen mit Anekdoten-charakter	Unpersönliche Äußerungen, Witze, Geschichten; Erzählungen über andere Personen, aber auch eigene Erlebnisse, in deren Schilderung nichts über die eigene Person gesagt wird
5	Anweisung geben	Verhaltensregeln formulieren; zu einer Tätigkeit oder zum Unterlassen auffordern; befehlen; Anweisungen geben, wie etwas gemacht werden soll
6	*Selbstexplorative Äußerungen*	*Äußerungen, die Aufschluss über die eigene Person geben; Äußerungen über Eigenschaften und Befindlichkeit; verbale Gefühlsäußerungen*
7	*Geben von positivem Feedback*	*Zustimmung, Lob, Bemerkungen wie „gut", „schön", „Richtig", „Ja"; Hervorhebung positiver Eigenschaften und Verhaltensweisen des Interaktionspartners*
8	*Geben von negativem Feedback*	*Negative Rückmeldung über Verhaltensweisen und Eigenschaften des Interaktionspartners; Äußerungen wie „falsch", „schlecht", „nein"; Aussprechen von Drohungen; Äußerungen des Missfallens und der Ablehnung*
9	*Bitte um Feedback*	*Aufforderung zur Stellungnahme; Fragen wie „Wie findest Du das?" oder „Gefällt Dir mein Bild?"*
10	Fragen nach Anweisung	Fragen wie „Was soll ich tun?" oder „Wie soll ich das machen?"; Aufforderung an den Interaktionspartner, Verhaltensanweisungen zu geben
11	*Bitte um Hilfe bei einem Problem*	*Direkt: „Kannst Du mir helfen?" oder indirekt: „Ich schaffe das nicht alleine!"*

Nr.	Kategorie	Erläuterung der Kategorie
12	Wunsch nach selbstexplorativer Äußerung des Interaktionspartners	Fragen nach Gefühlen und Befindlichkeiten des Interaktionspartners; Bitte oder Aufforderung, etwas von sich zu erzählen
13	Fragen nach Information	Fragen nach Ereignissen oder Sachverhalten, die nicht in die Kategorien 9-12 fallen
14	Sachbezogene Äußerungen, Information	Aussagen, die sich auf Ereignisse oder Sachverhalte beziehen und primär Informationscharakter haben; hierzu gehören auch Ja- oder Nein-Antworten auf Informationsfragen. Nicht in diese Kategorie gehören die unter den Punkten 3, 4, 6 und 15 beschriebenen Äußerungen, auch wenn diese sachliche Informationen enthalten
15	*Äußerungen über die aktuelle Interaktion*	*Hier-und-jetzt-Äußerungen; Äußerungen über gegenwärtige Zustände und Wahrnehmungen der Situation sowie des Interaktionspartners, sofern sie nicht unter Kategorie 6 fallen*
III	Nonverbales Verhalten	Gestik, Mimik usw.
16	Aufnehmen von Körperkontakt	Körperkontakt zum Interaktionspartner herstellen; streicheln, umarmen, betasten, festhalten, sich anlehnen oder anklammern, küssen, schmusen
17	*Negative Gefühlsäußerungen*	*Nonverbale Äußerung von negativen Gefühlen dem Interaktionspartner gegenüber; Ausdruck von Ablehnung, Wut, Ärger, Ekel*
18	*Positive Gefühlsäußerungen*	*Nonverbaler Ausdruck von positiven Gefühlen dem Interaktionspartner gegenüber; Ausdruck von Zuneigung, Zuwendung, Liebe, Freundlichkeit*
19	Widersprüchliche nonverbale Äußerungen	Widersprechende Signale auf verschiedenen Kommunikationskanälen; gleichzeitiges Vorkommen positiver und negativer Signale in Mimik, Gestik und Körperhaltung, z.B. auf Distanz gehen und lächeln
20	Still sein mit Blickkontakt zum Interaktionspartner	Schweigen, nichts erzählen, nichts fragen, nichts erbitten, keine Gefühle äußern, mit Blickkontakt zum Interaktionspartner; den Interaktionspartner ansehen und schweigen
21	Still sein ohne Blickkontakt	Nichts erzählen, nichts fragen, keine Gefühle äußern, schweigen, ohne dabei den Interaktionspartner anzusehen
IV	Sonstiges Verhalten	

7.1.4 Codierung und Entwicklung von Kategorien

Bestimmt durch den Kontext der Entstehung der Datengrundlage in der beschriebenen Datenerhebung[784], werden die Daten als schriftliche Darstellungen von sozialarbeiterischen/sozialpädagogischen Situationen gekennzeichnet. Situationen sind spezielle Formen von Untersuchungsgegenständen:

> *Eine Situation ist somit eine bestimmte Dauer, jedoch nicht im chronologisch messbaren Sinne, die sich im wesentlichen von zwei anderen Zeiten unterscheidet: Von der Zeit dessen, was auch noch die Situation überdauert, und von der Zeit dessen, was in der Situation nicht andauert, was sich in ihr ändert oder in ihr ändern läßt. Nur im Blick auf die Zeit des Überdauerns, können die Gegebenheiten einer Situation, eine Ausgangslage, von den Folgen einer Situation unterschieden werden. Sehr kurz abgefasst lässt sich somit sagen, daß Situationen durch die Differenz von konstant und variabel bestimmt werden, und erst dadurch als bestimmte Situationen erkennbar werden, daß ein Handeln eine bestimmte Variabilität markiert und „alles andere" im Moment außer acht lässt [sic] (Zorzi, 2001: o.S., Hervorhebung im Original).*

Die Datensätze wurden, sich der Sicht Zorzis anschließend, in sich als momentan abgeschlossene Situationen betrachtet. Vorher oder Nachher konnten in der Untersuchung nicht analysiert werden. Dies ist der Statik der vorliegenden Materialform geschuldet.

Die Kategorien zur Kennzeichnung auftretender, im Untersuchungsfeld typischer und relevanter Phänomene wurden aus dem Material heraus gebildet (induktives Verfahren), am Material geprüft (deduktiv) und gegebenenfalls erweitert (induktiv), usw. Ein vorab entwickeltes, vorgebendes Kategorienschema ist nicht verwendet worden. Hier findet sich ein wesentlicher Unterschied zum Vorgehen bei anderen Methoden wie z.B. der empirischen Inhaltsanalyse, nach denen eine Erweiterung der Kategorien während bzw. nach der Datenanalyse nicht vorgesehen wäre[785], nach der Grounded Theory jedoch genau dies beinhaltet. Die Codes und Kategorien wurden mit Unterstützung des Programms ATLAS.ti® entwickelt, mit dessen Hilfe es möglich ist, Codierungen zu entwerfen, die auf das folgende Datenmaterial angewendet werden können.

---

784 vgl. Kapitel 6.2.
785 vgl. Kromrey, 1985: 173.

In den vorliegenden Beobachtungsprotokollen wurden vorzugsweise Interaktionselemente, die sich als Verhalten identifizieren und beschreiben lassen, codiert. Die Frage nach einer wie immer zu beschreibenden pädagogischen Qualität war ausdrücklich nicht Teil der Fragestellung dieser Untersuchung; auf dahingehende Interpretationen der vollzogenen Interaktionen wurde verzichtet. Auch wenn eine Abhängigkeit des Erziehungsstils vom Ausbildungsniveau des ‚Erziehers' in der Fachliteratur beschrieben wird[786], so wurde dies in dieser Untersuchung nicht berücksichtigt. Lediglich anzumerken ist, dass in den Handlungsweisen der Mitarbeiter gängige pädagogische Ideen zum Ausdruck kommen, die in der pädagogischen Fachliteratur zahlreich beschrieben werden[787]. Es wird allgemein angenommen, dass pädagogische Vorstellungen und Ziele geprägt sind durch komplexe Einflüsse, so von gesellschaftlich-kulturellen, fachlich-deskriptiven, institutionellen, innerbetrieblichen, teamimmanent offiziellen und informellen sowie individuellen Ideen[788].

In den Codierschritten war darum vornehmlich eine deskriptive Form der Codes angestrebt. Die Codierung erfolgte offen, beginnend vom ersten der ausgewählten Datensätze fortlaufend nach der Protokollnummerierung. Im Sinne der Methode wurde zunächst der erste Datensatz (erstes nummeriertes Protokoll einer Beobachtung) in seinen identifizierbaren Interaktionselementen vollständig codiert. Dabei erfuhr jedes Interaktionselement eine Zuordnung zu einem Code. Als ein Interaktionselement wurde ein in sich sinnhaft abgeschlossenes erkennbares Verhalten des jeweiligen Akteurs bewertet, wie z.B. ein gesprochener Satz oder eine Handlung. Soweit in den Aufzeichnungen der Beobachter innerhalb eines solchen Interaktionselements mehrere sinnhaft zu unterscheidende Teile auszumachen waren, so wurden diese getrennt codiert.

Die folgenden Kürzel (kursiv) wurden für die Codierung verwendet:

- *Ort der Beobachtung:* 03 Wohngruppe für Jungen
- *Ort der Beobachtung:* 04 Wohngruppe für Mädchen
- *Ort der Beobachtung:* 02 Sozialpädagogische Kriseninterventionsstelle für Kinder und deren Familien

---

786 Huppertz & Schinzler, 1995: 84 unter Verweis auf Müller-Kohlenberg, 1972.
787 vgl. z.B. Auer-Betschart und Weber, 1992: 18 ff.; Gudjons, 1993: 175 ff.; Kühne, 1997: 44 ff.
788 vgl. z.B. Grauer, 1973; zu subjektiven Theorien Mutzek, 1988.

- *Ort der Beobachtung:* 05 Sozialpädagogische Kriseninterventionsstelle für Jugendliche und deren Familien
- *KL* Klient / Klientin
- *MA* Mitarbeiterin
- Codierung Klienten, z.b. *KL Q13 04* ist folgendermaßen zu lesen: Es handelt sich um die Klientin mit der Anonymisierung Q13 aus der Wohngruppe für Mädchen.
- Codierung Mitarbeiterinnen, z.b. *MA504* ist folgendermaßen zu lesen: Es handelt sich um die Mitarbeiterin mit der Anonymisierung 504. Die Endung 04 gibt den Hinweis auf den Beobachtungsort Wohngruppe für Mädchen.
- Die Kürzel für die Codes der Kategorien wurden schlagwortartig erstellt, z.b. *II_31_Frage_Info_MA* ist folgendermaßen zu lesen: Es handelt sich um die Codierung eines Verhaltens, dem die Kategorie II 31 zugeordnet ist. Diese Kategorie ist benannt mit „Fragen nach Information". Schlagwortartig findet sich dies im Code wieder in dem Kürzel „II_31_Frage_Info". Der Anhang „MA" an den Code verweist auf die Zuordnung des Verhaltens zu einer Mitarbeiterin.

Im Folgenden werden die Codierung und die Kategorienentwicklung beispielhaft dargestellt und beschrieben. Das Beobachtungsprotokoll der Situation 1 lag nach der Anonymisierung und vor der Codierung in folgender Form vor:

01 0001
02 Name des Beobachters: A
03 Datum der Beobachtung: 09.12.02
04 Ort der Beobachtung: 03
05 Zeit: 17.05-17.10 Uhr
06
07
08 Situation (inkl beteiligte Personen):
09
10 Klient N13 [15], Mitarbeiterin 503 [40] und Beobachter sind im
11 Betreuerzimmer. Mitarbeiterin 503 [40] will Zimmer verlassen und
12 zuschließen.
13
14 Beobachtung:
15
16 Klient N13 [15] legt sich auf die Couch, will schlafen.
17 Kommt mehrmaliger Aufforderung zu gehen, nicht nach.

18
19 Mitarbeiterin 503 [40] greift ihn am Arm, um ihm beim Aufstehen
20 behilflich zu sein.
21
22 Klient N13 [15] steht nicht auf.
23
24 Mitarbeiterin 503 [40] droht mit dem Feuerzeug in der Hand, ihm „Feuer
25 unterm Hintern zu machen".
26
27 Klient N13 [15] springt auf und geht.

Es handelt sich um die Situation 1. Dies geht aus der numerischen Kennzeichnung „0001" in Zeile 1 hervor. In Zeile 2 ist der Name des Beobachters mit der Anonymisierung „A" bezeichnet. In Zeile 3 ist das Datum der Beobachtung mit „09.12.02" notiert. In der Zeile 4 ist der Ort der Beobachtung angegeben; im Fall des angegebenen Protokolls handelt es sich um den Beobachtungsort mit der Anonymisierung 3 (Kennzeichnung „03"). Die Zeile 5 beinhaltet die Notiz der Uhrzeit der Beobachtung: „Zeit: 17.05-17.10 Uhr". Dieser Kopf des Protokolls mit den jeweils zutreffenden Inhalten findet sich in allen Beobachtungsprotokollen wieder. Nach den darauf folgenden Leerzeilen 6 und 7 ist in der Zeile 8 die Überschrift „Situation (inkl. beteiligten Personen):" angegeben, die sich so oder ähnlich in allen Beobachtungsprotokollen wieder findet.

Nach der Leerzeile 9 werden in den Zeilen 10 bis 12 die Rahmensituation der Interaktion beschrieben und die dabei beteiligten Personen benannt: „Klient N13 [15], Mitarbeiterin 503 [40] und Beobachter sind im Betreuerzimmer. Mitarbeiterin 503 [40] will Zimmer verlassen und zuschließen." Es handelt sich um eine Situation, die im Betreuerzimmer des Beobachtungsortes 3 stattfindet. Die Bezeichnung „Klient" verweist darauf, dass es sich um einen männlichen Klienten (im Gegensatz zur Bezeichnung „Klientin" bei einer weiblichen Person) handelt. Er hat die Anonymisierung „N13". Die Ziffer in der eckigen Klammer nach der Bezeichnung ‚Klient' und seiner Anonymisierung ist eine Angabe des Alters. Er ist 15 Jahre alt (Kennzeichnung „[15]"). Die Mitarbeiterin ist mit der Ziffer „503" anonymisiert. Die Bezeichnung Mitarbeiterin verweist nicht auf das Geschlecht, denn alle Mitarbeiter (männlich) und Mitarbeiterinnen (weiblich) wurden mit dem Begriff „Mitarbeiterin" bezeichnet. Die Ziffer in der eckigen Klammer nach der Bezeichnung „Mitarbeiterin" und ihrer/seiner Anonymisierung ist eine Angabe des geschätzten Alters. Sie/Er ist cirka 40 Jahre alt (Kennzeichnung „[40]"). Die Anwesenheit des Beobachters selbst im Betreuerzimmer ist ebenfalls notiert. Die Rahmensituation wird im Protokoll stichwortartig beschrieben. Nach einer weiteren Leerzeile 13 steht die Überschrift „Beobachtung" in Zeile 14, die sich so in allen Protokollen wieder findet. Nach der Leerzeile 15 wird die Interaktionssituation beschrieben. Bis zu diesem Punkt im Protokoll wurden keine einzelnen Codierungen von Interaktionselementen vorgenommen. In anderen Protokollen waren bereits in diesem Teil des Protokolls Interaktionselemente aufzufinden; diese wurden dann entsprechend codiert (z.B. in der Situation 1016).

Die gesamte Situation 1 wurde codiert mit dem Code „KL N13 03". Diese Codierung gibt Auskunft darüber, dass in dem Protokoll beschrieben ist, dass der Klient (Kennzeichnung „KL") mit der Anonymisierung N13 interagiert und dass dieser Klient dem Beobachtungsort 3 (Kennzeichnung „03") zuzuordnen ist. Eine weitere Codierung der gesamten Situation „MA503" gibt Auskunft darüber, dass an der Interaktion ebenfalls die Mitarbeiterin (Kennzeichnung „MA") mit der Anonymisierung „503" beteiligt ist. Die Codierung „Ort der Beobachtung 03" verweist darauf, dass die Beobachtungssituation im Beobachtungsort 3 (Kennzeichnung „03") notiert wurde. Diese mehrfache Codierung hinsichtlich des Beobachtungsortes wurde deshalb vorgenommen, um die Klienten eindeutig zuordnen zu können, falls sie zwischen den verschiedenen Beobachtungsorten einen räumlichen Wechsel vornahmen.

In der Zeile 16 steht: „Klient N13 [15] legt sich auf die Couch, will schlafen." Diese Beschreibung der Beobachtung wurde codiert mit dem Code „I_1_Tätigkeit_KL" und der Kategorie I 1 zugeordnet. Die Kategorie I wurde bezeichnet mit „Tätigkeiten". Die darunter entwickelte Kategorie I 1 ist bezeichnet mit „Eine Tätigkeit ausführen" für die Kennzeichnung von Verhalten, das wie folgt beschrieben wird: „Beginn einer eigenen Tätigkeit; Beteiligung an einer Tätigkeit des Interaktionspartners; Fortsetzen einer begonnenen Tätigkeit". Die Anfügung „KL" an den Code zeigt auf, dass es sich um das Verhalten des Klienten handelt. Es ist aus der Aufzeichnung nicht erkennbar, ob der Klient äußert, dass er schlafen will oder ob es sich um eine Interpretation des Beobachters handelt. Eindeutig hingegen ist es, dass der Klient sich in der beschriebenen Weise verhält, er sich nämlich auf die Couch im Betreuerzimmer legt. Daher wurde der Satz „Klient N13 [15] legt sich auf die Couch, will schlafen." als Interaktionselement der Kategorie I 1 zugeordnet.

In der Zeile 17 steht: „Kommt mehrmaliger Aufforderung zu gehen, nicht nach." Die Beschreibung der Beobachtung „mehrmaliger Aufforderung zu gehen" wurde der Mitarbeiterin zugeordnet und codiert mit „II_8_Anweisung_MA". Dem Verhalten wurde damit die Kategorie II 8 zugeordnet. Die Kategorie II wurde bezeichnet mit „Verbales Verhalten". Die darunter entwickelte Kategorie II 8 ist bezeichnet mit „Anweisung geben" für die Kennzeichnung von Verhalten, das wie folgt beschrieben wird: „Verhaltensregeln formulieren; zu einer Tätigkeit oder zum Unterlassen auffordern; befehlen; Anweisungen geben, wie etwas gemacht werden soll". Die Anfügung „MA" an den Code zeigt auf, dass es sich um das Verhalten der Mitarbeiterin handelt. Diese Kategorie wurde der Sequenz zugeordnet und damit codiert, dass die Mitarbeiterin ihren Interaktionspartner zu einer Tätigkeit auffordert.

Die Beschreibung des Verhaltens in der Zeile 17: „Kommt ... nicht nach." wurde dem Klienten zugeordnet. Die Anfügung „KL" an den Code „I_2_Tätigkeit_Nein_KL" zeigt dies auf. Die Kategorie I bestand für „Tätigkeiten" bereits. Mit diesem Code wurde die Kategorie I 2 gekennzeichnet, die mit „Eine Tätigkeit abbrechen oder unterlassen" benannt wurde und die wie folgt beschrieben wird: „Eine begonnene Tätigkeit beenden, abbrechen oder sich davon abwenden, eine Tätigkeit, zu der aufgefordert wurde, nicht ausführen". Diese Kategorie wurde der Sequenz zugeordnet und damit codiert, dass der Klient einer Aufforderung zu einer Tätigkeit durch den Interaktionspartner nicht nachkommt.

Nach der Leerzeile 18 folgt in den Zeilen 19 und 20 die Beschreibung: „Mitarbeiterin 503 [40] greift ihn am Arm, um ihm beim Aufstehen behilflich zu sein." Dieses Verhalten der Mitarbeiterin wurde codiert mit dem Code „III_37_Körperkontakt_MA". Die Kategorie III kennzeichnet „Nonverbales Verhalten". Die darunter entwickelte Kategorie III 37 wurde mit „Aufnehmen von Körperkontakt" bezeichnet und folgendermaßen beschrieben: „Körperkontakt zum Interaktionspartner herstellen." Diese Kategorie wurde der Sequenz zugeordnet. Wiederum wurde die Unklarheit, ob die Mitarbeiterin etwa sagte, sie wolle dem Klienten beim Aufstehen behilflich sein oder ob es sich um eine Beobachterinterpretation handelt, gehandhabt, indem die eindeutige Beschreibung eines Körperkontaktes in Form der Kategorie III 37 vorgenommen wurde.

Nach der Leerzeile 21 folgt in der Zeile 22 die Beschreibung: „ Klient N13 [15] steht nicht auf." Dieser Satz wurde als Interaktionselement codiert mit dem bereits vorhandenen Code „I_2_Tätigkeit_Nein_KL" und der bereits vorhandenen Kategorie I 2 „Eine Tätigkeit abbrechen oder unterlassen" zugeordnet, da der Klient der Tätigkeit, zu der bereits in Zeile 17 aufgefordert wurde, nicht nachkommt.

Nach der Leerzeile 23 folgt in den Zeilen 24 und 25 die Beschreibung: „Mitarbeiterin 503 [40] droht mit dem Feuerzeug in der Hand, ihm „Feuer unterm Hintern zu machen"." Dieses Verhalten wurde der Mitarbeiterin zugeordnet. Es ist nicht eindeutig erkennbar, ob die Mitarbeiterin spricht oder eine dem Beobachter bekannte Redewendung als Interpretation einer Geste der Mitarbeiterin beschrieben wird. Als eindeutig wurde die nonverbale Geste angesehen, dass die Mitarbeiterin dem Klienten mit dem Feuerzeug droht. Daher wurde das Verhalten der Mitarbeiterin der vorhandenen Kategorie III für „Nonverbales Verhalten" zugeordnet. Das Verhalten wurde durch den Anhang am Code „MA" als Verhalten der Mitarbeiterin kenntlich gemacht. Die Codierung der Sequenz wurde mit „III_38_Stimuli neg_MA" vorgenommen und die Kategorie III 38 „Geben von negativen Stimuli" entwickelt. Diese wird wie folgt beschrieben: „Primär: z.B. Entzug von Essen, Freizeit, körperliche Züchtigung. Sozial: z.B. nonverbale Formen von Liebesentzug, Ignorieren, Ablehnung, Verspotten, Ausschluss. Materiell: z.B. Entzug von Spielzeug, Anhalten zur Wiedergutmachung von Schaden. Symbolisch: z.B. Entzug des Taschengeldes, Geldstrafen (vgl. Gage und Berliner, 1986: 280 ff.; Huppertz & Schinzler, 1995: 110). Auch: Drohende Gesten des Mitarbeiters gegenüber dem Klienten oder einem mit ihm verbundenen Gegenstand. Andeutung einer übergriffigen Handlung durch Geste". Diese Kategorie wurde der Sequenz zugeordnet.

Nach der Leerzeile 26 steht in Zeile 27 die Beschreibung: „Klient N13 [15] springt auf und geht." Dieses Verhalten wurde dem Klienten zugeordnet. Es handelt sich um eine Tätigkeit, daher erfolgte zunächst die Zuordnung zur Kategorie I. Anschließend wurde überprüft, ob es sich um ein Verhalten handelt, dass sich einer unter der Kategorie I bereits entwickelten Kategorie zuordnen ließe. Das war nicht der Fall, denn der Klient reagiert hier auf etwas und zwar nonverbal bejahend.

Die Kategorien I 1 und I 2 waren daher nicht geeignet. Es wurde die Kategorie I 3 „ Eine Tätigkeit nach Aufforderung ausführen" entworfen und wie folgt beschrieben: „Eine Tätigkeit ausführen, zu der aufgefordert wurde". Die Sequenz wurde mit dem Code „I_3_Tätigkeit Ja_ KL" codiert und der benannten Kategorie zugeordnet.

In dieser Weise wurde der gesamte Datensatz codiert und die Kategorien notiert. Schlussendlich wurde überprüft, ob die so entstandenen Kategorien den vorhandenen und für vertrauensrelevant erachteten Kategorien[789] (vgl. Tabelle 2) zuzuordnen sind. Das war nicht der Fall.

Nachfolgend wurden die entwickelten Codierungen auf den nächsten Datensatz übertragen, nicht passende Codierungen hinterfragt und neue Codierungen bei neu auftretenden Interaktionselementen in den zweiten Datensatz eingetragen. Auf diesem Weg wurden 94 Datensätze vollständig und offen codiert. Die vorläufigen Codes/ Kategorien wurden im Verlauf des offenen und daran anschließend, während des axialen Codierens, teilweise mehrfach revidiert. Die Codes erfuhren auf diese Weise immer weitere Konkretisierungen. Das axiale Codieren diente vor allem der Verfeinerung und der Differenzierung der entwickelten Kategorien. Die Kategorien wurden fortlaufend zueinander in Beziehung gesetzt. Die axiale Codierung dient dabei als Mittel, um Bezüge zwischen den Kategorien identifizieren und verdeutlichen zu können. Partiell gibt es hier Überschneidungen mit der selektiven Codierung. Diese ist in dieser Abhandlung dem Grunde nach kaum ausgeführt. Dies begründet sich damit, dass die Aussagekraft des Materials nach den Analyseschritten Kategorienentwicklung, Kategorienüberprüfung und Beziehungsanalyse dafür zunächst erschöpft scheint. Das hier verfolgte Vorgehen wird als solches der Sache förderlich angesehen. Anknüpfende Untersuchungen, auch mit anderen Erhebungs- und/oder Auswertungsmethoden, können umfassenderen Vertiefungen dienlich sein. Mit den folgend dargestellten Erkenntnissen könnte es möglich sein, einen Fragebogen oder einen Interviewleitfaden zu entwerfen, um die Resultate konkretisieren und verifizieren zu können und weitere Einsichten zu erlangen.

---

789   vgl. Esser 1983, ausführlich dargestellt bei Petermann, 1996: 76 ff.

7.2 Darstellung der Ergebnisse

7.2.1 Beschreibung und Ausmaß der Kategorien

Nach Beendigung der offenen und des ersten Teils der axialen Codierung liegt als Ergebnis eine Liste von Kategorien vor, die nachfolgend in der Tabelle 3 vorgestellt werden.

Die Liste bildet das Spektrum der in den Beobachtungsprotokollen identifizierten Interaktionselemente in Form von Kategorien ab. Es erschien als günstig, differenziert bei den Beschreibungen der Verhaltensweisen vorzugehen, um Unterschiedliches nicht zu relativieren und damit gleichzusetzen. Im Detail zeigten sich feine Varietäten in den Verhaltensweisen der Akteure. Die Liste der Kategorien erfuhr eine mehrfache Überarbeitung. Sie zeigte sich nach der Analyse der 94 Datensätze und nach deren Codierung als gesättigt.

Die meisten Kategorien sind sowohl für Mitarbeiterinnen wie auch für Klienten ausgestellt. Einige wurden nur für eine personale Seite im Material ermittelt, was sich kontextbezogen erklärt: So ist die Berechtigung, eine Sanktion auszusprechen, aufgrund des asymmetrischen Verhältnisses in der professionellen Beziehung nur den Mitarbeitern vorbehalten und wurde vonseiten der Klienten als Verhalten nicht gezeigt. Es wurden die Codierungen also so entwickelt, wie die entsprechenden Verhaltensbeschreibungen im Material aufgefunden wurden. Codes für die von Petermann[790], Schweer[791] sowie Schweer und Thies[792] für vertrauensrelevant erachteten Verhaltensweisen[793] wurden unabhängig von deren Auftreten in die Kategorienliste eingearbeitet, um auch ein Nichtauffinden entsprechender Verhaltensweisen in den Protokollen registrieren zu können.

---

790   vgl. ders.,1996: 74 ff.
791   vgl. ders., 1996: 75 ff.
792   vgl. ders., 1999: 22.
793   vgl. Kapitel 3.4.1

Tabelle 3: Liste der Kategorien zu den Beobachtungsprotokollen (mit kursiver Kennzeichnung von vertrauensbezogenen Kategorien) in Anlehnung an den Kind-Erwachsenen-Interaktionsbogen von Esser (1983) nach Petermann (1996: 76 ff.) und den Arzt-Kind-Interaktionsbogen von Petermann (1996: 99 ff.).

Nr.	Kategorie	Erläuterung der Kategorie	Ankerbeispiele (Anmerkung: Die im Beispiel zu codierende Passage wird kursiv dargestellt.)
I	Tätigkeiten		
1	Eine Tätigkeit ausführen	Beginn einer eigenen Tätigkeit; Beteiligung an einer Tätigkeit des Interaktionspartners; Fortsetzen einer begonnenen Tätigkeit.	*Klient malt ein Bild.*
2	Eine Tätigkeit abbrechen oder unterlassen	Eine begonnene Tätigkeit beenden, abbrechen oder sich davon abwenden, eine Tätigkeit, zu der aufgefordert wurde, nicht ausführen.	*Klient hört auf zu malen.* Mitarbeiterin sagt: „Steht bitte auf." *Klient steht nicht auf.*
3	Eine Tätigkeit nach Aufforderung ausführen	Eine Tätigkeit ausführen, zu der aufgefordert wurde.	Mitarbeiterin sagt: „Zieh dich an." *Klient erscheint 10 Minuten später angezogen im Dienstzimmer.*
II	Verbales Verhalten		
4	Äußerung mit Anekdotencharakter	Unpersönliche Äußerungen, Floskeln, Witze, Geschichten; Erzählungen über andere Personen, aber auch eigene Erlebnisse, in deren Schilderung nichts über die eigene Person gesagt wird.	*Mitarbeiterin sagt, dass das ja aber ein Blick in weite Ferne sei und das aber manchmal gut täte, wenn alles so finster aussehen würde. Aber wie gesagt, das sei noch lange hin.*

Nr.	Kategorie	Erläuterung der Kategorie	Ankerbeispiele (Anmerkung: Die im Beispiel zu codierende Passage wird kursiv dargestellt.)
5	Themenwechsel	Person wechselt in der Interaktion das Thema. Die Situation beinhaltet einen oder löst sich auf durch Themenwechsel.	Mitarbeiterin sagt: „Wie war es beim Arzt?" *Klient sagt darauf, dass er noch Taschengeld bekommt.*
6	Humor	Humorvolle Äußerung, jedoch ohne Ironie.	*Mitarbeiterin sagt zur Klientin, sie würde so gut kochen, sie würde sie glatt heiraten.*
7	Ironie	Ironische Äußerung.	*Mitarbeiterin fragt, was jetzt damit werden soll, ob sie die nasse Bluse so lange halten soll, bis sie trocken ist.*
8	Anweisung geben	Verhaltensregeln formulieren; zu einer Tätigkeit oder zum Unterlassen auffordern; befehlen; Anweisungen geben, wie etwas gemacht werden soll.	*Mitarbeiterin sagt, der Klient solle sich in den Griff kriegen.*
9	Anweisung mit Unterstützung	Anweisung, Aufforderung oder Vorschlag mit damit verbundenem Unterstützungsangebot. Auch: Der Mitarbeiter beschreibt modellhaft etwas, was auch der Klient tun soll.	*Mitarbeiterin sagt: „Rufst du an? Komm, wir machen es gemeinsam."*
10	Information über Konsequenzen	Mitarbeiter: In die Zukunft gerichtete Äußerungen, die dem Interaktionspartner Folgen und Konsequenzen seines Handelns aufzeigen. Auch Äußerungen, die Androhungen beinhalten. Sätze wie: „Wenn Du das tust, dann ..."	*Mitarbeiterin sagt: „Ich muss darüber deine Eltern informieren."*

Nr.	Kategorie	Erläuterung der Kategorie	Ankerbeispiele (Anmerkung: Die im Beispiel zu codierende Passage wird kursiv dargestellt.)
11	Bedingung	Bedingungen formulieren, Anweisungen wie „Wenn...., dann", „Erst (dies)...., dann (das)...." usw. an den Interaktionspartner richten.	*Mitarbeiterin sagt: „Dann müsste aber auch dein Zimmer am Mittwoch schon in Ordnung sein!"*
12	Selbstexplorative Äußerung	Äußerungen, die den Aufschluss über die eigene Person geben; Äußerungen über Eigenschaften und Befindlichkeit; verbale Gefühlsäußerungen. Es handelt sich um ein Verhalten, das als Zeichen für Vertrauen einzustufen ist (vgl. Tabelle 2, Kategorie 6 und vgl. internale Gesprächsinhalte, Kriterien nach Helm und Frohburg, 1986).	*Klient spricht davon, dass es bei ihm wie mit einem Schalter ist, er ist kürzer, wenn er viel provoziert wird; im Moment braucht er Ruhe.*
13	Wunschäußerung	Äußerung des Klienten, welche Entscheidung gefällt werden sollte oder welche Lösung er sich wünscht und vorstellt. Äußerungen wie „Das will ich nicht", „Das stelle ich mir (so und so) vor", „Es wäre schön, wenn...", sofern sie nicht unter Kategorie II 12 fallen.	*Klient sagt, dass er unbedingt den Schulhof verlassen will, weil er in dieser Zeit Sachen einkaufen möchte.*
14	Selbstreferenz	Mitarbeiter: Aussagen, die sich auf die Person des Mitarbeiters beziehen, insbesondere Ich-Aussagen, sofern sie nicht unter Kategorie II 12 fallen.	*Mitarbeiterin sagt: „Auf diese Entschuldigung habe ich aber auch, ehrlich gesagt, gewartet, nach diesem Theater heute früh."*
15	Auf Motive bezogene Äußerungen	Erklärende Äußerungen oder solche über eigene Motive für auf den Anderen bezogene Aktionen wie Ansprechen, Aufforderung, Bitte, Frage, Handlung, Denkanstoß etc., Begründungen mit externalem Inhalt, die nicht unter Kategorie II 12 fallen.	*Mitarbeiterin sagt, sie wollte die Klientin nur deshalb noch einmal fragen, damit die Klientin es nicht vergisst.*
16	Geben von positivem Feedback	Zustimmung, Lob, Bemerkungen wie „Gut", „Schön", „Richtig", „Ja", Hervorhebung positiver Eigenschaften und Verhaltensweisen des Interaktionspartners. Dieses Verhalten wird als förderlich für das Vertrauen des Interaktionspartners angesehen (vgl. Tabelle 2, Kategorie 7).	*Klient sagt: „Das Gespräch mit Ihnen tat mir gut."*

Nr.	Kategorie	Erläuterung der Kategorie	Ankerbeispiele (Anmerkung: Die im Beispiel zu codierende Passage wird kursiv dargestellt.)
17	Verbale Annahme von Verhaltensanweisungen	Interventionsannahme: Annahme der gegebenen Verhaltensanweisung durch Äußerungen wie: „Okay", „Gut", „Mach ich." etc.	Klient sagt: „Geht in Ordnung."
18	Kompromiss	Mitarbeiter: Teilweise Rücknahme einer Anweisung, ergänzender Vorschlag in Form eines Kompromissangebotes. Äußerungen, in denen etwas vorher Angewiesenes zurückgenommen wird. Klient: Äußerung, die die Suche nach einem Kompromiss beinhaltet. Teilweise Annahme einer Anweisung und ergänzender Vorschlag. Äußerungen, in denen etwas vorher Abgewiesenes zurückgenommen wird.	Klient: „Ich möchte aber länger bleiben." Mitarbeiterin: „Gut, ich biete Dir eine Stunde an." Mitarbeiterin: „Du wolltest mir noch etwas aus deinem Buch vorlesen." Daraufhin nimmt sich der Klient die Zeitung und sagt: „Ich lese Ihnen hieraus was vor."
19	Entscheidung	Abschließendes Treffen von Abmachungen, Ergebnis einer Aushandlung zwischen Klient und Mitarbeiter, Entscheidung des Mitarbeiters, die er dem Klienten mitteilt.	Es wird vereinbart, am Vormittag noch einmal zu versuchen, die Mutter zu erreichen.
20	Geben von negativem Feedback	Negative Rückmeldung über Verhaltensweisen und Eigenschaften des Interaktionspartners; Äußerungen wie: Falsch. Schlecht. Nein. Aussprechen von Drohungen; Äußerungen des Missfallens und der Ablehnung, verbal geäußerte negative Stimuli, z.B. in verbalen Formen von Liebesentzug, Ignorieren, Schelte, Tadel, Vorwürfe, Ablehnung, Verspotten, Ausschluss. Dieses Verhalten wird als zerstörend für das Vertrauen des Interaktionspartners angesehen (vgl. Tabelle 2, Kategorie 8).	Mitarbeiterin sagt: „Dein Verhalten ist nicht akzeptabel."

Nr.	Kategorie	Erläuterung der Kategorie	Ankerbeispiele (Anmerkung: Die im Beispiel zu codierende Passage wird kursiv dargestellt.)
21	Abbruch von positiven Stimuli	Auszeit: Vorenthalten positiver Stimuli, wie einen Film sehen. Folgekosten: bereits erworbene Belohnungen werden eingezogen, z.B. Versprechen zurücknehmen (Gage und Berliner, 1986: 302 ff).	*Mitarbeiterin sagt: „Du darfst nicht ins Kino."*
22	Verbale Ablehnung von Verhaltensanweisungen	Ablehnen der gegebenen Verhaltensanweisung durch direkte Äußerungen wie: „Nein", „Mach ich nicht" etc. oder durch indirekte Äußerungen, die auf eine Interventionsablehnung schließen lassen. Auch Kopfschütteln, Äußerung „Keine Lust" u.ä.	*Mitarbeiterin sagt: „Räum das auf." Klient antwortet: „Das mache ich nicht."*
23	Verbale Annahme/ Nonverbale Ablehnung von Verhaltensanweisungen (Uneindeutig)	Klient: Verbale Annahme unter nonverbaler Ablehnung von Verhaltensanweisungen. Verbale Annahme von Verhaltensanweisungen mit nonverbalem Negativausdruck. Zeitfenster schaffen.	*Klientin sagt: „Ich komme.", und spielt weiter.*
24	Jetzt-nicht-Äußerung	Eine Situation, in der ein Interaktionspartner signalisiert, dass jetzt nicht der passende Zeitpunkt ist. Keine inhaltliche oder persönliche Ablehnung, sondern auf den Moment bezogene Äußerung.	*Klient: „Das erzähle ich später".*
25	*Bitte um Feedback*	*Aufforderung zur Stellungnahme; Fragen wie „Wie findest Du das?" oder „Gefällt Dir mein Bild?", „explizite Aufforderung des Interaktionspartners, Stellung zu eigenen Einstellungen und Meinungen oder auch zu Handlungsabsichten und bereits realisierten Verhaltensweisen zu beziehen" (Schwer, 1996: 78)[794] Es handelt sich um ein Verhalten, das als Zeichen für Vertrauen einzustufen ist (vgl. Tabelle 2, Kategorie 9).*	*Klient: Ist mein Zimmer so in Ordnung?*

---

[794] vgl. Kapitel 3.4.1.

Nr.	Kategorie	Erläuterung der Kategorie	Ankerbeispiele (Anmerkung: Die im Beispiel zu codierende Passage wird kursiv dargestellt.)
26	Frage nach Zustimmung	Frage, ob bestimmte Dinge getan werden dürfen; um Erlaubnis bitten, bitten oder fragen, etwas zu erhalten. Bitte um Erhalt von positiven Stimuli oder Entfernen negativer Stimuli. Auch indirekt.	*Klientin kommt herein und fragt, ob sie Computer spielen darf.* *Klient: „Ich möchte gern da hingehen."* (indirekt)
27	Bitte um Hilfe bei einem Problem	Direkt: „Kannst Du mir helfen?" oder indirekt: „Ich schaffe das nicht alleine!" Auch: Bitte um ein Gespräch. Es handelt sich um ein Verhalten, das als Zeichen für Vertrauen einzustufen ist (vgl. Tabelle 2, Kategorie 11).	*Klient: Können Sie mir bitte einen Rat geben?* *Klient kommt herein und fragt, ob er mal mit der Mitarbeiterin reden könne.*
28	Aufforderung zu selbstexplorativer Äußerung des Interaktionspartners	Fragen nach Gefühlen und Befindlichkeiten des Interaktionspartners; Bitte oder Aufforderung, etwas von sich zu erzählen.	*Klient fragt die Mitarbeiterin, warum sie so müde sei.*
29	Reaktive Äußerungen mit betonter Sachlichkeit	Mitarbeiter: Betonte Sachlichkeit, kein Wechsel auf angebotene emotionale Ebene, an der Sache bleiben, beim Thema bleiben. In potenziell konfliktträchtiger Situation sachlich sein. Nicht schimpfen, strafen, lauter werden, sondern Thema weiter verfolgen.	*Mitarbeiterin sagt: „Ich habe in der Schule angerufen und sie sagten, du wärst eher gegangen." Klientin erwidert: „Ich war in der Schule." Mitarbeiterin fragt: Wo warst du während der Zeit?"*
30	Äußerung Fiktion	Mitarbeiter: Äußerung mit Formulierung einer Fiktion: Was-wäre-wenn-Formulierung, Phantasie, Sich-Hineinversetzen, Beispiel, Alternativen.	*Mitarbeiterin fordert Klient auf, sich in die Erzieherrolle hineinzuversetzen um der Frage nachzugehen, was ein Erzieher in so einem Fall machen sollte.*
31	Fragen nach Information	Fragen nach Ereignissen oder Sachverhalten, die nicht auf Feedback, Anweisung, Erlaubnis Hilfe/Unterstützung oder Selbstexploration bezogen sind (Kategorien II 25-28) oder auf Orientiertheit in der Situation (II 32).	*Mitarbeiterin fragt Klienten, ob er Stress in der Schule hat.*

Nr.	Kategorie	Erläuterung der Kategorie	Ankerbeispiele (Anmerkung: Die im Beispiel zu codierende Passage wird kursiv dargestellt)
32	Situationseinschätzung	Klient: Fragen, die sich auf das (bessere) Verständnis der Situation beziehen. Warum-Fragen, Fragen nach dem Hintergrund z.B. einer Intervention. Orientierungsfragen, die auf Erhöhung von Orientiertheit zielen. Mitarbeiter macht sich ein Bild, ergründet die Sachlage. Fragen, die sich auf das (bessere) Verständnis der Situation beziehen. Warum-Fragen, Fragen nach dem Hintergrund, Orientierungsfragen.	*Klientin schaut erstaunt die Mitarbeiterin an und fragt „Wieso?"*
33	Beharren	Eine bereits gestellte Frage, Aufforderung oder Bitte wird wiederholt, nochmals betont, es wird innerhalb der Situation wiederholt darauf zurückgekommen.	*Klient wiederholt mehrmals, dass Erzieher eine Ausnahme sind.*
34	Sachbezogene Äußerung, Information	Aussagen, die sich auf Ereignisse oder Sachverhalte beziehen und primär Informationscharakter haben; hierzu gehören auch Ja- oder Nein-Antworten auf Informationsfragen, ebenfalls solche in Form von Nicken oder Kopfschütteln. Nicht in diese Kategorie gehören die unter den Kategorien II 4, II 12 und II 35 beschriebenen Äußerungen, auch wenn diese sachliche Informationen enthalten.	*Mitarbeiterin sagt, dass an das Gespräch mit der Ärztin angeknüpft werden muss.*
35	Äußerung über die Interaktionsbeziehung	Hier-und jetzt-Äußerungen; Äußerungen mit gegenwärtigem Bezug, über gegenwärtige Zustände und Wahrnehmungen der Situation sowie des Interaktionspartners, sofern sie nicht unter Kategorie II 12 oder II 20 fallen. Es handelt sich um ein Verhalten, das als Zeichen für Vertrauen einzustufen ist (vgl. Tabelle 2, Kategorie 15).	*Klient sagt, dass er sich nun von allen Erziehern beschuldigt fühlt.*
36	Hier-und jetzt- Äußerung Ventil	Klient: Ausrasten. Ausfällige Äußerungen über die aktuelle Interaktion. Hier- und jetzt-Äußerungen mit stark affektiver Exploration; ebensolche Äußerungen über gegenwärtige Zustände und Wahrnehmungen der Situation sowie des Interaktionspartners, sofern sie nicht unter Kategorie II 12 oder II 20 fallen.	*Klient schreit: „Sie sind gemein, immer diese Schikane hier!", und schmeißt die Zimmertür lautstark zu.*

Nr.	Kategorie	Erläuterung der Kategorie	Ankerbeispiele (Anmerkung: Die im Beispiel zu codierende Passage wird kursiv dargestellt)
III	Nonverbales Verhalten		
37	Aufnehmen von Körperkontakt	Körperkontakt zum Interaktionspartner herstellen.	*Mitarbeiterin greift den Klienten am Arm.*
38	Geben von negativen Stimuli	Primär: z.B. Entzug von Essen, Freizeit, körperliche Züchtigung. Sozial: z.B. nonverbale Formen von Liebesentzug, Ignorieren, Ablehnung, Verspotten, Ausschluss. Materiell: z.B. Entzug von Spielzeug, Anhalten zur Wiedergutmachung von Schaden. Symbolisch: z.B. Entzug des Taschengeldes, Geldstrafen (vgl. Gage und Berliner, 1986:280 ff.; Huppertz & Schinzler, 1995: 110). Auch: Drohende Gesten des Mitarbeiters gegenüber dem Klienten oder einem mit ihm verbundenen Gegenstand. Andeutung einer übergriffigen Handlung durch Geste.	*Mitarbeiterin geht hinter her und nimmt dem Klienten die Süßigkeiten weg.*
39	*Nonverbale negative Gefühlsäußerung*	*Negative Gefühle. Nonverbale Äußerung von negativen Gefühlen dem Interaktionspartner gegenüber; Ausdruck von Ablehnung, Wut, Ärger, Ekel. Dieses Verhalten wird als zerstörend für das Vertrauen des Interaktionspartners angesehen (vgl. Tabelle 2, Kategorie 17).*	*Klient schaut wütend.*
40	*Nonverbale positive Gefühlsäußerung*	*Positive Gefühle. Nonverbaler Ausdruck von positiven Gefühlen dem Interaktionspartner gegenüber; Ausdruck von Zuneigung, Zuwendung, Liebe, Freundlichkeit. Dieses Verhalten wird als förderlich für das Vertrauen des Interaktionspartners angesehen (vgl. Tabelle 2, Kategorie 18).*	*Klientin schaut Mitarbeiterin an und lächelt.*

Nr.	Kategorie	Erläuterung der Kategorie	Ankerbeispiele (Anmerkung: Die im Beispiel zu codie-rende Passage wird kursiv dargestellt.)
41	Widersprüchliche nonverbale Äuße-rungen	Widersprechende Signale auf verschiedenen Kom-munikationskanälen; gleichzeitiges Vorkommen posi-tiver und negativer Signale in Mimik, Gestik und Kör-perhaltung, z.B. auf Distanz gehen und lächeln.	*Klient nickt und dreht sich dabei weg.*
42	Still sein mit Blick-kontakt zum Interak-tionspartner oder Still sein ohne Blick-kontakt	Schweigen, nichts erzählen, nichts fragen, nichts er-bitten, keine Gefühle äußern mit Blickkontakt zum In-teraktionspartner; den Interaktionspartner ansehen und schweigen. Oder: Nichts erzählen, nichts fragen, keine Gefühle äußern, schweigen, ohne dabei den In-teraktionspartner anzusehen.	*Klient schaut zu Boden und sagt nichts.*
43	Raum verlassen	Aus der Situation gehen, indem der Interaktionsraum unaufgefordert verlassen, die Interaktion abgebro-chen wird.	Mitarbeiterin sagt: „Aber nach dem Abendbrot rufen wir an." *Klientin geht aus dem Raum.*
IV	Sonstiges Verhalten		
44	Restkategorie	alle anderen Verhaltensweisen	

Ein Bild dessen, welches Verhalten, das der jeweiligen Kategorie entspricht, in den Protokollen oft und welches seltener beschrieben wurde, gibt Tabelle 4. Diese Verhaltensweisen werden in der Rangfolge ihres codierten Ausmaßes aufgelistet. Mehrfach- sowie Nichtaufkommen von einer Kategorie innerhalb einer protokollierten Situation waren möglich, sodass Häufigkeiten keine empirisch einwandfreien Rückschlüsse zulassen[795]. Es handelt sich nicht um ein quantitativ aussagekräftiges Ergebnis. Allerdings stellt sich ein Bild der in den Protokollen beschriebenen Abläufe an den Beobachtungsorten und der Aktionen der Akteure dar.

Tabelle 4: In den untersuchten Protokollen beschriebene Verhaltensweisen (in Kategorien vgl. Tabelle 3; mit kursiver Kennzeichnung von Vertrauensverhalten aufseiten des Klienten und von vertrauensförderndem oder –zerstörendem Verhalten aufseiten der Mitarbeiterin, vgl. Tabelle 2) nach Häufigkeit ihrer Codierung (N = 94; Mehrfach- und Nichtaufkommen möglich).

Häufigkeit der Codierung	Kategorie
über 100 bis 91	II 34: Sachbezogene Äußerung, Information vonseiten des Klienten
90 bis 81	II 8: Anweisung geben vonseiten der Mitarbeiterin
80 bis 71	leer
70 bis 61	II 31: Fragen nach Information vonseiten der Mitarbeiterin
60 bis 51	II 34: Sachbezogene Äußerung, Information vonseiten der Mitarbeiterin
50 bis 41	II 28: Aufforderung zu selbstexplorativer Äußerung durch Mitarbeiterin
	III 39: Nonverbale negative Gefühlsäußerung vonseiten des Klienten
	II 15: Auf Motive bezogene Äußerungen vonseiten des Klienten
	II 15: Auf Motive bezogene Äußerungen vonseiten der Mitarbeiterin
	II 20: Geben von negativem Feedback vonseiten der Mitarbeiterin
40 bis 31	II 12: Selbstexplorative Äußerung vonseiten des Klienten
	II 16: Geben von positivem Feedback vonseiten der Mitarbeiterin
	II 32: Situationseinschätzung vonseiten der Mitarbeiterin.
	III 43: Raum verlassen vonseiten des Klienten.

795   vgl. Kapitel 7.1.2.

Häufigkeit der Codierung	Kategorie
	I 3: Eine Tätigkeit nach Aufforderung ausführen vonseiten des Klienten
30 bis 21	III 40: Nonverbale positive Gefühlsäußerung vonseiten des Klienten
	III 42: Still sein mit Blickkontakt oder still sein ohne Blickkontakt vonseiten des Klienten
	II 22: Verbale Ablehnung von Verhaltensanweisungen vonseiten des Klienten
	II 32: Situationseinschätzung vonseiten des Klienten
	II 13: Wunschäußerung vonseiten des Klienten
	II 33: Beharren vonseiten des Klienten
20 bis 11	II 4: Äußerung mit Anekdotencharakter vonseiten des Klienten
	II 26: Frage nach Zustimmung vonseiten des Klienten
	I 1: Eine Tätigkeit ausführen vonseiten des Klienten
	II 14: Selbstreferenz vonseiten der Mitarbeiterin
	II 30: Äußerung Fiktion vonseiten der Mitarbeiterin
	II 9: Anweisung mit Unterstützung vonseiten der Mitarbeiterin
	II 20: Geben von negativem Feedback vonseiten des Klienten
	II 4: Äußerung mit Anekdotencharakter vonseiten der Mitarbeiterin
	II 33: Beharren vonseiten der Mitarbeiterin
	II 17: Verbale Annahme von Verhaltensanweisungen vonseiten des Klienten
	II 10: Information über Konsequenzen vonseiten der Mitarbeiterin
	II 8: Anweisung geben vonseiten des Klienten
	II 35: Äußerungen über die aktuelle Interaktionsbeziehung vonseiten des Klienten
	III 40: Nonverbale positive Gefühlsäußerung vonseiten der Mitarbeiterin
10 bis 0	alle anderen Verhaltensweisen (siehe Tabelle 3)
	Weitere, vertrauensrelevante Verhaltensweisen mit Häufigkeit 10 bis 0:
5	III 39 Nonverbale negative Gefühlsäußerung vonseiten der Mitarbeiterin
1	II 27: Bitte um Hilfe bei einem Problem vonseiten des Klienten
0	II 25: Bitte um Feedback vonseiten des Klienten

Die Angelegenheiten, um die sich die Interaktionen drehen, sind bestimmt vom Alltag in der stationären Einrichtung im Kontext des umfassenden Sozialisationsauftrags stationärer Erziehung. Die Sachverhalte im Material sind vielfältig. Über dem gesamten Kontext liegen die Tatsachen der Trennung von der Familie und die Fremdunterbringung. Begründet in der Minderjährigkeit der Klienten spielt die Abhängigkeit von Erwachsenen immer wieder ein Rolle wie auch die kontextbezogene Abhängigkeit aufgrund eigener handlungsbezogener Einschränkungen. Innerhalb der Einrichtungen finden sich zahlreiche alltagsbezogene Themen wie Essen, Einkaufen oder Wecken, ebenso wie einrichtungsbezogene Regeln wie Hausordnung in engem Bezug zu Pflichten und Rechten. Das Zusammenleben in einer stationären Einrichtung stellt auch immer wieder Anforderungen an den sozialen Bereich der Klienten, sodass gruppenbezogene Fragen wie Rücksichtnahme, eigene Grenzen und Grenzen anderer wichtige Inhalte sind. Mit all diesen Themen im Kontext der Fremdunterbringung kaum trennbar verbunden sind die Fragen der individuellen Entwicklung. Hierzu zählen Bereiche des Kompetenzerlebens, der Identität, Lebensbewältigung, Verantwortungsübernahme, Autonomie, Freiheit, Grenzsetzung durch andere bis hin zur Thematik des Erwachsenwerdens.

Im Rahmen der Auswertung der Protokolle wurden bestimmte Konstanten für die untersuchten Bereichen als gegeben angenommen. Dabei handelt es sich um das ausschließlich *professionelle Setting Sozialer Arbeit* und um die damit einhergehende *Rollenverteilung*[796]. Das Vorhandensein eines professionellen Settings Sozialer Arbeit bedeutet für die Einschätzung der protokollierten Beobachtungssituationen, dass diese in diesem Rahmen abliefen und dass das Handeln der Mitarbeiter grundsätzlich Sozialer Arbeit zuzuordnen ist. Das Handeln der Mitarbeiter wurde damit immer als professionelles Handeln betrachtet und als Handeln unter professionellem Handlungszwang. Im Rahmen dieses Settings sind die Rollen Sozialarbeiter und Klient systemimmanent. Dies bestätigte sich auch in den Beobachtungen. In der wechselseitigen Wahrnehmung wurden diese nicht in einer Beobachtung durch die Beteiligten infrage gestellt. Das unterstreicht, dass diese Rollen im Feld gegeben sind. Eine grundsätzliche Interventionsberechtigung der Sozialarbeiter nehmen die Klienten größtenteils an. Auch hier fanden sich keine Situationen, in denen diese Grundsätzlichkeit infrage gestellt worden ist. Insgesamt zeigt sich eine Beziehungsstruktur, in der die Rollen aufeinander bezogen und hierarchisch vorzufinden sind, mit klaren Rollen- und Generationengrenzen.

---

796   vgl. Schaller & Gräbenitz, 1968: 59 ff.

Detaillierte Schlussfolgerungen aus dem Auftreten der codierten Elemente in den Protokollen, die in der Tabelle 4 nach Häufigkeiten geordnet und als Kategorien benannt dargestellt sind, werden das Thema der folgenden Kapitel sein. Es werden dabei Bezüge zwischen den Kategorien vorgestellt, die besonders markant hervortraten.

7.2.2 Bezüge der Kategorien

Der pädagogische Alltag im Untersuchungsfeld ist durch die nahezu ununterbrochenen direkten Kontakte der Sozialarbeiter zu den Klienten und zu anderen Menschen geprägt. Die protokollierten Beobachtungssituationen zeigen eine Vielzahl von Begebenheiten, die im Detail eher unspektakulär sind, in ihrer Summe von den beteiligten Sozialarbeitern jedoch eine hohe und andauernde Aufmerksamkeit verlangen. Wesentliches Kennzeichen von Erziehung im stationären Zusammenhang ist der komplexe Sozialisationsauftrag. Dieser umfasst die Zuständigkeit für die Schaffung eines Zuhauses für die Kinder und Jugendlichen, die Zuständigkeit für alle für das einzelne Kind oder den einzelnen Jugendlichen relevanten Handlungs- und Erlebnisdimensionen und für die Befriedigung derer sämtlicher sozialer Bedürfnisse[797].

Die folgenden Erläuterungen und Interpretationen beziehen sich auf die Protokolle und die darin aufgefundenen Beschreibungen der jeweiligen Interaktionssituation. Die Tabellen 3 und 4 dienen als Grundlagen für das Verständnis des nachfolgenden Textes und der in ihm benannten Kategorien. Der Rangfolge in der Tabelle 4 wurde in der Abfolge der Beschreibungen gefolgt, da damit eine nachvollziehbare strukturierende Grundlage vorliegt. Es interessieren der Forschungsfragestellung entsprechend im Schwerpunkt Verhaltensweisen der Mitarbeiterinnen. Es wird dabei berücksichtigt, dass verbale und nonverbale Vertrauenshandlungen die Wahrscheinlichkeit folgenden Vertrauens und die Initiierung vertrauensvollen Verhaltens des Interaktionspartners erhöhen[798]. Deshalb werden nicht nur die als vertrauensfördernd benannten Verhaltensweisen, sondern auch die als Vertrauenshandlungen angesehenen Handlungen aufseiten der Mitarbeiterinnen betrachtet. Die Beschreibungen von Beziehungen der Kategorien in Form von Abfolgen werden dann als häufig benannt, wenn es in den Protokollen mehr als 9 Fundstellen dafür gab. Außerdem werden solche Abfolgen benannt, die auffällig waren.

---

797   Merchel, 1999: 247.
798   vgl. Kapitel 3.3.3 und Tabelle 2.

7.2.2.1 Sachbezogene Äußerungen und Informationen

Am häufigsten wurde in den Beobachtungsprotokollen die Kategorie II 34 (Sachbezogene Äußerung, Information) vonseiten eines Klienten aufgefunden. Häufiger als in den Einrichtungen der Wohngruppen oder in der Kriseninterventionsstelle für Kinder zeigten die Klienten in der Kriseninterventionsstelle für Jugendliche dieses Verhalten. Ebenfalls häufig fanden sich die Kategorie II 31 (Fragen nach Information) vonseiten der Mitarbeiterin und die Kategorie II 34 (Sachbezogene Äußerung, Information) vonseiten der Mitarbeiterin. Um zu ergründen, ob es einen Zusammenhang der Verhaltensweisen gibt, stellte sich die Frage, ob es eine typische Abfolge gibt. Das Verhalten Fragen nach Information (Kategorie II 31) vonseiten der Mitarbeiterin gefolgt von einer Reaktion in Form von sachbezogener Äußerung und Information (Kategorie II 34) vonseiten eines Klienten fand sich oft. Die Klienten reagierten mit diesem Verhalten auch auf Fragen zur Situationseinschätzung durch die Mitarbeiterin (Kategorie II 32) oder auf die Aufforderung zur Selbstexploration (Kategorie II 28) vonseiten der Mitarbeiterin. Auch die Abfolge einer sachbezogenen Äußerung und Information vonseiten eines Klienten als Reaktion auf die sachbezogene Äußerung und Information vonseiten der Mitarbeiterin (beides Kategorie II 34) und umgekehrt war in den Protokollen häufig beschrieben. Insgesamt lässt sich sagen, dass vor allem die Mitarbeiterinnen in der Rolle der Fragenden und Auffordernden beschrieben sind; die Klienten befinden sich oft in der Rolle der darauf Reagierenden. Die maßgebliche Rolle eines sachbezogenen Informationsaustauschs zwischen den Sozialarbeitern und den Klienten hebt sich hervor. Ein typisches Beispiel dafür ist die Situation 16. Sie wurde in der Kriseninterventionsstelle für Jugendliche beobachtet und aufgezeichnet; es handelt sich um einen männlichen Klienten:

01 0016
02 Name des Beobachters: B
03 Datum der Beobachtung:
04 12.01.03
05 Ort der Beobachtung: 05
06 Zeit: 12.30 Uhr - 12.35
07 Uhr
08
09 Situation (inkl. beteiligte Personen):
10 Küche. anwesend Mitarbeiterin 705 [25], Klient S1 [15].
11 Mitarbeiterin 705 [25] hat gerade mit der Schule telefoniert und

12 gefragt, ob Klient S1 [15] in der Schule war [Das ist so üblich in der Einrich-
13 tung, die Klienten wissen das auch].
14
15 Beobachtung:
16
17 Mitarbeiterin 705 [25] fragt Klient S1 [15],bis wann er Schule
18 hatte.
19 Klient S1 [15] sagt, bis viertel 2.
20 Mitarbeiterin 705 [25] sagt „Aha, und warum bist du schon da?".
21 Klient S1 [15] sagt, mit den Fingern Anführungszeichen in die Luft
22 machend, „Kopfschmerzen".
23 Mitarbeiterin 705 [25] sagt „Kopfschmerzen".
24 Klient S1 [15] nickt, lehnt sich an Türrahmen, schaut zu Boden.
25
26 Mitarbeiterin 705 [25] fragt: „Und was ist morgen?".
27 Klient S1 [15] sagt „WG angucken". Grinst.
28
29 Mitarbeiterin 705 [25] schaut vor sich hin und sagt: „Hast du
30 deiner Lehrerin Bescheid gesagt, dass du gehst?".
31 Klient S1 [15] sagt naklar, hab ihr doch gesagt, ich hab Kopfschmerzen.
32 Mitarbeiterin 705 [25] schaut vor sich hin, schaut Klient S1 [15]
33 an.
34 Klient S1 [15] schaut zu Boden, spielt mit dem Fuß.
35
36 Mitarbeiterin 705 [25] fragt, ob Klient S1 [15] schon Mittag
37 gegessen habe.
38 Klient S1 [15] sagt nein und geht aus dem Raum.

Die Kategorie II 31 vonseiten der Mitarbeiterin wurde codiert in den Zeilen 17-18: „Mitarbeiterin 705 [25] fragt Klient S1 [15], bis wann er Schule hatte.", in Zeile 20: „Mitarbeiterin 705 [25] sagt „Aha, und warum bist du schon da?", in den Zeilen 29-30: „Mitarbeiterin 705 [25] schaut vor sich hin und sagt: „Hast du deiner Lehrerin Bescheid gesagt, dass du gehst?" und in den Zeilen 36-37: „Mitarbeiterin 705 [25] fragt, ob Klient S1 [15] schon Mittag gegessen habe." Die Kategorie II 34 vonseiten des Klienten wurde codiert in der Zeile 19: „Klient S1 [15] sagt, bis viertel 2.", in Zeile 22: „...Kopfschmerzen.", in Zeile 27: Klient S1 [15] sagt „WG angucken", in Zeile 31: „Klient S1 [15] sagt naklar, hab ihr doch gesagt, ich hab Kopfschmerzen." und in Zeile 38: „Klient S1 [15] sagt nein ..." Damit zeigt sich die Abfolge der Kategorie II 31 vonseiten der Mitarbeiterin gefolgt von Kategorie II 34 vonseiten des Klienten in dem Protokoll 16 folgendermaßen:

Zeilen 17-18: Mitarbeiterin 705 [25] fragt Klient S1 [15], bis wann er Schule hatte.
Zeile 19: Klient S1 [15] sagt, bis viertel 2.
Zeile 20: Mitarbeiterin 705 [25] sagt „Aha, und warum bist du schon da?"
Zeile 22: ...Kopfschmerzen.
Zeilen 29-30: Mitarbeiterin 705 [25] schaut vor sich hin und sagt: „Hast du deiner Lehrerin Bescheid gesagt, dass du gehst?"
Zeile 31: Klient S1 [15] sagt naklar, hab ihr doch gesagt, ich hab Kopfschmerzen.
Zeilen 36-37: Mitarbeiterin 705 [25] fragt, ob Klient S1 [15] schon Mittag gegessen habe.
Zeile 38: Klient S1 [15] sagt nein ...
Der Ablauf stellt sich so dar:
Zeilen 17-18: Kategorie II 31 vonseiten der Mitarbeiterin
Zeile 19: Kategorie II 34 vonseiten des Klienten
Zeile 20: Kategorie II 31 vonseiten der Mitarbeiterin
Zeile 22: Kategorie II 34 vonseiten des Klienten
Zeilen 29-30: Kategorie II 31 vonseiten der Mitarbeiterin
Zeile 31: Kategorie II 34 vonseiten des Klienten.
Zeilen 36-37: Kategorie II 31 vonseiten der Mitarbeiterin
Zeile 38: Kategorie II 34 vonseiten des Klienten

Die ebenfalls als sachbezogene Äußerung und Information vonseiten des Klienten mit der Kategorie II 34 codierte Zeile 27: „Klient S1 [15] sagt „WG angucken" war ebenfalls eine Reaktion, in diesem Fall eine Antwort auf eine der Kategorie II 32 zugeordnete Frage zur Situationseinschätzung vonseiten der Mitarbeiterin in Zeile 26: „Mitarbeiterin 705 [25] fragt: „Und was ist morgen?"." In den Zeilen 23 und 24 findet ein Austausch von sachbezogenen Äußerungen der Kategorie II 34 vonseiten der Mitarbeiterin und vonseiten des Klienten statt: „Mitarbeiterin 705 [25] sagt „Kopfschmerzen". Klient S1 [15] nickt, lehnt sich an Türrahmen, schaut zu Boden."

7.2.2.2 Anweisungen

Häufig wurde in den Protokollen beschrieben, dass die Mitarbeiterinnen Anweisungen an die Klienten gaben (Kategorie II 8). Die Mitarbeiterinnen werden damit oft in der Rolle der Anweisenden beschrieben. Um eine solche Anweisung nicht mehrfach zu registrieren, wurde die Kategorie II 8 (Anweisung geben) teilweise ergänzt durch die Kategorie II 33 (Beharren); immer dann, wenn in der Situation eine bereits getätigte Anweisung wiederholt wird, wurde das Interaktionselement in dieser Untersuchung damit gekennzeichnet. Eine häufig auftretende typische Abfolge mit einer anderen Kategorie für Verhalten vonseiten der Klienten für diese Kategorien zeigte sich nicht. Auf eine Anweisung einer Mitarbeiterin reagieren die Klienten ganz unterschiedlich. Häufig reagierten sie damit, der Anweisung zu folgen mit einem Verhalten der Kategorie I 3 (Eine Tätigkeit nach Aufforderung ausführen), ebenfalls mit Verhalten der Kategorie II 17 (Verbale Annahme von Verhaltensanweisungen) oder mit der Ablehnung der Anweisung mittels Verhalten der Kategorie I 2 (Eine Tätigkeit abbrechen oder unterlassen) und häufig der Kategorie II 22 (Verbale Ablehnung von Verhaltensanweisungen), selten auch mit Verhalten der Kategorien II 23 (Verbale Annahme/Nonverbale Ablehnung von Verhaltensanweisungen), II 33 (Situationseinschätzung), II 35 (Äußerungen über die aktuelle Interaktionsbeziehung), II 36 (Hier-und jetzt-Äußerung Ventil) oder III 39 (Nonverbale negative Gefühlsäußerung). Ein typisches Beispiel für diese Kategorien II 8 und II 33 ist das Beobachtungsprotokoll 962. Die Situation wurde in der Wohngruppe für Jungen beobachtet und aufgezeichnet; es handelt sich um zwei männliche Klienten:

```
01   0962
02   Name des Beobachters: G
03   Datum der Beobachtung: 02.09.2003
04   Ort der Beobachtung: 03
05   Zeit: 19:30 Uhr - 20:05 Uhr
06
07   Situation und beteiligte Personen: Hof - Fahrradschuppen;
08   Klient D14 [13], Klient S13 [16], Mitarbeiterin 303 [30];
09   Mitarbeiter 303 [30] kommt zum Nachtdienst während
10   Klient S13 [16] und Klient D14 [13], an ihren Fahrrädern
11   basteln
12
13
14   Beobachtung:
15
16   Mitarbeiterin 303 [30] kommt und begrüßt alle.
17
18   Klient D14 [13] und Klient S13 [16] fangen sofort, an von
19   ihrem Tag zu berichten.
20
21   Mitarbeiterin 303 [30] hört eine Weile zu [circa 10 Minuten]
22   und geht dann ins Dienstzimmer weiter.
```

23
24 Klient S13 [16] und Klient D14 [13] basteln weiter.
25
26 Gegen 19:50 Uhr kommt Mitarbeiterin 303 [30] auf die Terrasse
27 des Dienstzimmers und sagt zu Klient D14 [13] und Klient
28 S13 [16], es wäre höchste Zeit aufzuräumen, sich zu waschen
29 und ins Bett zu gehen.
30
31 Klient D14 [13] und Klient S13 [16] sagen: „Ja, Ja!".
32
33 Mitarbeiterin 303 [30] geht hinein, Klient D14 [13] und
34 Klient S13 [16] basteln weiter.
35
36 Fünf Minuten später kommt Mitarbeiterin 303 [30] wieder
37 auf die Terrasse und erinnert Klient D14 [13] und Klient
38 S13 [16] daran, was er gesagt hat.
39
40 Klient D14 [13] und Klient S13 [16] antworten, sie wollten
41 nur noch schnell was fertig machen.
42
43 Mitarbeiterin 303 [30] geht hinein.
44
45 Circa fünf Minuten später kommt Mitarbeiterin 303 [30]
46 ein drittes Mal auf die Terrasse des Dienstzimmers und sagt,
47 jetzt sei Schluss, Klient D14 [13] und Klient S13 [16]
48 sollen jetzt aufräumen und sich waschen und nach oben
49 beziehungsweise drinnen gehen.
50
51 Klient D14 [13] tut dies auch umgehend, während Klient S13 [16]
52 weiter am Fahrrad baut.
53
54 Mitarbeiterin 303 [30] bleibt auf der Terrasse und sagt nach
55 circa zwei Minuten zu Klient S13 [16], ob er ihn nicht verstanden
56 hätte.
57
58 Darauf sagt dieser: „Doch, doch.", macht aber weiter.
59
60 Mitarbeiterin 303 [30] sagt ruhig zu Klient S13 [16], er möchte
61 jetzt sofort aufhören, er könne ja morgen weiterbasteln.
62
63 Mitarbeiterin 303 [30] bleibt weiter auf der Terrasse.

64
65 Klient S13 [16] räumt nach circa einer Minute des Weiterbastelns
66 auch auf und geht hinein.

Die Kategorie II 8 vonseiten der Mitarbeiterin wurde codiert in den Zeilen 26-29: „Gegen 19:50 Uhr kommt Mitarbeiterin 303 [30] auf die Terrasse des Dienstzimmers und sagt zu Klient D14 [13] und Klient S13 [16], es wäre höchste Zeit aufzuräumen, sich zu waschen und ins Bett zu gehen." und darauf bezogen die Kategorie II 33 in den Zeilen 36-38: „Fünf Minuten später kommt Mitarbeiterin 303 [30] wieder auf die Terrasse und erinnert Klient D14 [13] und Klient S13 [16] daran, was er gesagt hat." Wiederum mit der Kategorie II 8 wurden die Zeilen 45-49 codiert: „Circa fünf Minuten später kommt Mitarbeiterin 303 [30] ein drittes Mal auf die Terrasse des Dienstzimmers und sagt, jetzt sei Schluss, Klient D14 [13] und Klient S13 [16] sollen jetzt aufräumen und sich waschen und nach oben beziehungsweise drinnen gehen." Bei dieser Sequenz bekommt die Anweisung eine neue Qualität, daher wurde sie der Kategorie II 8 zugeordnet, wie auch die Zeilen 60-61: „Mitarbeiterin 303 [30] sagt ruhig zu Klient S13 [16], er möchte jetzt sofort aufhören, ..."

Die Klienten reagieren unterschiedlich. In den Zeilen 31-34: „Klient D14 [13] und Klient S13 [16] sagen: „Ja, Ja!". ..., Klient D14 [13] und Klient S13 [16] basteln weiter." wurde die Codierung mit der Kategorie II 23 (Verbale Annahme/Nonverbale Ablehnung von Verhaltensanweisungen) vorgenommen. Mit der Kategorie II 22 (Interventionsablehnung) wurden die Zeilen 40-41 codiert: „Klient D14 [13] und Klient S13 [16] antworten, sie wollten ... machen." und Kategorie II 15 (Äußerung über Motive) in der Zeile 41 „nur noch schnell was fertig (machen)." In den Zeilen 51-52 wird das Verhalten der Klienten verschieden beschrieben: „Klient D14 [13] tut dies auch umgehend, während Klient S13 [16] weiter am Fahrrad baut." Die Sequenz in Zeile 51 „Klient D14 [13] tut dies auch umgehend..." wurde mit der Kategorie I 3 (Eine Tätigkeit nach Aufforderung ausführen) codiert, während dem Interaktionselement: „... während Klient S13 [16] weiter am Fahrrad baut." in den Zeilen 51-52 die Kategorie I 2 (Eine Tätigkeit abbrechen oder unterlassen) zugeordnet wurde. Die Zeile 58 wurde codiert mit der Kategorie II 23 (Verbale Annahme/Nonverbale Ablehnung von Verhaltensanweisungen): „Darauf sagt dieser: „Doch, doch.", macht aber weiter." und die Zeilen 65-66: „Klient S13 [16] räumt nach circa einer Minute des Weiterbastelns auch auf und geht hinein." wurde der Kategorie I 3 (Eine Tätigkeit nach Aufforderung ausführen) zu-geordnet. Das als widersprüchlich registrierte Verhalten des Klienten in der mit der Kategorie II 23 codierten Zeile 58: „Darauf sagt dieser: „Doch, doch.", macht aber weiter." war die Reaktion auf eine Frage zur Situationseinschätzung (Kategorie II 32) vonseiten der Mitarbeiterin.

Damit zeigt sich die Abfolge der Kategorien II 8 und II 33 vonseiten der Mitarbeiterin gefolgt von Verhalten vonseiten der Klienten in dem Protokoll 962 folgendermaßen:

Zeilen 26-29: Kategorie II 8 vonseiten der Mitarbeiterin

Zeilen 31-34: Kategorie II 23 (2x) vonseiten der Klienten

Zeilen 36-38: Kategorie II 33 vonseiten der Mitarbeiterin

Zeilen 40-41: Kategorien II 22 und II 15 (je 2x) vonseiten der Klienten

Zeilen 45-49: Kategorie II 8 vonseiten der Mitarbeiterin

Zeilen 51-52: Kategorie I 3 vonseiten des Klienten und Kategorie I 2 vonseiten des Klienten (das Verhalten der 2 Klienten wird verschieden beschrieben)

Zeilen 60-61: Kategorie II 8 vonseiten der Mitarbeiterin

Zeilen 65-66: Kategorie I 3 vonseiten des Klienten

7.2.2.3 Selbstöffnung

Selbstöffnung und selbstexplorative Äußerungen werden bei Peter-mann gekennzeichnet durch „Äußerungen, die Aufschluss über die ei-gene Person geben; Äußerungen über Eigenschaften und Befindlich-keit; verbale Gefühlsäußerungen" (Esser, 1983 nach Petermann, 1996: 76 ff.). Auch Schweer[799] verdeutlicht, was unter selbstexplorativen Äu-ßerungen gemeint ist: Es geht um die Offenlegung eigener Schwächen und Probleme; es geht um intime Informationen über die eigene Per-son. Das Ausmaß der Selbstöffnung ist nicht bestimmt.

Vielfach wurden in den Protokollen solche Verhaltensweisen beschrie-ben, die Auskunft über innere Befindlichkeiten des Akteurs geben oder diesen Bereich ansprechen. Dabei am häufigsten fand sich Ver-halten der Kategorien II 28 (Aufforderung zu selbstexplorativer Äu-ßerung des Interaktionspartners) durch eine Mitarbeiterin, III 39 (Non-verbale negative Gefühlsäußerung) vonseiten des Klienten, II 15 (Auf Motive bezogene Äußerungen) vonseiten des Klienten und auch von-seiten der Mitarbeiterin sowie II 12 (Selbstexplorative Äußerung) von-seiten des Klienten.

---

799   vgl. Schweer, 1996: 76.

Die Sozialarbeiter bemühen sich oft um ein selbstexploratives Verhalten ihrer Klienten durch Fragen nach Gefühlen und Befindlichkeiten und Aufforderungen, etwas von sich zu erzählen (Kategorie II 28). Beide Seiten, Klienten wie Mitarbeiterinnen, begründen oft ihr Verhalten oder ihr Handeln dem anderen gegenüber (Kategorie II 15). Die Klienten geben nicht selten über ihre Gefühle und Befindlichkeiten Auskunft, einerseits nonverbal über ihre negativen Gefühle (Kategorie III 39) oder andererseits verbal in Form von Äußerungen, die dem Bereich selbstexplorativer Äußerungen zugeordnet werden können (Kategorie II 12).

Erklärungsbedürftig ist zunächst das wiederholte Auftreten der Codierung für die nonverbale negative Gefühlsäußerung vonseiten des Klienten (Kategorie III 39). Es erklärt sich möglicherweise damit, dass direkt und indirekt an den Interaktionspartner gerichtete Negativäußerungen mit dieser Codierung nicht unterschieden wurden. Das bedeutet, dass eine Beobachtungsbeschreibung wie ,ungehalten' ebenso in die Kategorie eingeordnet wurde wie ,traurig', da beides Ausdruck negativer Gefühle ist. Im Kontext einer Fremdunterbringung ist es zunächst nicht ungewöhnlich, dass diese Kategorie häufiger und der Ausdruck positiver bzw. freudiger Gefühlsäußerung seltener aufgefunden wurde. Die Abfolge der Kategorie II 20 (Geben von negativem Feedback) durch die Mitarbeiterin gefolgt von dem Verhalten der Kategorie III 39 vonseiten des Klienten fand sich häufig und bietet eine weitere Erklärung für das häufige Auftreten des Verhaltens als Reaktion; dies lässt sich auch feststellen für die Abfolge Anweisung geben vonseiten der Mitarbeiterin (Kategorie II 8) gefolgt von der Kategorie III 39 vonseiten des Klienten. Eine negative Gefühläußerung des Klienten fand sich deutlich seltener infolge von weniger direktiven Verhaltensweisen vonseiten der Mitarbeiterin wie Fragen nach Gefühlen und Befindlichkeiten und Aufforderungen, etwas von sich zu erzählen (Kategorie II 28) oder sachbezogenen Äußerungen (Kategorie II 34).

Die Abfolge der Kategorie II 28 (Aufforderung zu selbstexplorativer Äußerung des Interaktionspartners) vonseiten der Mitarbeiterin gefolgt von Kategorie II 12 (Selbstexplorative Äußerung) vonseiten des Klienten wurde häufig gefunden, seltener die Abfolgen Kategorie II 30 (Äußerung Fiktion) oder II 31 (Fragen nach Information) oder II 34 (Sachbezogene Äußerung, Information) vonseiten der Mitarbeiterin gefolgt von der Kategorie II 12 (Selbstexplorative Äußerung) vonseiten des Klienten. Ein typisches Beispiel für eine solche Abfolge bezogen auf die Kategorie II 28 ist die Situation 52; sie wurde in der Wohngruppe für Mädchen aufgezeichnet, es handelt sich um eine weibliche Klientin:

01 0052
02 Name des Beobachters: F
03 Datum der Beobachtung: 13.03.03
04 Ort der Beobachtung: 04
05 Zeit: 12.25 – 12.30 Uhr
06
07
08 Situation (inkl. Beteiligte Personen):
09
10 Im Dienstzimmer sitzt Praktikantin am Schreibtisch. Mitarbeiterin 404 [35]
11 sitzt am PC und arbeitet am Hilfeplan von Klientin P13 [17]. Sie ruft
12 Klientin P13 [17] ins Dienstzimmer, die Tür wird geschlossen.
13
14
15 Beobachtung:
16
17 Mitarbeiterin 404 [35] fragt Klientin P13 [17]: „Du warst ja jetzt viel
18 krank seit du hier bist. War das auch so als du noch zu Hause warst?".
19
20 Klientin P13 [17] antwortet, dass sie auch immer wieder krank war. Immer
21 dann wenn Papa nicht da war. Sie erläutert weiter ihre Krankheiten.
22
23 Mitarbeiterin 404 [35] sagt: „Merkst du, was du gesagt hast? Ich war krank,
24 wenn Papa nicht da war. (Pause) Was denkst du wolltest du damit bewirken?".
25
26 Klientin P13 [17] sagt. „Vielleicht Zuwendung, Wärme?".
27
28 Mitarbeiterin 404 [35] sagt: „Genau. Und du warst nicht in der Lage zu
29 sagen – Papa bleib hier, ich will nicht alleine sein. Aber das ist
30 verständlich, so was würden Kinder nicht zu ihren Eltern sagen".
31
32 Mitarbeiterin 404 [35] blickt Klientin P13 [17] an. Nach einer Weile sagt
33 sie: „So und mit der Erkenntnis lasse ich dich jetzt gehen".
34
35 Klientin P13 [17] steht auf und verlässt das Zimmer.

Die Kategorie II 28 vonseiten der Mitarbeiterin wurde codiert in den Zeilen 23-24: „Mitarbeiterin 404 [35] sagt: „Merkst du, was du gesagt hast? Ich war krank, wenn Papa nicht da war. (Pause) Was denkst du wolltest du damit bewirken?" und in den Zeilen 28-30: „...Und du warst nicht in der Lage zu sagen – Papa bleib hier, ich will nicht alleine sein. Aber das ist verständlich, so was würden Kinder nicht zu ihren Eltern sagen". Die Zeilen 17-18 wurden codiert mit der Kategorie II 32 (Situationseinschätzung): „Mitarbeiterin 404 [35] fragt Klientin P13 [17]: „Du warst ja jetzt viel krank seit du hier bist. War das auch so als du noch zu Hause warst?". Auf diese Fragen und Aufforderungen der Mitarbeiterin reagiert die Klientin mit Verhalten der Kategorie II 12 (Selbstexplorative Äußerung) in den Zeilen 20-21: „Klientin P13 [17] antwortet, dass sie auch immer wieder krank war. Immer dann wenn Papa nicht da war.", in der Zeile 26: „Klientin P13 [17] sagt. „Vielleicht Zuwendung, Wärme?" und mit Schweigen (Kategorie III 42) in der Zeile 32. Damit zeigt sich die Abfolge der Kategorien II 28 und der in diesem Zusammenhang sehr seltenen Kategorie II 32 (Situationseinschätzung) vonseiten der Mitarbeiterin gefolgt von Kategorie II 12 vonseiten der Klientin in dem Protokoll 16 folgendermaßen:

Zeilen 17-18: Mitarbeiterin 404 [35] fragt Klientin P13 [17]: „Du warst ja jetzt viel krank seit du hier bist. War das auch so als du noch zu Hause warst?"

Zeilen 20-21: Klientin P13 [17] antwortet, dass sie auch immer wieder krank war. Immer dann wenn Papa nicht da war.

Zeilen 23-24: Mitarbeiterin 404 [35] sagt: „Merkst du, was du gesagt hast? Ich war krank, wenn Papa nicht da war. (Pause) Was denkst du wolltest du damit bewirken?"

Zeile 26: Klientin P13 [17] sagt. „Vielleicht Zuwendung, Wärme?"

Zeilen 28-30: „...Und du warst nicht in der Lage zu sagen – Papa bleib hier, ich will nicht alleine sein. Aber das ist verständlich, so was würden Kinder nicht zu ihren Eltern sagen"

Zeile 32: ...

Damit stellt sich der folgende Ablauf dar:

Zeilen 17-18: Kategorie II 32 vonseiten der Mitarbeiterin

Zeilen 20-21: Kategorie II 12 vonseiten der Klientin

Zeilen 23-24: Kategorie II 28 vonseiten der Mitarbeiterin

Zeile 26: Kategorie II 12 vonseiten der Klientin

Zeilen 28-30: Kategorie II 28 vonseiten der Mitarbeiterin

Zeile 32: Kategorie III 42 vonseiten der Klientin

Das Verhalten der Kategorie II 15 (Auf Motive bezogene Äußerungen) vonseiten der Mitarbeiterin folgte mehrmals der Frage nach Zustimmung vonseiten des Klienten (Kategorie II 26), Äußerungen zur Situationseinschätzung vonseiten des Klienten (Kategorie II 32) aber auch Verhalten der Kategorie II 15 (Auf Motive bezogene Äußerungen) vonseiten des Klienten. Die Kategorie II 15 (Auf Motive bezogene Äußerungen) steht daneben im Zusammenhang mit der Kategorie II 28 (Aufforderung zu selbstexplorativer Äußerung des Interaktionspartners) vonseiten der Mitarbeiterin und wurde dann als Begründung für eine Aufforderung zur Selbstexploration nachgeschoben. Dies trifft auch für die Kategorie II 32 (Situationseinschätzung) und noch öfter für die Kategorie II 8 (Anweisung geben) vonseiten der Mitarbeiterin zu; auch hier wurden auf Motive bezogene Äußerungen (Kategorie II 15) im Zusammenhang getätigt.

Dem Verhalten der Kategorie II 15 (Auf Motive bezogene Äußerungen) vonseiten der Mitarbeiterin folgte mehrfach Verhalten der Kategorie I 3 (Eine Tätigkeit nach Aufforderung ausführen) vonseiten des Klienten. Auch vonseiten des Klienten wurde das Verhalten der Kategorie II 15 (Auf Motive bezogene Äußerungen) häufig gezeigt. Es folgte oft dem Verhalten der Kategorie II 31 (Fragen nach Information) vonseiten der Mitarbeiterin, ebenfalls der Kategorie II 16 (Geben von positivem Feedback) und der Kategorie II 15 (Auf Motive bezogene Äußerungen) vonseiten der Mitarbeiterin, es folgt seltener auf Verhalten der Kategorie II 20 (Geben von negativem Feedback) vonseiten der Mitarbeiterin.

Ein typisches Beispiel für das Auftreten und eine solche Abfolge in Bezug auf die Kategorie II 15 ist die Situation 969; sie wurde in der Wohngruppe für Jungen aufgezeichnet, es handelt sich um einen männlichen Klienten:

01 0969
02 Name des Beobachters: G
03 Datum der Beobachtung: 04.09.2003
04 Ort der Beobachtung: 03
05 Zeit: 18:05 Uhr - 18:10 Uhr
06
07 Situation und beteiligte Personen:
08 Terrasse vor dem Dienstzimmer, Mitarbeiterin 203 [50]
09 und Klient R13 [16]
10

11
12 Beobachtung:
13
14 Mitarbeiterin 203 [50] sitzt auf der Terrasse, trinkt
15 Kaffee und liest Zeitung.
16
17 Klient R13 [16] kommt über den Hof und will
18 durch die Vordertür die WG betreten.
19
20 Mitarbeiterin 203 [50] sagt, dass Klient R13 [16]
21 bitte einmal herkommen möchte.
22
23 Klient R13 [16] kommt und sagt währenddessen, was
24 denn jetzt schon wieder los sei.
25
26 Mitarbeiterin 203 [50] sagt: „Du weißt, du hast heute noch
27 dein Amt zu erledigen. Die Treppe kehren und wischen".
28
29 Klient R13 [16] sagt, er wollte das am Abend,
30 wenn alle anderen schlafen, erledigen.
31
32 Mitarbeiterin 203 [50] sagt, das sei keine so gute Idee,
33 da die anderen dann ihre Ruhe bräuchten und vorher noch die
34 Gruppenrunde mit Mitarbeiterin 403 [35] stattfinde.
35 Dadurch werde es sowieso schon später.
36
37 Klient R13 [16] sagt, es ginge ihm heute
38 nicht so gut, seine Nase sei verschnupft und habe heute schon
39 dreimal plötzlich geblutet.
40
41 Mitarbeiterin 203 [50] sagt, dass er trotzdem sein Amt
42 machen müsse. Zu seinem Einkauf ist er ja auch gegangen, um seine
43 10,- Euro Taschengeld umgehend auszugeben.
44
45 Klient R13 [16], scheinbar genervt und leicht wütend,
46 dreht sich um, geht und sagt währenddessen, dass ginge ihm auf den
47 Sack hier, immer dieses Gegängele.

Die Kategorie II 15 vonseiten der Mitarbeiterin wurde codiert in den
Zeilen 32-35: „Mitarbeiterin 203 [50] sagt, ..., da die anderen dann ihre
Ruhe bräuchten und vorher noch die Gruppenrunde mit Mitarbeite-

rin 403 [35] stattfinde. Dadurch werde es sowieso schon später." und den Zeilen 41-43: „Mitarbeiterin 203 [50] sagt, ... „Zu seinem Einkauf ist er ja auch gegangen, ...". Für den Klienten wurde die Kategorie II 15 codiert in den Zeilen 29-30: „Klient R13 [16] sagt, er wollte das am Abend, wenn alle anderen schlafen, erledigen." sowie in den Zeilen 37-39: „Klient R13 [16] sagt, es ginge ihm heute nicht so gut, seine Nase sei verschnupft und habe heute schon dreimal plötzlich geblutet." Die Mitarbeiterin und der Klient erklären sich damit gegenseitig ihre Beweggründe und es zeigt sich ein wechselseitiges Argumentieren mithilfe von Verhalten der Kategorie II 15.

Die Codierung mit der Kategorie II 12 für eine selbstexplorative Äußerung vonseiten der Mitarbeiterin wurde selten vorgenommen. Etwas häufiger wurde die Codierung der Kategorie II 14 (Selbstreferenz) vonseiten der Mitarbeiterinnen verwendet. Sie diente der Identifizierung von Sequenzen, in denen die Mitarbeiterinnen Aussagen machten, die sich auf ihre Person bezogen und dabei insbesondere um Ich-Aussagen, die nicht dem Bereich einer selbstexplorativen Äußerung zuzuordnen waren. Die Grenze zwischen beiden Kategorien ist fließend, dennoch wurde die Trennung beibehalten. Selbstexplorative Äußerungen zählen zu den vertrauensfördernden Verhaltensweisen. Um diesen Umstand beachten zu können, wurden solche Sequenzen nicht als selbstexplorative Äußerung (Kategorie II 12) codiert, in denen die Mitarbeiterinnen zwar eine Aussage über ihre Person treffen, es sich jedoch nicht um eine auf innere Befindlichkeiten gerichtete Aussage handelt. Zur Verdeutlichung werden im Folgenden die Aussagen, die der Kategorie II 14 und anschließend jene, die der Kategorie II 12 vonseiten der Mitarbeiterin zugeordnet wurden, dargelegt. Dabei ist anzumerken, dass die Aussagen in der Darstellung zugunsten der Verständlichkeit in ihrem Sinnzusammenhang belassen wurden. Wurde ein Teil des zitierten Satzes oder der Sequenz mit einer anderen Codierung versehen, so ist er hier trotzdem vollständig wiedergegeben:

Sequenzen mit der Codierung II 14 (Selbstreferenz) vonseiten der Mitarbeiterinnen:

0011: (22-24)[800] Mitarbeiterin 405 [35] sagt, sie habe zu Hause ein viel zu liebes Kind. Sie brauche Kinder, neben deren Bett sie morgens zwei Stunden lang sitzen müsse, um sie zu wecken.

0015: (21-22) Mitarbeiterin 1105 [35] schaut Klient S1 [15] ins Gesicht und sagt, sie würde auch mal deshalb länger bleiben.

0019: (25-25) Mitarbeiterin 404 [35] sagt, dass sie da schon mal war.

0034: (31-32) Mitarbeiterin 104 [55] meint, dass wenn sie so eine schöne Bluse hätte, sie diese auf einen Bügel hängen würde, damit sie trocknet.

0061: (54-55) Daraufhin Mitarbeiterin 403 [35] „Ich fände es wichtig, dass E14 [Klient, 14] mit dem Gefühl weggeht, dass er nicht unwichtig für dich ist."

0075: (32-33) Mitarbeiterin 404 [35] sagt: „Es war mir auch neu. Ich dachte auch, du hast Spaß daran."

0086: (30-30) Mitarbeiterin 805 [40]: „...Sie ist der gleichen Ansicht wie ich."

0960: (22-26) Etwa bei Klient S13´s [16] sechstem Besuch im Dienstzimmer, mit gleicher Frage wird Mitarbeiterin 203 [50] lauter und sagt ihm, sie habe jetzt ihre gewerkschaftlich festgelegte halbe Stunde Mittagspause und ob es da wohl möglich sei mal in Ruhe eine zu rauchen.

0963: (51-51) Mitarbeiterin 303 [30] sagt: „Aber nicht während ich schlafe."

0977: (40-42) Mitarbeiterin 305 [35] erwidert, dass ihr Schulweg früher auch so lang gewesen ist.

0991: (26-30) Mitarbeiterin 302 [35] wird strenger: „Ich habe nein gesagt F8 [Klientin, 8]. Wenn ich das heute ausnahmsweise erlaube, sagst du das sicher morgen der Erzieherin und wir müssen uns hier als Erzieher einig sein in dem, was wir machen!"

1000: (37-38) Mitarbeiterin 205 [50]: „Trotzdem haben wir auch unsere Regeln und ich finde es nicht in Ordnung von dir."

1007: (35-37) Mitarbeiterin 605 [35] [sehr böse]: „Sprich so nicht mit mir. Hast du mich verstanden? Es ist nicht unsere Aufgabe!"

1048: (39-41) Mitarbeiterin 402 [40] wird energischer: „Wenn du das so siehst, kann ich dir auch nicht weiter helfen."

1048: (46-47) Mitarbeiterin 402 [40]: „Dann kann ich dir auch nicht helfen."

1104: (34-35) Mitarbeiterin 104 [55]: „Doch, das kannst du. Ich weiß das. Hier im Haus hast du es doch auch bewiesen."

1184: (20-21) Mitarbeiterin 404 [35]: „Also O13 [Klientin, 14], Schuhe zu verstekken liegt unter meinem Niveau."

---

800 Die erste Ziffer gibt die Nummerierung des Datensatzes an. Die Ziffern in der Klammer bezeichnen die Zeilennummern der zitierten Auswahl mit ihrer von-bis-Spanne. In diesem Beispiel: Situation 11, Zeilen 22 bis 24.

Sequenzen mit der Codierung II 12 (Selbstexplorative Äußerung) vonseiten der Mitarbeiterinnen:

0003: (50-50) Mitarbeiterin 303 [30]: „Ich frage, weil ich Dich verstehen will."

0011: (16-17) Mitarbeiterin 405 [35] sagt, sie käme, weil es ihr Spaß mache und sie Geld damit verdiene.

0020: (29-31) Mitarbeiterin 404 [35] sagt, das würde ihr so schon reichen. Als sie so alt war und dann ihre erste Bude hatte, konnte sie nur halb so viel und bei ihr sah es immer aus.

0075: (43-49) Mitarbeiterin 404 [35] sagt zum Beobachter: „So denke ich das bis jetzt auch. Sie müssen sich nicht wundern, wenn ich heute noch brülle". Beobachter fragt: „Wieso?" Mitarbeiterin 404 [35] antwortet: „Na wegen dem gerade hier. Was hier läuft."[801]

1000: (22-22) Mitarbeiterin 205 [50]: „...Wir machen uns doch auch Sorgen und haben unsere Regeln."

1009: (26-27) Mitarbeiterin 702 [40] ist ein wenig enttäuscht: „Aber ich würde mich sehr freuen, wenn wir jeder ein Bild malen könnten."

1048: (31-33) Mitarbeiterin 402 [40] „...Kannst du dir vielleicht vorstellen, dass sich jemand Sorgen macht um dich?"

Eine typische Abfolge mit Verhalten vonseiten der Klienten fand sich weder für die Kategorie II 14 noch für die Kategorie II 12 vonseiten der Mitarbeiterin. Das lässt sich zunächst damit erklären, dass es für beide Kategorien vonseiten einer Mitarbeiterin nur wenige Fundstellen in den Protokollen gab. Da es sich bei Verhalten der Kategorie II 12 jedoch um vertrauensbezogenen Verhalten handelt, werden folgend die einzelnen Situationen in den betreffenden Sequenzen genauer betrachtet. Dabei stellt sich die Frage, wie dieses Verhalten der Mitarbeiter im Untersuchungsfeld auf die Zusammenarbeit mit den Klienten wirkte.

Das folgende Protokoll 3 entstand in der Wohngruppe für Jungen, es handelt sich um einen männlichen Klienten.

01 0003
02 Name des Beobachters: A
03 Datum der Beobachtung: 11.12.02
04 Ort der Beobachtung: 03
05 Zeit: 15:10 Uhr
06
07
08 Situation (inkl beteiligte Personen) :

---

801 Anmerkung: Der Dialog findet vor Klienten statt.

09
10 Zivildienstleistender 003 [20], Mitarbeiterin 303 [30] und Beobachter
11 sind im Betreuerzimmer. Anruf Schulleiterin.
12
13 Beobachtung
14
15 Schulleiterin ruft an.
16 Klient N13 [15] hat einen Mitschüler [ob es ein Mitschüler war, bleibt un-
   klar]
17 nach dem Unterricht mit einem Messer ins Gesicht gestochen.
18 Mitarbeiterin 303 [30] will das mit Klient N13 [15] besprechen,
19 erwartet ihn gegen 17.00 Uhr zurück.
20 Schulleiterin sagt, er müsste schon auf dem Weg sein.
21
22 15.40 Uhr Klient N13 [15] kommt direkt ins Besprechungszimmer.
23 Mitarbeiterin 303 [30] sagt: „Sit down and close the door".
24
25 Klient N13 [15] übersetzt das und tut.
26
27 Mitarbeiterin 303 [30] "Ich lass dich zuerst reden".
28
29 Klient N13 [15] Warum/Worüber.
30
31 Mitarbeiterin 303 [30]: hatte Anruf.
32
33 Klient N13 [15] habe ihn nur 2mal geschlagen.
34
35 Mitarbeiterin 303 [30]: Schulleiterin hat gesagt mit Messer.
36
37 Klient N13 [15]: 2mal geschlagen und mit Stock ins Gesicht gedrückt.
38
39 [Mitarbeiterin 303 [30] und Klient N13 [15] sitzen sich gegenüber, ab
40 2. Satz Blickkontakt, direkt zugewandt.]
41
42 Mitarbeiterin 303 [30]: Warum?
43
44 Klient N13 [15]: hat meine Mutter beleidigt.
45
46 Mitarbeiterin 303 [30]: "Was geht in deinem Kopf vor"?
47
48 Klient N13 [15] schweigt.

49
50 Mitarbeiterin 303 [30]: "Ich frage, weil ich Dich verstehen will".
51
52 Klient N13 [15] sagt, er kann nicht ab, wenn seine Mutter beleidigt wird.
53 Sonst alles, aber das nicht.
54
55
56
57
58 Mitarbeiterin 303 [30] spricht an, dass bereits weitere Vorfälle aus
59 anderen Gründen passiert sind, Klient N13 [15] lässt sich leicht provozie-
    ren.
60
61 Klient N13 [15] blickt nieder, schweigt.
62
63 Mitarbeiterin 303 [30]: "Schweigen ist nicht, was tun wir"?
64 Klärt auf, dass dieser Vorfall härtere Konsequenzen hat, als letzter [Ge-
    spräch],
65 nämlich Anzeige.
66
67 Klient N13 [15] schweigt.
68
69 Mitarbeiterin 303 [30] sagt, was sie tut, muss Eltern informieren. Fragt,
70 was Klient N13 [15] tut.
71
72 Klient N13 [15] schweigt und sagt "tja".
73
74
75 Zeit: 15:40 bis 15:50 Uhrr
76
77 Mitarbeiterin 303 [30]: Vorfall von gestern Abend mit R13 [16] wird
78 nach dem Essen besprochen, da R13 [16] nachmittags nicht da ist.
79 Klient N13 [15] soll nachdenken.
80 Klient N13 [15] verlässt den Raum.

Die Kategorie II 12 vonseiten der Mitarbeiterin wurde codiert in der
Zeile 50: „Mitarbeiterin 303 [30]: „Ich frage, weil ich Dich verstehen
will." Das Verhalten des Klienten in der Abfolge wurde der Kategorie
II 12 (selbstexplorative Äußerung) zugeordnet; Zeilen 52-53: „Klient
N13 [15] sagt, er kann nicht ab, wenn seine Mutter beleidigt wird. Sonst

alles, aber das nicht." Der selbstexplorativen Äußerung der Mitarbeiterin wird durch eine selbstexplorative Äußerung des Klienten gefolgt.

Das folgende Protokoll 11 entstand in der Kriseninterventionsstelle für Jugendliche, es handelt sich um einen männlichen Klienten.

01 0011
02 Name des Beobachters: B
03 Datum der Beobachtung: 10.01.03
04 Ort der Beobachtung: 05
05 Zeit: 12.15 Uhr - 12.20 Uhr
06
07 Situation (inkl. beteiligte Personen):
08 Klient B1 [16] und Klient S1[15] sitzen am Tisch mit Mitarbeiterin 405,
09 [35] im
10 Dienstzimmer. Außerdem anwesend Mitarbeiterin 505 [50].
11
12 Beobachtung:
13 Klient S1 [15] fragt Mitarbeiterin 405 [35], warum sie so müde sei. Sie
14 solle doch zu Hause bleiben.
15
16 Mitarbeiterin 405 [35] sagt, sie käme, weil es ihr Spaß mache und sie Geld
17 damit verdiene.
18
19 Klient S1[15] sagt, sie könne doch zu Hause bleiben und trotzdem Geld dafür
20 bekommen.
21
22 Mitarbeiterin 405 [35] sagt, sie habe zu Hause ein viel zu liebes Kind. Sie
23 brauche Kinder, neben
24 deren Bett sie morgens zwei Stunden lang sitzen müsse, um sie zu wecken.
25
26 Klient S1 [15] hebt die Hand und meldet sich. Fragt, ob das echt zwei Stunden
27 waren.
28
29 Mitarbeiterin 405 [35] sagt, „na so etwa".
30
31 Beide schauen sich an und lächeln.

Die Kategorie II 12 vonseiten der Mitarbeiterin wurde codiert in den Zeilen 16-17: „Mitarbeiterin 405 [35] sagt, sie käme, weil es ihr Spaß mache und sie Geld damit verdiene." Das Verhalten des Klienten in der Abfolge wurde der Kategorie II 8 (Anweisung geben) vonseiten des Klienten zugeordnet; Zeilen 19-20: „Klient S1[15] sagt, sie könne doch zu Hause bleiben und trotzdem Geld dafür bekommen." Der selbstexplorativen Äußerung der Mitarbeiterin wird durch eine Anweisung des Klienten gefolgt.

Das darauf folgende Protokoll 20 entstand in der Wohngruppe für Mädchen. Es handelt sich um eine weibliche Klientin. Eine Abfolge kann nicht festgestellt werden, da nach einer weiteren Äußerung der Mitarbeiterin das Protokoll endet. Dasselbe gilt für das folgende Protokoll 75.

Das folgende Protokoll 1000 entstand in der Kriseninterventionsstelle für Jugendliche. Es handelt sich um eine weibliche Klientin.

```
01  1000
02  Name des Beobachters: K
03  Datum der Beobachtung: 10.09.03
04  Ort der Beobachtung: 05
05  Zeit: 11:20 Uhr
06
07  Situation und beteiligte Personen:
08
09  Mitarbeiterin 205 [50] und Klientin A4 [16].
10
11
12  Beobachtung:
13
14  Mitarbeiterin 205 [50]: „Ich habe in der Übergabe gehört, dass du gestern
15  wieder erst halb zwei zurückgewesen bist?".
16
17  Klientin A4 [16]: „Ja, mein Freund hatte Geburtstag und wir haben
18  gefeiert".
19
20  Mitarbeiterin 205 [50]: „Aber du hast doch nur Ausgang bis 21 Uhr.
21
22  Wir machen uns doch auch Sorgen und haben unsere Regeln".
23
24  Klientin A4 [16]: „Man, ich bin 16 und soll schon um neun da sein?
25  Das ist doch voll blöd.
26
```

27 Nach dem JSchG darf ich nämlich auch bis 0 Uhr raus".
28
29 Mitarbeiterin 205 [50]: „Na würdest du dann etwa pünktlich sein?".
30
31 Klientin A4 [16]: „Nö, aber dann wäre ich bloß ‚ne anderthalbe
32 Stunde zu spät.
33
34 Außerdem was soll mir schon passieren? Ich kann doch eh nicht hier
35 rausfliegen".
36
37 Mitarbeiterin 205 [50]: „Trotzdem haben wir auch unsere Regeln und ich
38 finde es nicht in Ordnung von dir".

Die Kategorie II 12 vonseiten der Mitarbeiterin wurde codiert in der Zeile 22 : „Mitarbeiterin 205 [50]: „...Wir machen uns doch auch Sorgen und haben unsere Regeln." Das Verhalten der Klientin in der Abfolge wurde der Kategorie II 22 (Interventionsablehnung) zugeordnet; Zeile 24: Klientin A4 [16]: „Man, ich bin 16 und soll schon um neun da sein?", weiterhin der Kategorie II 20 (Geben von negativem Feedback); Zeile 25: „Das ist doch voll blöd." und der Kategorie II 15 (Auf Motive bezogene Äußerung) Zeile 27: „Nach dem JSchG[802] darf ich nämlich auch bis 0 Uhr raus". Der selbstexplorativen Äußerung der Mitarbeiterin wird durch eine Interventionsablehnung gefolgt, diese wird verstärkt mit negativem Feedback und mit einer begründenden Äußerung durch die Klientin.

Das folgende Protokoll 1009 entstand in der Kriseninterventionsstelle für Kinder. Es handelt sich um einen männlichen Klienten.

01 1009
02 Name des Beobachters: L
03 Datum der Beobachtung: 09.09.2003
04 Ort der Beobachtung: 02
05 Zeit: 11.00 Uhr
06
07 Situation und beteiligte Personen:
08 Beobachter und Mitarbeiterin 702 [40] versuchen die Kinder zum Zeichnen
    / Malen
09 mit Wasserfarben zu motivieren. Zwei Klienten malen schon. Klient F5 [5]
    ist
10 sich noch nicht ganz sicher, was er malen soll.

---

802 Gemeint ist das Jugendschutzgesetz.

11
12
13 Beobachtung:
14
15 Mitarbeiterin 702 [40] versucht Klient F5 [5] zum Malen zu motivieren und
    sagt:
16 „Los F5 [Klient, 5], wir malen jetzt beide einen Baum, bei dem die Blätter
    schon
17 ganz bunt sind".
18
19 Klient F5 [5] fragt: „Warum sind die Blätter bunt?".
20
21 Mitarbeiterin 702 [40] erklärt: „Na es ist doch bald Herbst und da werden
    wieder die
22 Blätter bunt und dann fallen sie vom Baum runter".
23
24 Klient F5 [5]: „Nö, ich will nicht malen".
25
26 Mitarbeiterin 702 [40] ist ein wenig enttäuscht: „Aber ich würde mich sehr
    freuen,
27 wenn wir jeder ein Bild malen könnten. Hast du wirklich keine Lust?".
28
29 Klient F5 überlegt kurz: „Nö, du kannst ja schon mal anfangen zu malen.
    Ich
30 muss noch Nintendo spielen".
31 Klient F5 [5] geht.
32
33 Mitarbeiterin 702 [40] ist etwas sprachlos, aber amüsiert von Klient F5s [5]
34 Schnippigkeit.

Die Kategorie II 12 vonseiten der Mitarbeiterin wurde codiert in den
Zeilen 26-27: Mitarbeiterin 702 [40] ist ein wenig enttäuscht: „Aber ich
würde mich sehr freuen, wenn wir jeder ein Bild malen könnten." Das
Verhalten des Klienten in der Abfolge wurde der Kategorie II 22 (Interventionsablehnung) zugeordnet; Zeile 29: „Klient F5 überlegt kurz:
„Nö...", weiterhin der Kategorie II 8 (Anweisung geben) Zeile 29: „... du
kannst ja schon mal anfangen zu malen.", weiterhin der Kategorie II 15
(Auf Motive bezogene Äußerung) Zeilen 29-30: „Ich muss noch Nintendo spielen." sowie der Kategorie III 43 (Raum verlassen); Zeile 31:
„Klient F5 [5] geht." Der selbstexplorativen Äußerung der Mitarbeiterin wird durch eine Interventionsablehnung gefolgt, der Mitarbeiterin

wird eine Verhaltensanweisung gegeben, der Klient tätigt eine begründende Äußerung und verlässt die Situation.

Das folgende Protokoll 1048 entstand in der Kriseninterventionsstelle für Kinder. Es handelt sich um eine weibliche Klientin.

```
01  1048
02  Name des Beobachters: L
03  Datum der Beobachtung: 16.09.2003
04  Ort der Beobachtung: 02
05  Zeit: 06:50 Uhr
06
07  Situation und beteiligte Personen:
08  Beobachter hat Dienst mit Mitarbeiterin 402 [40]. Die Kinder
09  und Beobachter sitzen am
10  Frühstücktisch in der Küche.
11  Klientin L7 [11] ist gestern nicht wie vereinbart
12  vom Ausgang zurück gekommen. Eine
13  Vermisstenanzeige wurde von der Kriseninterventionsstelle 02
14  geschaltet, gegen 23:00 Uhr tauchte
15  Klientin L7 [11] dann wieder auf.
16
17
18  Beobachtung:
19
20  Mitarbeiterin 402 [40] fragt Klientin L7 [11]: „Sag
21  mal, wo warst du gestern eigentlich so
22  lange? Hast du das etwa nicht gemerkt, wie spät es schon
23  war?".
24
25  Klientin L7 [11] antwortet mürrisch und mit
26  gesenkten Blick: „Bei ‚ner Freundin in meiner
27  alten Wohngemeinschaft".
28
29  Mitarbeiterin 402 [40] fragt weiter: „Und da hältst du
30  [Klientin L7, 11] es wohl nicht für
31  nötig, mal hier anzurufen und uns Bescheid zu sagen?! Kannst
32  du dir vielleicht vorstellen, dass
33  sich jemand Sorgen macht um dich?".
34
35  Klientin L7 [11]: „Das glaubst du doch selbst nicht,
36  dass sich irgend jemand um
```

37 mich Sorgen macht!"".

38

39 Mitarbeiterin 402 [40] wird energischer: „Wenn du das so
40 siehst, kann ich dir auch nicht weiter
41 helfen. Die Sache hat auf jeden Fall Konsequenzen für dich.
42 Das ist dir hoffentlich klar?"".

43

44 Klientin L7 [11]: „Mir doch egal"".

45

46 Mitarbeiterin 402 [40]: „Dann kann
47 ich dir auch nicht helfen. Ich schreibe mir jetzt erst mal
48 auf, was du für Klamotten anhast. Dann
49 können wir der Polizei wenigstens sagen, was du anhast, wenn
50 wir dich wieder als vermisst melden
51 sollten"".
52 Mitarbeiterin 402 [40] notiert die Bekleidung von Klientin
53 L7 [11].

54

55 Klientin L7 [11] verlässt mit verzogenem Gesicht die
56 Küche.

Die Kategorie II 12 vonseiten der Mitarbeiterin wurde codiert in den
Zeilen 31-33: „Mitarbeiterin 402 [40] „...Kannst du dir vielleicht vorstellen, dass sich jemand Sorgen macht um dich?", auch, wenn sie die
Selbstexploration indirekt formuliert. Das Verhalten des Klienten in
der Abfolge wurde der Kategorie II 22 (Interventionsablehnung), Zeilen 35-37: „Klientin L7 [11]: „Das glaubst du doch selbst nicht ..."" und
der Kategorie II 12 (Selbstexplorative Äußerung) Zeilen 36-37 „...dass
sich irgend jemand um mich Sorgen macht!"" zugeordnet. Diese Äußerung enthält eine indirekte selbstexplorative Aussage und wurde deshalb zur Kategorie II 12 zugeordnet. Die Lesart für die Sequenz war:
„Um mich macht sich niemand Sorgen."" Die Klientin reagiert in der
Abfolge auf die (indirekt formulierte) selbstexplorative Äußerung der
Mitarbeiterin mit einer Interventionsablehnung und mit einer ebenfalls indirekt formulierten Selbstexploration.

Es ergibt sich für die erläuterten 5 Situationen das folgende Bild: Protokoll 3, Wohngruppe für Jungen, männlicher Klient: Der selbstexplorativen Äußerung der Mitarbeiterin (Kategorie II 12) wird durch eine
selbstexplorative Äußerung des Klienten (Kategorie II 12) gefolgt. Protokoll 11, Kriseninterventionsstelle für Jugendliche, männlicher Klient:

Der selbstexplorativen Äußerung der Mitarbeiterin (Kategorie II 12) wird durch eine Anweisung (Kategorie II 8) vonseiten Klienten gefolgt. Protokoll 1000, Kriseninterventionsstelle für Jugendliche, weibliche Klientin: Der selbstexplorativen Äußerung der Mitarbeiterin (Kategorie II 12) folgt eine Interventionsablehnung (Kategorie II 22) vonseiten der Klientin, diese wird verstärkt mit negativem Feedback (Kategorie II 20) und mit einer begründenden Äußerung (Kategorie II 15) durch die Klientin. Protokoll 1009, Kriseninterventionsstelle für Kinder, männlicher Klient: Der selbstexplorativen Äußerung der Mitarbeiterin wird durch eine Interventionsablehnung (Kategorie II 22) vonseiten des Klienten gefolgt, der Mitarbeiterin wird eine Verhaltensanweisung (Kategorie II 8) gegeben, der Klient tätigt eine begründende Äußerung (Kategorie II 15) und verlässt die Situation (Kategorie III 43). Protokoll 1048, Kriseninterventionsstelle für Kinder, weibliche Klientin: Der selbstexplorativen Äußerung der Mitarbeiterin wird durch eine Interventionsablehnung (Kategorie II 22) und eine selbstexplorative Äußerung (Kategorie II 12) vonseiten der Klientin gefolgt. Damit traten in Folge einer selbstexplorativen Äußerung vonseiten einer Mitarbeiterin die Verhaltensweisen Interventionsablehnung (Kategorie II 22), auf Motive bezogene Äußerungen (Kategorie II 15), selbstexplorative Äußerung (Kategorie II 12) und das insgesamt sehr selten codierte Verhalten Anweisung geben (Kategorie II 8) sowie Geben von negativem Feedback (Kategorie II 20) und Verlassen der Situation (Kategorie III 43) vonseiten eines Klienten auf. Die Reaktionen der Klienten auf eine selbstexplorative Äußerung einer Mitarbeiterin waren damit sowohl grenzziehend bis ablehnend (Protokolle 11, 1000 und 1009) als auch mehr und weniger vertrauensvoll (Protokolle 3 und 1048). Die Annahme, eine selbstexplorative Äußerung vonseiten der Mitarbeiterin werde ein Verhalten hervorrufen, das den Verhaltenskategorien für vertrauensvolles Verhalten entspricht[803], lässt sich anhand dieser Abläufe nicht bestätigen. Es entsteht jedoch der Eindruck, dass die Klienten sich bestärkt fühlen, ihre Gedanken und Befindlichkeiten infolge einer selbstexplorativen Äußerung der Mitarbeiterin deutlich zu machen. Dies haben die aufgeführten Reaktionen der Klienten gemeinsam (Kategorie II 22 Interventionsablehnung, Kategorie II 15 auf Motive bezogene Äußerungen, Kategorie II 12 selbstexplorative Äußerung, Kategorie II 8 Anweisung geben sowie Kategorie II 20 Geben von negativem Feedback und Kategorie III 43 Verlassen der Situation).

803   vgl. Kapitel 3.3.3 und 3.4.1.

7.2.2.4 Feedbacks

Das Verhalten der Kategorie II 20 (Geben von negativem Feedback) und das Verhalten der Kategorie II 16 (Geben von positivem Feedback) vonseiten der Mitarbeiterin wurden häufig registriert. Die Mitarbeiterinnen werden damit in der Rolle der negativ Intervenierenden bzw. Tadelnden und der positiv Intervenierenden bzw. Lobenden beschrieben. Die mit diesen Kategorien beschriebenen Verhaltensweisen gelten als vertrauensrelevant.

Negatives Feedback

Mit der Codierung der Kategorie II 20 (Geben von negativem Feedback) wurde ein Verhalten gekennzeichnet, das als zerstörend für das Vertrauen des Interaktionspartners angesehen wird[804]. Eine negative Rückmeldung vonseiten der Mitarbeiterin folgte auf verschiedene Verhaltensweisen der Klienten; dabei gab es keinen typischen Anlass. So fand sich diese Kategorie II 20 aufseiten der Mitarbeiterin infolge von Verhalten der Kategorie II 22 (Interventionsablehnung), der Kategorie II 15 (Auf Motive bezogene Äußerungen), der Kategorie II 26 (Frage nach Zustimmung), der Kategorie II 34 (Sachbezogene Äußerung, Information) oder der Kategorie II 32 (Situationseinschätzung) vonseiten des Klienten.

Die Klienten reagierten auf Verhalten der Kategorie II 20 (Geben von negativem Feedback) vonseiten der Mitarbeiterin häufig nonverbal. So folgte einer negativen Rückmeldung einer Mitarbeiterin häufig ein Verhalten der Kategorie III 39 (nonverbale negative Gefühlsäußerung) und mehrfach das Verhalten der Kategorie III 42 (Schweigen) vonseiten des Klienten. Weitere als typisch zu kennzeichnende Abfolgen fanden sich nicht. Infolge einer negativen Rückmeldung kam es zu Äußerungen der Kategorie II 34 (Sachbezogene Äußerung, Information) vonseiten der Klienten. Dem Verhalten der Kategorie II 20 (Geben von negativem Feedback) vonseiten der Mitarbeiterin folgte auch Verhalten der Kategorie II 32 (Situationseinschätzung) vonseiten des Klienten. Dies weist auf eine Irritation aufseiten des Klienten hin. Es wurden ebenfalls erklärende und ausweichende Reaktionen der Klienten infolge einer negativen Rückmeldung vonseiten der Mitarbeiterin registriert. Dies zeigte sich in Verhalten der Kategorie II 15 (Auf Motive bezogene Äußerungen) oder der Kategorie II 22 (Interventionsablehnung). Aber auch selbstexplorative Äußerungen als Reaktion vonseiten der

---

804   vgl. Tabelle 2, Kategorie 8.

Klienten (Kategorie II 12) auf eine negative Rückmeldung (Kategorie II 20) vonseiten der Mitarbeiterinnen wurden gefunden. Die selbstexplorative Äußerung gilt als vertrauensvolles Verhalten und ist infolge einer negativen Rückmeldung dann erstaunlich, wenn man bedenkt, dass diese als vertrauenszerstörend gilt. In den Protokollen wurden nur wenige Situationen beschrieben, in denen eine negative Rückmeldung vonseiten der Mitarbeiterin für sich allein stand. Oft waren es Äußerungen, die mit einer anderen Äußerung verknüpft waren oder denen eine weitere Bemerkung folgte. Das war auch in den betreffenden Situationen der Fall. Ein typisches Beispiel für das Auftreten und eine Abfolge in Bezug auf die Kategorie II 20 ist die Situation 68; sie wurde in der Kriseninterventionsstelle für Jugendliche aufgezeichnet, es handelt sich um einen männlichen Klienten:

01 0068
02 Name des Beobachters: E
03 Datum der Beobachtung: 13.03.03
04 Ort der Beobachtung: 05
05 Zeit: 19.23 Uhr bis 19.28 Uhr
06
07 Situation und beteiligte Personen:
08
09 Klient R [15] betritt die Kriseninterventionsstelle nachdem er ihn
10 zwei Stunden vorher ohne Abmeldung verlassen hat.
11 Anwesende sind Klient R [15], Mitarbeiterin 605 [30] und Praktikantin.
12
13
14 Beobachtung:
15
16 Mitarbeiterin 605 [30]: „Klient R [15] komm mal herein".
17
18 Klient R [15] tritt ein und schaut fragend herum.
19
20 Mitarbeiterin 605 [30]: „Was war denn vorhin los? Warum
21 hast du eigentlich die Kriseninterventionsstelle verlassen,
22 ohne Bescheid zu sagen, wo du hin bist"?
23
24 Klient R [15]: „Hab ich doch".
25
26 Praktikantin schüttelt verneinend den Kopf.
27
28 Klient R [15]: „Ich hab gesagt ‚Ich gehe jetzt'".

29
30 Praktikantin schüttelt wieder den Kopf.
31
32 Mitarbeiterin 605 [30]: „Es kann einfach sein, dass
33 sich kurzfristig ein Termin beim ASD ergibt. Da kann es nicht sein,
34 dass du einfach gehst, ohne Bescheid zu sagen, wohin
35 du gehst und wie lange du bleibst. Normalerweise müssten wir
36 dich dann als ‚abgängig' vermerken".
37
38 Klient R [15] schaut auf den Boden.
39
40 Mitarbeiterin 605 [30]: „Na gut. Also, sag das nächste Mal Bescheid, wenn du
41 gehst".
42
43 Klient R [15]: „Okay." Und verlässt den Raum.

Die Kategorie II 20 vonseiten der Mitarbeiterin wurde codiert in den Zeilen 33-35: „Da kann es nicht sein, dass du einfach gehst, ohne Bescheid zu sagen, wohin du gehst und wie lange du bleibst." Die Äußerung der Mitarbeiterin ist eingebettet in weitere, anderen Kategorien zugeordnete Bemerkungen. Das Verhalten des Klienten in der Abfolge wurde der Kategorie III 42 (Schweigen), Zeile 38: „Klient R [15] schaut auf den Boden." zugeordnet. Das Verhalten des Klienten, das der Äußerung der Kategorie II 20 vonseiten der Mitarbeiterin voranging, wurde codiert in der Zeile 28: Klient R [15]: „Ich hab gesagt ‚Ich gehe jetzt'." Die Mitarbeiterin reagiert damit auf eine rechtfertigende Äußerung vonseiten des Klienten mit einem negativen Feedback und dieser reagiert mit Schweigen. Nicht eindeutig ist es, inwiefern ihr Verhalten durch die verneinende Geste der Praktikantin verstärkt wird. Die Grundtendenz in der Situation, mit einem negativen Feedback darauf zu reagieren, dass ein Klient sich nicht abgemeldet hat, ist jedoch davon unabhängig zu erkennen.

Positives Feedback

Mit der Kategorisierung des positiven Feedbacks als Zustimmung, Lob oder positive Bemerkung über den Interaktionspartner wurde der Bereich der Erlaubnis berührt und somit wurden auch die Antworten der Mitarbeiter auf eine Frage um Erlaubnis oder Zustimmung vonseiten eines Klienten registriert. Das Verhalten der Kategorie II 16 (Geben von positivem Feedback) vonseiten der Mitarbeiterin folgte mehrfach dem

Verhalten der Kategorie II 26 (Frage nach Zustimmung) vonseiten des Klienten. Noch öfter kam das Verhalten der Kategorie II 16 vonseiten der Mitarbeiterin nach einer Wunschäußerung (Kategorie II 13) vonseiten eines Klienten vor. Diese zustimmenden Reaktionen der Mitarbeiterinnen auf eine Frage nach Erlaubnis oder Zustimmung oder auf eine Wunschäußerung vonseiten eines Klienten machen einen größeren Anteil der positiven Rückmeldungen an die Klienten aus.

Immer dann, wenn in der Situation die Kategorie II 16 (Geben von positivem Feedback) codiert wurde, so wurde damit ein Verhalten gekennzeichnet, das als förderlich für das Vertrauen des Interaktionspartners angesehen wird[805]. Eine häufig auftretende typische Abfolge mit einer anderen Kategorie für Verhalten vonseiten der Klienten zeigte sich für die Kategorie II 16 nicht. Auf ein positives Feedback einer Mitarbeiterin reagieren die Klienten ganz unterschiedlich. Dem Verhalten der Kategorie II 16 vonseiten der Mitarbeiterin folgte mehrfach Verhalten der Kategorie III 40 (Nonverbale positive Gefühlsäußerung) vonseiten des Klienten. Es konnte selten das Verhalten der Kategorie 12 (Selbstexplorative Äußerung) vonseiten des Klienten infolge der Kategorie II 16 registriert werden. Damit folgt ein als vertrauensvoll angesehenes Verhalten vonseiten eines Klienten der Kategorie II 16 vonseiten der Mitarbeiterin. Ebenfalls in Folge eines positiven Feedbacks einer Mitarbeiterin (Kategorie II 16) wurde das Verhalten der Kategorie II 15 (Auf Motive bezogene Äußerungen) vonseiten des Klienten registriert. Dennoch ist eine Schlussfolgerung nicht ohne Weiteres möglich, da in den Protokollen nur wenige Situationen beschrieben wurden, in denen eine positive Rückmeldung vonseiten der Mitarbeiterin für sich allein stand. Oft waren es Äußerungen, denen eine weitere Bemerkung folgte. Das könnte eine Erklärung dafür abgeben, warum die Klienten zurückhaltend auf eine positive Bemerkung reagierten. Es erschwert auch die Auswertung, da eine unmittelbare Abfolge durch die folgende Bemerkung nicht mehr erkennbar ist. Ein typisches Beispiel für das Auftreten der Kategorie II 16 ist die Situation 65; sie wurde in der Wohngruppe für Jungen aufgezeichnet, es handelt sich um einen männlichen Klienten:

01 0065
02 Name des Beobachters: C
03 Datum der Beobachtung: 17.03.03
04
05 Ort der Beobachtung: 03

---

805   vgl. Tabelle 2, Kategorie 7.

06 Zeit: 14.30 Uhr

07

08 Situation:

09 Mitarbeiterin 403 [35], Mitarbeiterin 503 [40] und Klient F14 [12].

10

11 Beobachtung:

12 Klient F14 [12] klagt über eine Lehrerin von ihm, da sie anscheinend

13 Ausländer benachteiligt. Er verschärft die Kritik, indem er seine Lehrerin mit

14 einer Nationalsozialistin gleichsetzt.

15

16 Mitarbeiterin 503 [40] entgegnet ihm, dass er mit solchen Vergleichen vorsichtig

17 sein sollte und zieht in Erwägung, dass sie sich an dem Elterngespräch

18 beteiligen möchte bzw sich bei der Lehrerin zu einem Gespräch anmelden möchte.

19

20 Mitarbeiterin 403 [35] sagt, dass es gut ist, dass Klient F14 [12] das sagt,

21 wenn ihm etwas in der Schule nicht gefällt.

22

23 Daraufhin sagt Klient F14 [12], dass er in der Schule nichts sagt und auch

24 nichts dagegen tut. Er begründet das mit der Tatsache, dass er auch in der

25 Schule seine Ruhe haben möchte.

26

27 Mitarbeiterin 403 [35] erwidert, dass er das tun kann soweit das gut für ihn

28 ist, wenn er aber merkt, dass er damit Kummer hat, dann muss er auch in der

29 Schule etwas sagen.

30

31 Klient F14 [12] meint trotzdem, dass er in der Schule nichts sagen wird und

32 begründet das wieder damit, dass er seine Ruhe haben möchte.

33

34 Mitarbeiterin 403 [35], Mitarbeiterin 503 [40] und Klient F14 [12] einigen

35 sich darauf, dass Mitarbeiterin 503 [40] mal in die Schule geht, um sich auch

36 bei der Lehrerin allgemein zu erkundigen.

Die Kategorie II 16 vonseiten der Mitarbeiterin wurde codiert in den Zeilen 20-21: „Mitarbeiterin 403 [35] sagt, dass es gut ist, dass Klient

F14 [12] das sagt, wenn ihm etwas in der Schule nicht gefällt." und in den Zeilen 27-28: „Mitarbeiterin 403 [35] erwidert, dass er das tun kann soweit das gut für ihn ist, ..." Das Verhalten des Klienten in der Abfolge wurde der Kategorie II 12 (Selbstexplorative Äußerung) zugeordnet; Zeilen 25-28 „Daraufhin sagt Klient F14 [12], dass er in der Schule nichts sagt und auch nichts dagegen tut. Er begründet das mit der Tatsache, dass er auch in der Schule seine Ruhe haben möchte." Diese Abfolge ist unmittelbar. Die weitere Abfolge ist ein Beispiel dafür, wie einem positiven Feedback vonseiten der Mitarbeiterin eine weitere Bemerkung folgt. Diese weitere Bemerkung wurde der Kategorie II 30 (Äußerung Was wäre-wenn-Formulierung) in der Zeile 28: „...wenn er aber merkt, dass er damit Kummer hat,..." und mit der Kategorie II 8 (Anweisung geben) in den Zeilen 28-29: „...dann muss er auch in der Schule etwas sagen." vonseiten der Mitarbeiterin codiert. Dem folgt eine Interventionsablehnung (Kategorie II 22) vonseiten des Klienten in der Zeile 31: „Klient F14 [12] meint trotzdem, dass er in der Schule nichts sagen wird..." und diese wird begründet mit Verhalten der Kategorie II 15 (Auf Motive bezogene Äußerungen) vonseiten des Klienten in den Zeilen 31-32: „und begründet das wieder damit, dass er seine Ruhe haben möchte." Auch ein weiteres Beispiel zeigt auf, das die Wirkung eines positiven Feedbacks (Kategorie II 16) vonseiten der Mitarbeiterin nicht ohne Weiteres erkennbar ist, wenn eine weitere Bemerkung nachfolgt. Das folgende Protokoll 37 entstand in der Wohngruppe für Mädchen. Es handelt sich um eine weibliche Klientin.

01 0037
02 Name des Beobachters: F
03 Datum der Beobachtung: 11.03.03
04 Ort der Beobachtung: 04
05 Zeit: 14.50 – 14.52 Uhr
06
07
08 Situation (inkl. Beteiligte Personen):
09
10 Mitarbeiterin 304 [50], Mitarbeiterin 204 [35], Beobachter und eine
11 ehemalige Klientin,
12 die zu Besuch gekommen ist sind im Dienstzimmer. Es hat geklingelt und
13 Klientin W13 [13] kommt von der Schule. Sie kommt ins Dienstzimmer.
14
15
16 Beobachtung:
17

18   Klientin W13 [13] sagt „Hallo". Mitarbeiterin 304 [50] sagt: „Hallo
19   W13, schön das du da bist. Aber wo warst du denn so lange?".
20
21   Klientin W13 [13] zuckt mit den Schultern und sagt: „In der Schule".
22
23   Mitarbeiterin 304 [50] sagt: „Ich habe aber angerufen und sie sagten, du
24   wärst nach der
25   5. Stunde gegangen".
26
27   Klientin W13 [13] erwidert: „Na und. Ich war in der Schule".
28
29   Mitarbeiterin 304 [50] fragt: „Wo warst du die Zeit über?".
30
31   Klientin W13 [13] zuckt mit den Schultern und will nicht reden.
32
33   Mitarbeiterin 304 [50] sagt: „Wir reden später".
34
35   Klientin W13 [13] geht aus dem Zimmer.

Die Kategorie II 16 vonseiten der Mitarbeiterin wurde codiert in den
Zeilen 18-19: „Mitarbeiterin 304 [50] sagt: „Hallo W13, schön das du
da bist." Es folgt die Bemerkung: „Aber wo warst du denn so lange?"
in der Zeile 19. Diese wurde mit der Kategorie II 32 (Situationseinschätzung) vonseiten der Mitarbeiterin codiert. Das Verhalten der Klientin in der Abfolge wurde der Kategorie II 34 (Sachbezogene Äußerung, Information) zugeordnet; Zeile 21: „Klientin W13 [13] zuckt mit
den Schultern und sagt: „In der Schule". Die Klientin reagiert auf die
als vertrauensfördernd angesehene Handlung der Kategorie II 20 nicht
mit einer Vertrauenshandlung, sondern sie antwortet auf die nachfolgende Frage.

Bitte um Feedback

Das Gegenüber fordert bei dieser Handlung den Interaktionspartner
explizit auf, „Stellung zu eigenen Einstellungen und Meinungen oder
auch zu Handlungsabsichten und bereits realisierten Verhaltensweisen zu beziehen" (Schweer, 1996: 78). Während die Kategorie ‚Bitte um
Hilfe‘ auf eine positive Reaktion ausgerichtet ist, beinhaltet diese Kategorie nicht zwingend die Erwartung einer rein positiven Reaktion.
Die Bitte um Feedback (Kategorie II 25) ist ein Verhalten, das als Zeichen für Vertrauen einzustufen ist[806] und das dem Indikator ‚Bitte um

---

806   vgl. Tabelle 2, Kategorie 9.

Rückmeldung über die eigene Person' entspricht. Eine solche Verhaltensweise vonseiten eines Klienten wurde in den Protokollen nicht gefunden.

7.2.2.5 Situationseinschätzung

Die Kategorie II 32 (Situationseinschätzung) diente der Kennzeichnung eines Verhaltens, das in einem Grenzbereich zwischen der Frage nach Information und der Aufforderung zu einer selbstexplorativen Äußerung liegt. Es handelt sich um Äußerungen, die auf die Erhöhung der Orientiertheit des Akteurs zielen. Die Klienten reagierten sehr häufig in Form von sachbezogener Äußerung und Information (Kategorie II 34) auf Äußerungen zur Situationseinschätzung (Kategorie II 32) durch die Mitarbeiterin. Sie reagierten auch mit Verhalten der Kategorie II 15 (Auf Motive bezogene Äußerungen), selten mit Verhalten der Kategorie II 12 (Selbstexplorative Äußerung). Die Mitarbeiterinnen reagierten häufig mit einer Frage zur Situationseinschätzung (Kategorie II 32) auf eine sachbezogener Äußerung und Information (Kategorie II 34) vonseiten des Klienten. Ein typisches Beispiel für eine solche Abfolge bezogen auf die Kategorie II 32 ist die Situation 5; sie wurde in der Wohngruppe für Jungen aufgezeichnet, es handelt sich um einen männlichen Klienten:

01 0005
02 Name des Beobachters: A
03 Datum der Beobachtung: 11.12.02
04 Ort der Beobachtung: 03
05 Zeit: 17:25 bis 17:30 Uhr
06
07
08 Situation (inkl beteiligte Personen):
09
10 Beobachter sitzt im Nebenraum, hört Gespräch. Mitarbeiterin 303 [30]
11 räumt allein die Küche auf.
12
13
14 Beobachtung:
15
16 Klient N13 [15] kommt dazu und spricht Mitarbeiterin 303 [30] an.
17 „Wenn Sie so provoziert würden, würden Sie nicht auch ausrasten"?
18
19 Mitarbeiterin 303 [30] sagt, das mit dem Messer war zuviel.

20 Mitarbeiterin 303 [30] spricht weitere Situationen an.

21

22 Klient N13 [15] spricht davon, dass es bei ihm wie mit einem Schalter ist, er

23 ist kürzer, wenn er viel provoziert wird, im Moment braucht er Ruhe.

24

25 Mitarbeiterin 303 [30] sagt, dass an das Gespräch mit der Ärztin

26 angeknüpft werden muss, thematisiert LRS und Schule.

27

28 Klient N13 [15] will sich anstrengen, sagt er hat nicht so viel Geduld.

29

30 Mitarbeiterin 303 [30] sagt, er soll sich in Griff kriegen.

31

32 Klient N13 [15] sagt, er muss ja nur noch ein paar Tage durchhalten.

33

34 Mitarbeiterin 303 [30] fragt nach dem Auslöser/Stress?

35

36 Klient N13 [15] sagt, er wird dauernd zugetextet, zu viel von der Seite

37 angelabert in der Schule, wenn das oft hintereinander passiert, geht die

38 Sicherung durch.

39

40 Mitarbeiterin 303 [30] fragt Klient N13 [15] ob er Stress in der

41 Schule und in der WG zusätzlich hat und ob das zuviel ist.

42

43 Klient N13 [15] sagt Ja ein bisschen. Die Absetzung der Tabletten kommt auch

44 dazu.

45

46 Mitarbeiterin 303 [30] rät Klient N13 [15] zuzugeben, wenn er es

47 allein nicht schafft.

48

49 Klient N13 [15] sagt, er hat zur Entlastung AGs [Arbeitsgemeinschaften]

50 aufgenommen.

51

52 Mitarbeiterin 303 [30] bestätigt, das sei auch richtig so.

Die Kategorie II 32 vonseiten der Mitarbeiterin wurde codiert in den Zeilen 40-41: „Mitarbeiterin 303 [30] fragt Klient N13 [15] ob er Stress in der Schule und in der WG zusätzlich hat und ob das zuviel ist." Das Verhalten des Klienten in der Abfolge wurde der Kategorie II 34 (Sach-bezogene Äußerung, Information) zugeordnet; Zeilen 43-44: „Klient

N13 [15] sagt Ja ein bisschen. Die Absetzung der Tabletten kommt auch dazu". Der Klient reagiert auf die Frage zur Einschätzung der Situation vonseiten der Mitarbeiterin mit einer Information, die der Orientiertheit der Mitarbeiterin dienen kann.

7.2.2.6 Beziehungsorientierte Äußerungen

Mit beziehungsorientierten Äußerungen gehen Klienten durch die strukturelle Asymmetrie der professionellen Beziehung in der Sozialen Arbeit ein erhebliches Risiko ein. Gemeint sind damit Äußerungen über die aktuelle Interaktion, über gegenwärtige Zustände und Wahrnehmungen der Situation sowie des Interaktionspartners, sofern sie nicht unter die Kategorie selbstexplorativer Äußerungen fallen. Es handelt sich um ein Verhalten, das als Zeichen für Vertrauen einzustufen ist[807]. Es wurde in den Protokollen selten codiert (Kategorie II 35 Äußerung über die Interaktionsbeziehung). Zur Verdeutlichung werden im Folgenden die Aussagen, die der Kategorie II 35 vonseiten der Klienten zugeordnet wurden, dargelegt. Dabei ist anzumerken, dass die Aussagen in der Darstellung zugunsten der Verständlichkeit in ihrem Sinnzusammenhang belassen wurden. Wurde ein Teil des zitierten Satzes oder der Sequenz mit einer anderen Codierung versehen, so ist er hier trotzdem vollständig wiedergegeben:

0027: (13-14)[808] Klient B8 [8] sagt zu Mitarbeiterin 102 [35]: „Du wirst es nicht glauben..."

0034: (39-39) Klientin W13 [13] meint vom Tisch: „Das würden Sie tun. Wir aber nicht."

0036: (23-24) Klientin P13 [17] steht vom Sofa auf und fragt Mitarbeiterin 304 [50]: „Ich muss Sie morgen von 11.00 –22.00 Uhr ertragen?"

0073: (22-23) Klientin H14 [14] sagt: „Sie müssen nicht immer gleich gerannt kommen. Ich mach ihn schon selber aus".

0963: (80-81) Klient S13 [16] sagt darauf recht aufgebracht: „Nein, das hast du mir versprochen."

1001: (36-37) Klientin A4 [16]: „Na ja, wenn Sie mir nicht den Recorder geben wollen."

1007: (32-33) Klientin A4 [16]: „...Ich find es von Ihnen trotzdem scheiße, dass Sie mich nicht geweckt haben und mich hier beklauen lassen."

1184: (53-58) Klientin O13 [14] von oben herab und sehr wütend: „Frau 104 [Mit-

---

807   vgl. Tabelle 2, Kategorie 15.
808   Die erste Ziffer gibt die Nummerierung des Datensatzes an. Die Ziffern in der Klammer bezeichnen die Zeilennummern der zitierten Auswahl mit ihrer von-bis-Spanne. In diesem Beispiel: Situation 27, Zeilen 13 bis 14.

arbeiterin, 55], würden Sie es bitte unterlassen, meine Sachen zu verstecken oder mir hinterher zu räumen. Ich hätte meine Schuhe schon noch weggestellt. Das ist ja hier wie im Kindergarten."

1279: (42-44) Nach dem Telefonat, beim Aufschreiben der Zeiten, sagt Klientin M14 [17]: „Außerdem bezahlen wir ja die Telefonate. Sie müssen uns ja nix schenken."

Die Kategorie II 35 (Äußerung über die Interaktionsbeziehung) wurde insgesamt selten codiert. Es konnte keine typische Abfolge aufgefunden werden. Ein Beispiel für die Kategorie II 35 vonseiten der Mitarbeiterin und auch vonseiten des Klienten ist die Situation 1007. Sie wurde in der Kriseninterventionsstelle für Jugendliche aufgezeichnet, es handelt sich um eine weibliche Klientin.

```
01   1007
02
03   Name des Beobachters: K
04   Datum der Beobachtung: 12.09.03
05   Ort der Beobachtung: 05
06   Zeit: 09:50 Uhr
07
08   Situation und beteiligte Personen:
09
10   Mitarbeiterin 605 [35] und Klientin A4 [16].
11   Klientin A4 [16] vermisst ihre Zigaretten.
12
13
14   Beobachtung:
15
16   Klientin A4 [16]: „Frau 605, die C5 hat heute morgen ihre
17   Federmappe aus meinem Zimmer geholt und meine Zigaretten geklaut.
18
19   Warum hat mich niemand geweckt, als die in mein Zimmer ist?".
20
21   Mitarbeiterin 605 [35]: „Also weißt du A4, wir sind hier kein Hotel.
22
23   Da hättest du halt darauf achten müssen, dass C5 gestern Abend ihre
24   Federmappe gleich mitgenommen hätte.
25
26   Das ist nicht unser Problem".
27
28   Klientin A4 [16]: „Wie lange hat die Ausgang? Bis um sechs, nicht?
```

29
30 Na da werde ich noch mal vorbeikommen, wenn die dann da ist.
31
32 Ich find es von Ihnen trotzdem scheiße, dass Sie mich nicht geweckt haben
33 und mich hier beklauen lassen".
34
35 Mitarbeiterin 605 [35 und sehr böse]: „Sprich so nicht mit mir.
36
37 Hast du mich verstanden? Es ist nicht unsere Aufgabe!".
38 Klientin A4 [16] dreht sich wütend um und verschwindet wortlos.

Die Kategorie II 35 vonseiten der Klientin wurde codiert in den Zeilen 32-33: „Ich find es von Ihnen trotzdem scheiße, dass Sie mich nicht geweckt haben und mich hier beklauen lassen [sic]." Diese Äußerung folgt der Äußerung der Mitarbeiterin in den Zeilen 23-26: „Mitarbeiterin 605 [35]: „Also weißt du A4, wir sind hier kein Hotel. Da hättest du halt darauf achten müssen, dass C5 gestern Abend ihre Federmappe gleich mitgenommen hätte. Das ist nicht unser Problem." Mit der Kategorie II 34 (Sachbezogenen Äußerung, Information) wurde die Bemerkung in der Zeile 21 codiert: „Mitarbeiterin 605 [35]: „Also weißt du A4, wir sind hier kein Hotel.", sowie mit der Kategorie II 8 (Anweisung geben) in den Zeilen 23-24: „.... Da hättest du halt darauf achten müssen, dass C5 gestern Abend ihre Federmappe gleich mitgenommen hätte." Die Äußerungen der Mitarbeiterin in der Zeile 26 wurden codiert mit der Kategorie II 20 (Geben von negativem Feedback): „... Das ist nicht unser Problem." Die Mitarbeiterin antwortet auf die Bemerkung der Klientin. Diese Antwort in den Zeilen 35-37: „Mitarbeiterin 605 [35 und sehr böse]: „Sprich so nicht mit mir. Hast du mich verstanden? Es ist nicht unsere Aufgabe!", wurde codiert mit der Kategorie III 39 (Nonverbale negative Gefühlsäußerung) in der Zeile 35: „Mitarbeiterin 605 [35 und sehr böse]:...", mit der Kategorie II 35 (Äußerung über die Interaktionsbeziehung) in den Zeilen 35 und 37: „...."Sprich so nicht (mit mir.) Hast du (mich) verstanden? Es ist nicht unsere Aufgabe!" und mit der Kategorie II 14 (Selbstreferenz) in den Zeilen 35 und 37: „... mit mir. (Hast du) mich (verstanden?)" Auf die Bemerkungen der Mitarbeiterin, die sachbezogen sind und die Klientin informieren, ihr eine Anweisung geben und mit einer negativen Rückmeldung abschließen, reagiert die Klientin mit einer Aussage über die Interaktionsbeziehung. Darauf reagiert die Mitarbeiterin mit einer Äußerung über die Interaktionsbeziehung unter Rückgriff auf Selbstreferenzen und mit nonverbalen Signalen negativer Gefühle. Beide Interaktionspartner, die Klientin und die Mitarbeiterin, geben in dieser Situation wechselseitig beziehungsorientierte Äußerungen ab. Dies wird besonders bildhaft durch die gegenseitige persönliche Ansprache und durch die gegenseitige persönlichen Bezugnahme auf den jeweils Anderen während des Gesprächs.

Es gab in den Protokollen auch Beobachtungen von Äußerungen vonseiten des Klienten, die im Zusammenhang mit dem Ausdruck höherer affektiver Erregung standen. Die Beobachter hatten dies durch die Notiz von ausgedrückten negativen Gefühlen deutlich gemacht. Diese Protokolle wurden neben der Kategorie II 35 (Äußerung über die Interaktionsbeziehung) separat codiert und einer eigenen Kategorie II 36 (Hier-und jetzt-Äußerung Ventil) zugeordnet. Eine Codierung mit dieser Kategorie II 36 für eine Mitarbeiterin wurde nicht vorgenommen, denn ein solches Verhalten vonseiten einer Mitarbeiterin fand sich nicht. Zur Verdeutlichung werden im Folgenden die Aussagen, die der Kategorie II 36 vonseiten der Klienten zugeordnet wurden, dargelegt. Auch hierbei wurden die Aussagen in der Darstellung zugunsten der Verständlichkeit in ihrem Sinnzusammenhang belassen. Wurde ein Teil des zitierten Satzes oder der Sequenz mit einer anderen Codierung versehen, so ist er hier trotzdem vollständig wiedergegeben:

0002: (39-42)[809] Klient S13 [15] schafft laut schimpfend, mehrmals: sie sei keine Ausnahme, seine Schokolade weg, ist wütend und stößt gegen seine Zimmertür [liegt durch einen Flur verbunden neben dem Gruppenraum], setzt sich wütend zum Fernsehen, Arme verschränkt.

0073: (28-28) Klientin H14 [14] wird laut und ausfallend.

0076: (14-15) W13 hat kurze Zeit vorher ihren Ärger lautstark kundgetan.

0969: (45-47) Klient R13 [16], scheinbar genervt und leicht wütend, dreht sich um, geht und sagt währenddessen, das ginge ihm auf den Sack hier, immer dieses Gegängele.

0985: (31-33) Klient L11 [8] trollt mürrisch und Füße schleifend aus dem Zimmer und mault vor sich hin.

0990: (22-23) Klientin Q9 [10] wird wütend: „Aber das ist doch Scheiße!"

1184: (59-61) Klientin O13 [14] geht, schüttelt den Kopf und brabbelt noch: „So was Albernes."

1317: (46-48) Klientin U13 [16] dreht sich um und geht ins Wohnzimmer. Im Gehen sagt sie leise vor sich hin: „Dann eben nicht. Blöde Kuh."

---

809 Die erste Ziffer gibt die Nummerierung des Datensatzes an. Die Ziffern in der Klammer bezeichnen die Zeilennummern der zitierten Auswahl mit ihrer von-bis-Spanne. In diesem Beispiel: Situation 2, Zeilen 39 bis 42.

Hierbei handelt es sich teilweise um beziehungsorientiert gerichtete Äußerungen vonseiten des Klienten, vorrangig wird in ihnen jedoch eine affektive Erregung ausgedrückt, so dass diese Äußerungen eher einer Entlastung als einer Äußerung über die Interaktionsbeziehung gleichkommen.

7.2.2.7 Bitte um Hilfe

Das Verhalten 'Bitte um Hilfe bei einem Problem' (Kategorie II 27) vonseiten des Klienten ist als Zeichen für Vertrauen einzustufen[810]. In dieser Verhaltenskategorie zeigt sich der Akteur durch sein Hilfeersuchen in einer Form der Schwäche und Abhängigkeit vom Anderen. Das Verhalten ‚Bitte um Hilfe bei einem Problem' (Kategorie II 27) vonseiten des Klienten wurde in den Protokollen lediglich ein Mal identifiziert. Dieses Protokoll 631 entstand in der Kriseninterventionsstelle für Kinder. Es handelt sich um einen männlichen Klienten.

```
01   0631
02   Name des Beobachters: D
03   Ort: 02
04   Datum: 30.05.03
05   Zeit: 15:50 - 15:52
06
07
08   Situation:
09   Gespräch zwischen ASD-Mitarbeiterin, Klient R4 [14] und Mitarbeiterin
10   402 [40].
11
12
13   Beobachtung:
14
15   Mitarbeiterin des ASD sagt zu Klient R4 [14], dass sie beim Kindesvater
16   im Krankenhaus war.
17   Mitarbeiterin des ASD sagt, der Vater von Klient R4 [14] sei mit einer
18   Verlegung von Klient R4 [14] ins Heim einverstanden und hat dies auch
19   schriftlich gegeben.
20
21   Klient R4 [14] kämpft mit den Tränen.
22
23   Mitarbeiterin 402 [40] streichelt Klient R4s [14] Hand.
24
```

---

810   vgl. Tabelle 2, Kategorie 11.

25 Klient R4 [14] sagt: „Ich will aber in kein Heim, bis jetzt lief doch
26 auch alles zu Hause. Können Sie nicht noch mal mit Vati reden?!".
27
28 Die ASD-Mitarbeiterin meint, dass sie das nicht für richtig halten würde.
29
30 Mitarbeiterin 402 [40]: „Vati benötigt selbst erst einmal Hilfe, um gesund
31 zu werden".
32
33 Klient R4 [14] nickt unter Tränen.
34 Klient R4 [14]: „Aber ich bleibe nur eine kurze Zeit, bis Vati wieder
35 gesund ist, oder?".
36
37 ASD-Mitarbeiterin: „Sicher, bis Vati wieder gesund ist".

Die Kategorie II 27 vonseiten des Klienten wurde codiert in der Zeile 26: „... Können Sie nicht noch mal mit Vati reden?!" Dieses Verhalten folgt der Beschreibung eines Körperkontaktes (Kategorie III 37) durch die Mitarbeiterin in der Zeile 23: „Mitarbeiterin 402 [40] streichelt Klient R4s [14] Hand." Der Klient reagiert mit einem Vertrauensverhalten (Bitte um Hilfe) auf den Körperkontakt der Mitarbeiterin. Es ist allerdings nicht erkennbar, an wen der Klient seine Äußerung richtet. Sein Verhalten ist deshalb nicht eindeutig zuordenbar.

Das nahezu vollständige Fehlen der Bitte um Hilfe bei einem Problem (Kategorie II 27) im Verhaltensrepertoire der Klienten in den Beobachtungsprotokollen lässt Rückschlüsse auf ihr dazu fehlendes Vertrauen zu. Ebenfalls möglich ist es jedoch, dass die Sozialarbeiter im Untersuchungsfeld nicht als zuständig für die jeweils betroffenen Bereiche, in denen Klienten Hilfe brauchten, angesehen wurden, dass den Klienten genügend andere Alternativen zur Verfügung standen oder sich kein Anlass für die Bitte um Hilfe ergab. Es muss auch eine Mangelhaftigkeit der Beobachtungen oder des Kategoriensystems eingeräumt werden.

Die Bitte um Erlaubnis vonseiten der Klienten, etwas tun zu dürfen oder etwas zu bekommen, wurde mehrmals durch die Kategorie 26 (Frage nach Zustimmung) codiert. Dieses Verhalten ist dem Vertrauensindikator ‚Bitte um Hilfe' ähnlich. Im Kontext der Sozialen Arbeit im Bereich der stationären Unterbringung handelt es sich um ein Verhalten aus bestehender Abhängigkeit heraus, das aufgrund fehlender

Alternativen für die Klienten zwingend notwendig wird. Als Vertrauensindikator ist es daher nicht geeignet.

Das Verhalten ‚Bitte um Hilfe bei einem Problem' (Kategorie II 27) vonseiten einer Mitarbeiterin wurde in den Protokollen ebenfalls lediglich ein Mal identifiziert. Dieses Protokoll 87 entstand in der Kriseninterventionsstelle für Jugendliche. Es handelt sich um drei männliche Klienten.

```
01  0087
02  Name des Beobachters: E
03  Datum der Beobachtung: 24.03.03
04  Ort der Beobachtung: 05
05  Zeit: 16.20 bis 16.30 Uhr
06
07  Situation und beteiligte Personen:
08
09  Mitarbeiterin 305 [35] und Beobachter betreten das Büro, in dem Klient
10  D7 [15], Klient D8 [15], Klient F1 [17], Mitarbeiterin 705
11  [25] und Mitarbeiterin 1005 [35] stehen.
12  Mitarbeiterin 305 [35] und Beobachter kommen gerade vom Weiden schnei-
    den
13  wieder.
14
15
16  Beobachtung:
17
18  Mitarbeiterin 305 [35]: „Jungs, passt mal auf. Draußen ist das ganze Auto
    voll
19  mit Weiden. Kommt mal mit raus und helft mit raus räumen".
20
21  Die drei Jungs schauen sich gegenseitig an und kommen mit raus. Vor
    dem
22  Auto bleiben sie stehen.
23
24  Klient F1 [17]: „Da kriegen wir aber jeder zwei Euro für das Arbeiten hier,
    oder?".
25
26  Mitarbeiterin 305 [35]: „Nee, das fällt unter Nachbarschaftshilfe".
27
28  Alle drei Jungs gucken einen Moment grimmig und tragen dann die Wei-
    den aus
```

29   dem Auto.

Die Kategorie II 27 vonseiten der Mitarbeiterin wurde codiert in der Zeile 19: „...Kommt mal mit raus und helft mit raus räumen." Es folgt eine Sequenz mit Verhalten der Kategorie I 3 (Eine Tätigkeit nach Aufforderung ausführen) vonseiten der Klienten; Zeilen 21-22: „Die drei Jungs schauen sich gegenseitig an und kommen mit raus. Vor dem Auto bleiben sie stehen.", gefolgt von einer Frage vonseiten des Klienten, die der Kategorie II 32 (Situationseinschätzung) zugeordnet wurde; Zeile 24: „Klient F1 [17]: „Da kriegen wir aber jeder zwei Euro für das Arbeiten hier, oder?" Die Klienten folgen dem ersten Teil der Bitte, mit nach draußen zu kommen, ohne Zögern. Dem zweiten Teil der Bitte folgt eine Frage zur Erhöhung ihrer Orientiertheit[811]. Das weist auf eine Irritation aufseiten der Klienten hin.

7.2.2.8 Verdichtung der Beschreibungen

Es wurden die Verhaltensweisen der Mitarbeiterinnen und der Klienten identifiziert, die in den Protokollen beschrieben wurden, und diese wurden Kategorien zugeordnet. Mithilfe der axialen Codierung konnten Beziehungen zwischen den Kategorien hergestellt werden. Die in den Protokollen als charakteristisch zu kennzeichnenden Verhaltensweisen der Mitarbeiterinnen und ihre erkennbaren Beziehungen zu den Verhaltensweisen der Klienten werden nachfolgend zusammengefasst und mit ihren dazu gehörigen Kategorien gebündelt dargestellt.

Zu den informationsbezogenen Verhaltensweisen zählen die Kategorie II 31 (Fragen nach Information) vonseiten der Mitarbeiterin und die Kategorie II 34 (Sachbezogene Äußerung, Information) vonseiten der Mitarbeiterin, ebenso die Fragen zur Situationseinschätzung durch die Mitarbeiterin (Kategorie II 32) und die Aufforderung zur Selbstexploration (Kategorie II 28). Sie sind unmittelbar verknüpft mit der Kategorie II 34 (Sachbezogene Äußerung, Information) vonseiten eines Klienten. Es sind vor allem die Mitarbeiterinnen in der Rolle der Fragenden und Auffordernden beschrieben. Die Klienten befinden sich oft in der Rolle der darauf Reagierenden und Informierenden.

Die anweisenden Äußerungen der Mitarbeiterinnen wurden in der Kategorie II 8 zusammengefasst. Für den Fall der Wiederholung einer

---

811   Anmerkung: In dieser Kriseninterventionsstelle für Jugendliche können sich die Klienten üblicherweise Taschengeld verdienen.

Anweisung wurde die Kategorie II 33 (Beharren) verwendet. Eine häufig auftretende typische Abfolge mit einer anderen Kategorie für Verhalten vonseiten der Klienten für diese Kategorien zeigte sich nicht. Es zeigten sich Verknüpfungen zu dem Verhalten der Kategorie I 3 (Eine Tätigkeit nach Aufforderung ausführen), zu Verhalten der Kategorie II 17 (Verbale Annahme von Verhaltensanweisungen), zu der Ablehnung der Anweisung mittels Verhalten der Kategorie I 2 (Eine Tätigkeit abbrechen oder unterlassen) und häufig zu Verhalten der Kategorie II 22 (Verbale Ablehnung von Verhaltensanweisungen). Selten fanden sich Verknüpfungen zu Verhalten der Kategorien II 23 (Verbale Annahme/ Nonverbale Ablehnung von Verhaltensanweisungen), II 33 (Situationseinschätzung), II 35 (Äußerungen über die aktuelle Interaktionsbeziehung), II 36 (Hier-und jetzt-Äußerung Ventil) oder III 39 (Nonverbale negative Gefühlsäußerung). Die Mitarbeiterinnen werden somit oft in der Rolle der Anweisenden beschrieben. Die Klienten befinden sich oft in der Rolle der darauf Reagierenden.

Mit dem Bereich der Selbstöffnung verbundene Verhaltensweisen vonseiten einer Mitarbeiterin sind das Verhalten der Kategorie II 28 (Aufforderung zu selbstexplorativer Äußerung des Interaktionspartners) durch eine Mitarbeiterin, der Kategorie II 15 (Auf Motive bezogene Äußerungen), der Kategorie II 12 (Selbstexplorative Äußerung) und der Kategorie II 14 (Selbstreferenz). Die Codierung mit der Kategorie II 12 für eine selbstexplorative Äußerung vonseiten der Mitarbeiterin wurde selten vorgenommen. Etwas häufiger wurde die Codierung der Kategorie II 14 (Selbstreferenz) vonseiten der Mitarbeiterinnen verwendet. Sie diente der Identifizierung von Sequenzen, in denen die Mitarbeiterinnen Aussagen machten, die sich auf ihre Person bezogen und dabei insbesondere um Ich-Aussagen, die nicht dem Bereich einer selbstexplorativen Äußerung zuzuordnen waren. Verhaltensweisen der Klienten, die dem Bereich Selbstöffnung zugeordnet wurden, sind die der Kategorie III 39 (Nonverbale negative Gefühlsäußerung), der Kategorie II 15 (Auf Motive bezogene Äußerungen) sowie der Kategorie II 12 (Selbstexplorative Äußerung). Eine typische Abfolge mit Verhalten vonseiten der Klienten fand sich weder für die Kategorie II 14 (Selbstreferenz) noch für die Kategorie II 12 (Selbstexplorative Äußerung) vonseiten der Mitarbeiterin. Die Sozialarbeiter bemühen sich oft um ein selbstexploratives Verhalten ihrer Klienten durch Fragen nach Gefühlen und Befindlichkeiten und Aufforderungen, etwas von sich zu erzählen. Die Klienten geben daraufhin über ihre Gefühle und Befindlichkeiten Auskunft, einerseits nonverbal vor allem über ihre negativen Gefühle und andererseits verbal in Form von selbstexplorativen Äußerungen. Beide Seiten, Klienten wie Mitarbeiterinnen, begründen oft ihr Verhalten oder ihr Handeln dem anderen gegenüber. Die Reaktionen der Klienten auf eine selbstexplorative Äußerung einer Mitarbeiterin waren sowohl grenzziehend bis ablehnend als auch mehr und weniger vertrauensvoll. Die Annahme, eine selbstexplorative Äußerung vonseiten der Mitarbeiterin werde ein Verhalten hervorrufen, das den Verhaltenskategorien für vertrauensvolles Verhalten entspricht, lässt sich anhand der untersuchten Abläufe nicht bestätigen. Es entsteht jedoch der Eindruck, dass die Klienten sich bestärkt fühlen, ihre Gedanken und Befindlichkeiten infolge einer selbstexplorativen Äußerung der Mitarbeiterin deutlich zu machen. Dies haben die aufgeführten Reaktionen der Klienten gemeinsam (Interventionsablehnung, auf Motive bezogene Äußerungen, selbstexplorative Äußerung, Anweisung geben sowie Geben von negativem Feedback und Verlassen der Situation).

Mit dem Bereich der Rückmeldung (Feedback) verbundene Verhaltensweisen vonseiten der Mitarbeiterinnen sind das Verhalten der Kategorie II 20 (Geben von negativem Feedback) und der Kategorie II 16 (Geben von positivem Feedback). In den Protokollen wurden nur wenige Situationen beschrieben, in denen eine negative oder eine positive Rückmeldung vonseiten der Mitarbeiterin für sich allein stand. Oft waren es Äußerungen, die mit einer anderen Äußerung verknüpft waren oder denen eine weitere Bemerkung folgte. Die Klienten reagierten auf Verhalten der Kategorie II 20 (Geben von negativem Feedback) vonseiten der Mitarbeiterin häufig nonverbal. Häufig folgte ein Verhalten der Kategorie III 39 (nonverbale negative Gefühlsäußerung) und mehrfach das Verhalten der Kategorie III 42 (Schweigen) vonseiten des Klienten. Weitere als typisch zu kennzeichnende Abfolgen fanden sich nicht. Infolge einer negativen Rückmeldung kam es zu sachbezogener Äußerung und Information (Kategorie II 34), zu selbstexplorativen Äußerungen (Kategorie II 12) und zu Äußerungen zur Situationseinschätzung (Kategorie II 32) vonseiten des Klienten. Letzteres weist auf eine Irritation aufseiten des Klienten hin. Infolge eines negativen Feedbacks vonseiten der Mitarbeiterin wurden erklärende und ausweichende Reaktionen der Klienten aufgefunden. Dies zeigte sich in Verhalten der Kategorie II 15 (Auf Motive bezogene Äußerungen) oder der Kategorie II 22 (Interventionsablehnung). Eine häufig auftretende und als typisch zu kennzeichnende Abfolge für Verhalten der Kategorie II 16 (Geben von positivem Feedback) vonseiten der Mitarbeiterinnen mit einem Verhalten vonseiten der Klienten zeigte sich nicht. Auf ein positives Feedback einer Mitarbeiterin reagierten die Klienten ganz unterschiedlich. Diesem Verhalten der Kategorie II 16 vonseiten der Mitarbeiterin folgte mehrfach Verhalten der Kategorie III 40 (Nonverbale positive Gefühlsäußerung) vonseiten des Klienten. Es konnte selten das Verhalten der Kategorie 12 (Selbstexplorative Äußerung) vonseiten des Klienten infolge der Kategorie II 16 (Geben von positivem Feedback) registriert werden. Damit folgt ein als vertrauensvoll angesehenes Verhalten vonseiten eines Klienten der Kategorie II 16 (Geben von positivem Feedback) vonseiten der Mitarbeiterin. Ebenfalls in Folge eines positiven Feedbacks einer Mitarbeiterin (Kategorie II 16) wurde das Verhalten der Kategorie II 15 (Auf Motive bezogene Äußerungen) vonseiten des Klienten registriert. Eine negative Rückmeldung (Kategorie II 20) vonseiten der Mitarbeiterin folgte auf verschiedene Verhaltensweisen der Klienten; dabei gab es keinen typischen Anlass. Dieses Verhalten aufseiten der Mitarbeiterin fand sich infolge von Verhalten der Kategorie II 22 (Interventionsablehnung), der Kategorie II 15 (Auf Motive bezogene Äußerungen), der Kategorie II 26 (Frage nach Zustimmung), der Kategorie II 34 (Sachbezogene Äußerung, Information) oder der Kategorie II 32 (Situationseinschätzung) vonseiten des Klienten. Das Verhalten der Kategorie II 16 (Geben von positivem Feedback) vonseiten der Mitarbeiterin folgte mehrfach dem Verhalten der Kategorie II 26 (Frage nach Zustimmung) vonseiten des Klienten. Noch öfter kam das Verhalten der Kategorie II 16 vonseiten der Mitarbeiterin nach einer Wunschäußerung (Kategorie II 13) vonseiten eines Klienten vor. Diese zustimmenden Reaktionen der Mitarbeiterinnen auf eine Frage nach Erlaubnis oder Zustimmung oder auf eine Wunschäußerung vonseiten eines Klienten machen einen größeren Anteil der positiven Rückmeldungen an die Klienten aus. Das als vertrauensvoll angesehene Verhalten Bitte um Feedback (Kategorie II 25) vonseiten eines Klienten wurde in den Protokollen nicht gefunden.

Die Äußerungen der Mitarbeiterinnen, die auf die Erhöhung ihrer Orientiertheit zielen, wurden in der Kategorie II 32 (Situationseinschätzung) zusammengefasst. Die Klienten reagierten darauf sehr häufig in Form von sachbezogener Äußerung und Information (Kategorie II 34). Sie reagierten auch mit Verhalten der Kategorie II 15 (Auf Motive bezogene Äußerungen), selten mit Verhalten der Kategorie II 12 (Selbstexplorative Äußerung). Die Mitarbeiterinnen reagierten häufig mit einer Äußerung zur Situationseinschätzung auf eine sachbezogene Äußerung und Information (Kategorie II 34) vonseiten des Klienten. Auch in Bezug auf die Kategorie II 32 (Situationseinschätzung) ist festzustellen, dass vor allem die Mitarbeiterinnen in der Rolle der Fragenden und die Klienten oft in der Rolle der darauf Reagierenden und Informierenden beschrieben sind.

Dem Bereich der beziehungsorientierten Äußerungen vonseiten der Klienten wurden die Kategorien II 35 (Äußerung über die Interaktionsbeziehung) und die Kategorie II 36 (Hier-und jetzt-Äußerung Ventil) zugeordnet. Es konnte keine typische Abfolge mit einem Verhalten der Mitarbeiterinnen aufgefunden werden. Beziehungsorientierte Äußerungen der Mitarbeiterinnen (Kategorie II 35) wurden äußerst selten aufgefunden. Ein Verhalten der Kategorie II 36 (Hier-und jetzt-Äußerung Ventil) vonseiten einer Mitarbeiterin fand sich gar nicht.

Das als vertrauensrelevant erachtete Verhalten Bitte um Hilfe (Kategorie II 27) wurde in den Protokollen jeweils einmal für die Seite der Mitarbeiterinnen und für die Seite der Klienten registriert. Das geringe Auffinden dieses Verhaltens in den Beobachtungsprotokollen lässt Rückschlüsse auf dazu fehlendes Vertrauen vonseiten der Klienten zu. Als weitere Möglichkeiten der Interpretation wurden eine zugeschriebene Unzuständigkeit der Sozialarbeiter, die Verfügung über genügend andere Alternativen oder der fehlende Anlass für die Bitte um Hilfe vonseiten der Klienten in Erwägung gezogen. Auch die Mangelhaftigkeit der Beobachtungen oder des Kategoriensystems sind einzuräumen. Das nicht als vertrauensrelevant bezeichnete Verhalten Frage nach Zustimmung (Kategorie II 26) vonseiten der Klienten wurde als der Kategorie II 27 ähnliches Verhalten betrachtet. Es entsteht im Kontext der Sozialen Arbeit im Bereich der stationären Unterbringung aus bestehender Abhängigkeit heraus und wird aufgrund fehlender Alternativen für die Klienten zwingend notwendig. Dieses Verhalten steht größtenteils für sich allein; die Klienten eröffnen damit mehrfach die Interaktionen.

7.2.3 Kooperativer Zustand

Im Folgenden werden die Interaktionen zwischen den Sozialarbeitern und den Klienten detailliert unter der Fragestellung untersucht, welche der Verhaltensweisen der Mitarbeiterinnen für den Interaktionsverlauf hilfreich sind, um in der Arbeitsbeziehung mit den Klienten einen kooperativen Zustand zu bewirken. Die Motivation des Klienten und die Information vonseiten des Klienten sind damit eingeschlossen[812]. Zunächst wird an dieser Stelle nochmals beschrieben, was unter einem kooperativen Zustand verstanden wird[813].

Die Kooperation selbst zielt auf die Bündelung von individuellen Kräften zum Vorteil aller Beteiligter[814]. In der Sozialen Arbeit besteht die Verantwortung des einzelnen Sozialarbeiters darin, seinen Klienten zu unterstützen und ihm Hilfe zur Selbsthilfe zu vermitteln. Diese Unterstützung anzunehmen liegt in der Selbstbestimmung des Klienten und es liegt in der ganz eigenen Verantwortung des Klienten, ob und wie er die Inhalte einer Hilfe zur Selbsthilfe realisiert[815]. Das Ziel der Zusammenarbeit aus professioneller Sicht ist die Verantwortungsübernahme des einzelnen Klienten und in Folge die Auflösung der Arbeitsbeziehung[816]. In der Arbeitsbeziehung muss es daher möglich sein, dass der Klient Aktivität entwickelt, diese zukunftsorientiert ist und sich nach außerhalb der Beziehung richtet. Ist dies der Fall, so wird aufseiten des Klienten ein Unterschied aufgezeigt, der sich vom Bisherigen abhebt. Es kann von der Realisierung eines kooperativen Zustands vonseiten des Klienten gesprochen werden. Verhaltensweisen werden folglich nicht als Kooperation verstanden, die aus Angst mit dem Ziel der Sanktionsvermeidung ausgeführt werden, so etwa Gehorchen aus Abhängigkeit. Diese müssten dem Bereich der Willfährigkeit zugeordnet werden.

Zunächst wird geklärt, auf wessen Initiative die in den Protokollen jeweils beschriebene Interaktion stattfindet. Anschließend werden die Themen der Interaktionen vorgestellt. Beide Punkte verdeutlichen den Rahmen für die Interaktionen, die daraufhin unter dem Fokus eines kooperativen Zustandes beschrieben und analysiert werden. Situationen, in denen sich das „Kriterium der Intensivität" (Moser, 1995: 103) findet, das heißt, „informationsreiche Fälle, in denen sich das interessierende Phänomen auf eine intensive Weise manifestiert" (ebd.), interessieren dabei besonders.

7.2.3.1 Interaktionsimpuls

Das Verhältnis der Protokolle, in denen ein Klient oder eine Mitarbeiterin die Interaktion beginnt, ist ausgewogen. Da bei der Auswahl der

---

812   vgl. Kapitel 5.4.
813   vgl. ebd.
814   vgl. ebd.
815   vgl. Thiersch, 1993: 16 f.
816   vgl. Urban-Stahl, 2007: 21.

Teilgesamtheit der Protokolle auf dieses Kriterium nicht geachtet werden konnte, wird davon ausgegangen, dass gängige Abläufe im Feld damit widerspiegelt werden. Mit dem zur Kennzeichnung verwendeten Code „Beginn" ist gemeint, dass der entscheidende Impuls für die Interaktion vom jeweils bezeichneten Akteur ausgeht. Ein Beispiel dafür ist das Protokoll 10. Hier gibt der Klient den Impuls für die Interaktion in Zeile 16: „Klient B1 [16] erkundigt sich, was das für ein Geräusch sei." Die Situation wurde in der Kriseninterventionsstelle für Jugendliche aufgezeichnet; es handelt sich um einen männlichen Klienten:

01 0010
02 Name des Beobachters: B
03 Datum der Beobachtung:
04 10.01.03
05 Ort der Beobachtung: 05
06 Zeit: 11.15 Uhr - 11.20 Uhr
07
08 Situation (inkl. beteiligte Personen):
09
10 Mitarbeiterin 505 [50] sitzt am Tisch mit Mitarbeiterin
11 405 [35] im Dienstzimmer. Außerdem anwesend Klient
12 B1 [16] und Klient S1 [15].
13
14 Beobachtung:
15
16 Klient B1 [16] erkundigt sich, was das für ein Geräusch sei.
17
18 Mitarbeiterin 505 [50] sagt, das sei das Faxgerät.
19
20 Klient B1 [16] fragt, was da raus käme.
21
22 Mitarbeiterin 505 [50] sagt, das sei B1´s Einweisung ins Gefängnis.
23
24 Klient B1 [16] sagt „schön wärs".

Ein Beispiel für einen so verstandenen Interaktionsbeginn vonseiten der Mitarbeiterin gibt das Protokoll 20 ab. Der Impuls zur Interaktionseröffnung wird in den Zeilen 17-18 beschrieben: „Mitarbeiterin 404 [35] sagt zu Klientin J14 [17] dass ihr Angebot, sie zu heiraten nach wie vor stehen würde." Das Protokoll entstand in der Wohngruppe für Mädchen; es handelt sich um eine weibliche Klientin:

01 0020
02 Name des Beobachters: B
03 Datum der Beobachtung:
04 20.01.03
05
06 Ort der Beobachtung: 04
07 Zeit: 18.00 Uhr - 18.05 Uhr
08
09 Situation (inkl beteiligte Personen):
10 Aufenthaltsraum. Klientin Q13 [15], Klientin H14 [14], spielen
11 Computer. Klientin P13 [17], Klientin U13 [16], Mitarbeiterin 404
12 [35] sitzen am Tisch. Kind [2] von Klientin J14 [17] läuft
13 herum. Klientin J14 [17] bereitet Abendbrot für alle zu und räumt dabei
14 die Küchenzeile auf [hat WG Küchendienst].
15
16 Beobachtung:
17 Mitarbeiterin 404 [35] sagt zu Klientin J14 [17] dass ihr Angebot, sie zu
18 heiraten nach wie vor stehen würde.
19
20 Klientin J14 [17] guckt erstaunt Mitarbeiterin 404 [35] an und fragt
21 „Wieso?".
22
23 Mitarbeiterin 404 [35] sagt, sie könne dann bei ihr die Wohnung machen und
24 kochen, das wäre doch toll. Sie würde das so gut machen, sie würde sie glatt
25 heiraten.
26
27 Klientin J14 [17] sagt, sie würde das aber nicht immer machen.
28
29 Mitarbeiterin 404 [35] sagt, das würde ihr so schon reichen. Als sie so alt
30 war und dann ihre erste Bude hatte, konnte sie nur halb so viel und bei ihr
31 sah es immer aus. Sie fände das klasse so, wie Klientin J14 [17] das
32 kann.

Insgesamt zeigt sich in den analysierten Materialien eine durchgängige Interaktionsbereitschaft der Klienten.

7.2.3.2 Thema

Eng verknüpft mit dem Impuls zur Interaktionseröffnung ist das Thema, um das es in der protokollierten Situation geht. Die thematischen

Elemente wurden im Verlauf der offenen Codierung über die Frage, was das Thema in der Interaktion ist, identifiziert und begründet. Nach der Benennung in Form eines Codes wurde die protokollierte Beobachtungssituation damit im Ganzen gekennzeichnet[817]. Die nachstehende Übersicht gibt die Codes der gekennzeichneten Themen und ihre Inhalte wieder:

Tabelle 5: Themen in den analysierten Beobachtungsprotokollen in alphabetischer Reihenfolge.

Code: Thema Beschäftigung
In der Situation geht es direkt oder indirekt um die Aufforderung an den Klienten, eine Beschäftigung auszuführen. Der Klient soll etwas tun, wie z.B. malen, basteln, er ist aufgefordert, ein bestimmtes Amt zu erledigen, wie z.B. Putzen oder er soll einer Anweisung der Mitarbeiterin gehorchen.
Code: Thema Beziehung
In der Situation geht es um die Suche des Klienten nach intensiverem Kontakt zur Mitarbeiterin oder um die Suche der Mitarbeiterin nach intensiverem Kontakt zum Klienten. Die Verringerung der Distanz in der Beziehung spielt eine direkte oder indirekte Rolle. Eine beziehungsorientierte Thematik ist Kern der Situation.
Code: Thema Inneres
In der Situation sprechen die Mitarbeiterin und der Klient über Bereiche, die über den Alltag hinausgehen. Es werden in größerem Maß Gefühle und Gedanken des Klienten thematisiert.
Code: Thema Regeln
Das zentrale Thema der Situation sind Regeln, auf die sich die Mitarbeiter berufen und deren Einhaltung sie einfordern oder hinterfragen. Dazu zählen 1. Regeln, die von den Mitarbeitern für die Einrichtung festgelegt wurden, wie Festlegungen von Ausgehzeiten, Nutzungserlaubnisse, Benimmvorschriften innerhalb der Einrichtung etc. 2. Regeln guten Betragens wie auch Konventionen im Hinblick auf Termine, Arztbesuche, gemeinsame Mahlzeiten usw. 3. Allgemeine gesetzliche Regelungen auf Schule bezogen (Schulbesuch, Schwänzen, Erledigen von Hausaufgaben) oder Straftatbestände, wie Diebstahl oder Gewalt gegen Personen. 4. Regeln zur Lebensbewältigung im Hinblick auf die Eigenverantwortung und Vorbereitung auf Eigenständigkeit des Klienten. Es geht um Entscheidungen und Themen, mit denen der Klient sich auseinandersetzen soll. Dazu zählen Zukunftsplanung, Alltagsbewältigung, Verselbständigung z.B. in den Bereichen Wohnen, Selbstversorgung oder Geldeinteilung.

---

817   vgl. Kapitel 7.1.2.

Code: Thema Unterstützung
In der Situation bietet die Mitarbeiterin dem Klienten ihre Unterstützung bei einem Problem an und/oder die Mitarbeiterin unterstützt den Klienten aktiv bei einem Problem.

Code: Thema Zustimmung
In der Situation geht es um Themenbereiche, die mit Fragen nach Vergünstigungen bzw. Freiheiten für die Klienten verbunden sind, wie Fernsehen, Rauchen, Freunde treffen, Haustiere, Taschengeld, Vergnügen, Ausgang aus der stationären Einrichtung etc. Das formal festgelegte Rollenverhältnis und die damit einhergehende Asymmetrie der Beziehung zwischen Mitarbeitern und Klient wird durch eine Entscheidung deutlich.

In den Protokollen wurde jeweils ein Thema mit der Codierung gekennzeichnet. Auf Markierung von Unterthemen wurde zugunsten der Übersichtlichkeit verzichtet. Die Identifikation des Kernthemas der Situation war das Ziel. Nachfolgend wird für jedes der aufgeführten Themen eine protokollierte Beispielsituation dargestellt. In alphabetischer Abfolge wird jeweils das in der Reihenfolge erste gekennzeichnete Protokoll ausgewählt.

Code: Thema Beschäftigung

Ein Beispiel für das Thema mit dem Code „Beschäftigung" gibt das Protokoll 15 ab. Die Situation wurde in der Kriseninterventionsstelle für Jugendliche aufgezeichnet; es handelt sich um einen männlichen Klienten:

01 0015
02 Name des Beobachters: B
03 Datum der Beobachtung: 12.01.03
04 Ort der Beobachtung: 05
05 Zeit: 12.30 Uhr - 12.35 Uhr.
06
07 Situation (inkl. beteiligte Personen):
08 Pausenraum der MA. anwesend Mitarbeiterin 1105 [35], Klient
09 S1 [15]. Mitarbeiterin 1105 [35] raucht
10 Zigarette, hat Pause. Klient S1 [15] kommt gerade aus der Schule, ist seit einigen Minuten im Haus.
11
12
13 Beobachtung:
14

15 Klient S1 [15] sitzt an Mitarbeitertisch.
16
17 Mitarbeiterin 1105 [35] sagt zu Klient S1 [15],
18 dass er doch mal was kochen könnte.
19 Klient S1 [15] sagt, er habe keine Lust und schaut zu Boden.
20
21 Mitarbeiterin 1105 [35] schaut Klient S1 [15]
22 ins Gesicht und sagt, sie würde auch mal deshalb länger bleiben.
23
24 Klient S1 [15] schaut weiter zu Boden und sagt nach einigem Zögern
25 „Lasagne".
26 Mitarbeiterin 1105 [35] sagt „Lasagne".
27 Klient S1 [15] schaut hoch und schaut ins Weite.
28 Fängt an aufzuzählen, was er alles an Zutaten benötigt.
29 Mitarbeiterin 1105 [35] macht mit und ergänzt.
30
31 Als alles aufgezählt ist, sagt Mitarbeiterin 1105 [35], dass er ja die anderen
    Klienten und Mitarbeiter einladen könnte.
32 Klient S1 [15] nickt, wirkt interessiert.
33 Beide verabreden einen Termin.
34
35 Mitarbeiterin 1105 [35] bekräftigt, dass sie
36 deshalb länger [als ihre Arbeitszeit] bleiben wird.

In der Situation insgesamt geht es um die Aufforderung der Mitarbeiterin an den Klienten, eine Beschäftigung auszuführen. Der Klient soll etwas kochen. Es wird beschrieben, wie sich die Interaktion zu diesem Thema zwischen der Mitarbeiterin und dem Klienten gestaltet. Die weiteren mit dem Code „Beschäftigung" gekennzeichneten Protokolle sind die Nummern 21, 22, 23, 34, 64, 73, 87, 491, 962, 966, 969, 974, 980, 1009 und 1185 (Anzahl 16).

Code: Thema Beziehung

Als ein Beispiel für das Thema mit der Codierung „Beziehung" folgt das Protokoll 11. Es entstand in der Kriseninterventionsstelle für Jugendliche, dabei handelt es sich um einen männlichen Klienten.

01 0011
02 Name des Beobachters: B
03 Datum der Beobachtung: 10.01.03.........
04 Ort der Beobachtung: 05

05 Zeit: 12.15 Uhr - 12.20 Uhr................................

06

07 Situation (inkl. beteiligte Personen):

08 Klient B1 [16] und Klient S1[15] sitzen am Tisch mit Mitarbeiterin 405,

09 [35] im

10 Dienstzimmer. Außerdem anwesend Mitarbeiterin 505 [50].

11

12 Beobachtung:

13 Klient S1 [15] fragt Mitarbeiterin 405 [35], warum sie so müde sei. Sie

14 solle doch zu Hause bleiben.

15

16 Mitarbeiterin 405 [35] sagt, sie käme, weil es ihr Spaß mache und sie Geld

17 damit verdiene.

18

19 Klient S1[15] sagt, sie könne doch zu Hause bleiben und trotzdem Geld dafür

für

20 bekommen.

21

22 Mitarbeiterin 405 [35] sagt, sie habe zu Hause ein viel zu liebes Kind. Sie

23 brauche Kinder, neben

24 deren Bett sie morgens zwei Stunden lang sitzen müsse, um sie zu wecken.

25

26 Klient S1 [15] hebt die Hand und meldet sich. Fragt, ob das echt zwei Stunden

27 waren.

28

29 Mitarbeiterin 405 [35] sagt, „na so etwa".

30

31 Beide schauen sich an und lächeln.

In der Situation geht es um die Suche des Klienten nach intensiverem Kontakt zur Mitarbeiterin. Im Kern geht es um die Beziehung zwischen der Mitarbeiterin und dem Klienten. Das Protokoll gibt eine Interaktion wieder, in der sich die Distanz in der Beziehung zwischen der Mitarbeiterin und dem Klienten verringert. Die weiteren mit dem Code „Beziehung" gekennzeichneten Protokolle sind die Nummern 20, 36, 56, 75, 91, 178, 623 und 984 (Anzahl 9).

Code: Thema Inneres

In der nachfolgenden Situation 3 wurde das Thema mit der Codierung „Inneres" gekennzeichnet. Das Protokoll entstand in der Wohngruppe für Jungen, es handelt sich um einen männlichen Klienten.

```
01   0003
02   Name des Beobachters: A
03   Datum der Beobachtung: 11.12.02
04   Ort der Beobachtung: 03
05   Zeit: 15:10 Uhr
06
07
08   Situation (inkl beteiligte Personen) :
09
10   Zivildienstleistender 003 [20], Mitarbeiterin 303 [30] und Beobachter
11   sind im Betreuerzimmer. Anruf Schulleiterin.
12
13   Beobachtung
14
15   Schulleiterin ruft an.
16   Klient N13 [15] hat einen Mitschüler [ob es ein Mitschüler war, bleibt un-
     klar]
17   nach dem Unterricht mit einem Messer ins Gesicht gestochen.
18   Mitarbeiterin 303 [30] will das mit Klient N13 [15] besprechen,
19   erwartet ihn gegen 17.00 Uhr zurück.
20   Schulleiterin sagt, er müsste schon auf dem Weg sein.
21
22   15.40 Uhr Klient N13 [15] kommt direkt ins Besprechungszimmer.
23   Mitarbeiterin 303 [30] sagt: „Sit down and close the door".
24
25   Klient N13 [15] übersetzt das und tut.
26
27   Mitarbeiterin 303 [30] "Ich lass dich zuerst reden".
28
29   Klient N13 [15] Warum/Worüber.
30
31   Mitarbeiterin 303 [30]: hatte Anruf.
32
33   Klient N13 [15] habe ihn nur 2mal geschlagen.
34
35   Mitarbeiterin 303 [30]: Schulleiterin hat gesagt mit Messer.
```

36
37 Klient N13 [15]: 2mal geschlagen und mit Stock ins Gesicht gedrückt.
38
39 [Mitarbeiterin 303 [30] und Klient N13 [15] sitzen sich gegenüber, ab
40 2. Satz Blickkontakt, direkt zugewandt.]
41
42 Mitarbeiterin 303 [30]: Warum?
43
44 Klient N13 [15]: hat meine Mutter beleidigt.
45
46 Mitarbeiterin 303 [30]: "Was geht in deinem Kopf vor"?
47
48 Klient N13 [15] schweigt.
49
50 Mitarbeiterin 303 [30]: "Ich frage, weil ich Dich verstehen will".
51
52 Klient N13 [15] sagt, er kann nicht ab, wenn seine Mutter beleidigt wird.
53 Sonst alles, aber das nicht.
54
55
56
57
58 Mitarbeiterin 303 [30] spricht an, dass bereits weitere Vorfälle aus
59 anderen Gründen passiert sind, Klient N13 [15] lässt sich leicht provozieren.
60
61 Klient N13 [15] blickt nieder, schweigt.
62
63 Mitarbeiterin 303 [30]: "Schweigen ist nicht, was tun wir"?
64 Klärt auf, dass dieser Vorfall härtere Konsequenzen hat, als letzter [Ge-
spräch],
65 nämlich Anzeige.
66
67 Klient N13 [15] schweigt.
68
69 Mitarbeiterin 303 [30] sagt, was sie tut, muss Eltern informieren. Fragt,
70 was Klient N13 [15] tut.
71
72 Klient N13 [15] schweigt und sagt "tja".
73
74

75 Zeit: 15:40 bis 15:50 Uhrr
76
77 Mitarbeiterin 303 [30]: Vorfall von gestern Abend mit R13 [16] wird
78 nach dem Essen besprochen, da R13 [16] nachmittags nicht da ist.
79 Klient N13 [15] soll nachdenken.
80 Klient N13 [15] verlässt den Raum.

Zu großen Teilen geht es in diesem Protokoll um die inneren Befind-lichkeiten des Klienten. Die Mitarbeiterin und der Klient sprechen in der Situation über Bereiche, die über den Alltag hinausgehen. Es wer-den in größerem Maß Gefühle und Gedanken des Klienten themati-siert. Die weiteren mit dem Code „Inneres" gekennzeichneten Proto-kolle sind die Nummern 5, 10, 18, 26, 52, 61, 90, 93, 631, 1101, 1103 und 1104 (Anzahl 13).

Code: Thema Regeln

Die Codierung „Regeln" wurde für die Thematisierung verschiedener Formen von Regeln entworfen. Ein Beispiel für diese Codierung ist das Protokoll 2. Es entstand in der Wohngruppe für Jungen, dabei handelt es sich um einen männlichen Klienten.

01 0002
02 Name des Beobachters: A
03 Datum der Beobachtung: 10.12.02
04 Ort der Beobachtung: 03
05 Zeit: 20:45 bis 20:50 Uhr
06
07 Situation (inkl beteiligte Personen) :
08
09 Klient N13 [15], Klient A14 [17], Klient F14 [12], Mitarbeiterin
10 503 [40] schauen fern.
11 Mitarbeiterin 503 [40] isst.
12 Klient S13 [15] holt sich Schokolade und will auch essen.
13
14
15 Beobachtung:
16
17 Mitarbeiterin 503 [40] sagt, das geht nicht, Klient S13 [15] soll die
18 Schokolade zurückbringen.
19
20 Klient S13 [15] sagt, sie isst auch, wird langsam wütend.

21
22 Mitarbeiterin 503 [40] in nachdrücklicherem Tonfall: sie hat Untersetzer
23 mitgebracht, Klient S13 [15] kann im Gruppenraum nichts essen.
24
25 Klient S13 [15] sagt, er will die Schokolade nicht essen, aber jetzt auch
26 nicht wegschaffen.
27
28 Klient N13 [15] mischt sich ein. Klient N13 [15] sagt, Erzieher sind
29 Ausnahmen.
30
31 Klient S13 [15] fragt wieso, wird laut, sagt, dass Mitarbeiterin 503 [etwa
32 50] auch im Gruppenraum isst und keine Ausnahme sei.
33
34 Mitarbeiterin 503 [40] sagt, sie hatte kein Abendbrot und will den Film
35 sehen, Klient S13 [15] soll seine Schokolade wegschaffen.
36
37 Klient N13 [15] wiederholt mehrmals, Erzieher sind eine Ausnahme.
38
39 Klient S13 [15] schafft laut schimpfend, mehrmals: sie sei keine Ausnahme,
40 seine Schokolade weg, ist wütend und stößt gegen seine Zimmertür [liegt
       durch
41 einen Flur verbunden neben dem Gruppenraum], setzt sich wütend zum
42 Fernsehen, Arme verschränkt.
43
44 Mitarbeiterin 503 [40] sagt, sie isst hier, weil Klient S13 [15] sich
45 vorhin so aufgeführt hat, sonst könnte sie unten essen.
46
47 Bettzeit wird thematisiert.

Das zentrale Thema der Situation sind Regeln, auf die sich die Mitarbeiterin beruft und deren Einhaltung sie einfordert. In dieser speziellen Situation geht es um solche Regeln, die von den Mitarbeitern für
das Benehmen innerhalb der Einrichtung festgelegt wurden. Die weiteren mit dem Code „Regeln" gekennzeichneten Protokolle sind die
Nummern 12, 13, 16, 19, 27, 28, 37, 60, 68, 70, 74, 76, 85, 86, 183, 960, 985,
989, 991, 999, 1000, 1007, 1048 und 1184 (Anzahl 25).

Code: Thema Unterstützung

Ein Beispiel für das Thema mit dem Code „Unterstützung" gibt das
Protokoll 29 ab. Die Situation wurde in der Kriseninterventionsstelle

für Jugendliche aufgezeichnet; es handelt sich um einen männlichen Klienten:

01 0029
02 Name des Beobachters: E
03 Datum der Beobachtung: 11.03.03
04 Ort der Beobachtung: 05
05 Zeit: 18.10 Uhr bis 18.20 Uhr
06
07 Situation und beteiligte Personen:
08
09 Dienstzimmer
10 Klient C. [14], Mitarbeiterin 1005 [35]
11 Im Gespräch nach einem ASD-Termin der Jugendliche, um heraus zu bekommen, was
12 dort passiert ist.
13
14
15
16 Beobachtung:
17
18 Mitarbeiterin 1005 [35]: „Du bist hingekommen [ASD] und da waren Mutti und Vati schon da".
19
20 Klient C [14]: „Ja, wir haben aber erst allein geredet".
21
22 Mitarbeiterin 1005 [35]: „War es ein friedliches Gespräch oder gab es Krach?".
23
24 Klient C [14]: „Ich hab nicht viel geredet. Meine Mutter hatte schlechte Laune.
25 Frau J [ASD] hat gefragt, ob ich nach Hause will und da habe ich gesagt ‚Nee, eigentlich nicht'".
26
27 Mitarbeiterin 1005 [35]: „Hat sie nur Erziehungsberatungsstunde angeboten?".
28
29 [...] Mitarbeiterin 1005 [35]: „Würde es zu Hause nichts mehr bringen".
30
31 Klient C [14]: „Nee. [...] Ich glaube nicht, dass das irgendetwas bringt.
32 Ich wollte auch gleich wieder kehrt machen,
33 als ich die gesehen habe".

34

35 [...] Mitarbeiterin 1005 [35]: "Ist Frau J [ASD] nett / jung oder alt? Hab noch

36 nie etwas vorher von ihr gehört, erst

37 in Zusammenhang mit dir".

38

39 Klient C [14]: "Ja".

40

41 Mitarbeiterin 1005 [35]: "Du glaubst auch, dass du mit ihr gut klar kommst?".

42

43 Klient C [14]: "Ja, auf jeden Fall".

44

45 [...] Klient C [14] äußert Wunsch auf WG-Unterbringung.

46

47 Mitarbeiterin 1005 [35]: "WG's sind so ziemlich die teuersten Maßnahmen und deshalb gucken die auch genau,

48 wer dort untergebracht wird. Das ist eher bei Kindern, die sich nicht wehren können".

In der Situation unterstützt die Mitarbeiterin den Klienten aktiv bei einem Problem. Dem Klienten wird in diesem Protokoll in Form von Fragen zu seinem Termin beim Allgemeinen Sozialen Dienst und Hinweisen zu seiner Zukunftsplanung Unterstützung zuteil. Die weiteren mit dem Code „Unterstützung" gekennzeichneten Protokolle sind die Nummern 65, 92, 495, 496, 501, 508, 959, 964, 978, 987, 988, 992, 1015 und 1031 (Anzahl 15).

Code: Thema Zustimmung

In der nachfolgenden Situation 1 wurde das Thema mit der Codierung „Zustimmung" gekennzeichnet. Das Protokoll entstand in der Wohngruppe für Jungen, es handelt sich um einen männlichen Klienten.

01 0001

02 Name des Beobachters: A

03 Datum der Beobachtung: 09.12.02

04 Ort der Beobachtung: 03

05 Zeit: 17.05-17.10 Uhr

06

07

08 Situation (inkl beteiligte Personen):

09
10 Klient N13 [15], Mitarbeiterin 503 [40] und Beobachter sind im
11 Betreuerzimmer. Mitarbeiterin 503 [40] will Zimmer verlassen und
12 zuschließen.
13
14 Beobachtung:
15
16 Klient N13 [15] legt sich auf die Couch, will schlafen.
17 Kommt mehrmaliger Aufforderung zu gehen, nicht nach.
18
19 Mitarbeiterin 503 [40] greift ihn am Arm, um ihm beim Aufstehen behilflich
20 zu sein.
21
22 Klient N13 [15] steht nicht auf.
23
24 Mitarbeiterin 503 [40] droht mit dem Feuerzeug in der Hand, ihm „Feuer
25 unterm Hintern zu machen".
26
27 Klient N13 [15] springt auf und geht.

Dieses Protokoll beschreibt eine Interaktion um die Frage nach Ver-
günstigungen bzw. Freiheiten für den Klienten; in diesem speziellen
Fall um den Verbleib auf der Couch im Erzieherzimmer. Das formal
festgelegte Rollenverhältnis und die damit einhergehende Asymmetrie der Beziehung zwischen Mitarbeitern und Klient wird durch eine
Entscheidung deutlich. Die Mitarbeiterin sorgt dafür, dass der Klient
das Zimmer verlässt. Die weiteren mit dem Code „Zustimmung" gekennzeichneten Protokolle sind die Nummern 53, 62, 89, 633, 963, 970,
973, 977, 990, 1001, 1006, 1016, 1054, 1279 und 1317 (Anzahl 16).

7.2.3.3 Interaktionsbilder

7.2.3.3.1 „Hallo, ich bin da" – Alltag

Zahlreiche Protokolle berichten davon, was in einer stationären Einrichtung an Interaktionen im Alltäglichen stattfindet. Dabei gibt es
viele Beschreibungen, in denen kein kooperativer Zustand aufzufinden ist und die deshalb hinsichtlich der Forschungsfragestellung nicht
zu Aufschluss führen. Die in den Alltag der jeweiligen Einrichtung in-
tegrierten Verhaltensvorschriften stehen in einem großen Anteil solcher Interaktionen im Mittelpunkt. Im Konkreten geht es dann oft um

deren Einhaltung und um das Befolgen von damit verbundenen Anweisungen.

Ein Beispiel dafür ist die Situation 13. Es handelt sich um einen männlichen Klienten aus der Kriseninterventionsstelle für Jugendliche.

01 0013
02 Name des Beobachters: B
03 Datum der Beobachtung: 10.01.03............
04 Ort der Beobachtung: 05
05 Zeit: 15.45 Uhr - 15.50 Uhr.......
06
07 Situation (inkl. beteiligte Personen):
08 Mitarbeiterin 105 [35] im Dienstzimmer. Klient E1 [17] und dessen
09 Freund wollen Fahrkarten für Klient E1 [17] holen.
10
11 Beobachtung:
12 Mitarbeiterin 105 [35] gibt E1 [17] die Fahrkarte und sagt, er solle
13 daran denken, um
14 21.00 Uhr wieder da zu sein [das ist die übliche Rückkehrzeit in Kriseninterventionsstelle].
15
16 Klient E1 [17] sagt in gespielt bedauerndem Ton, das werde er sicher nicht
17 schaffen.
18
19 Mitarbeiterin 105 [35] und Klient E1 [17] schauen sich an, dabei
20 nickt die Mitarbeiterin 105 [35] leicht und macht einen Gesichtsausdruck
21 wie ‚Pass nur auf mein Freund'. Mitarbeiterin 105 [35] schmunzelt und sagt
22 „Zisch ab".
23
24 Klient E1 [17] und Freund ab. Klient E1 [17] ruft beim Hinausgehen
25 fröhlich „Tschüssi Frau 105!"

Das Thema der Situation wurde mit „Regeln" gekennzeichnet. Die Mitarbeiterin eröffnet die Interaktion. Der Klient wird von ihr aufgefordert, den Regeln entsprechend pünktlich in die Kriseninterventionsstelle zurückzukehren (Kategorie II 8, Zeilen 12-14): „...und sagt, er solle daran denken, um 21.00 Uhr wieder da zu sein [das ist die übliche Rückkehrzeit in Kriseninterventionsstelle]." Der Klient antwortet widersprüchlich und legt sich nicht fest (Kategorie II 23 und Kategorie II 22, Zeilen 16-17): „Klient E1 [17] sagt in gespielt bedauerndem Ton, das werde er sicher nicht schaffen." Die Mitarbeiterin lässt diese Offenheit bestehen; nonverbal reagiert sie negativ (Kategorie III 39, Zeile 19-21: „Mitarbeiterin 105 [35] und Klient E1 [17] schauen sich an, dabei nickt die Mitarbeiterin 105 [35] leicht und macht einen Gesichtsausdruck wie ‚Pass nur auf mein Freund'.", doch ihr folgendes Verhalten steht dem gegenüber (Kategorie III 40 und Kategorie II 8, Zeilen 21-22): „Mitarbeiterin 105 [35] schmunzelt und sagt „Zisch ab." Ihre freundliche Geste (Schmunzeln) in unmittelbarer Folge eines negativen Gefühlsausdrucks sind ebenso widersprüchlich wie das vorher gezeigte Verhalten des Klienten. Er verabschiedet sich „fröhlich" (Zeile 25) mit „Tschüssi Frau 105." (Kategorie III 40 und Kategorie II 4, Zeilen 24-25). In diesem Protokoll wird ein Ausschnitt des Alltäglichen beschrieben; zu einem Zustand der Kooperation kommt es nicht.

Eine weiteres Protokoll (1185) gibt ebenfalls einen Einblick in den Alltag einer stationären Einrichtung. Es wurde in der Wohngruppe für Mädchen aufgezeichnet.

```
01   1185
02
03   Name des Beobachters: H
04   Datum der Beobachtung: 09.10.03
05   Ort der Beobachtung: 04
06   Zeit: 16.15 - 16.20 Uhr
07
08   Situation und beteiligte Personen:
09   Im Büro mit Mitarbeiterin 404 [35]. Sie sitzt vor dem PC,
10   der Beobachter auf der Couch. Klientin M14 [17] betritt
11   das Büro.
12   Personen: Mitarbeiterin 404 [35], Klientin M14 [17],
13   Beobachter
14
15   Beobachtung:
16
17   Klientin M14 [17]: „Hallo, ich bin da".
18
19   Mitarbeiterin 404 [35]: „Das ist schön, da gib mir doch
20   gleich mal die Quittung von deiner Handy cash Karte".
21
22   Klientin M14 [17]: „Och, die finde ich jetzt nicht, da
23   muss ich erstmal suchen".
24
```

25 Mitarbeiterin 404 [35]: „Wenn sie morgen nicht auf dem
26 Schreibtisch hier liegt, ziehe ich dir das Geld vom
27 Taschengeld ab".
28
29 Klientin M14 [17] zieht ein böses Gesicht, geht raus und
30 knallt die Tür zu.
31
32 Mitarbeiterin 404 [35] lachend zum Beobachter: „Wenn die
33 wüsste, dass ich das gar nicht darf".

Das Thema der Situation wurde mit „Beschäftigung" gekennzeichnet. Kern der Interaktion ist eine einrichtungsbezogene Überprüfung durch die Mitarbeiterin, der seitens der Klientin nicht nachgekommen wird. Von der weiblichen Klientin wird die Interaktion begonnen (Zeile 17): „Klientin M14 [17]: „Hallo, ich bin da." Die Mitarbeiterin fordert die Klientin nach deren Begrüßung (Kategorie II 34, Zeile 17) auf, ihr eine Quittung vorzulegen (Kategorie II 8, Zeilen 19-20): „Mitarbeiterin 404 [35]: „Das ist schön, da gib mir doch gleich mal die Quittung von deiner Handy cash Karte." Die Klientin lehnt ab (Kategorie II 22, Zeilen 22-23): „Klientin M14 [17]: „Och, die finde ich jetzt nicht, da muss ich erstmal suchen." Daraufhin kündigt ihr die Mitarbeiterin Konsequenzen an (Kategorie II 10, Zeilen 25-27): „Mitarbeiterin 404 [35]: „Wenn sie morgen nicht auf dem Schreibtisch hier liegt, ziehe ich dir das Geld vom Taschengeld ab." Die Klientin reagiert mit einer nonverbalen negativen Gefühlsäußerung und verlässt den Raum (Kategorien II 39 und III 43, Zeilen 29-30): „Klientin M14 [17] zieht ein böses Gesicht, geht raus und knallt die Tür zu." Damit endet die Interaktion, in der es nicht zu einem Punkt kommt, an dem sich der Klientin die Frage stellt, eine eigene, auf ihre Zukunft bezogene Aktivität zu entwickeln.

Ähnliche Bilder wie in den Protokollen 13 und 1185 sind in etwa der Hälfte der Protokolle aufgezeichnet. Dabei werden nicht selten Diskurse zwischen den Mitarbeitern und den Klienten über das Befolgen von Anweisungen und Regeln beschrieben. Im Zusammenhang mit stationären Hilfen für Kinder und Jugendliche diskutierte bereits Siegfried Bernfeld[818] Ende der 1960er-Jahre unter der Frage „Wie stellt man Ordnung im Erziehungsheim her?" dieses Phänomen. Er sah es als problematisch an, wenn die Einhaltung der Regeln selbst zur Erziehungsaufgabe werde. Dass dieser Bereich einen Schwerpunkt auch in

---

818 vgl. ders., 1969.

modernen stationären Kinder- und Jugendhilfeeinrichtungen darstellt, spiegelt sich in der Vielzahl der darauf bezogenen Protokolle wider.

7.2.3.3.2 „Ja, ja!" - Scheinbare Zusammenarbeit

Bestätigt ein Klient verbal eine Bemerkung des Sozialarbeiters, so muss das nicht mit adäquatem Verhalten verknüpft sein. Weil eine scheinbare Zusammenarbeit von einer tatsächlichen unterschieden werden muss, ist solch ein Verhalten in der Interaktion für die Forschungsfragestellung relevant. Dass Klienten zustimmend reagieren und gegenläufig handeln, kommt in den Protokollen mehrmals vor. Typische Beispiele hierfür sind die Situationen 34 und 962. Sie werden nachstehend in den Ausschnitten detaillierter vorgestellt, die das beschriebene Verhalten verdeutlichen.

Die Situation 34 spielt sich in der Wohngruppe für Mädchen ab, vier weibliche Klientinnen sind beteiligt, von denen eine schläft.

01 0034
02 Name des Beobachters: F
03 Datum der Beobachtung: 06.03.03
04 Ort der Beobachtung: 04
05 Zeit: 17.00 – 17.10 Uhr
06
07
08 Situation [inkl. Beteiligte Personen]:
09
10 Im Gruppenraum sind Klientin W13 [13], Klientin Q13 [15] und Beobachter
11 und spielen ein Spiel am Tisch.
12 Klientin M14 [17] sitzt am PC und spielt. Klientin H14 [14] schläft auf
13 dem Sofa.
14 Mitarbeiterin 104 [55] kommt mit einer feuchten Bluse über dem Arm herein,
15 sie hat die Bluse aus der Waschmaschine geholt.
16
17
18 Beobachtung:
19
20 Mitarbeiterin 104 [55] fragt, wem die Bluse gehört, ob sie Klientin M14
21 [17]gehört.
22 Diese antwortet mürrisch mit „Ja".

23
24 Mitarbeiterin 104 [55] fragt, was jetzt damit werden soll, ob sie die Bluse
25 so lange halten soll, bis sie trocken ist.

26
27 Klientin M14 [17] meint, Mitarbeiterin 104 [55] solle die Bluse wieder in
28 die Waschmaschine tun bis geklärt ist, wer die Bluse überhaupt gewa-
schen
29 hat.

30
31 Mitarbeiterin 104 [55] meint, dass wenn sie so eine schöne Bluse hätte, sie
32 diese auf einen Bügel hängen würde, damit sie trocknet.

33
34 Klientin M14 [17] fragt: „Warum?".

35
36 Mitarbeiterin 104 [55] antwortet: „Damit sie nicht knittert und gut
37 trocknet".

38
39 Klientin W13 [13] meint vom Tisch: „Das würden Sie tun. Wir aber nicht".

40
41 Mitarbeiterin 104 [55] sagt etwas lauter und bestimmt: „Ich möchte, dass
du
42 jetzt kommst und sie aufhängst".

43
44 Klientin M14 [17] meint verärgert: „Ich komm gleich". Klientin M14 [17]
45 spielt weiter.

46
47 Mitarbeiterin 104 [55]: „Wie lange ist gleich?".

48
49 Klientin M14 [17] schiebt die Tastatur bei Seite und steht stöhnend auf,
50 verlässt den Raum. Mitarbeiterin 104 [55] geht hinterher.

51
52 [Der Rest war nicht mehr zu beobachten]

Das Thema des Protokolls 34 lautet „Beschäftigung". Die Mitarbeiterin beginnt die Interaktion. Sie betritt den Raum mit einer Bluse aus
der Waschmaschine der Wohngruppe und fragt, wem und ob sie der
Klientin M14 gehört. Diese bejaht und die Mitarbeiterin versucht daraufhin auf verschiedene Weisen, die Klientin zu bewegen, die Bluse
zum Trocknen aufzuhängen. Der Abschnitt, in dem eine scheinbare
Zusammenarbeit erkennbar ist, wurde in den Zeilen 41-47 aufgezeichnet:

01 0034

...

41 Mitarbeiterin 104 [55] sagt etwas lauter und bestimmt: „Ich möchte, dass
du
42 jetzt kommst und sie aufhängst".
43
44 Klientin M14 [17] meint verärgert: „Ich komm gleich". Klientin M14 [17]
45 spielt weiter.
46
47 Mitarbeiterin 104 [55]: „Wie lange ist gleich?".

Die Mitarbeiterin macht an dieser Stelle deutlich, was sie von der Klientin erwartet (Kategorie II 8, Zeile 41-42): „Mitarbeiterin 104 [55] sagt etwas lauter und bestimmt: „Ich möchte, dass du jetzt kommst und sie aufhängst". Daraufhin sagt die Klientin, sie käme gleich; der Beobachter notiert, sie sagt das verärgert (Kategorie II 23, Zeile 44): „Klientin M14 [17] meint verärgert: „Ich komm gleich." Sie geht jedoch ihrer Beschäftigung weiter nach und folgt der Aufforderung der Mitarbeiterin nicht (Kategorie I 2, Zeilen 44-45): „Klientin M14 [17] spielt weiter." Im Gesamtbild läuft in der Situation ein Machtkampf zwischen der Mitarbeiterin und der Klientin ab, in den auch noch eine andere Klientin eingreift, um sich auf die Seite der Klientin M14 zu stellen. Die Klientin M14 gibt in der Zeile 44 gewissermaßen „um des lieben Friedens willen" verbal teilweise nach. Sie handelt mit der Mitarbeiterin, die „jetzt" verwendet und stellt „gleich" dagegen. Die Mitarbeiterin folgt diesem Verhalten: Sie lässt sich ebenfalls scheinbar auf den Kompromiss zwischen „jetzt" und „gleich" ein, besteht aber gleichermaßen auf ihrem Standpunkt und hakt daher an diesem Punkt nach (Kategorie II 31 und Kategorie II 33, Zeile 47): „Mitarbeiterin 104 [55]: „Wie lange ist gleich?" Damit bleibt sie bei ihrer Position der Erwartungen an das Verhalten der Klientin, die daraufhin den Raum verlässt.

Das Protokoll 962 wurde in der Wohngruppe für Jungen aufgezeichnet, es handelt sich um zwei männliche Klienten[819]. Beide Klienten basteln an ihren Fahrrädern. Die Mitarbeiterin teilt ihnen mit, es wäre Zeit zum Aufräumen, Sich-Waschen und Zubettgehen.

01 0962

...

26 Gegen 19:50 Uhr kommt Mitarbeiterin 303 [30] auf die Terrasse

---

819 Die ausführliche Darstellung der Analyse dieser Situation erfolgte in Kapitel 7.2.2.2.

27 des Dienstzimmers und sagt zu Klient D14 [13] und Klient
28 S13 [16], es wäre höchste Zeit aufzuräumen, sich zu waschen
29 und ins Bett zu gehen.
30
31 Klient D14 [13] und Klient S13 [16] sagen: „Ja, Ja!".
32
33 Mitarbeiterin 303 [30] geht hinein, Klient D14 [13] und
34 Klient S13 [16] basteln weiter.

Die Interaktion wird von der Mitarbeiterin eröffnet. Die thematische Zuordnung erfolgte zum Bereich „Beschäftigung". Die Klienten werden von der Mitarbeiterin mehrfach angesprochen und sollen der Aufforderung Folge leisten, ihre derzeitige Beschäftigung zu beenden und sich den Abendverrichtungen zuzuwenden. Im Verlauf der Interaktion stimmen die Klienten dem verbal zu, in ihrem Handeln kommt jeder einzeln dem jedoch erst nach einer mehrfachen Ansprache nach. Die Klienten gehorchen letztendlich der Mitarbeiterin.

Insgesamt bilden die Protokolle 34 und 962 ein immanentes Spannungsverhältnis zwischen der Autonomie des jeweiligen Klienten und seiner Verbundenheit mit der pädagogischen Autorität des Erziehers ab. Dass die verbalen Äußerungen und tatsächlichen Handlungen der Klienten oft auseinanderliegen, stellt auch Possehl in seiner Untersuchung fest. Er interpretiert dies damit, dass der Klient dem Sozialarbeiter damit auf verbaler Ebene Einfluss einräumt, im Handeln aber letztlich seine Autonomie klarstellt[820]. Dieses Verhalten vonseiten der Klienten kann als positiv in Bezug darauf angesehen werden, eigene Verantwortung zu übernehmen. Es bietet einen Ansatz, um einen kooperativen Zustand aufzubauen. Gleichzeitig kann hierin ein Signal für eine thematisch nicht aufeinander bezogene oder eine sich voneinander entfernende Interaktion liegen.

7.2.3.3.3 „Schön wärs" - Anschlussversuch

Nachfolgend wird es darum gehen, wie Klienten innerhalb der Interaktion einen Anschlussversuch unternehmen. Damit wird ein erstes aktives Signal für einen kooperativen Zustand gesetzt. In den vorzustellenden Situationen bleibt es auf der Ebene des Versuchs, denn es kommt aus verschiedenen Gründen nicht zu einer Kooperation.

---

820   vgl. ders., 1993: 396 f.

Vermeintlich inkohärent verhält sich der männliche Klient in der Situation 89. Das Protokoll entstand in der Kriseninterventionsstelle für Jugendliche. Das Thema der Situation wurde mit „Zustimmung" gekennzeichnet. Die Interaktion wird vom Klienten begonnen:

01 0089
02 Name des Beobachters: E
03 Datum der Beobachtung: 25.03.03
04 Ort der Beobachtung: 05
05 Zeit: 21.35 bis 21.40 Uhr
06
07 Situation und beteiligte Personen:
08
09 Mitarbeiterin 1005 [35], Mitarbeiterin 405 [35] und Beobachter sitzen im Büro.
10 Klient C4 [16] kommt ins Büro und stellt sich vor den Mitarbeiterinnen auf,
11 sagt jedoch nichts.
12
13
14 Beobachtung:
15
16 Mitarbeiterin 1005 [35] sitzt am Computer und schreibt das Übergabeprotokoll,
17 blickt zu Klient C4 [16] hoch: „Was ist denn los, C4?".
18
19 Klient C4 [16]: „Ich wollte fragen, ob ich noch duschen kann".
20
21 Mitarbeiterin 1005 [35] „Na das hättest du aber auch schon vor einer
22 Viertelstunde machen können".
23
24 Klient C4[16]: „Nee, da ging's nicht".
25
26 Mitarbeiterin 1005 [35]: „Na dann mach los".
27
28 Klient C4[16] läuft unschlüssig durch das Büro.
29
30 Mitarbeiterin 405 [35]: „Na was ist denn nun"?
31
32 Klient C4 [16] läuft weiter durch das Büro und reagiert nicht.
33
34 Mitarbeiterin 405 [35]: „C4 na los, geh duschen, damit hier auch langsam
35 mal Ruhe ist".

36
37 Klient C4 [16]: „Ja ja".
38
39 Klient C4 [16]
40 geht in Richtung Ausgang, bleibt im Türrahmen stehen, dreht
41 sich um und grinst Mitarbeiterin 405 [35] an.
42
43 Mitarbeiterin 1005 [35] schaut wieder hoch, greift zur Tür und schlägt sie mit
44 einem Grinsen zu Klient C4 [16] zu.
45
46 Mitarbeiterin 1005 [35] dreht sich anschließend zu Mitarbeiterin 405 [35] und
47 Beobachter um und grinst auch diese an, schüttelt dabei leicht den Kopf.
48
49 Mitarbeiterin 405 [35] und Beobachter lachen zurück.

Der Klient ist in das Büro der Mitarbeiterinnen getreten und sagt auf Nachfrage, dass er noch duschen wolle. Nach einem kurzen Dialog gestattet ihm die Mitarbeiterin das und fordert ihn auf (Kategorie II 16 und II 8, Zeile 26): „Mitarbeiterin 1005 [35]: „Na dann mach los." Daraufhin wird beschrieben, dass der Klient sich „unschlüssig" verhält und im Büro der Mitarbeiter umherläuft (Kategorie III 41, Zeile 28). Die Nachfrage der Mitarbeiterin (Kategorie II 32, Zeile 30): „Mitarbeiterin 405 [35]: „Na was ist denn nun?" bringt keine Aufklärung (Kategorie III 42 und Kategorie III 41, Zeile 32): „Klient C4 [16] läuft weiter durch das Büro und reagiert nicht." Schließlich entscheidet sich die Mitarbeiterin für eine Anweisung (Kategorie II 8, Zeile 34): „Mitarbeiterin 405 [35]: „C4 na los, geh duschen," und begründet diese (Kategorie II 15, Zeilen 34-35): „damit hier auch langsam mal Ruhe ist."

01 0089
...
34 Mitarbeiterin 405 [35]: „C4 na los, geh duschen, damit hier auch langsam
35 mal Ruhe ist".
36
37 Klient C4 [16]: „Ja ja".
38
39 Klient C4 [16]
40 geht in Richtung Ausgang, bleibt im Türrahmen stehen, dreht
41 sich um und grinst Mitarbeiterin 405 [35] an.
42

43 Mitarbeiterin 1005 [35] schaut wieder hoch, greift zur Tür und schlägt sie mit
44 einem Grinsen zu Klient C4 [16] zu.

Der Klient reagiert darauf mit einem „Ja ja" (Zeile 37) und scheint der Aufforderung Folge zu leisten. Sein Verhalten ist jedoch widersprüchlich (Kategorie II 23, Zeilen 37-41): „Klient C4 [16]: „Ja ja". Klient C4 [16] geht in Richtung Ausgang, bleibt im Türrahmen stehen, dreht sich um und grinst Mitarbeiterin 405 [35] an." Zwischen seiner verbalen Zustimmung und seinem Verhalten ergibt sich kein nachvollziehbarer Zusammenhang. Die uneindeutigen Signale führen dazu, dass die Varianten der Interpretation überkomplex bleiben und damit ebenfalls die des adäquaten Eingehens auf das Verhalten des Klienten. Aufseiten der Mitarbeiterin besteht dennoch die Notwendigkeit, sich für eine Möglichkeit zu entscheiden. Sie setzt einen Schlusspunkt, indem sie die Tür schließt. Die Unklarheit auf ihrer Seite, was sie mit dem Verhalten des Klienten anfangen sollte, wird durch die anschließende Sequenz zwischen der Mitarbeiterin und den anderen Anwesenden unterstrichen (Kategorie IV 44, Zeilen 46-49): „Mitarbeiterin 1005 [35] dreht sich anschließend zu Mitarbeiterin 405 [35] und Beobachter um und grinst auch diese an, schüttelt dabei leicht den Kopf. Mitarbeiterin 405 [35] und Beobachter lachen zurück." Es bleibt offen, ob der Klient in dieser Situation einen Versuch unternimmt, mit der Mitarbeiterin über das alltägliche Thema hinaus in Kontakt zu treten.

Eindeutiger ist das in der in Protokoll 10 geschilderten Situation zu erkennen, die ebenfalls in der Kriseninterventionsstelle für Jugendliche entstand. Auch hierbei handelt es sich um einen männlichen Klienten.

01 0010
02 Name des Beobachters: B
03 Datum der Beobachtung:
04 10.01.03
05 Ort der Beobachtung: 05
06 Zeit: 11.15 Uhr - 11.20 Uhr
07
08 Situation (inkl. beteiligte Personen):
09
10 Mitarbeiterin 505 [50] sitzt am Tisch mit Mitarbeiterin
11 405 [35] im Dienstzimmer. Außerdem anwesend Klient
12 B1 [16] und Klient S1 [15].
13

14 Beobachtung:
15
16 Klient B1 [16] erkundigt sich, was das für ein Geräusch sei.
17
18 Mitarbeiterin 505 [50] sagt, das sei das Faxgerät.
19
20 Klient B1 [16] fragt, was da raus käme.
21
22 Mitarbeiterin 505 [50] sagt, das sei B1´s Einweisung ins Gefängnis.
23
24 Klient B1 [16] sagt „schön wärs".

Thematisch wurde das Protokoll mit „Inneres" gekennzeichnet und zeigt exemplarisch, wie sich aus einer zunächst nicht auf den Klienten bezogenen Alltagssituation ein Unterstützungsprozess entwickeln kann. Der Klient fragt die Mitarbeiterin nach einem Geräusch und eröffnet damit die Interaktion (Zeile 16). Er erfährt, das sei das Faxgerät (Zeile 18). Nach seiner weiteren Frage, was denn aus dem Faxgerät herauskäme (Zeile 20), antwortet die Mitarbeiterin humorvoll (Kategorie II 6, Zeile 22): „Mitarbeiterin 505 [50] sagt, das sei B1´s Einweisung ins Gefängnis." Aufgrund dieser Äußerung folgt die Bemerkung des Klienten (Kategorie II 4, Zeile 24): „Klient B1 [16] sagt „schön wärs." Selbst wenn die Mitarbeiterin ihre Bemerkung nur dahingesagt hat, und das ist offensichtlich der Fall, schließt der Klient daran an. Als Antwort auf eine oberflächliche Bemerkung der Mitarbeiterin bleibt seine Reaktion auf der Ebene der Floskeln und damit im Interaktionsrahmen, doch er signalisiert ihr die Bereitschaft zur Zusammenarbeit. Er greift die Bemerkung der Mitarbeiterin auf und setzt sie inhaltlich fort. Das führt zu der herausfordernden Auskunft, dass es schön wäre, eine Einweisung ins Gefängnis zu bekommen. Mit seiner Anknüpfung an die Aussage der Mitarbeiterin hat er den Schritt in einen kooperativen Zustand gemacht. Allerdings wird er nicht fortgeführt; es ist keine weitere Reaktion der Mitarbeiterin beschrieben und die Interaktion endet an dieser Stelle.

Das Verhalten dieses Klienten entspricht keinem der Indikatoren für Vertrauen nach Petermann (1996); er verbleibt auf der Ebene der Floskeln (Zeile 24). Erst die Interpretation lässt darin mehr erscheinen. Alle der mit Vertrauen in der Sozialen Arbeit verknüpften Zielaspekte (Information, Motivation und Kooperation) werden hingegen vonseiten des Klienten erfüllt, und der Sozialarbeiterin konstruiert er eine Anschlussmöglichkeit.

In der Fortführung dieses Gedankenganges lässt sich für die oben angegebene Situation 89 sagen, dass der Klient dort diffus an etwas nicht Zuordenbarem anknüpft und seine Signale uneindeutig sind. Da sich daraus kein gemeinsamer Anknüpfungspunkt zwischen der Mitarbeiterin und dem Klienten bildet, entsteht kein Zustand der Kooperation.

7.2.3.3.4 „...dass sich irgend jemand um mich Sorgen macht" - Appell

Als ein weiteres Signal für einen Anschlussversuch vonseiten der Klienten wird in den Protokollen eine konfrontative Form von Kommunikation dargestellt. Diesen Situationen ist eine affektive Steigerung in den Interaktionen gemeinsam und sie enden mit Interventionen der Mitarbeiterinnen, mit denen die Hierarchie im Kontext klargestellt wird. Außerdem entsteht der Eindruck, dass sich die Interaktionspartner vom Gegenüber nicht verstanden fühlen.

Das Protokoll 12 entstand in der Kriseninterventionsstelle für Jugendliche; es handelt sich um einen männlichen Klienten. Seine Problemlage wird zu Beginn des Protokolls ausführlich dargelegt (Zeilen 13-19) und es ist davon auszugehen, dass sie allen in der Situation Anwesenden zum Zeitpunkt der Situation bekannt ist. Das Thema wurde mit „Regeln" gekennzeichnet. Die Interaktion wird von dem Klienten begonnen:

01 0012
02 Name des Beobachters: B
03 Datum der Beobachtung:
04 10.01.03
05 Ort der Beobachtung: 05
06 Zeit: 13.15 Uhr - 13.20 Uhr......
07
08 Situation (inkl. beteiligte Personen):
09
10 Mitarbeiterin 505 [50], Klient S1 [15] im
11 Dienstzimmer. Mitarbeiterin 1105 [35] mit Jacke ist
12 gerade beim Gehen. Klient B1 [16]
13 telefoniert mit seiner Mutter. [B1 benötigt seine
14 Schulsachen, die sich zu Hause befinden. Er wollte sie mehrmals

15 abholen, ist aber nicht in die Wohnung gekommen. Seine Mutter
16 sagte dem ASD-Mitarbeiter, sie sei außerhalb der Stadt.
17 B1 sagt, sie würde lügen. Außerdem hat sie eine Anzeige
18 gegen ihn gemacht, er hätte ihr 350 Euro gestohlen, die Polizei
19 war bereits zur Vernehmung da.] Er hat während des Telefonates
20 den Lautsprecher eingeschaltet, damit alle hören können, dass
21 er die Wahrheit sagt.
22
23 Beobachtung:
24 Klient B1 [16] spricht in ironischem Tonfall am Telefon zu
25 seiner Mutter. Er wirkt wütend. Er beschimpft sie. Er sagt,
26 dass er seine Schulsachen benötigt. Er sagt, er habe ihr nichts
27 gestohlen, es wäre wohl der Besen in der Küche gewesen, der
28 habe Hände bekommen. Schließlich sagt er, dass sie alles
29 zurückbekommen wird, was sie ihm in seiner Kindheit angetan
30 habe, und fügt ironisch hinzu „Das soll keine Drohung sein".
31
32 Gleichzeitig ist über den Lautsprecher die Mutter zu hören.
33
34 Mitarbeiterin 1105 [35] geht auf Klient B1 [16]
35 zu und sagt in
36 ärgerlichem Tonfall, dass ihr seine Art nicht passt.
37
38 Klient B1 hält den Hörer zu und fragt Mitarbeiterin 1105
39 [35], was sie meint. Dabei wird er rot.
40
41 Mitarbeiterin 1105 [35] beugt sich leicht zu Klient
42 B1 [16] und sagt in ärgerlichem Tonfall, dass seine ganze Art unmöglich
43 sei, die Art wie er mit seiner Mutter reden würde und dass er
44 den Lautsprecher angemacht hätte und jetzt den Lautsprecher
45 zuhalten würde.
46
47 Klient B1 [16] fragt weiter nach, was sie meine und wirkt
48 irritiert.
49
50 Mitarbeiterin 1105 [35] wirkt noch ärgerlicher und sagt
51 zu
52 Mitarbeiterin 505 [50], dass sie sich mit seinem Telefon doch in das
53 Gespräch einklinken solle, sie könne das doch. Sie wendet sich
54 an Klient B1 und sagt, dass Mitarbeiterin 505 [50], den Vorfall
55 nachher mit ihm besprechen werde.

56
57 Mitarbeiterin 505 [50] wirkt irritiert und antwortet nicht.
58
59 Gleichzeitig schaltet Klient B1 [16] den Lautsprecher aus und
60 spricht weiter mit seiner Mutter. Er sagt, dass sie wohl wieder
61 betrunken sei, es ihm nun reiche, er auf diesem Niveau nicht
62 mit ihr reden würde und legt auf.
63
64 Währenddessen geht Mitarbeiterin 1105 [35] aus dem
65 Raum.
66
67 Mitarbeiterin 505 [50], steht auf und macht eine aus dem Raum weisende
68 Bewegung an Klient S1 und Klient B1.

Der Klient der Kriseninterventionsstelle telefoniert mit seiner Mutter. Er hat den Lautsprecher angestellt; dabei notiert der Beobachter (Zeilen 20-21): „damit alle hören können, dass er die Wahrheit sagt." Ob der Klient das so verkündet hat, bleibt unklar. Tatsache ist es jedoch, dass ein eingeschalteter Lautsprecher dazu dient, alle im Raum Anwesenden mithören zu lassen. Er beginnt damit die Interaktion und nötigt gewissermaßen die Mitarbeiterinnen, ohne sie direkt anzusprechen, zum Anhören seines Gesprächs (Kategorie I 1, Zeilen 24-30): „Klient B1 [16] spricht in ironischem Tonfall am Telefon zu seiner Mutter. Er wirkt wütend. Er beschimpft sie. Er sagt, dass er seine Schulsachen benötigt. Er sagt, er habe ihr nichts gestohlen, es wäre wohl der Besen in der Küche gewesen, der habe Hände bekommen. Schließlich sagt er, dass sie alles zurückbekommen wird, was sie ihm in seiner Kindheit angetan habe, und fügt ironisch hinzu „Das soll keine Drohung sein." Schon mit dem Beginn des Telefonats ist klargestellt, dass die Mutter tatsächlich anwesend ist und seine Behauptung, sie würde hinsichtlich ihrer Abwesenheit lügen, stimmt. Darüber hinaus thematisiert der Klient jedoch weit mehr bis hin zu seiner Kindheit. Hier knüpft er appellierend an den Unterstützungsaspekt einer Kriseninterventionsstelle an. Er erbringt stellvertretend einen konstruktiven Akt zur Aufrechterhaltung der Professionalität auch im Falle einer Nichtzuständigkeit der Mitarbeiterinnen, indem er ein Anliegen an sie nicht eindeutig vorträgt. Nachdem er sich damit indirekt an die Mitarbeiterinnen im Raum wendet, reagiert die Mitarbeiterin 1105 mit einer negativen Rückmeldung (Kategorie II 20, Zeilen 34-36): „Mitarbeiterin 1105 [35] geht auf Klient B1 [16] zu und sagt in ärgerlichem Tonfall, dass ihr seine Art nicht passt." Diese Bemerkung gibt der Situation eine entscheidende Änderung. Die thematische Richtung der Situation entfernt sich von den Gedanken und Gefühlen des Klienten in Bezug auf das Telefonat (mit dem Thema „Inneres" beschrieben) und wendet sich durch die Bemerkung der Mitarbeiterin zu dem Bereich „Regeln" (Regeln 2: Regeln guten Betragens). Die Verhaltensweisen des Klienten sind für sie merklich provozierend. Der Klient hingegen ist erstaunt über diesen Aspekt; er reagiert irritiert (Kategorie II 32, Zeilen 38-39): „Klient B1 hält den Hörer zu und fragt Mitarbeiterin 1105 [35], was sie meint." und zeigt nonverbal seine negative Gefühlslage (Kategorie III 39, Zeile 39), indem er rot wird. Auch nach der weiteren Erklärung der Mitarbeiterin, erneut in Form negativer Rückmeldungen formuliert (Kategorie II 20, Zeilen 41-45), bleibt der Moment für den Klienten unverständlich (Kategorie II 32, Zeilen 47-48):

```
01  0012
...
38  Klient B1 hält den Hörer zu und fragt Mitarbeiterin 1105
39  [35], was sie meint. Dabei wird er rot.
40
41  Mitarbeiterin 1105 [35] beugt sich leicht zu Klient
42  B1 [16] und sagt in ärgerlichem Tonfall, dass seine ganze Art unmöglich
43  sei, die Art wie er mit seiner Mutter reden würde und dass er
44  den Lautsprecher angemacht hätte und jetzt den Lautsprecher
45  zuhalten würde.
46
47  Klient B1 [16] fragt weiter nach, was sie meine und wirkt
48  irritiert.
```

Die Interaktion zwischen der Mitarbeiterin und dem Klienten entfernt sich in ihrem Fortlauf weiter voneinander und endet mit der Delegation der Verantwortung durch die Mitarbeiterin 1105 an eine andere und ihrem Verlassen des Raumes.

```
01  0012
...
50  Mitarbeiterin 1105 [35] wirkt noch ärgerlicher und sagt
51  zu
52  Mitarbeiterin 505 [50], dass sie sich mit seinem Telefon doch in das
53  Gespräch einklinken solle, sie könne das doch. Sie wendet sich
54  an Klient B1 und sagt, dass Mitarbeiterin 505 [50], den Vorfall
55  nachher mit ihm besprechen werde.
56
```

57 Mitarbeiterin 505 [50] wirkt irritiert und antwortet nicht.

58

59 Gleichzeitig schaltet Klient B1 [16] den Lautsprecher aus und
60 spricht weiter mit seiner Mutter. Er sagt, dass sie wohl wieder
61 betrunken sei, es ihm nun reiche, er auf diesem Niveau nicht
62 mit ihr reden würde und legt auf.

63

64 Währenddessen geht Mitarbeiterin 1105 [35] aus dem
65 Raum.

66

67 Mitarbeiterin 505 [50], steht auf und macht eine aus dem Raum weisende
68 Bewegung an Klient S1 und Klient B1.

Von Anfang der Situation an und nicht zuletzt durch sein demons-
tratives Benehmen kommuniziert der Klient indirekt mit den anwesenden Sozialarbeitern. Für die Mitarbeiterin 1105 steht das in ihren
Augen korrekturbedürftige Verhalten des Klienten im Vordergrund
ihrer pädagogischen Beachtung. Der Appellgehalt seines Handelns in
Bezug auf sein Problem geht dabei verloren; die Aufmerksamkeit der
Mitarbeiterin wird durch seine Art und Weise der Umsetzung auf diese gelenkt. Sie thematisiert sein erkennbares Handeln und ignoriert die
appellierende Nuance im Verhalten des Klienten. Dessen Irritation untermauert diese Lesart. Der indirekte Ausdruck seines Unterstützungs-
anliegens erhöht die Mehrdeutigkeit der Situation und sein Verhalten
wird anders als erwartet interpretiert. Dass sich ein Klient eher in indi-
rekter Form an die Mitarbeiterinnen wendet, entspricht dem Bild der
Protokolle insgesamt. Sie beschreiben selten eine Unterstützungsan-
frage von Klienten in direkter Form.

Dass der Schritt in einen kooperativen Zustand durch Verhaltensweisen des Klienten, die für den professionell Tätigen provozierend wirken, unbemerkt bleibt, wird in der Situation 1048 ebenfalls beschrieben. Sie entstand in der Kriseninterventionsstelle für Kinder; es handelt
sich um eine weibliche Klientin.

01 1048
02 Name des Beobachters: L
03 Datum der Beobachtung: 16.09.2003
04 Ort der Beobachtung: 02
05 Zeit: 06:50 Uhr
06
07 Situation und beteiligte Personen:

08 Beobachter hat Dienst mit Mitarbeiterin 402 [40]. Die Kinder
09 und Beobachter sitzen am
10 Frühstücktisch in der Küche.
11 Klientin L7 [11] ist gestern nicht wie vereinbart
12 vom Ausgang zurück gekommen. Eine
13 Vermisstenanzeige wurde von der Kriseninterventionsstelle 02
14 geschaltet, gegen 23:00 Uhr tauchte
15 Klientin L7 [11] dann wieder auf.
16
17
18 Beobachtung:
19
20 Mitarbeiterin 402 [40] fragt Klientin L7 [11]: „Sag
21 mal, wo warst du gestern eigentlich so
22 lange? Hast du das etwa nicht gemerkt, wie spät es schon
23 war?".
24
25 Klientin L7 [11] antwortet mürrisch und mit
26 gesenktem Blick: „Bei ,ner Freundin in meiner
27 alten Wohngemeinschaft".
28
29 Mitarbeiterin 402 [40] fragt weiter: „Und da hältst du
30 [Klientin L7, 11] es wohl nicht für
31 nötig, mal hier anzurufen und uns Bescheid zu sagen?! Kannst
32 du dir vielleicht vorstellen, dass
33 sich jemand Sorgen macht um dich?".
34
35 Klientin L7 [11]: „Das glaubst du doch selbst nicht,
36 dass sich irgend jemand um
37 mich Sorgen macht!".
38
39 Mitarbeiterin 402 [40] wird energischer: „Wenn du das so
40 siehst, kann ich dir auch nicht weiter
41 helfen. Die Sache hat auf jeden Fall Konsequenzen für dich.
42 Das ist dir hoffentlich klar?".
43
44 Klientin L7 [11]: „Mir doch egal".
45
46 Mitarbeiterin 402 [40]: „Dann kann
47 ich dir auch nicht helfen. Ich schreibe mir jetzt erst mal
48 auf, was du für Klamotten anhast. Dann

49   können wir der Polizei wenigstens sagen, was du anhast, wenn
50   wir dich wieder als vermisst melden
60   sollten".
61   Mitarbeiterin 402 [40] notiert die Bekleidung von Klientin
62   L7 [11].
63
64   Klientin L7 [11] verlässt mit verzogenen Gesicht die
65   Küche.

Auch in diesem Fall wurde eine thematische Zuordnung zum Bereich „Regeln" vorgenommen; die Interaktion dreht sich im Kern um die Nichteinhaltung von Rückkehrregelungen (Bereich der Regeln 1: Einrichtungsbezogene Regeln). Die Klientin hat die Ausgehzeiten der Einrichtung nicht eingehalten, es wurde eine Vermisstenanzeige geschaltet. Die Mitarbeiterin beginnt die Interaktion, indem sie Fragen zur Einschätzung der Situation stellt (Kategorie II 32, Zeilen 20-23): „Mitarbeiterin 402 [40] fragt Klientin L7 [11]: „Sag mal, wo warst du gestern eigentlich so lange? Hast du das etwa nicht gemerkt, wie spät es schon war?" Die Klientin antwortet und dabei wird ihr nonverbal gezeigtes Gefühl als negativ beschrieben (Kategorie II 34 und Kategorie III 39, Zeilen 25-27): „Klientin L7 [11] antwortet mürrisch und mit gesenkten Blick: „Bei ,ner Freundin in meiner alten Wohngemeinschaft." Die Mitarbeiterin antwortet mit einem negativen Feedback und formuliert gleichzeitig, was sie von der Klientin erwartet hätte (Kategorie II 8 und Kategorie II 20, Zeilen 29-31): „Mitarbeiterin 402 [40] fragt weiter: „Und da hältst du [Klientin L7, 11] es wohl nicht für nötig, mal hier anzurufen und uns Bescheid zu sagen?!" Sie fährt fort mit einer Aussage, die sich an die Vorstellungskraft der Klientin richtet; dabei gibt sie indirekt Auskunft zu ihren eigenen Befindlichkeiten während die Klientin verschwunden war (Kategorie II 30 und Kategorie II 12, Zeilen 31-33): „Kannst du dir vielleicht vorstellen, dass sich jemand Sorgen macht um dich?" In Reaktion darauf weist die Klientin diese Vorstellung zurück und knüpft an die Formulierung „sich-Sorgen-machen" an (Kategorie II 22 und Kategorie II 12, Zeilen 35-37): „Klientin L7 [11]: „Das glaubst du doch selbst nicht, dass sich irgend jemand um mich Sorgen macht!" Dass sich Andere um sie Sorgen machen könnten, ist für die Klientin nicht nur unbekannt, sondern geradezu unwahrscheinlich. Ihre Reaktion ist als Schritt in einen kooperativen Zustand zu verstehen, da sie mit diesem interaktiven Anschluss an die Mitarbeiterin einen neuen, auf ihr Leben bezogenen Aspekt eröffnet und sich an der Arbeitsbeziehung beteiligt.

Der Mitarbeiterin ist es nicht möglich, diesen Moment aufzugreifen. Sie gibt der Klientin eine negative Rückmeldung und erlaubt die Interpretation ihrer Äußerung: „Kannst du dir vielleicht vorstellen, dass sich jemand Sorgen macht um dich?" (Zeilen 31-33) als Selbstexploration durch eine nun folgende Selbstreferenz (Kategorie II 20 und Kategorie II 14, Zeilen 39-41): „Mitarbeiterin 402 [40] wird energischer: „Wenn du das so siehst, kann ich dir auch nicht weiter helfen." Der Beobachter notiert, sie werde „energischer" (Zeile 39) und weist damit auf eine affektive Steigerung hin. Die Mitarbeiterin betont, dass sie der Klientin dann nicht weiterhelfen könne, wenn sie es „so" sehen würde (Zeilen 39-41). Sie interpretiert die Gegenthese der Klientin als Ablehnung der Intervention und damit als Zurückweisung hinsichtlich dessen, dass sie sich Sorgen gemacht habe. Damit erklärt sich auch ihre kurze Zeit später folgende Wiederholung der negativen Rückmeldung, sie könne der Klientin nicht helfen (Kategorie II 20 und Kategorie II 14, Zeilen 46-47). Es entsteht keine Fortführung der Interaktion im Rahmen eines Zustandes der Kooperation. Die Mitarbeiterin wendet die Situation thematisch zu den Konsequenzen des Vorfalls. Die Klientin ist an der Interaktion praktisch nicht mehr beteiligt (Zeilen 41-65):

```
001 1048
...
41  ... Die Sache hat auf jeden Fall Konsequenzen für dich.
42  Das ist dir hoffentlich klar?".
43
44  Klientin L7 [11]: „Mir doch egal".
45
46  Mitarbeiterin 402 [40]: „Dann kann
47  ich dir auch nicht helfen. Ich schreibe mir jetzt erst mal
48  auf, was du für Klamotten anhast. Dann
49  können wir der Polizei wenigstens sagen, was du anhast, wenn
50  wir dich wieder als vermisst melden
60  sollten".
61  Mitarbeiterin 402 [40] notiert die Bekleidung von Klientin
62  L7 [11].
63
64  Klientin L7 [11] verlässt mit verzogenen Gesicht die
65  Küche.
```

Festzuhalten bleibt, dass die Klientin in dieser Situation an eine Aussage der Mitarbeiterin angeknüpft hat. Sie führt diese nicht in einer Anschlussproposition fort, sondern nimmt eine interaktive Gegenposition ein. Damit greift sie die Intervention auf und bestätigt gleichzeitig ihre eigene Autonomie. Wesentlich dabei ist, dass sie ihre persönliche Beteiligung formuliert und damit die Relevanz der von der Mitarbeiterin aufgeworfenen Thematik (Sich-Sorgen-um-sie-machen) bekräftigt. Hier liegt für beide eine Basis für die gemeinsame Problemdefinition. Die Mitarbeiterin reagiert folgend jedoch vor allem auf die abweisende Geste im Verhalten der Klientin auf ihre Intervention hin und setzt den kooperativen Prozess nicht fort.

In den vorgestellten Beispielen 12 und 1048 wurde aufgezeigt, wie Klienten in einen kooperativen Zustand in der Zusammenarbeit mit Sozialarbeitern eintreten. Obwohl die Klienten an die Unterstützungskomponente Sozialer Arbeit appelliert haben, ist eine Fortführung nicht gelungen. Dennoch ist in diesen Beispielen mehr als nur der Versuch eines Anschlusses vonseiten der Klienten unternommen worden. Es wurden Anknüpfungspunkte für eine gemeinsame Problemdefinition aufgegriffen, sie sind nur nicht weiter verfolgt worden.

7.2.3.3.5 „Würden Sie nicht auch ausrasten?" - Gelungener Anschluss

Wie der Zustand der Kooperation zwischen einer Mitarbeiterin und einem Klienten gelingt, beschreiben das Protokoll 5 in der Folge von Protokoll 3 und das Protokoll 1103. Diese Interaktionen sind typische Beispiele dafür, wie dieser Zustand aufgebaut und fortgeführt wird.

Die Aufzeichnung der Protokolle 5 und 3 erfolgte in der Wohngruppe für Jungen. Es handelt sich um einen männlichen Klienten. Zunächst wird das Protokoll 3 vorgestellt.

```
01   0003
02   Name des Beobachters: A
03   Datum der Beobachtung: 11.12.02
04   Ort der Beobachtung: 03
05   Zeit: 15:10 Uhr
06
07
08   Situation (inkl beteiligte Personen) :
09
10   Zivildienstleistender 003 [20], Mitarbeiterin 303 [30] und Beobachter
11   sind im Betreuerzimmer. Anruf Schulleiterin.
12
```

13	Beobachtung
14	
15	Schulleiterin ruft an.
16	Klient N13 [15] hat einen Mitschüler [ob es ein Mitschüler war, bleibt un-
	klar]
17	nach dem Unterricht mit einem Messer ins Gesicht gestochen.
18	Mitarbeiterin 303 [30] will das mit Klient N13 [15] besprechen,
19	erwartet ihn gegen 17.00 Uhr zurück.
20	Schulleiterin sagt, er müsste schon auf dem Weg sein.
21	
22	15.40 Uhr Klient N13 [15] kommt direkt ins Besprechungszimmer.
23	Mitarbeiterin 303 [30] sagt: „Sit down and close the door".
24	
25	Klient N13 [15] übersetzt das und tut.
26	
27	Mitarbeiterin 303 [30] "Ich lass dich zuerst reden".
28	
29	Klient N13 [15] Warum/Worüber.
30	
31	Mitarbeiterin 303 [30]: hatte Anruf.
32	
33	Klient N13 [15] habe ihn nur 2mal geschlagen.
34	
35	Mitarbeiterin 303 [30]: Schulleiterin hat gesagt mit Messer.
36	
37	Klient N13 [15]: 2mal geschlagen und mit Stock ins Gesicht gedrückt.
38	
39	[Mitarbeiterin 303 [30] und Klient N13 [15] sitzen sich gegenüber, ab
40	2. Satz Blickkontakt, direkt zugewandt.]
41	
42	Mitarbeiterin 303 [30]: Warum?
43	
44	Klient N13 [15]: hat meine Mutter beleidigt.
45	
46	Mitarbeiterin 303 [30]: "Was geht in deinem Kopf vor"?
47	
48	Klient N13 [15] schweigt.
49	
50	Mitarbeiterin 303 [30]: "Ich frage, weil ich Dich verstehen will".
51	
52	Klient N13 [15] sagt, er kann nicht ab, wenn seine Mutter beleidigt wird.

53 Sonst alles, aber das nicht.

54

55

56

57

58 Mitarbeiterin 303 [30] spricht an, dass bereits weitere Vorfälle aus
59 anderen Gründen passiert sind, Klient N13 [15] lässt sich leicht provozieren.

60

61 Klient N13 [15] blickt nieder, schweigt.

62

63 Mitarbeiterin 303 [30]: "Schweigen ist nicht, was tun wir"?
64 Klärt auf, dass dieser Vorfall härtere Konsequenzen hat, als letzter [Ge-
spräch],
65 nämlich Anzeige.

66

67 Klient N13 [15] schweigt.

68

69 Mitarbeiterin 303 [30] sagt, was sie tut, muss Eltern informieren. Fragt,
70 was Klient N13 [15] tut.

71

72 Klient N13 [15] schweigt und sagt "tja".

73

74

75 Zeit: 15:40 bis 15:50 Uhrr

76

77 Mitarbeiterin 303 [30]: Vorfall von gestern Abend mit R13 [16] wird
78 nach dem Essen besprochen, da R13 [16] nachmittags nicht da ist.
79 Klient N13 [15] soll nachdenken.
80 Klient N13 [15] verlässt den Raum.

81

82 Mitarbeiterin 303 [30] ruft Mutter an. Versucht Fachberaterin anzurufen
83 - ist nicht erreichbar.
84 Bespricht Fall mit Zivildienstleistendem 003 [20] und Beobachter, was soll
sie
85 tun?

Die Situation wurde mit dem Thema „Inneres" gekennzeichnet. Der Interaktionsimpuls geht von der Mitarbeiterin aus. Nachdem sie vonseiten der Schulleiterin über einen gewalttätigen Übergriff des Klienten N13 informiert wurde, sucht sie das Gespräch mit ihm. Sie bemüht sich, sein Verhalten nachzuvollziehen, erklärt ihm ihr weiteres Vorgehen und fordert ihn auf, Lösungsstrategien für das entstandene Problem zu suchen. Im ersten Teil der Situation findet ein Informationsaustausch zwischen beiden statt (Zeilen 22-40), der sich als ein Herantasten an die Thematik umschreiben lässt.

01 0003
...
22 15.40 Uhr Klient N13 [15] kommt direkt ins Besprechungszimmer.
23 Mitarbeiterin 303 [30] sagt: „Sit down and close the door".
24
25 Klient N13 [15] übersetzt das und tut.
26
27 Mitarbeiterin 303 [30] "Ich lass dich zuerst reden".
28
29 Klient N13 [15] Warum/Worüber.
30
31 Mitarbeiterin 303 [30]: hatte Anruf.
32
33 Klient N13 [15] habe ihn nur 2mal geschlagen.
34
35 Mitarbeiterin 303 [30]: Schulleiterin hat gesagt mit Messer.
36
37 Klient N13 [15]: 2mal geschlagen und mit Stock ins Gesicht gedrückt.
38
39 [Mitarbeiterin 303 [30] und Klient N13 [15] sitzen sich gegenüber, ab
40 2. Satz Blickkontakt, direkt zugewandt.]

Nach einer Anweisung der Mitarbeiterin (Kategorie II 8, Zeile 23): „Mitarbeiterin 303 [30] sagt: „Sit down and close the door.", der vom Klienten gefolgt wird (Kategorie I 3, Zeile 25): „Klient N13 [15] übersetzt das und tut.", fordert die Mitarbeiterin den Klienten indirekt auf, sich zu erklären (Kategorie II 28, Zeile 27): „Mitarbeiterin 303 [30] „Ich lass dich zuerst reden." Der Klient reagiert mit einer Frage zur Situationseinschätzung (Kategorie II 32, Zeile 29): „Klient N13 [15] Warum/Worüber." Die Mitarbeiterin erläutert ihr Anliegen (Kategorie II 15, Zeile 31): „Mitarbeiterin 303 [30]: hatte Anruf." Daraufhin ist dem Klienten offenbar klar, worum es geht. Er antwortet mit einer sachbezogenen Information (Kategorie II 34, Zeile 33): „Klient N13 [15] habe ihn nur 2mal geschlagen." Die Mitarbeiterin gibt ihm die Auskunft, worüber die Schulleiterin sie informiert hat (Kategorie II 34, Zeile 35): „Mitarbeiterin 303 [30]: Schulleiterin hat gesagt mit Messer." Der Klient erwidert dies erneut mit einer sachbezogenen Äußerung (Kategorie II 34, Zeile 37): „Klient N13 [15]: 2mal geschlagen und mit Stock ins Gesicht gedrückt."

Es folgt ein Abschnitt (Zeilen 42-53), in dem die Beweggründe des Klienten fokussiert das Thema sind:

01 0003

...

42 Mitarbeiterin 303 [30]: Warum?

43

44 Klient N13 [15]: hat meine Mutter beleidigt.

45

46 Mitarbeiterin 303 [30]: „Was geht in deinem Kopf vor"?

47

48 Klient N13 [15] schweigt.

49

50 Mitarbeiterin 303 [30]: „Ich frage, weil ich Dich verstehen will".

51

52 Klient N13 [15] sagt, er kann nicht ab, wenn seine Mutter beleidigt wird.

53 Sonst alles, aber das nicht.

Durch Variation ihres Verhaltens erreicht die Mitarbeiterin Ergebnisse, die sich in ihrer Qualität unterscheiden. Die Frage der Kategorie II 32 (Situationseinschätzung, Zeile 42): „Mitarbeiterin 303 [30]: Warum?", führt zu einer Erklärung des Klienten über seine Motive in Bezug auf den Mitschüler (Kategorie II 15, Zeile 44): „Klient N13 [15]: hat meine Mutter beleidigt." Die Frage in Zeile 46: „Mitarbeiterin 303 [30]: „Was geht in deinem Kopf vor"?" (Kategorie II 28, Aufforderung zu selbstexplorativer Äußerung des Interaktionspartners) beantwortet der Klient mit Schweigen (Kategorie III 42, Zeile 48). Daraufhin bietet die Mitarbeiterin eine eigene Selbstexploration an (Kategorie II 12) und begründet gleichzeitig ihr Verhalten ihm gegenüber (Kategorie II 15); Zeile 50: „Mitarbeiterin 303 [30]: „Ich frage, weil ich Dich verstehen will." Der Klient äußert sich infolge selbstexplorativ (Kategorie II 12, Zeilen 52-53): „Klient N13 [15] sagt, er kann nicht ab, wenn seine Mutter beleidigt wird. Sonst alles, aber das nicht." Den entscheidenden Impuls in diesem Abschnitt setzt die Mitarbeiterin mit ihrer selbstexplorativen Äußerung, die ihr Verhalten dem Klienten gegenüber erklärt (Zeile 50). Die Mitarbeiterin erhält auf diese Weise Informationen vom Klienten, die für weitere Interventionen und die Fortführung der Interaktion relevant sind. Der Klient hat durch das Verhalten der Mitarbeiterin die Möglichkeit, sich selbstexplorativ zu hinterfragen.

01 0003

...

58 Mitarbeiterin 303 [30] spricht an, dass bereits weitere Vorfälle aus
59 anderen Gründen passiert sind, Klient N13 [15] lässt sich leicht provozie-
    ren.
60
61 Klient N13 [15] blickt nieder, schweigt.
62
63 Mitarbeiterin 303 [30]: „Schweigen ist nicht, was tun wir"?
64 Klärt auf, dass dieser Vorfall härtere Konsequenzen hat, als letzter [Ge-
    spräch],
65 nämlich Anzeige.
66
67 Klient N13 [15] schweigt.
68
69 Mitarbeiterin 303 [30] sagt, was sie tut, muss Eltern informieren. Fragt,
70 was Klient N13 [15] tut.
71
72 Klient N13 [15] schweigt und sagt „tja".
73
74
75 Zeit: 15:40 bis 15:50 Uhrr
76
77 Mitarbeiterin 303 [30]: Vorfall von gestern Abend mit R13 [16] wird
78 nach dem Essen besprochen, da R13 [16] nachmittags nicht da ist.
79 Klient N13 [15] soll nachdenken.
80 Klient N13 [15] verlässt den Raum.

Es folgt ein Abschnitt (Zeilen 59-80), der mit einer für den weiteren Verlauf entscheidenden Intervention in den Zeilen 58-59 von der Mitarbeiterin begonnen wird. Sie bietet dem Klienten eine Rückmeldung über seine Person an (Kategorie II 20, Geben von negativem Feedback, Zeile 59): „Klient N13 [15] lässt sich leicht provozieren.", die sie mit einer sachbezogenen Information einführt (Kategorie II 34, Zeilen 58-59): „Mitarbeiterin 303 [30] spricht an, dass bereits weitere Vorfälle aus anderen Gründen passiert sind." Auf das Schweigen des Klienten (Kategorie III 42, Zeile 61) antwortet sie mit einem negativen Feedback (Kategorie II 20, Zeile 63): „Schweigen ist nicht," und bietet ihre Unterstützung in Form einer Frage mit Aufforderungscharakter an (Kategorie II 31 und Kategorie II 9, Zeile 63): „...was tun wir?" Es folgt eine Anmerkung zu den Konsequenzen des Vorfalls (Kategorie II 10, Zeilen 64-65): „Klärt auf, dass dieser Vorfall härtere Konsequenzen hat, als letzter [Gespräch], nämlich Anzeige.", die auf das Schweigen des Klienten hin fortgeführt und mit einer Information („muss") verknüpft wird (Kategorie II 34 und Kategorie II 10, Zeile 69): „Mitarbeiterin 303 [30] sagt, was sie tut, muss Eltern informieren." Nach dieser Interaktion, in deren Verlauf der Klient nur schweigt, folgt die Frage der Mitarbeiterin in Zeile 70, was der Klient tut (Kategorie II 28, Aufforderung zu selbstexplorativer Äußerung des Interaktionspartners). Der Klient wird hier direkt aufgefordert, aktiv zu werden. Seine Reaktion ist zunächst eine Floskel (Kategorie II 4, Zeile 72: „tja"), in der sich seine Ratlosigkeit ausdrückt. Das Protokoll endet nach einer Bemerkung zu einem anderen Klienten mit einer Anweisung der Mitarbeiterin in der Zeile 79: „Klient N13 [15] soll nachdenken." (Kategorie II 8) und dem Verlassen des Raumes durch den Klienten (Kategorie III 43, Zeile 80).

Im Anschluss an das Protokoll 3 folgt das Protokoll 5, zu dessen Beginn derselbe Klient nach einem Zeitraum von ca. 2,5 Stunden wieder den Raum betritt. Das Protokoll wurde mit dem Thema „Inneres" gekennzeichnet. Der Klient eröffnet die Interaktion.

01 0005
02 Name des Beobachters: A
03 Datum der Beobachtung: 11.12.02
04 Ort der Beobachtung: 03
05 Zeit: 17:25 bis 17:30 Uhr
06
07
08 Situation (inkl beteiligte Personen):
09
10 Beobachter sitzt im Nebenraum, hört Gespräch. Mitarbeiterin 303 [30]
11 räumt allein die Küche auf.
12
13
14 Beobachtung:
15
16 Klient N13 [15] kommt dazu und spricht Mitarbeiterin 303 [30] an.
17 „Wenn Sie so provoziert würden, würden Sie nicht auch ausrasten"?
18

19 Mitarbeiterin 303 [30] sagt, das mit dem Messer war zuviel.
20 Mitarbeiterin 303 [30] spricht weitere Situationen an.
21
22 Klient N13 [15] spricht davon, dass es bei ihm wie mit einem Schalter ist, er
23 ist kürzer, wenn er viel provoziert wird, im Moment braucht er Ruhe.
24
25 Mitarbeiterin 303 [30] sagt, dass an das Gespräch mit der Ärztin
26 angeknüpft werden muss, thematisiert LRS und Schule.
27
28 Klient N13 [15] will sich anstrengen, sagt er hat nicht so viel Geduld.
29
30 Mitarbeiterin 303 [30] sagt, er soll sich in Griff kriegen.
31
32 Klient N13 [15] sagt, er muss ja nur noch ein paar Tage durchhalten.
33
34 Mitarbeiterin 303 [30] fragt nach dem Auslöser/Stress?
35
36 Klient N13 [15] sagt, er wird dauernd zugetextet, zu viel von der Seite
37 angelabert in der Schule, wenn das oft hintereinander passiert, geht die
38 Sicherung durch.
39
40 Mitarbeiterin 303 [30] fragt Klient N13 [15] ob er Stress in der
41 Schule und in der WG zusätzlich hat und ob das zuviel ist.
42
43 Klient N13 [15] sagt Ja ein bisschen. Die Absetzung der Tabletten kommt auch
44 dazu.
45
46 Mitarbeiterin 303 [30] rät Klient N13 [15] zuzugeben, wenn er es
47 allein nicht schafft.
48
49 Klient N13 [15] sagt, er hat zur Entlastung AGs [Arbeitsgemeinschaften]
50 aufgenommen.
51
52 Mitarbeiterin 303 [30] bestätigt, das sei auch richtig so.

Der Klient führt das Gespräch aus dem Protokoll 3 mit einer An-schlussproposition fort. Er hat das Deutungsangebot der Sozialarbei-terin in deren Aussage (Protokoll 3, Zeile 59): „Klient N13 [15] lässt sich leicht provozieren." aufgenommen und sucht nun bei ihr nach

Unterstützung (Protokoll 5, Zeilen 16-17): „Klient N13 [15] kommt dazu und spricht Mitarbeiterin 303 [30] an: „Wenn Sie so provoziert würden, würden Sie nicht auch ausrasten?"

01 0003

...

58 Mitarbeiterin 303 [30] spricht an, dass bereits weitere Vorfälle aus
59 anderen Gründen passiert sind, Klient N13 [15] lässt sich leicht provozieren.
60
61 Klient N13 [15] blickt nieder, schweigt.
62
63 Mitarbeiterin 303 [30]: „Schweigen ist nicht, was tun wir"?
64 Klärt auf, dass dieser Vorfall härtere Konsequenzen hat, als letzter [Gespräch],
65 nämlich Anzeige.
66
67 Klient N13 [15] schweigt.
68
69 Mitarbeiterin 303 [30] sagt, was sie tut, muss Eltern informieren. Fragt,
70 was Klient N13 [15] tut.
71
72 Klient N13 [15] schweigt und sagt „tja".
73
74
75 Zeit: 15:40 bis 15:50 Uhrr
76
77 Mitarbeiterin 303 [30]: Vorfall von gestern Abend mit R13 [16] wird
78 nach dem Essen besprochen, da R13 [16] nachmittags nicht da ist.
79 Klient N13 [15] soll nachdenken.
80 Klient N13 [15] verlässt den Raum.
01 0005

...

16 Klient N13 [15] kommt dazu und spricht Mitarbeiterin 303 [30] an.
17 „Wenn Sie so provoziert würden, würden Sie nicht auch ausrasten"?

Die Mitarbeiterin ließ auf das Schweigen und die Floskel des Klienten hin (Situation 3, Zeilen 58-80) einen Freiraum jenseits der Interaktion zu und beendete die Situation mit einer Anweisung (Zeile 79: „Klient N13 [15] soll nachdenken."; Kategorie II 8). Damit bekam er Zeit, um eine eigene Aktivität zu entwickeln. Gleichzeitig hatte er die Möglichkeit, wieder in die Interaktion finden zu können. Der Mitarbeiterin ist es gelungen, auf die Signale des Klienten adäquat einzugehen, nachdem dieser kein kooperatives Verhalten zeigte, und ihm dieses so erst zu ermöglichen. Der Klient verhält sich zu Beginn der Situation 5 motiviert und kooperativ. Seine nun gezeigte Aktivität eröffnet einen Schritt in die Zukunft, er schließt an eine der Interventionen der Mitarbeiterin an und setzt sie für sich um. Er sucht nach Unterstützung durch die Mitarbeiterin. Diese erbittet er in Form einer Frage, die auf das eigene Erleben der Mitarbeiterin zielt (Kategorie II 28). Deren Unterstützungsangebot mit Aufforderungscharakter (Situation 3, Kategorie II 9, Zeile 63: „Mitarbeiterin 303 [30]: „Schweigen ist nicht, was tun wir"?") erweist sich als aktivierend und damit hilfreich für den weiteren Verlauf der Interaktion. Eine von der Mitarbeiterin unabhängige Lösung zu suchen ist der Klient zunächst noch nicht in der Lage, was sich darin zeigt, dass er sie im Erleben der Mitarbeiterin sucht. Die Mitarbeiterin hat dem Klienten ihre berufliche Rolle durch die Erklärung und Eingrenzung der eigenen Aufgaben (Kategorie II 10, Protokoll 3, Zeile 69: „Mitarbeiterin 303 [30] sagt, was sie tut, muss Eltern informieren.") und die Anweisung, er solle nachdenken (Protokoll 3: (Kategorie II 8, Zeile 79), definiert. Der Klient fragt nur indirekt nach einer Rückmeldung zu seinem Verhalten; im Vordergrund steht seine Suche nach der Unterstützung der Sozialarbeiterin in Form einer Bitte um Selbstexploration zu einer Weiterführung der Thematik. Als eine Vertrauenshandlung nach Petermann (1996) - Bitte um Rückmeldung über die eigene Person – könnte das Verhalten gelten und ebenso der Bitte um Hilfe entsprechen. Beides trifft nicht eindeutig zu; dennoch wird ein vertrauensrelevantes Verhalten sichtbar: Der Klient knüpft sowohl thematisch als auch in seiner Wortwahl an die Aussage der Sozialarbeiterin an (Zeile 17): „Wenn Sie so provoziert würden, würden Sie nicht auch ausrasten?"

Im weiteren Verlauf des Protokolls 5 wird beschrieben, wie die Mitarbeiterin und der Klient gemeinsam nach Möglichkeiten suchen, sein nunmehr von ihm selbst formuliertes Problem in Angriff zu nehmen (Protokoll 5, Zeile 17: „Wenn Sie so provoziert würden, würden Sie nicht auch ausrasten?" - Lesart: Ich raste aus, wenn ich so provoziert werde.). Die Mitarbeiterin reagiert mit einer weiteren Rückmeldung an den Klienten (Kategorie II 20, Zeile 19): „Mitarbeiterin 303 [30] sagt, das mit dem Messer war zuviel." und stellt damit klar, dass sie der Schulleiterin Glauben schenkt und dass vom Klienten hinsichtlich des Ausmaßes seines Ausrastens eine Grenze überschritten wurde, unabhängig vom Ausmaß der Provokation. Es folgt eine sachbezogene Sequenz über weitere Vorfälle (Kategorie II 34, Zeile 20): „Mitarbeiterin 303 [30] spricht weitere Situationen an.", auf die der Klient mit einer selbstexplorativen Äußerung reagiert und eine eigene Lösung vorschlägt (Kategorie II 12, Zeilen 22-23): „Klient N13 [15] spricht davon, dass es bei ihm wie mit einem Schalter ist, er ist kürzer, wenn er viel provoziert wird, im Moment braucht er Ruhe." Der kooperative Zustand des Klienten manifestiert sich damit weiterhin und wird bis zum Ende der Situation aufrechterhalten. Im folgenden Verlauf der Interaktion reflektiert er aktiv zu seinen eigenen Lösungsstrategien und wird von der Mitarbeiterin dabei unterstützt (Zeilen 25-52).

01 0005
...
25 Mitarbeiterin 303 [30] sagt, dass an das Gespräch mit der Ärztin
26 angeknüpft werden muss, thematisiert LRS und Schule.
27
28 Klient N13 [15] will sich anstrengen, sagt er hat nicht so viel Geduld.
29
30 Mitarbeiterin 303 [30] sagt, er soll sich in Griff kriegen.
31
32 Klient N13 [15] sagt, er muss ja nur noch ein paar Tage durchhalten.
33
34 Mitarbeiterin 303 [30] fragt nach dem Auslöser/Stress?
35
36 Klient N13 [15] sagt, er wird dauernd zugetextet, zu viel von der Seite
37 angelabert in der Schule, wenn das oft hintereinander passiert, geht die
38 Sicherung durch.
39
40 Mitarbeiterin 303 [30] fragt Klient N13 [15] ob er Stress in der
41 Schule und in der WG zusätzlich hat und ob das zuviel ist.
42
43 Klient N13 [15] sagt Ja ein bisschen. Die Absetzung der Tabletten kommt auch
44 dazu.
45
46 Mitarbeiterin 303 [30] rät Klient N13 [15] zuzugeben, wenn er es
47 allein nicht schafft.
48
49 Klient N13 [15] sagt, er hat zur Entlastung AGs [Arbeitsgemeinschaften]
50 aufgenommen.

Die Unterstützungssignale der Mitarbeiterin während der gesamten Situation finden sich exemplarisch in den Zeilen 46-47, in der sie ihn zu selbstexplorativen Äußerungen auffordert (Kategorie II 28): „Mitarbeiterin 303 [30] rät Klient N13 [15] zuzugeben, wenn er es allein nicht schafft." und ihm gleichzeitig signalisiert, dass er bei der Problembewältigung nicht allein sein muss. Daraufhin erklärt der Klient, welche eigene Strategie er bereits entworfen hat, um sein Problem zu lösen (Kategorie II 34, Zeilen 49-50): „Klient N13 [15] sagt, er hat zur Entlastung AGs [Arbeitsgemeinschaften] aufgenommen." Die Mitarbeiterin gibt ihm eine positive Rückmeldung (Kategorie II 16, Zeile 52): „Mitarbeiterin 303 [30] bestätigt, das sei auch richtig so."

Diese Interaktionssituationen sind in mehrfacher Hinsicht exemplarisch. Sie beschreiben das Entstehen eines kooperativen Zustandes aufseiten des Klienten. Er hat die Möglichkeit erhalten, sein Problem einzugrenzen und greifbar zu machen. Der Mitarbeiterin ist es in der Interaktion gelungen, den Klienten zu unterstützen, seine Handlungsfähigkeit in Bezug auf sein Problem zu erkennen und eigene Aktivität beim Entwurf von Lösungsstrategien zu entwickeln. Die Mitarbeiterin bietet dem Klienten verschiedene Verhaltensweisen an, die eine Partizipation seinerseits ermöglichen.

Insgesamt beschreiben die Protokolle 3 und 5, wie der Interaktionsverlauf zu einem kooperativen Verhalten des Klienten geführt hat. Die Interaktionssituationen belegen außerdem, wie eine Mitarbeiterin die empfohlenen Verhaltensweisen des Vertrauensaufbaus nachvollzieht und umsetzt[821] (Herstellen einer verständnisvollen Kommunikation, Abbau von bedrohlichen Handlungen, gezielter Einsatz von vertrauensauslösenden oder -fördernden Handlungen).

Die Gesamtsituation beginnt mit einer Phase der Situationsabklärung, die von der Mitarbeiterin eröffnet wird. Der Klient und die Mitarbeiterin tauschen Informationen aus und beide tasten sich geradezu an die Thematik heran. Die folgende Interaktionsphase zielt auf die Nachvollziehbarkeit des Verhaltens des Klienten. In diesem Abschnitt, in dem die Mitarbeiterin den Klienten nach seinen Beweggründen befragt, bekundet sie ihr Interesse an der Person des Klienten und macht auch ihr

---

821   vgl. Kapitel 3.3.1.

Verhalten nachvollziehbar, da sie das Fragen begründet. Bemerkenswert erfolgreich für den Aufbau eines kooperativen Zustandes aufseiten des Klienten sind selbstexplorative und erklärende Äußerungen der Mitarbeiterin wie auch die Rückmeldungen zur Person des Klienten. Im Folgenden stellt sie die Konsequenzen sowie die mit ihrer beruflichen Rolle verknüpften Pflichten dar und bietet dem Klienten ihre Unterstützung an. Schlussendlich fordert sie den Klienten zu Aktivität auf uns signalisiert ihm damit ihr Zutrauen in seine Handlungsfähigkeiten. Die Mitarbeiterin lässt einen Freiraum zu, die der Klient nutzt, um die Interventionen für sich zu realisieren. Nach einem zeitlichen und räumlichen Abstand folgt eine vom Klienten eröffnete, motivierte und kooperative weitere Zusammenarbeit. Es entwickelt sich eine Interaktionsatmosphäre, in der die Mitarbeiterin wie eine Reflexionsfläche vom Klienten genutzt wird. Die Person der Mitarbeiterin „verschwindet" nahezu vollständig und steht in ihrer professionellen Funktion dem Klienten zur Verfügung. Die Interaktion ist beidseitig konzentriert auf die gemeinsame Problemdefinition. Dabei knüpfen Mitarbeiterin und Klient darauf bezogen wechselseitig in ihren Äußerungen aneinander an. Hier liegt ein wesentlicher Unterschied zu Interaktionen, wie sie unter anderem im Protokoll 10[822] dargestellt werden: Dort sieht der Klient einen Anknüpfungspunkt und bestätigt ihn; die Sozialarbeiterin nimmt dies nicht auf und eine Fortführung im Zustand von Kooperation gelingt nicht.

Das Protokoll 1103 wurde ebenfalls mit dem Thema „Inneres" gekennzeichnet. Es wurde in der Wohngruppe für Mädchen aufgezeichnet, dabei handelt es sich um eine weibliche Klientin. Der Interaktionsimpuls wird von der Mitarbeiterin gesetzt.

```
01  1103
02  Name des Beobachters: H
03  Datum der Beobachtung: 26.09.03
04  Ort der Beobachtung: 04
05  Zeit: 18.00 - 18.15 Uhr
06
07  Situation und beteiligte Personen:
08  Klientin T13 [16] bringt ihren Außenwohnungs-Schlüssel übers
09  Wochenende, möchte ihr Zehrgeld abholen und muss ihren
10  Zehrgeldhefter zur Kontrolle vorlegen. Büro.
11  Personen: Klientin T13 [16], Mitarbeiterin 104 [55],
```

---

822   vgl. Kapitel 7.2.3.3.3.

12 Beobachter

13

14 Beobachtung:

15

16 Beobachter hat Klientin T13 [16] den Schlüssel
17 abgenommen, den Hefter kontrolliert und das Geld
18 ausgezahlt.

19 Mitarbeiterin 104 [55] betritt das Büro, setzt sich aufs
20 Sofa und beginnt ein Gespräch mit Klientin T13 [16].

21

22 Mitarbeiterin 104 [55]: „Na T13 [Klientin, 16], wie geht
23 es dir?".

24

25 Klientin T13 [16]: „Ganz gut" [lacht].

26

27 Mitarbeiterin 104 [55]: „Wie läuft es in der Schule?".

28

29 Klientin T13 [16]: „Auch gut".

30

31 Mitarbeiterin 104 [55]: „Und was machst du am Wochenende?".

32

33 Klientin T13 [16]: „Mal sehen" [lacht immer mehr].

34

35 Mitarbeiterin 104 [55]: „Warst du denn noch mal bei Familie
36 M [Pflegefamilie]?".

37

38 Klientin T13 [16]: „Ja, am Wochenende".

39

40 Mitarbeiterin 104 [55]: „Und konntest du dich
41 unterhalten?".

42

43 Klientin T13 [16]: „Mit X [Pflegevater] schon, aber mit
44 Y [Pflegemutter] nicht".

45

46 Kurze Pause.

47

48 Mitarbeiterin 104 [55] macht „Hm".

49

50 Klientin T13 [16]: „X [Pflegevater] hat auch gesagt,
51 dass sein Angebot, zurück zu kommen noch steht".

52

53   Mitarbeiterin 104 [55] erstaunt: „Ach so? Das ist ja fein,
54   und hast du darüber nachgedacht?".
55
56   Klientin T13 [16]: „Ja, aber das kommt für mich nicht
57   in Frage. Die ganzen Zwänge und Verbote wieder...nee!".
58
59   Mitarbeiterin 104 [55]: „Nee, ist nichts für dich?".
60
61   Klientin T13 [16] schüttelt den Kopf.

Im Protokoll 1103 wird beschrieben, wie eine Mitarbeiterin mit einer
Klientin ein Gespräch führt, das nebenbei entsteht, während die Klientin wegen eines Pflichttermins bei der Mitarbeiterin erscheint. Die
Mitarbeiterin bemüht sich herauszufinden, wie es der Klientin derzeit
geht und wie deren Leben sich aktuell gestaltet. Sie beginnt die Interaktion mit einer Frage an die Klientin zu ihrem Befinden (Kategorie II
28, Zeilen 22-23): „Mitarbeiterin 104 [55]: „Na T13 [Klientin, 16], wie
geht es dir?" Die Klientin reagiert nonverbal positiv (Kategorie III 40)
und antwortet verbal mit einer Floskel (Kategorie II 4); Zeile 25: „Klientin T13 [16]: „Ganz gut" [lacht]." Auf die darauf folgenden Fragen
der Mitarbeiterin (Kategorie II 28 in Zeile 27 und Kategorie II 31 in Zeile 31) reagiert die Klientin in gleicher Weise mit Floskeln und Lachen
(Kategorie II 4 und Kategorie II 40, Zeilen 29 und 33):

01   1103
...
27   Mitarbeiterin 104 [55]: „Wie läuft es in der Schule?".
28
29   Klientin T13 [16]: „Auch gut".
30
31   Mitarbeiterin 104 [55]: „Und was machst du am Wochenende?".
32
33   Klientin T13 [16]: „Mal sehen" [lacht immer mehr].

Dieser Ablauf von Frage-Antwort setzt sich fort, allerdings wird der
Informationsaustausch konkreter (Zeilen 35 bis 44).

01   1103
35   Mitarbeiterin 104 [55]: „Warst du denn noch mal bei Familie
36   M [Pflegefamilie]?".
37
38   Klientin T13 [16]: „Ja, am Wochenende".

39
40 Mitarbeiterin 104 [55]: „Und konntest du dich
41 unterhalten?".

42
43 Klientin T13 [16]: „Mit X [Pflegevater] schon, aber mit
44 Y [Pflegemutter] nicht".

Der Ablauf von Fragen nach Information (Kategorie II 31) vonseiten der Mitarbeiterin und Information (Kategorie II 34) vonseiten der Klientin wird beschrieben. Diese Information wird nach einer kurzen Pause und der Äußerung: „Hm" vonseiten der Mitarbeiterin (Kategorie II 4, Zeilen 46-48) von der Klientin fortgesetzt (Kategorie II 34, Zeilen 50-51): „Klientin T13 [16]: „X [Pflegevater] hat auch gesagt, dass sein Angebot, zurück zu kommen noch steht."

01 1103
...
46 Kurze Pause.

47
48 Mitarbeiterin 104 [55] macht „Hm".

49
50 Klientin T13 [16]: „X [Pflegevater] hat auch gesagt,
51 dass sein Angebot, zurück zu kommen noch steht".

52
53 Mitarbeiterin 104 [55] erstaunt: „Ach so? Das ist ja fein,
54 und hast du darüber nachgedacht?".

55
56 Klientin T13 [16]: „Ja, aber das kommt für mich nicht
57 in Frage. Die ganzen Zwänge und Verbote wieder...nee!".

58
59 Mitarbeiterin 104 [55]: „Nee, ist nichts für dich?".

60
61 Klientin T13 [16] schüttelt den Kopf.

Auf diese Information reagiert die Mitarbeiterin mit einem positiven Feedback (Kategorie II 16), das sich allerdings nicht an die Klientin, sondern an die Äußerung des Pflegevaters richtet (Zeile 53: „Mitarbeiterin 104 [55] erstaunt: „Ach so? Das ist ja fein..."), und stellt eine weitere Frage an die Klientin, die den Charakter einer Aufforderung zur Selbstexploration hat (Kategorie II 28, Zeile 54): „...und hast du darüber nachgedacht?" Die Klientin antwortet mit einer Abgrenzung zu der positiven Bewertung des Angebots des Pflegevaters und begründet dies (Kategorie II 15, Zeilen 56-57): „Klientin T13 [16]: „Ja, aber das kommt für mich nicht in Frage. Die ganzen Zwänge und Verbote wieder...nee!" Auf die weitere Nachfrage der Mitarbeiterin, mit der sie erneut die Klientin zur Selbstexploration auffordert (Kategorie II 28, Zeile 59): „Mitarbeiterin 104 [55]: „Nee, ist nichts für dich?" reagiert die Klientin beharrend, indem sie nochmals verneint (Kategorie II 33, Zeile 61): „Klientin T13 [16] schüttelt den Kopf."

Das Protokoll 1103 beschreibt eine Interaktion zwischen der Mitarbeiterin und der Klientin, in der vor allem Informationserhebungen vonseiten der Mitarbeiterin stattfinden. Die Klientin wirkt anfangs desinteressiert und antwortet mit Floskeln. Im Verlauf des Gesprächs entschließt sie sich zu einer konkreteren Information (Zeilen 50-51), nachdem die Mitarbeiterin eine Gesprächspause zulässt. Danach und nach der platzhaltenden Floskel „Hm" durch die Mitarbeiterin beginnt die Klientin eine eigene Aktivität. Als würde sie eine mögliche Frage erahnen, gibt sie eine Information, die von der Mitarbeiterin aufgegriffen wird. Durch eine Rückmeldung und durch Nachfragen in Form einer Aufforderung zur Selbstexploration erhält die Mitarbeiterin eine Aussage der Klientin zu einer Entscheidung und zu deren Begründung. Die Klientin vollzieht einen Schritt eigener Aktivität, indem sie ihren Standpunkt darlegt und begründet entgegen der positiven Bemerkung der Mitarbeiterin zu dem Angebot der Pflegefamilie. Den Interaktionspartnern ist es gelungen, einen gemeinsamen Anknüpfungspunkt in der Interaktion zu finden. Nachdem sich zuvor die Interaktion auf einer Ebene von Frage und Antwort bewegte, kommt es nun zu einem Gespräch über ein Thema, das für beide relevant erscheint. Hier ist die Klientin bereit, sich auf einen Dialog einzulassen und den eigenen Standpunkt zu formulieren. Die gegensätzliche Position der Mitarbeiterin wird zum Auslöser dafür. Hinsichtlich der offenbar unterschiedlichen Standpunkte der Mitarbeiterin und der Klientin findet kein weiterer Diskurs statt.

7.2.3.3.6 „Doch, das kannst du" - Machtkampf

Anhand einiger Protokolle ist nachzuvollziehen, wie zwischen einer Mitarbeiterin und einer Klientin ein Machtkampf stattfindet. In diesen Situationen entsteht kein kooperatives Verhältnis zwischen den Interaktionspartnern. Warum das so ist, wird in der nachfolgenden Analyse und vor dem Hintergrund der bisherigen Erkenntnisse betrachtet.

Der Beobachter kennzeichnete Protokoll 1104 als Fortsetzung des Protokolls 1103 (Protokoll 1104, Zeile 10). Dem Protokoll 1103 folgt daher unmittelbar die Situation 1104, zu deren Beginn die Mitarbeiterin ein neues, weiteres Thema einführt und damit die Situation eröffnet. Durch den Themenwechsel beendet sie die Interaktion über die Pflegefamilie. Nunmehr geht es um die Frage, wie dieselbe Klientin in Konfliktsituationen reagieren kann.

```
01  1104
02  Name des Beobachters: H
03  Datum der Beobachtung: 26.09.03
04  Ort der Beobachtung: 04
05  Zeit: 18.00 - 18.15 Uhr
06
07  Situation und beteiligte Personen:
08  Klientin T13 [16] bringt ihren AWG Schlüssel übers
09  Wochenende, möchte ihr Zehrgeld abholen und muss ihren
10  Zehrgeldhefter zur Kontrolle vorlegen. Büro. Fortsetzung.
11  Personen: Klientin T13 [16], Mitarbeiterin 104 [55],
12  Beobachter
13
14
15  Beobachtung:
16
17  Mitarbeiterin 104 [55]: „Und wie ist das mit deiner
18  Mitschülerin ausgegangen?".
19
20  Klientin T13 [16]: „Wie gesagt, wenn die mir blöd kommt,
21  hau ich ihr die Rübe runter".
22
23  Mitarbeiterin 104 [55]: „Und wem ist dann geholfen?".
24
25  Klientin T13 [16] sagt nichts, zuckt mit den Schultern.
26  Nach einer Weile sagt sie: „Wer mir blöd kommt, bekommt
27  eine".
28
29  Mitarbeiterin 104 [55]: „Du könntest dir viel Ärger
30  ersparen. Ignoriere doch solche Situationen einfach".
31
32  Klientin T13 [16]: „Das kann ich nicht".
33
```

34 Mitarbeiterin 104 [55]: „Doch, das kannst du. Ich weiß das.
35 Hier im Haus hast du es doch auch bewiesen".
36
37 Klientin T13 [16] hat keine Lust mehr auf Diskussionen,
38 steht auf und sagt: „Ich muss jetzt los, schönes WE".
39
40 Mitarbeiterin 104 [55]: „Schlaf mal drüber, mein Kind, und
41 lass dir meine Worte durch den Kopf gehen".
42
43 Klientin T13 [16] nickt und geht.
44 Sie wirkte sichtlich genervt.
45
46 Mitarbeiterin 104 [55] schaut Beobachter an und sagt: „Ja ja, die
47 Mädels. Man kann eben doch nix tun".

Diese Interaktion mit dem Thema „Inneres" wird von der Mitarbeiterin eröffnet. Sie knüpft zu Beginn der Situation mit einer Sachfrage an eine ihr bekannte Vorgeschichte an (Kategorie II 31, Zeilen 17-18): „Mitarbeiterin 104 [55]: „Und wie ist das mit deiner Mitschülerin ausgegangen?" Auch die Klientin zeigt in ihrer Antwort die Verbindung zur Vorgeschichte und äußert sich selbstexplorativ (Kategorie II 12, Zeilen 20-21): „Klientin T13 [16]: „Wie gesagt, wenn die mir blöd kommt, hau ich ihr die Rübe runter." Die Mitarbeiterin antwortet mit einer Frage, die an die Voraussicht der Klientin appelliert (Kategorie II 30, Zeile 23): „Mitarbeiterin 104 [55]: „Und wem ist dann geholfen?" Die Frage der Mitarbeiterin führt zu einer Pause vonseiten der Klientin, die anschließend ihren Standpunkt wiederholt und erweitert auf alle, die ihr „blöd kommen" (Kategorie II 12 und II 33, Zeilen 25-27): „Klientin T13 [16] sagt nichts, zuckt mit den Schultern. Nach einer Weile sagt sie: „Wer mir blöd kommt, bekommt eine." Sie schließt damit an ihre eigene Aussage an und verstärkt sie. Die Mitarbeiterin entwirft eine Idee, was wäre, wenn die Klientin nicht in dieser Weise handeln würde (Kategorie II 30, Zeilen 29-30): „Mitarbeiterin 104 [55]: „Du könntest dir viel Ärger ersparen." und gibt ihr eine Verhaltensanweisung (Kategorie II 8, Zeile 30): „… Ignoriere doch solche Situationen einfach". Die Klientin äußert sich erneut selbstexplorativ und lehnt die Intervention ab (Kategorie II 12 und II 22, Zeile 32): „Klientin T13 [16]: „Das kann ich nicht." An dieser Stelle der Interaktion entwickelt sich geradezu ein Machtkampf zwischen den beiden; die Mitarbeiterin beharrt ebenfalls auf ihrer Aussage (Kategorie II 33, Zeile 34): „Mitarbeiterin 104 [55]: „Doch, das kannst du." und äußert sich in einer selbstreferenziellen Form (Kategorie II 14, Zeile 34): „Ich weiß das." Schlussendlich begründet sie ihren Standpunkt mit einem Beweis, den die Klientin innerhalb der Einrichtung erbracht hat (Kategorie II 15, Zeile 35): „Hier im Haus hast du es doch auch bewiesen." Die/ der BeobachterIn notiert an dieser Stelle, die Klientin habe keine Lust mehr auf Diskussionen; ob sie das formuliert, ist nicht klar. Sie vollzieht einen Themenwechsel und signalisiert, dass jetzt nicht der Zeitpunkt für ein weiteres Gespräch sei (Kategorie II 24 und Kategorie II 5, Zeile 38): „Klientin T13 [16] hat keine Lust mehr auf Diskussionen, steht auf und sagt: „Ich muss jetzt los, schönes WE." Mit der Geste des Aufstehens und ihrer Verabschiedung setzt sie dem Gespräch einen Endpunkt. Die Mitarbeiterin lässt sich scheinbar nicht entmutigen und verabschiedet die Klientin mit einer Anweisung (Kategorie II 8, Zeilen 40-41): „Mitarbeiterin 104 [55]: „Schlaf mal drüber, mein Kind, und lass dir meine Worte durch den Kopf gehen." Die Klientin verhält sich daraufhin widersprüchlich; sie nickt und wirkt gleichzeitig, wie notiert ist, genervt, und verlässt dann den Raum (Kategorie II 43 und III 41, Zeilen 43-44: „Klientin T13 [16] nickt und geht. Sie wirkte sichtlich genervt." Nachdem die Klientin den Raum verlassen hat, interpretiert die Mitarbeiterin diese Erfahrung nachträglich in Form einer globalen Aussage zu pädagogischer Arbeit sowie einer Zuschreibung zu allen jugendlichen Adressatinnen und teilt diese dem Beobachter mit (Kategorie IV 44, Zeilen 46-47): „Mitarbeiterin 104 [55] schaut Beobachter an und sagt: „Ja ja, die Mädels. Man kann eben doch nix tun."

Der Aufbau eines Zustands der Kooperation ist in dieser Situation nicht gelungen. Die Frage, was in den Verläufen der Interaktionen in den Protokollen 3, 5 sowie 1103 wesentlich anders ist als in der Situation 1104, führt zu der Feststellung, dass sich die Interaktionen hinsichtlich des Zustandekommens einer gemeinsamen Problemformulierung der Interaktionspartner unterscheiden. Trotz der Bemühungen der Mitarbeiterin im Verlauf der Interaktion 1104 entwickelt sich kein Anknüpfungspunkt, ab dem eine gemeinsame Fortführung mit einem thematischen Konsens möglich wäre. Während dieser noch zu Beginn der Situation vorhanden ist (bis Zeile 27), geht er im Lauf des Gesprächs verloren.

Eine ähnliches Bild bietet sich in der Situation 22; diese entstand ebenfalls in der Wohngruppe für Mädchen und es handelt sich um eine weibliche Klientin. Auch hierbei entwickelt sich keine Gelegenheit in der Interaktion zwischen der Mitarbeiterin und der Klientin für eine gemeinsame Fortführung mit einem thematischen Konsens.

01 0022
02 Name des Beobachters: B
03 Datum der Beobachtung:
04 21.01.03
05 Ort der Beobachtung: 04
06 Zeit: 16.10 Uhr - 16.15 Uhr
07
08 Situation (inkl beteiligte Personen):
09 Dienstzimmer. Mitarbeiterin 604 [45] sitzt am Tisch,
10 erledigt Verwaltungsarbeit. Klientin Q13 [15] kommt herein und fragt, ob
11 sie Computer spielen darf.
12
13 Beobachtung:
14 Mitarbeiterin 604 [45] fragt Klientin Q13 [15], ob sie
15 Hausaufgaben habe.
16
17 Klientin Q13 [15] antwortet, dass sie doch krank geschrieben sei.
18
19 Mitarbeiterin 604 [45] sagt „Na und". Klientin Q13 [15]
20 müsse trotzdem etwas für die Schule machen.
21
22 Klientin Q13 [15] reagiert gereizt, sie fragt „Wieso"? Sie hätten
23 ohnehin keine Fächer zweimal in der Woche, außer Mathe.
24
25 Mitarbeiterin 604 [45] sagt „Na siehst Du".
26
27 Klientin Q13 [15] guckt sauer.
28
29 Mitarbeiterin 604 [45] sagt, Q13 solle Mitschülerin
30 anrufen und nach Aufgaben fragen.
31
32 Klientin Q13 [15] schweigt.
33
34 Mitarbeiterin 604 [45] sagt: „Rufst du an? Komm wir
35 machen es gemeinsam".
36
37 Klientin Q13 [15] sagt „Nö". Und sagt, sie sei doch krank geschrieben.
38

39 Mitarbeiterin 604 [45] sagt: „Nach dem Abendbrot, okay"?

40

41 Klientin Q13 [15] fragt, ob sie jetzt an den Computer könne.

42

43 Mitarbeiterin 604 [45] sagt „Ja, aber nach dem Abendbrot

44 rufen wir an".

45

46 Klientin Q13 [15] geht aus dem Raum.

In dieser Situation geht der Impuls von der Klientin aus. Thematisch erfolgte eine Zuordnung zum Bereich „Beschäftigung". Die Klientin wendet sich an die Mitarbeiterin mit der Bitte um Erlaubnis zu einem Spiel (Kategorie II 26, Zeilen 10-11): „Klientin Q13 [15] kommt herein und fragt, ob sie Computer spielen darf." Die Mitarbeiterin entwirft die Idee, die Klientin könne stattdessen etwas für die Schule tun. Sie fragt, ob die Klientin Hausaufgaben habe (Kategorie II 31, Zeilen 14-15) und erhält zur Antwort, dass diese doch krank geschrieben sei (Kategorie II 22 und Kategorie II 15, Zeile 17). Damit stellt die Klientin klar, dass dieses Thema für sie im Moment aufgrund der Krankschreibung nicht relevant ist. Die Mitarbeiterin reagiert mit einem negativen Feedback (Kategorie II 20, Zeile 19): „Mitarbeiterin 604 [45] sagt „Na und." und weist die Klientin an (Kategorie II 8, Zeilen 19-20): „Klientin Q13 [15] müsse trotzdem etwas für die Schule machen." Die Klientin zeigt ihren Unmut darüber, sie reagiert „gereizt" (Kategorie III 39, Zeile 22). Sie stellt eine Orientierungsfrage (Kategorie II 32, Zeile 22): „... sie fragt „Wieso?" und erläutert der Mitarbeiterin die Sachlage genauer (Kategorie II 34, Zeilen 22-23): „Sie hätten ohnehin keine Fächer zweimal in der Woche, außer Mathe." Die Mitarbeiterin reagiert mit einem: „Na siehst Du" (Kategorie II 34, Zeile 25) und ruft damit über eine Weile aufseiten der Klientin den Ausdruck negativer Gefühle und Schweigen hervor (Kategorie III 39 und III 42; Zeilen 27 und 32), während sie bereits entwirft, was die Klientin als nächstes tun sollte (Kategorie II 8, Zeilen 29-39): „Mitarbeiterin 604 [45] sagt, Q13 solle Mitschülerin anrufen und nach Aufgaben fragen." und ihre Anweisung mit einem Unterstützungsangebot fortführt (Kategorie II 9, Zeilen 34-35): „Mitarbeiterin 604 [45] sagt: „Rufst du an? Komm wir machen es gemeinsam." Die Klientin lehnt nun die Intervention klar ab (Kategorie II 22, Zeile 37): „Klientin Q13 [15] sagt „Nö.[823]" und wiederholt ihre Aussage, dass sie krank geschrieben sei (Kategorie II 33, Zeile 37). An dieser Stelle entsteht in der Interaktion eine ungewöhnliche Dynamik, denn

---

823 Umgangssprachlich für „Nein".

sowohl die Mitarbeiterin als auch die Klientin gehen nur noch auf ihre eigenen Aussagen ein:

01 0022

...

37 Klientin Q13 [15] sagt „Nö". Und sagt, sie sei doch krank geschrieben.
38
39 Mitarbeiterin 604 [45] sagt: „Nach dem Abendbrot, okay"?
40
41 Klientin Q13 [15] fragt, ob sie jetzt an den Computer könne.
42
43 Mitarbeiterin 604 [45] sagt „Ja, aber nach dem Abendbrot
44 rufen wir an".
45
46 Klientin Q13 [15] geht aus dem Raum

Als Antwort auf die Aussage der Klientin, dass sie krank geschrieben sei, gibt die Mitarbeiterin in Bezug auf ihre bisherigen Anweisungen (Hausaufgaben machen, etwas für die Schule machen, sich Aufgaben telefonisch besorgen, gemeinsam anrufen) eine weitere (Kategorie II 8, Zeile 39): „Mitarbeiterin 604 [45] sagt: „Nach dem Abendbrot, okay?" Die Klientin schließt ihren thematischen Kreis, indem sie auf ihr ursprüngliches Anliegen zurückkommt und die Aussage der Mitarbeiterin nicht beantwortet (Kategorie II 5 und Kategorie II 33, Zeile 41). Die Mitarbeiterin handelt ebenso; sie bleibt bei ihrer Idee und legt nunmehr fest, was und dass es gemeinsam getan wird (Kategorie II 9, Zeile 43-44): „Mitarbeiterin 604 [45] sagt „..., aber nach dem Abendbrot rufen wir an." Dabei gibt sie wie nebenbei ihre Erlaubnis zum erfragten Spiel (Kategorie II 16, Zeile 43). Es ist keine weitere Reaktion vonseiten der Klientin auf die Anweisung der Mitarbeiterin notiert, sie verlässt den Raum (Kategorie III 43, Zeile 46) und beendet damit die Interaktion.

Aufseiten der Klientin entsteht in dieser Situation hinsichtlich der Idee der Mitarbeiterin kaum Aktivität. Während des gesamten Verlaufs ist es vor allem die Mitarbeiterin, die dazu Vorschläge macht und Anweisungen gibt. Schlussendlich gestattet die Mitarbeiterin das Spiel mit der Anweisung, sich später am Abend um schulische Aufgaben zu kümmern. In dieser Situation ist gut erkennbar, wie mühsam eine Zusammenarbeit wird, wenn es nicht gelingt, Bezüge aufeinander herzustellen. Für die Klientin und die Mitarbeiterin stellen sich die Relevanzen völlig unterschiedlich dar. Im Protokoll 23 ist zu erfahren, dass die Mitarbeiterin auch weiterhin an ihrer Anweisung festhält.

01 0023
02 Name des Beobachters: B
03 Datum der Beobachtung:
04 21.01.03
05
06 Ort der Beobachtung: 04
07 Zeit: 17.40 Uhr - 17.45 Uhr
08
09 Situation (inkl beteiligte Personen):
10 Aufenthaltsraum. Klientinnen spielen Gesellschaftsspiele.
11 Mitarbeiterin 604 [45] räumt die Küchenzeile auf.
12
13 Beobachtung:
14 Mitarbeiterin 604 [45] bittet die Mädchen, das Abendbrot
15 vorzubereiten.
16
17 Alle Klientinnen spielen weiter. Einige sagen gleich, wir spielen noch zu
18 Ende.
19
20 Mitarbeiterin 604 [45] fragt Klientin Q13 [15], ob sie
21 bei der Mitschülerin angerufen habe.
22
23 Klientin Q13 [15] antwortet „Sie haben doch gesagt, nach dem Abendbrot".
24
25 Mitarbeiterin 604 [45] sagt, sie wollte sie nur noch mal
26 fragen, damit Klientin Q13 [15] es nicht vergisst.
27 Also nach dem Abendbrot.

Die Mitarbeiterin fragt während der Vorbereitungen für das Abendbrot in der Wohngruppe ca. 90 Minuten später nach, ob die Klientin bereits angerufen habe (Kategorie II 31 und Kategorie II 33, Zeilen 20-21). Die Klientin sagt ihr, was sie davon abgehalten hat (Kategorie II 15, Zeile 23): „Klientin Q13 [15] antwortet „Sie haben doch gesagt, nach dem Abendbrot." Hier begründet die Klientin ihr Handeln mit der Aussage der Mitarbeiterin zur Zeitfestlegung und weist die Mitarbeiterin damit gewissermaßen zurecht. Sie zeigt kaum Motivation, reagiert nur durch die Ansprache der Mitarbeiterin auf die Thematik und weist mit der Aussage „Sie haben doch gesagt..." (Zeile 23) darauf hin, dass es sich von ihrer Seite um ein Gehorchen handelt und nicht um eine eigene Aktivität. Die Mitarbeiterin kontert mit einer Begründung für ihre scheinbare Vergesslichkeit und betont ihre Anweisung nochmals (Kategorie II 15 und Kategorie II 32, Zeilen 25-27): „Mitarbeiterin 604 [45] sagt, sie wollte sie nur noch mal fragen, damit Klientin Q13 [15] es nicht vergisst. Also nach dem Abendbrot." Eine Beobachtung von weiteren Interaktionen dazu liegt nicht vor.

7.2.3.3.7 „Das ist ja hier wie im Kindergarten" - Irritation

Einige Aufzeichnungen beschreiben pädagogische Situationen, in denen das Verhalten der Mitarbeiterinnen die Klienten überrascht; Beispiele dafür sind die Protokollen 2 und 1184. In beiden Situationen führt das Handeln der Mitarbeiterinnen zu Unmutsreaktionen der Klienten und zu Rückzug aus der Interaktion. Im Nachhinein begründen die Mitarbeiterinnen ihr Handeln als pädagogisch motiviert, doch aufseiten der Klienten ruft das keine positive Reaktion hervor.

Der Impuls zur Interaktion geht in der Situation 2 von der Mitarbeiterin aus. Als Thema wurde der Bereich „Regeln" (Regeln 1: Einrichtungsbezogene Regeln) gekennzeichnet. Das Protokoll entstand in der Wohngruppe für Jungen. Es handelt sich um zwei männliche Klienten.

01 0002
02 Name des Beobachters: A
03 Datum der Beobachtung: 10.12.02
04 Ort der Beobachtung: 03
05 Zeit: 20:45 bis 20:50 Uhr
06
07 Situation (inkl beteiligte Personen) :
08
09 Klient N13 [15], Klient A14 [17], Klient F14 [12], Mitarbeiterin
10 503 [40] schauen fern.
11 Mitarbeiterin 503 [40] isst.
12 Klient S13 [15] holt sich Schokolade und will auch essen.
13
14
15 Beobachtung:
16
17 Mitarbeiterin 503 [40] sagt, das geht nicht, Klient S13 [15] soll die
18 Schokolade zurückbringen.

19
20 Klient S13 [15] sagt, sie isst auch, wird langsam wütend.

21
22 Mitarbeiterin 503 [40] in nachdrücklicherem Tonfall: sie hat Untersetzer
23 mitgebracht, Klient S13 [15] kann im Gruppenraum nichts essen.

24
25 Klient S13 [15] sagt, er will die Schokolade nicht essen, aber jetzt auch
26 nicht wegschaffen.

27
28 Klient N13 [15] mischt sich ein. Klient N13 [15] sagt, Erzieher sind
29 Ausnahmen.

30
31 Klient S13 [15] fragt wieso, wird laut, sagt, dass Mitarbeiterin 503 [etwa
32 50] auch im Gruppenraum isst und keine Ausnahme sei.

33
34 Mitarbeiterin 503 [40] sagt, sie hatte kein Abendbrot und will den Film
35 sehen, Klient S13 [15] soll seine Schokolade wegschaffen.

36
37 Klient N13 [15] wiederholt mehrmals, Erzieher sind eine Ausnahme.

38
39 Klient S13 [15] schafft laut schimpfend, mehrmals: sie sei keine Ausnahme,
40 seine Schokolade weg, ist wütend und stößt gegen seine Zimmertür [liegt
     durch
41 einen Flur verbunden neben dem Gruppenraum], setzt sich wütend zum
42 Fernsehen, Arme verschränkt.

43
44 Mitarbeiterin 503 [40] sagt, sie isst hier, weil Klient S13 [15] sich
45 vorhin so aufgeführt hat, sonst könnte sie unten essen.

46
47 Bettzeit wird thematisiert.

In der Hauptsache geht es in dieser Situation um eine hausinterne Regel, die das Essen im Gruppenraum untersagt (Zeile 23). Der Interaktionsimpuls wird von der Mitarbeiterin gesetzt. Sie isst im Gruppenraum; indem er sich ebenfalls etwas zu essen holt, reagiert der Klient
S13 unmittelbar. Die Mitarbeiterin fordert ihn auf, das rückgängig zu
machen. Nachdem der Klient sich darauf beruft, dass die Mitarbeiterin
auch esse, erklärt sie (Kategorie II 15, Zeilen 22-23): „...sie hat Untersetzer
zer mitgebracht" und gibt ihm eine negative Rückmeldung (Kategorie
II 20, Zeile 23): „Klient S13 [15] kann im Gruppenraum nichts essen."
Der Klient lenkt daraufhin ein (Kategorie II 18, Zeilen 25-26): „...sagt, er

will die Schokolade nicht essen, aber jetzt auch nicht wegschaffen." Er knüpft damit in einer Art Zusammenfassung an die Aussagen der Mitarbeiterin an und teilt ihr mit, dass er ihrer Anweisung, im Gruppenraum nicht zu essen, folgen wird (Zeilen 23 und 25), ihrer Anweisung, die Schokolade wegzubringen, jedoch nicht (Zeilen 17-18 und 25-26).

Es folgt der Einwurf des weiteren im Raum befindlichen Klienten N13, dass Erzieher eine Ausnahme seien (Kategorie II 34, Zeilen 28-29). Die Gültigkeit der Regel (kein Essen im Gruppenraum) und ihre Infragestellung durch das Verhalten der Mitarbeiterin werden zum Thema. Der Klient S13 antwortet dem Klienten N13 mit einer Orientierungsfrage (Kategorie II 32, Zeile 31: „Wieso?"); gleichzeitig wird Irritation in seinem Verhalten sichtbar, indem er laut wird und die Situation zusammenfasst (Kategorie II 39 und Kategorie II 35, Zeilen 31-32: „sagt, dass Mitarbeiterin 503 [etwa 50] auch im Gruppenraum isst und keine Ausnahme sei."). Inwiefern die Mitarbeiter in der Einrichtung eine andere Position als die Klienten hinsichtlich einer Regeleinhaltung haben, ist dem Klienten S13 nicht unmittelbar eingängig. Die Frage, ob das Einhalten von Regeln in Bezug zur Erzieherposition zu betrachten ist, stellt sich ihm erst nach dem Einwurf des Klienten N13.

Der Klient S13 ist sich sicher, dass sein Verhalten berechtigt ist. Deutlich wird das in der Zeile 20: „Klient S13 [15] sagt, sie isst auch,...", ebenso in den Zeilen 31-32: „sagt, dass Mitarbeiterin 503 [etwa 50] auch im Gruppenraum isst und keine Ausnahme sei." Diese beiden Sequenzen wurden der Kategorie II 35 (Äußerung über die Interaktionsbeziehung) zugeordnet. Die Mitarbeiterin reagiert direkt, indem sie die Ausnahme von der Regel betont und ihr Verhalten situativ begründet (Kategorie II 15, Zeilen 34-35 und Zeilen 44-45): „...sie hatte kein Abendbrot und will den Film sehen", „Mitarbeiterin 503 [40] sagt, sie isst hier, weil Klient S13 [15] sich vorhin so aufgeführt hat, sonst könnte sie unten essen". Diese Begründungen werden verknüpft mit Anweisungen (Kategorie II 8 und Kategorie II 33, Zeilen 18 und 35) sowie negativen Rückmeldungen an den Klienten (Kategorie II 20, Zeilen 17, 23 und 44-45), jeweils darauf bezogen, der Klient solle das Essen unterlassen und es fortbringen. Schlussendlich akzeptiert der Klient S13 die Interventionsberechtigung der Sozialarbeiterin und damit ihre Stellung. Das zeigt er, indem er ihrer Aufforderung Folge leistet, wenn auch unter deutlicher Bekundung seines Unmutes (Kategorie II 36, Zeilen 39-42): „Klient S13 [15] schafft laut schimpfend, mehrmals: sie sei keine Ausnahme, seine Schokolade weg, ist wütend und stößt gegen seine Zimmertür [liegt durch einen Flur verbunden neben dem Gruppenraum], setzt sich wütend zum Fernsehen, Arme verschränkt." In seiner nochmaligen Betonung, die Mitarbeiterin sei keine Ausnahme, drückt sich sein Wunsch nach verlässlichen Strukturen aus, ansonsten müsste er in der Konsequenz annehmen, in der Erzieherposition sei Willkür jederzeit möglich. Während Klient N13 dies als denkbar zu akzeptieren scheint, zeigt Klient S13 seine Ablehnung. Dass für den Klienten S13 im Vordergrund die Regeleinhaltung steht, lässt sich als eine gelungene Anpassung verstehen. Die Mitarbeiterin irritiert diese durch ihr Handeln. In einem gewissermaßen kreativen Akt reagiert er mit einer erneuten Anpassung, indem er dem Verhalten der Mitarbeiterin folgt. Sie bemüht sich, dies zu verhindern, indem sie grenzziehend den Ausnahmecharakter der Situation thematisiert und durch Anweisungen und Begründungen die vertraute Struktur aufrechterhält. Die dichotome Struktur, die Klient N13 zum Thema macht, wird vom betreffenden Klienten S13 als Begründung nicht akzeptiert. Für ihn ist sie in diesem Zusammenhang nicht passend, was sich durch sein zunächst nur abwehrendes und letztendlich affektives Verhalten ausdrückt.

Dem Klienten N13 stellt sich die Situation anders dar. Er hat die dichotome Struktur zwischen Klienten und Mitarbeitern in Bezug auf den Umgang mit Regeln angenommen. Durch das Erleben dieser Situation bestätigt sich das für ihn und er kann seine Sicht durch diese Erfahrung festigen. Seine Einwürfe werden von der Mitarbeiterin nicht aufgegriffen. Dieses Verhalten als Zustimmung oder Ablehnung seiner Sichtweise zu interpretieren bleibt ihm überlassen.

Die Mitarbeiterin beschließt die Situation, indem sie ihr Handeln mit einem vergangenen Fehlverhalten des Klienten S13 begründet, ohne von ihm eine weitere Reaktion darauf zu erhalten. Ihre nachträgliche Erklärung gibt der Situation keine entscheidende Wendung und das Protokoll endet hier. Inwiefern diese letzte Aussage der Mitarbeiterin ein Hinweis darauf ist, dass die gesamte Situation als eine von der Mitarbeiterin geplante Intervention zu betrachten ist, ist nicht eindeutig. Die Interpretation des Handelns als Willkür wäre ebenso möglich.

Ein Interaktionsverlauf, in dem kein Zustand der Kooperation zustande kommt, wird auch in der Situation 1184 beschrieben. In ihrem Handeln entspricht die Mitarbeiterin nicht den Erwartungen der Klientin und irritiert sie durch eine geplante Intervention. Die Situation spielt sich in der Wohngruppe für Mädchen ab; es handelt sich um eine weibliche Klientin.

01 1184

02

03 Name des Beobachters: H

04 Datum der Beobachtung: 08.10.03

05 Ort der Beobachtung: 04

06 Zeit: 11.00 - 11.10 Uhr und 13.30 - 13.45 Uhr.

07

08 Situation und beteiligte Personen:

09 Mitarbeiterin 404 [35] und Beobachter sitzen im Büro.

10 Klientin O13[14] will in die Schule und sucht ihre

11 Schuhe.

12 Personen: Mitarbeiterin 404 [35], Beobachter, Klientin

13 O13 [14]

14

15 Beobachtung:

16

17 Klientin O13 [14] zu Mitarbeiterin 404 [35]: „Frau 404

18 [Mitarbeiterin, 35],nun geben Sie meine Schuhe schon her".

19

20 Mitarbeiterin 404 [35]: „Also O13 [Klientin, 14],

21 Schuhe zu verstecken liegt unter meinem Niveau".

22

23 Klientin O13 [14] zieht ab und sucht weiter.

24

25 Beobachter hilft ihr.

26

27 Sie findet ihre Schuhe nicht, zieht andere an und geht zur

28 Schule.

29

30 Mitarbeiterin 104 [55] kommt 13.00 Uhr zum Dienst.

31

32 Auf dem Weg zur Toilette sah der Beobachter die Schuhe oben

33 auf dem Schuhschrank stehen.

34

35 Beobachter sagte laut zu sich selbst: „Na die ist dusselig,

36 da oben stehen sie doch".

37

38 Das hörte Mitarbeiterin 104 [55] und meinte, sie hätte die

39 Schuhe dort hoch gestellt, weil sie gestern noch im

40 Wohnzimmer lagen.
41 Mitarbeiterin 104 [55] hätte diese vorher im Einbauschrank
42 im Bad versteckt.
43
44 Gegen 13.30 Uhr kommt Klientin O13 [14] aus der Schule,
45 sieht Mitarbeiterin 104 [55] und sagt: „Stellen Sie sich
46 vor, meine Schuhe sind weg. Ich möchte sie gern wiederhaben
47 und weiß nicht, ob die WG soviel Geld hat, sie zu
48 ersetzen".
49
50 Mitarbeiterin 104 [55]: „Die stehen hier oben und hättest
51 du sie gestern weggeräumt, hättest du sie heute dort
52 gefunden, wo sie hingehören".
53
54 Klientin O13 [14] von oben herab und sehr wütend: „Frau
55 104 [Mitarbeiterin, 55], würden Sie es bitte unterlassen,
56 meine Sachen zu verstecken oder mir hinterher zu räumen.
57 Ich hätte meine Schuhe schon noch weggestellt. Das ist ja
58 hier wie im Kindergarten".
59
60 Klientin O13 [14] geht, schüttelt den Kopf und brabbelt
61 noch: „So was Albernes".

Die thematische Zuordnung dieses Protokolls erfolgte zum Bereich „Regeln" (Regeln 1: Einrichtungsbezogene Regeln). Den Interaktionsimpuls setzt die Klientin. Nachdem sie vergeblich vor dem Schulbesuch ihre Schuhe gesucht hat, stellt sich heraus, dass eine Mitarbeiterin sie versteckt hat. Als diese ihr das sagt, reagiert die Klientin empört und grenzziehend. Die mit der Erzieherposition der Mitarbeiterin verbundene Interventionsberechtigung wird von der Klientin als problematisch thematisiert, insbesondere das Ausmaß der Interventionsberechtigung ist hier zwischen der Mitarbeiterin und der Klientin nicht klar.

Im ersten Abschnitt des Protokolls wird beschrieben, wie die Klientin ihre Schuhe sucht. Die anwesende Mitarbeiterin 404 und der Beobachter werden an der Suche beteiligt. Die Klientin spricht dabei die Mitarbeiterin 404 an (Kategorie II 8, Zeilen 17-18): „Klientin O13 [14] zu Mitarbeiterin 404 [35]: „Frau 404 [Mitarbeiterin, 35], nun geben Sie meine Schuhe schon her." Die Äußerung lässt vermuten, dass die Klientin an einen Scherz der anwesenden Mitarbeiterin glaubt, denn sie gibt der Mitarbeiterin eine Anweisung. Das ist in der Rolle der Klienten eine sehr seltene Verhaltensweise. Die Mitarbeiterin stellt die Situation klar (Kategorie II 14, Zeilen 20-21): „Mitarbeiterin 404 [35]: „Also O13 [Klientin, 14], Schuhe zu verstecken liegt unter meinem Niveau." Nachdem die Klientin erfolglos weitergesucht hat, geht sie mit anderen Schuhen in die Schule. Im weiteren Verlauf der Aufzeichnungen beschreibt der Beobachter, wie sich die Dinge für ihn klären: Die Mitarbeiterin 104 kommt zum Dienst und erklärt, sie habe die Schuhe versteckt und zwar deshalb, weil sie am Vorabend noch im Wohnzimmer und damit nicht aufgeräumt waren (Zeilen 35-42).

Als die Klientin aus der Schule wiederkehrt, wendet sie sich an die Mitarbeiterin 104. Sie informiert sie über den Verlust ihrer Schuhe und über ihren Wunsch, sie wiederzuerhalten. Gleichzeitig erfragt sie indirekt die Möglichkeit eines Schadenersatzes durch die stationäre Einrichtung (Kategorie II 34, Kategorie II 15 und Kategorie II 31, Zeilen 44-48): „Gegen 13.30 Uhr kommt Klientin O13 [14] aus der Schule, sieht Mitarbeiterin 104 [55] und sagt: „Stellen Sie sich vor, meine Schuhe sind weg. Ich möchte sie gern wiederhaben und weiß nicht, ob die WG soviel Geld hat, sie zu ersetzen." Anders als in den Zeilen 17-18 vermutet die Klientin diesmal nicht, dass die Mitarbeiterin 104 ihre Schuhe haben könnte. Das mag an der Person der Mitarbeiterin liegen; es könnte auch sein, dass sie die Anmerkung der Mitarbeiterin 404 in den Zeilen 20-21 (dass solch ein Verhalten unter ihrem Niveau liege), auf alle Mitarbeiterinnen überträgt und nunmehr ihre Schuhe nicht bei einer Mitarbeiterin vermutet. Die Klientin ist sicher, dass die Schuhe verloren sind und entwirft eine Lösungsstrategie. Umso überraschender erscheint angesichts dessen die Antwort der Mitarbeiterin 104 (Kategorie II 10 und Kategorie II 15, Zeilen 50-52): „Mitarbeiterin 104 [55]: „Die stehen hier oben und hättest du sie gestern weggeräumt, hättest du sie heute dort gefunden, wo sie hingehören." Heikel wird diese Sequenz durch die vorgängige Bemerkung der Mitarbeiterin 404 in den Zeilen 20-21 („Mitarbeiterin 404 [35]: „Also O13 [Klientin, 14], Schuhe zu verstecken liegt unter meinem Niveau."), mit der sie unwissentlich eine Bewertung der Handlung der Mitarbeiterin 104 vorgenommen hat. Die Klientin greift dies jedoch nicht auf, sondern entwickelt einen eigenen Standpunkt, in dem sie nicht das Niveau der Mitarbeiterin 104 hinterfragt, sondern das Niveau dessen, wie mit ihr als Klientin verfahren wird (Kategorie II 35, Zeilen 57-58): „...Das ist ja hier wie im Kindergarten." Sie unterstreicht ihre Empörung mit außergewöhnlicher Schärfe, gibt der Mitarbeiterin eine Verhaltensanweisung und äußert sich über die aktuelle Beziehung (Kategorie III 39, Kategorie II 8 und Kategorie II 35, Zeilen 54-58): „Klientin O13 [14] von oben herab und sehr wütend: „Frau 104 [Mitarbeiterin, 55], würden Sie es bitte unterlassen, meine Sachen zu verstecken oder mir hinterher zu räumen. Ich hätte meine Schuhe schon noch weggestellt. Das ist ja hier wie im Kindergarten." Der Beobachter hat keine Reaktion der Mitarbeiterin notiert. Die Interaktion wird durch die Klientin beendet, indem sie immer noch aufgebracht den Raum verlässt (Kategorie III 43 und Kategorie II 36, Zeilen 60-61): „Klientin O13 [14] geht, schüttelt den Kopf und brabbelt noch: „So was Albernes."

Irritationen dienen dazu, gewohnte und erwartete Strukturen zu beleben und damit neue Wege möglich zu machen. Die Nachvollziehbarkeit der Verhaltensweisen ist für den Interaktionspartner wichtig für einen Zustand von Orientiertheit. In den Protokollen 2 und 1184 begründen die Mitarbeiterinnen ihr Handeln im Nachhinein den Klienten gegenüber als pädagogisch motiviert und bestätigen dadurch den pädagogischen Rahmen. Den Klienten wird durch die Nachgängigkeit der Erklärung jedoch die Möglichkeit der Partizipation vorenthalten. Das bietet eine Erklärung dafür, warum Verhaltensvorschriften aufseiten der Klienten in diesen Situationen und auch in weiteren beschriebenen Interaktionen mehrfach Diskurse hervorrufen. Wie sich im Gegenzug dazu exemplarisch für andere Protokolle in der Situation 3 zeigt[824], sind vorangestellte Begründungen und Vorankündigungen von Verhalten für die Klienten besser zu handhaben.

7.2.3.3.8 „Du musst keine Angst um sie haben" - Orientiertheit

Eine Irritation verhindert nicht generell das Zustandekommen eines kooperativen Zustandes, wie die Situation 495 veranschaulicht. Sie wurde in der Kriseninterventionsstelle für Kinder aufgezeichnet. Die beiden Klientinnen sind Geschwister.

01 0495
02 Name des Beobachters: D
03 Datum: 22.05.03
04 Ort: 02
05 Zeit: 17: 55 – 17: 57
06
07
08 Situation:

---

824 Vgl. Kapitel 7.2.3.3.5.

09

10 Abendbrot, alle Klienten sitzen am Tisch, darunter auch die Geschwister Klientinnen F10

11 [11], O7 [4] und A0 [2]

12

13

14 Beobachtung:

15

16 Klientin A0 [2] sitzt zum Essen im Hochstuhl neben ihrer Schwester Klientin F10

17 [11].

18 Klientin A0 [2] möchte aus dem Hochstuhl heraus und streckt ihrer Schwester Klientin

19 F10 [11] ihre Arme entgegen.

20

21 Klientin F10 [11] hebt ihre Arme und will Klientin A0 [2] aus dem Stuhl herausheben.

22

23 Mitarbeiterin 202 [40] greift ein, indem sie sagt: "Nein F10 [Klientin, 11], lass A0

24 [Klientin, 2] in ihrem Hochstuhl sitzen. Auch wenn sie fertig ist mit dem Abendbrot, kann sie

25 auf ihrem Platz sitzen bleiben".

26

27 Klientin F10 [11] beginnt zu weinen.

28

29 Mitarbeiterin 202 [40]: "Alle warten, bis das Abendbrot zu Ende ist, so auch A0

30 [Klientin, 2]. Wenn Du [Klientin F10, 11] ab Montag wieder in die Schule gehst, muss

31 A0 [Klientin, 2] auch zurecht kommen und Du wirst sehen, sie gewöhnt sich daran.

32 Du musst keine Angst um sie haben, wir passen auf sie auf und werden ihr nicht weh tun".

33

34 Klientin F10 [11] scheint nicht so ganz überzeugt zu sein. Sie wischt sich die Tränen ab,

35 rutscht jedoch mit ihrem Stuhl näher an Klientin A0 [2] heran, lässt Klientin A0 [2]

36 aber auf dem Hochstuhl sitzen.

Die Mitarbeiterin beginnt die Interaktion, die thematisch mit „Unterstützung" gekennzeichnet wurde. Drei Geschwisterkinder und die Mitarbeiterin sitzen am Tisch und essen. Das Kleinste möchte aus dem Hochstuhl aufstehen und streckt die Arme seiner Schwester entgegen. Als diese die kleine Schwester herausheben will, spricht die Mitarbeiterin sie an. Sie gibt der Klientin eine negative Rückmeldung zu ihrem Verhalten und weist sie an (Kategorie II 20 und Kategorie II 8, Zeilen 23-25): „Mitarbeiterin 202 [40] greift ein, indem sie sagt: „Nein F10 [Klientin, 11], lass A0 [Klientin, 2] in ihrem Hochstuhl sitzen. Auch wenn sie fertig ist mit dem Abendbrot, kann sie auf ihrem Platz sitzen bleiben." Die Klientin beginnt daraufhin zu weinen (Kategorie III 39, Zeile 27). Unabhängig von der Ursache dieser Reaktion aufseiten der Klientin (z.B. Angst um die kleine Schwester, Angst vor Getrenntwerden von ihr, sie empfindet die Aussage der Mitarbeiterin als Schimpfen oder es ist zuhause die Aufgabe der Klientin, sich um die jüngeren Geschwister zu kümmern und sie ist deshalb irritiert) ist das Gefühl ihres Unbehagens deutlich. Darauf reagiert die Mitarbeiterin sachlich und erklärt die Hintergründe für ihr Handeln (Kategorie II 29 und Kategorie II 15, Zeilen 29-31): „Mitarbeiterin 202 [40]: „Alle warten, bis das Abendbrot zu Ende ist, so auch A0 [Klientin, 2]. Wenn Du [Klientin F10, 11] ab Montag wieder in die Schule gehst, muss A0 [Klientin, 2] auch zurecht kommen und Du wirst sehen, sie gewöhnt sich daran." Sie stellt klar, dass unabhängig von der Person der Klientin die Regel (Sitzenbleiben bis zum Ende der Mahlzeit) für alle gilt und dass ihre Intervention für die Zukunft beider Klientinnen nützlich ist. Sie beendet diesen Absatz mit einer Anweisung an die Klientin hinsichtlich ihrer (von der Mitarbeiterin als Angst um die Schwester interpretierten) Befürchtungen und der Erklärung der Zuständigkeiten von den Mitarbeiterinnen (Kategorie II 8 und Kategorie II 15, Zeile 32): „Du musst keine Angst um sie haben, wir passen auf sie auf und werden ihr nicht weh tun." Es dient dem Aufbau von Vertrautheit, der Klientin Orientierung über die Fähigkeiten und etwaigen Kompetenzbereiche von Sozialarbeitern zu verschaffen und sich gleichzeitig empathisch und eine empfundene Bedrohung abbauend zu zeigen.

Die Reaktion der Klientin ist als widersprüchlich beschrieben (Kategorie III 41, Zeilen 34-36): „Klientin F10 [11] scheint nicht so ganz überzeugt zu sein. Sie wischt sich die Tränen ab, rutscht jedoch mit ihrem Stuhl näher an Klientin A0 [2] heran, lässt Klientin A0 [2] aber auf dem Hochstuhl sitzen." Damit folgt sie der Anweisung der Mitarbeiterin. Der Beobachter beschreibt gleichzeitig ihre Skepsis im Hinblick auf die

Worte der Mitarbeiterin. Das Abwischen der Tränen und das Näher-Heranrutschen an die Schwester sind keine die Anweisung (Schwester im Hochstuhl sitzen lassen) ablehnenden Verhaltensweisen und sie widersprechen sich auch nicht. In dieser Situation wird das Trocknen der Tränen als Beendigung der Irritation interpretiert; das Heranrutschen an die Schwester weist darauf hin, dass die Worte der Mitarbeiterin nicht ausreichend sind, um das Unbehagen der Klientin völlig auszuräumen.

Trotzdem eine gewisse Skepsis aufseiten der Klientin bestehen bleibt, ist dieses Protokoll exemplarisch für die Wirkung von nachvollziehbaren Erklärungen der Mitarbeiterinnen in Bezug auf ihr Handeln innerhalb einer Situation. Sie dienen dazu, destruktive Interaktionsverläufe, wie etwa durch eine überrumpelnde Irritation oder einen Machtkampf, zu verhindern. Während eine nachträgliche Erklärung einer irritierenden Intervention aufseiten der Klienten nicht zu konstruktiven Effekten führt, unterstützt sie während des Handlungsvollzugs den Aufbau von Orientiertheit. Vor allem aber ist den Klienten dabei die Möglichkeit der Partizipation gegeben.

7.2.3.3.9 „Oder hast du keine Achseln?" - Humor

Der Einsatz von Humor durch die Mitarbeiterinnen trägt dazu bei, die Brisanz innerhalb einer Situation zu entschärfen und ermöglicht eine entspannte Interaktionsatmosphäre. In einer Art Spiel mit der Erzieherrolle dient Humor dazu, es zum positiven Effekt kommen zu lassen[825]. Sein Einsatz kann zur Stärkung von Selbstbehauptung und Selbstbemächtigung der Klienten beitragen, wie es auch paradoxe oder provokative Interventionen tun[826]. Ein gewisses Maß an Vertrautheit ist allerdings Voraussetzung, damit die Klienten Humor als solchen erkennen und einordnen können. Das Protokoll 70 beschreibt, dass ein positiver Effekt von Humor ausbleibt. Es wurde in der Kriseninterventionsstelle für Jugendliche aufgezeichnet; dabei handelt es sich um einen männlichen Klienten.

01 0070
02 Name des Beobachters: E
03 Datum der Beobachtung: 18.03.03
04 Ort der Beobachtung: 05
05 Zeit: 12.40 Uhr bis 12.43 Uhr

---

825 vgl. Frei, 2003: 185.
826 vgl. Hermann Bollinger & Lustenberger, 2001: 50 ff.

06
07 Situation und beteiligte Personen:
08
09 Mitarbeiterin 105 [35], Klient F4 [12] und Erziehungswissenschaftspraktikantin im
10 Büro der Mitarbeiter.
11 Klient F4 [12] kommt von der Schule wieder und bringt seine
12 Schulbescheinigung ins Büro.
13
14
15 Beobachtung:
16
17 Mitarbeiterin 105 [35]: „Warst du zu Hause und hast dir eine Jacke geholt"?
18
19 Klient F4 [12]: „Nee, die ist doch kaputt".
20
21 Mitarbeiterin 105 [35]: „Und du hast nur die eine"?
22
23 Klient F4 [12]: „Nee, aber die andere sieht aus".
24
25 Erziehungswissenschaftspraktikantin: „Wie dein Pullover, den du anhast"?
26
27 Klient F4 [12]: „Hä, wieso denn"?
28
29 Mitarbeiterin 105 [35]: „Na ja, was sind denn das für Streifen da drauf"?
30
31 Klient F4 [12]: „Das ist von meinem Spray".
32
33 Mitarbeiterin 105 [35]: „Was denn für ein Spray"?
34
35 Klient F4 [12]: „Na mein Spray".
36
37 Mitarbeiterin 105 [35]: „Ach so, aber sag mal, das macht man doch unter die
Achseln".
38
39 Klient F4 [12]: „Na hab ich doch gemacht".
40
41 Mitarbeiterin 105 [35]: „Oder hast du keine Achseln"?
42

43 Klient F4 [12]: „Na klar".
44 Klient F4 [12] geht aus dem Büro und kommt noch mal herein.
45 Klient F4 [12]: „Ach so, mein Schulzettel. Ich hatte die letzten drei
46 Stunden Ausfall".
47
48 Mitarbeiterin 105 [35]: „Und, steht das auch auf deinem Zettel drauf"?
49
50 Klient F4 [12]: „Nee, aber sie können ja meinen Direktor anrufen, der weiß
   das auch".
51
52 Mitarbeiterin 105 [35]: „Na, das werden wir auch tun".

Die Interaktion wird von der Mitarbeiterin in dieser Situation 70 mit
einer Frage eröffnet. Thematisch wurde das Protokoll mit „Regeln"
(Regeln 4: Regeln zur Lebensbewältigung im Hinblick auf die Eigenverantwortung und Vorbereitung auf Eigenständigkeit des Klienten)
gekennzeichnet. Die Mitarbeiterin führt im Kern der Situation mit dem
Klienten ein Gespräch über den Zustand seiner Kleidung. Dabei stellt
sich die Frage, wieso sich auf seinem Pullover Spuren von Deodorant
befinden. Die Mitarbeiterin stellt ihm dabei die recht absurde Frage
(Kategorie II 7, Zeile 41): „Oder hast du keine Achseln?". An dem Klienten scheint die humorvolle Komponente in dieser Äußerung vorbei-
zugehen. Er reagiert rein sachlich mit der Antwort (Kategorie II 34, Zeile 43): „Na klar." und verlässt unmittelbar den Raum. Die humorvolle
Intervention der Mitarbeiterin hat keinen positiven Effekt.

Humor in Kombination mit einem selbsterklärenden Anteil führt in
der Situation 11, die ebenfalls in der Kriseninterventionsstelle für Jugendliche notiert wurde, dazu, dass die Distanz zwischen der Mitarbeiterin und dem Klienten innerhalb der Interaktionssituation spürbar
verringert wird. Es handelt sich um einen männlichen Klienten.

01 0011
02 Name des Beobachters: B
03 Datum der Beobachtung: 10.01.03.........
04 Ort der Beobachtung: 05
05 Zeit: 12.15 Uhr - 12.20 Uhr...............................
06
07 Situation (inkl. beteiligte Personen):
08 Klient B1 [16] und Klient S1[15] sitzen am Tisch mit Mitarbeiterin 405,
09 [35] im
10 Dienstzimmer. Außerdem anwesend Mitarbeiterin 505 [50].

11
12 Beobachtung:
13 Klient S1 [15] fragt Mitarbeiterin 405 [35], warum sie so müde sei. Sie
14 solle doch zu Hause bleiben.
15
16 Mitarbeiterin 405 [35] sagt, sie käme, weil es ihr Spaß mache und sie Geld
17 damit verdiene.
18
19 Klient S1[15] sagt, sie könne doch zu Hause bleiben und trotzdem Geld dafür
20 bekommen.
21
22 Mitarbeiterin 405 [35] sagt, sie habe zu Hause ein viel zu liebes Kind. Sie
23 brauche Kinder, neben
24 deren Bett sie morgens zwei Stunden lang sitzen müsse, um sie zu wecken.
25
26 Klient S1 [15] hebt die Hand und meldet sich. Fragt, ob das echt zwei Stunden
27 waren.
28
29 Mitarbeiterin 405 [35] sagt, „na so etwa".
30
31 Beide schauen sich an und lächeln.

Die Interaktion wird vom Klienten begonnen. Das Thema des Protokolls wurde mit „Beziehung" gekennzeichnet. Der Klient erkundigt
sich, warum die Mitarbeiterin so müde sei und schlägt ihr vor, doch
zuhause zu bleiben (Kategorie II 28, Zeile 13 und Kategorie II 8, Zeilen
13-14): Klient S1 [15] fragt Mitarbeiterin 405 [35], warum sie so müde
sei. Sie solle doch zu Hause bleiben." Sie gibt ihm Auskunft darüber,
was sie zur Arbeit motiviert (Kategorie II 12, Zeile 16-17): „Mitarbeiterin 405 [35] sagt, sie käme, weil es ihr Spaß mache und sie Geld damit verdiene." Nach einem weiteren Vorschlag des Klienten zur Le-
bensgestaltung der Mitarbeiterin (Kategorie II 8, Zeilen 19-20: „Klient
S1[15] sagt, sie könne doch zu Hause bleiben und trotzdem Geld dafür
bekommen.") bettet sie eine Rückmeldung über das Verhalten des Klienten, das ihr augenscheinlich nicht gefallen hat, in eine Selbstreferenz
ein; ebenso ist ein ironischer Anteil in ihrer Äußerung vorhanden (Kategorie II 14 und Kategorie II 7, Zeilen 22-24): „Mitarbeiterin 405 [35]
sagt, sie habe zu Hause ein viel zu liebes Kind. Sie brauche Kinder, neben deren Bett sie morgens zwei Stunden lang sitzen müsse, um sie zu

wecken." Mit dem zweiten Teil ihrer Bemerkung gibt sie dem Klienten eine positive Rückmeldung (Kategorie II 16, Zeilen 22-24: „Sie brauche Kinder, neben deren Bett sie morgens zwei Stunden lang sitzen müsse, um sie zu wecken."). Der Klient reagiert positiv (Kategorie III 40, Zeile 26): „Klient S1 [15] hebt die Hand und meldet sich.", greift einen Teil aus der Anmerkung der Mitarbeiterin auf (Zeile 24: „zwei Stunden") und fragt nach (Zeilen 26-27): „Fragt, ob das echt zwei Stunden waren." Der Mitarbeiterin gelingt es, trotz ihres Einsatzes der Selbstreferenz ihre professionelle Rolle zu bewahren und durch Humor die Kommunikation mit eingebauter Kritik freundlich und zugewandt zu gestalten. Das Protokoll endet mit der Beschreibung von positiven nonverbalen Signalen (für beide Interaktionspartner Kategorie III 40, Zeile 31). Eine Stimmung der Nähe zwischen beiden Interaktionspartnern wird deutlich.

Auch eine längere Beziehungsdauer, wie es eine Wohngruppe möglich macht, ist kein Garant dafür, dass eine humorvolle Äußerung verstanden und positiv aufgenommen wird. Ein Beispiel dafür wird im Protokoll 20 beschrieben. Es entstand in der Wohngruppe für Mädchen mit einer weiblichen Klientin.

```
01  0020
02  Name des Beobachters: B
03  Datum der Beobachtung:
04  20.01.03
05
06  Ort der Beobachtung: 04
07  Zeit: 18.00 Uhr - 18.05 Uhr
08
09  Situation (inkl beteiligte Personen):
10  Aufenthaltsraum. Klientin Q13 [15], Klientin H14 [14], spielen
11  Computer. Klientin P13 [17], Klientin U13 [16], Mitarbeiterin 404
12  [35] sitzen am Tisch. Kind [2] von Klientin J14 [17] läuft
13  herum. Klientin J14 [17] bereitet Abendbrot für alle zu und räumt dabei
14  die Küchenzeile auf [hat WG Küchendienst].
15
16  Beobachtung:
17  Mitarbeiterin 404 [35] sagt zu Klientin J14 [17] dass ihr Angebot, sie zu
18  heiraten nach wie vor stehen würde.
19
20  Klientin J14 [17] guckt erstaunt Mitarbeiterin 404 [35] an und fragt
21  „Wieso?".
```

22
23 Mitarbeiterin 404 [35] sagt, sie könne dann bei ihr die Wohnung machen und
24 kochen, das wäre doch toll. Sie würde das so gut machen, sie würde sie glatt
25 heiraten.
26
27 Klientin J14 [17] sagt, sie würde das aber nicht immer machen.
28
29 Mitarbeiterin 404 [35] sagt, das würde ihr so schon reichen. Als sie so alt
30 war und dann ihre erste Bude hatte, konnte sie nur halb so viel und bei ihr
31 sah es immer aus. Sie fände das klasse so, wie Klientin J14 [17] das
32 kann.

Das Thema der Situation wurde mit „Beziehung" gekennzeichnet. Die Interaktion wird von der Mitarbeiterin mit einer Anmerkung zur Klientin begonnen (Kategorie II 34, Zeilen 17-18): „Mitarbeiterin 404 [35] sagt zu Klientin J14 [17] dass ihr Angebot, sie zu heiraten nach wie vor stehen würde." Dass diese Anmerkung im Anklang humorvoll gemeint ist, liegt auf der Hand. Die Klientin kann damit wenig anfangen und stellt eine Orientierungsfrage (Kategorie 32, Zeile 21): „Wieso?" Als die Mitarbeiterin dies erklärt und ihre positive Konnotation der Fähigkeiten der Klientin in Form einer deutlicher humorvollen Erläuterung äußert (Kategorien II 6, II 34 und II 16, Zeilen 23-25): „Mitarbeiterin 404 [35] sagt, sie könne dann bei ihr die Wohnung machen und kochen, das wäre doch toll. Sie würde das so gut machen, sie würde sie glatt heiraten.", antwortet die Klientin mit einer selbstexplorativen Äußerung und zieht damit eine Grenze (Kategorie II 12, Zeile 27): „Klientin J14 [17] sagt, sie würde das aber nicht immer machen." Die positiven Konnotation ihres Verhaltens in der Äußerung der Mitarbeiterin wird von der Klientin nicht aufgenommen, stattdessen geht sie auf den Aspekt der Vereinnahmung in der Aussage der Mitarbeiterin ein und weist ihn zurück. Sie eröffnet mit der Anknüpfung an die Aussage der Mitarbeiterin einen kooperativen Zustand, indem sie ihren Standpunkt darstellt und eine in die Zukunft gerichtete Selbstaussage trifft. Die Mitarbeiterin wendet folgend ein drohendes Missverständnis ab; sie reagiert mit einer selbstexplorativen Bemerkung (Kategorie II 12, Zeilen 29-31): „Mitarbeiterin 404 [35] sagt, das würde ihr so schon reichen. Als sie so alt war und dann ihre erste Bude hatte, konnte sie nur halb so viel und bei ihr sah es immer aus." und beschließt die Situation mit einer selbstreflexiellen und positiven Aussage (Kategorie II 14 und Kategorie II 16, Zeile 31): „Sie fände das klasse so, wie Klientin J14 [17] das kann." Die Mitarbeiterin klärt damit die Grundaussage ihrer vorangegangenen Bemerkungen und das kann der Klientin Orientierung geben.

Der Einsatz von Humor in der Interaktion vonseiten der Mitarbeiterinnen gegenüber den Klienten, so lässt sich zusammenfassen, macht eine hinreichende Orientiertheit der Klienten notwendig. Im Zusammenhang mit der Frage nach einem kooperativen Zustand ist kein besonderer positiver Effekt von Humor beschrieben worden.

7.2.3.3.10 „Du musst nicht dabei sein, wenn du es nicht möchtest" - Unterstützung

Unterstützung ist eine wesentliche Komponente der Vertrauensbildung[827]; für die pädagogische Beziehung beschreibt Schweer sie als bereichsspezifisch[828]. Das bedeutet, dass Unterstützung in den Vollzügen in einer pädagogischen Beziehung ein nicht wegzudenkendes Element darstellt. Wie in der Interaktion zwischen Sozialarbeiter und Klient eine direkte Form der Unterstützung aussieht, soll nachfolgend näher betrachtet werden. Ein typisches Beispiel dafür ist die Situation 496. Sie wurde in der Kriseninterventionsstelle für Kinder beobachtet und aufgezeichnet; es handelt sich um eine weibliche Klientin:

01 0496
02 Name des Beobachters: D
03 Datum: 22.05.03
04 Ort: 02
05 Zeit: 20:15 - 20:18
06
07
08 Situation:
09
10 Mitarbeiterin 202 [40] sitzt am Bett von Klientin B7 [12]
11 Gespräch zwischen beiden in Bezug auf das Elterngespräch mit dem ASD am
12 kommenden Tag;
13
14
15 Beobachtung:

---

827 vgl. Kapitel 3.2.3.2 und Kapitel 3.2.4.3.
828 vgl. ders., 1996: 165.

16

17 Mitarbeiterin 202 [40]: „Weißt du, dass deine Eltern morgen zum Gespräch in den 02

18 kommen?".

19

20 Klientin B7 [12]: „Ja, ich weiß. Ich möchte aber nicht dabei sein".

21

22 Mitarbeiterin 202 [40]: „Du musst auch nicht dabei sein, wenn du es nicht möchtest. Wir sind

23 eine Schutzstelle und auch dafür da, dass jeder, der sich in einer Krise befindet, erst einmal

24 zur Ruhe kommen kann. Aber, gibt es dafür einen bestimmten Grund für dein Handeln?".

25

26 Klientin B7 [12]:"Nach dem, was ich alles gemacht habe und dann auch noch Mutti

27 angezeigt habe, ist sie sicher ziemlich sauer auf mich und böse. Genau deswegen will ich

28 nicht mitkommen".

29

30 Mitarbeiterin 202 [40]: „Sicherlich ist das morgen kein Problem. Aber du solltest dich mit

31 dem Gedanken vertraut machen, dass du zu einem anderen Zeitpunkt auch an einem Gespräch

32 teilnehmen musst. Zum einen, um zu sagen, was du selbst perspektivisch gern möchtest und

33 zum anderen, um zu sagen, mit was du zu Hause nicht zurecht kommst, was dir zu schaffen

34 macht".

35

36 Klientin B7 [12]: „Ich weiß [senkt den Kopf, ist sehr traurig]".

37

38 Mitarbeiterin 202 [40] : „Wenn ich morgen mit deinen Eltern und der ASD – Mitarbeiterin

39 das Gespräch habe, gibt es da noch etwas, was ich deinen Eltern von dir sagen soll?".

40

41 Klientin B7 [12]: „Ja, sag ihnen bitte, dass ich sie sehr lieb habe und dass ich das so nicht

42 wollte".

43

44 Mitarbeiterin 202 [40]: „Das werde ich ihnen sagen".

Die Interaktion wird von der Mitarbeiterin begonnen. Das Thema des Protokolls wurde mit „Unterstützung" gekennzeichnet. In der Situation geht es um die Vorbereitung eines Gesprächs mit den Eltern der Klientin. Diese möchte ihre Eltern nicht sehen und findet mithilfe der Mitarbeiterin die Möglichkeit, ihre Beweggründe dafür zu explorieren und sich klar zu machen, wie ein Schritt in die mittelfristige Zukunft aussehen könnte. Die Mitarbeiterin unterstützt die Klientin außerdem dabei, für ihren momentanen inneren Konflikt eine Lösung zu finden.

Die Mitarbeiterin eröffnet das Gespräch mit einer Frage zu ihrer Orientierung (Kategorie II 32, Zeilen 17-18): „Mitarbeiterin 202 [40]: „Weißt du, dass deine Eltern morgen zum Gespräch in den 02 kommen?" Die Klientin äußert daraufhin, dass sie informiert ist (Kategorie II 34, Zeile 20) „Klientin B7 [12]: „Ja, ich weiß." und formuliert ihren Wunsch in Bezug auf ihr eigenes Handeln dabei (Kategorie II 13, Zeile 20): „Ich möchte aber nicht dabei sein." Auf diese Aussage hin reagiert die Mitarbeiterin positiv (Kategorie II 16, Zeile 22): „Mitarbeiterin 202 [40]: „Du musst auch nicht dabei sein, wenn du es nicht möchtest." und informiert die Klientin über die Funktion der Kriseninterventionsstelle (Kategorie II 34, Zeilen 22-24): „Wir sind eine Schutzstelle und auch dafür da, dass jeder, der sich in einer Krise befindet, erst einmal zur Ruhe kommen kann." Sie gibt der Klientin damit Orientierung und signalisiert über die Beschreibung der übergeordneten Aufgaben ihre Unterstützungsbereitschaft. Sie fordert die Klientin auf, ihre Beweggründe zu schildern (Kategorie II 28, Zeile 24): „Aber, gibt es dafür einen bestimmten Grund für dein Handeln?" Die Klientin beschreibt daraufhin, was ihre inneren Beweggründe sind (Kategorie II 15, Zeilen 26-28): „Klientin B7 [12]:"Nach dem, was ich alles gemacht habe und dann auch noch Mutti angezeigt habe, ist sie sicher ziemlich sauer auf mich und böse. Genau deswegen will ich nicht mitkommen." Mit dieser Aussage signalisiert sie, dass sie momentan für sich keine Möglichkeit sieht, den Konflikt mit ihren Eltern zu lösen. Die Mitarbeiterin greift dies auf und informiert die Klientin darüber, dass eine sofortige Lösung nicht notwendig ist. Gleichzeitig gibt sie der Klientin den Hinweis darauf, dass eine Aufrechterhaltung dieses Zustandes nicht möglich ist und was die Klientin zu einer Auflösung beitragen kann. Damit gibt sie ihr aktive Unterstützung. Sie äußert sich dabei informativ, fordert die Klientin zum Entwurf eines Zukunftsbildes auf und regt sie an, sich selbstexplorativ zu äußern (Kategorie II 34, Zeile 30): „Mitarbeiterin 202 [40]: „Sicherlich ist das morgen kein Problem.", (Kategorie II 30, Zeilen 30-32): „Aber du solltest dich mit dem Gedanken vertraut machen, dass du zu einem anderen Zeitpunkt auch an einem Gespräch teilnehmen musst." und (Kategorie II 28, Zeilen 32-34): „Zum einen, um zu sagen, was du selbst perspektivisch gern möchtest und zum anderen, um zu sagen, mit was du zu Hause nicht zurecht kommst, was dir zu schaffen macht." Die Klientin zeigt daraufhin negative (traurige) Gefühle und äußert, dass ihr das klar ist (Kategorie III 39, Zeile 36): „Klientin B7 [12]: „Ich weiß [senkt den Kopf, ist sehr traurig]." Die Vorstellung dieser kommenden Situation ist ihr sichtlich unangenehm. Mit einer Wendung öffnet die Mitarbeiterin die Situation wieder in die Gegenwart und erfragt von der Klientin, wie sie von der Mitarbeiterin in ihrer Stellvertretung bei dem Gespräch mit den Eltern unterstützt werden möchte (Kategorie II 28, Zeilen 38-39): „Mitarbeiterin 202 [40] : „Wenn ich morgen mit deinen Eltern und der ASD – Mitarbeiterin das Gespräch habe, gibt es da noch etwas, was ich deinen Eltern von dir sagen soll?". Die Klientin formuliert daraufhin ihren Wunsch und äußert sich gleichzeitig selbstexplorativ (Kategorie II 13 und Kategorie II 12, Zeilen 41-42): „Klientin B7 [12]: „Ja, sag ihnen bitte, dass ich sie sehr lieb habe und dass ich das so nicht wollte." Damit tätigt sie einen konstruktiven Schritt hin zu einer Lösung für den Konflikt mit ihren Eltern. Die durchweg unterstützenden Verhaltensweisen der Mitarbeiterin führen dazu, dass die Klientin in die Lage versetzt wird, eine ganz eigene Lösungsstrategie zu entwerfen. Die Mitarbeiterin konnotiert diese positiv und bestätigt ihre übernommene Rolle als Stellvertretung der Klientin in dem kommenden Gespräch (Kategorie II 16, Zeile 44): „Mitarbeiterin 202 [40]: „Das werde ich ihnen sagen."

Die Klientin wird von der Sozialarbeiterin in Situation 496 aktiv unterstützt. Wie auch die Mitarbeiterin in den Situationen 3 und 5 erklärt sie ihre Funktion und Aufgabe, was die Orientiertheit der Klientin erhöht und ihr gleichzeitig Sicherheit geben kann. Desgleichen gibt die Mitarbeiterin der Klientin Orientierung hinsichtlich des weiteren Hilfeprozesses, auch über für die Klientin unangenehme Notwendigkeiten. Sie erhält bereitwillig Antwort auf erfragte Informationen, die als persönlich zu bezeichnen sind. Während des gesamten Gesprächs bleibt die Mitarbeiterin thematisch dicht bei der Klientin. Damit stellt sie auch ihre Zuständigkeit für den Bereich der Unterstützung klar. Durch ihre Nachfragen zeigt sie Interesse an der Klientin und ihren Beweggründen. Im vorgestellten Beispiel sind durchgängig Verhaltensweisen der Mitarbeiterin beschrieben, die der Klientin anbieten, an der

Arbeitsbeziehung aktiv mitzuwirken. Der Einsatz von Verhaltensweisen, die Raum für Partizipation für die Klientin und damit Raum für eigene Aktivität lassen, wirkt sich positiv auf das Zustandekommen eines kooperativen Zustandes aus.

7.2.3.3.11 „Ich würde auch mal länger bleiben" - Privater Einsatz

Eine besondere Situation wird in Protokoll 15 geschildert, denn das Engagement der Mitarbeiterin lässt es zu, dass die persönliche und die professionelle Seite der Mitarbeiterin nicht mehr deutlich voneinander zu unterscheiden sind. Innerhalb der Protokolle ist diese Situation ein Einzelfall. Sie wurde in der Kriseninterventionsstelle für Jugendliche aufgezeichnet. Es handelt sich um einen männlichen Klienten.

```
01  0015
02  Name des Beobachters: B
03  Datum der Beobachtung: 12.01.03
04  Ort der Beobachtung: 05
05  Zeit: 12.30 Uhr - 12.35 Uhr.
06
07  Situation (inkl. beteiligte Personen):
08  Pausenraum der MA. anwesend Mitarbeiterin 1105 [35], Klient
09  S1 [15]. Mitarbeiterin 1105 [35] raucht
10  Zigarette, hat Pause. Klient S1 [15] kommt gerade aus der Schule, ist seit
    einigen Minuten im Haus.
11
12
13  Beobachtung:
14
15  Klient S1 [15] sitzt an Mitarbeitertisch.
16
17  Mitarbeiterin 1105 [35] sagt zu Klient S1 [15],
18  dass er doch mal was kochen könnte.
19  Klient S1 [15] sagt, er habe keine Lust und schaut zu Boden.
20
21  Mitarbeiterin 1105 [35] schaut Klient S1 [15]
22  ins Gesicht und sagt, sie würde auch mal deshalb länger bleiben.
23
24  Klient S1 [15] schaut weiter zu Boden und sagt nach einigem Zögern
25  „Lasagne".
26  Mitarbeiterin 1105 [35] sagt „Lasagne".
27  Klient S1 [15] schaut hoch und schaut ins Weite.
```

28 Fängt an aufzuzählen, was er alles an Zutaten benötigt.
29 Mitarbeiterin 1105 [35] macht mit und ergänzt.
30
31 Als alles aufgezählt ist, sagt Mitarbeiterin 1105 [35], dass er ja die anderen
   Klienten und Mitarbeiter einladen könnte.
32 Klient S1 [15] nickt, wirkt interessiert.
33 Beide verabreden einen Termin.
34
35 Mitarbeiterin 1105 [35] bekräftigt, dass sie
36 deshalb länger [als ihre Arbeitszeit] bleiben wird.

Diese Interaktion wird von der Mitarbeiterin eröffnet. Das Thema der Situation wurde mit „Beschäftigung" gekennzeichnet. Es wird beschrieben, wie eine Mitarbeiterin und ein Klient darüber sprechen, als freiwillige Beschäftigung des Klienten innerhalb der Kriseninterventionsstelle etwas zu kochen. Die Mitarbeiterin kann ihr Anliegen durchsetzen, allerdings setzt sie dafür ihre privaten Ressourcen ein.

Die Mitarbeiterin beginnt die Interaktion mit einer Anweisung (Kategorie II 8, Zeilen 17-18): „Mitarbeiterin 1105 [35] sagt zu Klient S1 [15], dass er doch mal was kochen könnte." Der Klient lehnt daraufhin die Intervention ab (Kategorie II 22, Zeile 19): „Klient S1 [15] sagt, er habe keine Lust und schaut zu Boden." Darauf antwortet die Mitarbeiterin mit einer Aussage, die sowohl selbstreferenziell ist (Kategorie II 14) als auch ihren persönlichen Bereich betrifft (Zeilen 21-22): „Mitarbeiterin 1105 [35] schaut Klient S1 [15] ins Gesicht und sagt, sie würde auch mal deshalb länger bleiben." Der Klient reagiert daraufhin nach einem Zögern mit einer kooperativen Geste. Er entwirft einen Vorschlag, der gleichzeitig seine Zustimmung zu ihrer Anweisung zu kochen signalisiert (Kategorie II 34, Zeilen 24-25): „Klient S1 [15] schaut weiter zu Boden und sagt nach einigem Zögern „Lasagne." Die Mitarbeiterin wiederholt seine Aussage (Kategorie II 34, Zeile 26) und er entwickelt nach einer Pause (Kategorie III 42, Zeile 27), seine begonnene eigene Aktivität weiter (Kategorie II 34, Zeilen 27-28): „Fängt an aufzuzählen, was er alles an Zutaten benötigt." Die Mitarbeiterin beteiligt sich daran (Kategorie II 34, Zeile 29). Ihrem weiteren Vorschlag (Kategorie II 8, Zeile 31), auch die anderen Klienten und Mitarbeiter einzuladen, steht er positiv gegenüber (Kategorie II 17, Zeile 32). Dieser kurzzeitig gebildete private Raum zwischen beiden wird wieder geöffnet zur Kriseninterventionsstelle hin, dennoch betont die Mitarbeiterin mit ihrer Schlussbemerkung ihren eigenen persönlichen Einsatz. Sie bietet dem Klienten an, ihre private Zeit mit ihm zu verbringen und erweitert damit das professionelle Setting. Im Rahmen professioneller Tätigkeit ist solch eine Intervention problematisch, da von Mitarbeiterinnen der private Einsatz weder erwartet noch ein Mangel an professionellen Möglichkeiten durch private Tätigkeiten ersetzt werden kann. Unabhängig davon wird in diesem Protokoll dargelegt, dass gezeigtes Interesse, hier in Form einer Selbstreferenz vonseiten der Mitarbeiterin, zunächst eine positive Wirkung für den Aufbau eines kooperativen Zustandes hat. Allerdings bleibt die Überlegung, ob es sich bei der Aktivität des Klienten tatsächlich um eine nach außerhalb der Beziehung gerichtete handelt.

7.3 Zwischenbilanz

Die voranstehenden Kapitel beschäftigten sich mit der Analyse von 94 protokollierten Situationen aus dem Kontext der stationären Kinder- und Jugendhilfe[829]. Dies geschah in Anknüpfung an erstellte Arbeitsfragen und unter Berücksichtigung von erarbeiteten Vorannahmen zur Frage des Vertrauens von Klienten der Sozialen Arbeit zum Sozialarbeiter[830].

Im Fokus der Untersuchung stand die Frage, wie sich die Interaktionen in der unmittelbaren Begegnung der einzelnen Sozialarbeiter mit ihren Klienten gestalten. Das Vertrauen des Klienten zum Sozialarbeiter war dabei erkenntnisleitend. Zu diesem Zweck wurde hinterfragt, welche Verhaltensweisen Sozialarbeiter zeigen, um die Zusammenarbeit mit ihren Klienten in der professionellen Beziehung zu realisieren und welche davon vertrauensfördernden Charakter haben können. Aufgrund der Recherche von Fachliteratur zur Sozialen Arbeit konnte Vertrauen als Bedingung für einen kooperativen Zustand vonseiten des Klienten beschrieben werden. Gleichzeitig wird dieser Zustand als ein Anzeichen für Vertrauen angesehen. Begründet mit der Zielvorgabe, der Klient werde Verantwortung übernehmen und die Arbeitsbeziehung werde sich in Folge auflösen (Hilfe zur Selbsthilfe), wurde dieser kooperative Zustand konkretisiert über die Tatsache der Entwicklung von Aktivität durch den jeweiligen Klienten, wobei diese zukunftsorientiert ist und sich nach außerhalb der professionellen Beziehung richtet.

---

829   vgl. Kapitel 6.3.
830   vgl. Einführung zum Kapitel Qualitative Untersuchung von Beobachtungsdaten aus dem Arbeitsfeld stationäre Kinder- und Jugendhilfe.

Die in den Protokollen beschriebenen Verhaltensweisen der Mitarbeiterinnen und der Klienten wurden identifiziert und differenziert begründeten Kategorien zugeordnet. Mithilfe einer axialen Codierung konnten Beziehungen zwischen diesen Kategorien hergestellt werden. Als charakteristisch zu kennzeichnende Verhaltensweisen der Mitarbeiterinnen und ihre erkennbaren Beziehungen zu den Verhaltensweisen der Klienten wurden detailliert dargestellt. Auf wessen Initiative die in den Protokollen jeweils beschriebene Interaktion stattfand, wurde nachfolgend geklärt. Anschließend wurden die Themen der Interaktionen begründet und vorgestellt: Beschäftigung, Beziehung, Inneres, Regeln, Unterstützung und Zustimmung. Beide Punkte, der Interaktionsimpuls und die Themen, dienten der Verdeutlichung des Rahmens für die Interaktionen, die daraufhin unter dem Fokus eines kooperativen Zustandes beschrieben und analysiert wurden. Informationsreiche Fälle interessierten dabei besonders.

Das Verhältnis der Protokolle, in denen ein Klient oder eine Mitarbeiterin die Interaktion beginnt, ist ausgewogen. Die Sozialarbeiter kommunizieren häufig und variantenreich mit ihren Klienten. Es entsteht der Eindruck eines offensiven Zugehens auf die Klienten. Gleichzeitig belegen die analysierten Situationen auch deren durchgängige Interaktionsbereitschaft.

Im Bereich der informationsbezogenen Verhaltensweisen werden vor allem die Mitarbeiterinnen als die Fragenden und Auffordernden beschrieben. Die Klienten befinden sich oft in der Rolle der darauf Reagierenden und Informierenden. Die Mitarbeiterinnen wurden auch häufig als Anweisende beobachtet und auch hierbei befinden sich die Klienten in der Rolle der darauf Reagierenden. Ihre Reaktionen sind vielfältig; so folgen sie den Anweisungen handelnd oder verbal, lehnen ab durch Nichtbefolgen oder, häufiger, durch verbale Ablehnung. In seltenen Fällen gibt es Rückfragen oder Unmutsäußerungen. Fragen, die sich auf das (bessere) Verständnis der Situation beziehen, Warum-Fragen, Fragen nach dem Hintergrund einer Intervention oder allgemeine Orientierungsfragen werden von den Klienten selten gestellt. Dieses Verhalten ist den Sozialarbeitern häufiger vorbehalten; sie erfragen eher Informationen und Befindlichkeiten von den Klienten und sie stellen die Fragen zur Situationseinschätzung; die Klienten wiederum sind auch hierbei oft als darauf Reagierende und Informierende beschrieben. Auf eine sachbezogene Äußerung und Information vonseiten des Klienten stellen die Mitarbeiterinnen häufig Fragen zur Situationseinschätzung. Die Klienten reagieren auf diese Äußerungen, die auf die Erhöhung der Orientiertheit der Mitarbeiterinnen zielen, sehr häufig sachbezogen und informierend, deutlich seltener mit erklärenden oder selbstexplorativen Aussagen.

Mit dem Bereich der Selbstöffnung verbundene Verhaltensweisen vonseiten der Mitarbeiterinnen richten sich vor allem an die Klienten und deren Selbstaussagen. Von sich als Person geben die Sozialarbeiter wenig preis. So erklären sie in den Interaktionen zwar mehrfach die Motive für ihr Handeln, es bleibt aber bei sachlichen Informationen oder Antworten. Die Grenze zwischen professionell handelndem Sozialarbeiter und dem Klienten in ihren jeweiligen Rollen bleibt durchweg deutlich. Aussagen, die sich auf die Person der Sozialarbeiter beziehen, insbesondere auch Ich-Aussagen, bleiben auf der professionell distanzierten Ebene. Das gilt auch für die seltener registrierten Ausführungen der Mitarbeiter, die dem Bereich selbstexplorativer Äußerungen zuzuordnen sind. Vonseiten der Klienten spielen selbstexplorative Anteile in der Kommunikation hingegen eine erhebliche Rolle. Durch Fragen nach Gefühlen und Befindlichkeiten sowie Aufforderungen, etwas von sich zu erzählen, bemühen sich die Sozialarbeiter oft um ein selbstexploratives Verhalten ihrer Klienten. Diese geben daraufhin entsprechende Auskunft, einerseits nonverbal vor allem über ihre negativen Gefühle und andererseits verbal in Form von selbstexplorativen Äußerungen. Beide Seiten, Klienten wie Mitarbeiterinnen, begründen oft ihr Verhalten oder ihr Handeln dem anderen gegenüber. Kommt es doch zu einer selbstexplorativen Äußerung vonseiten der Mitarbeiterinnen, so führt das zu Signalen von Klienten über ihre Gedanken und Befindlichkeiten in verschiedenen Formen (Interventionsablehnung, auf Motive bezogene Äußerungen, selbstexplorative Äußerung, Anweisung geben sowie negatives Feedback oder Verlassen der Situation).

Rückmeldungen an die Klienten können sowohl negativ als auch positiv sein. Die Mitarbeiterinnen verknüpfen solche Rückmeldungen oft mit einer oder mehreren anderen Äußerungen oder lassen weitere Bemerkungen folgen. Eine Rückmeldung an einen Klienten steht somit selten für sich allein, sondern wird zum Beispiel begründet oder mit einer Sanktion verbunden. Warum Mitarbeiterinnen negative Rückmeldungen an die Klienten aussprechen, ist ganz unterschiedlich; es gibt dafür keinen typischen Anlass. Eine positive Rückmeldung hingegen erfolgt oft auf die Formulierung eines Anliegens vonseiten der Klienten hin. Diese zustimmenden Reaktionen der Mitarbeiterinnen auf eine Frage nach Erlaubnis oder Zustimmung oder auf eine Wunsch-äußerung vonseiten eines Klienten machen einen größeren Anteil der positiven Rückmeldungen an die Klienten aus. Die Klienten reagieren auf negatives Feedback häufig mit nonverbal gezeigten negativen Gefühlsäußerungen oder mit Schweigen. Seltener wird der Dialog fortgesetzt, indem der Klient sich sachbezogen oder selbstexplorativ äußert, eine Orientierungsfrage stellt, erklärende oder ausweichende Reaktionen zeigt. Auf eine positive Rückmeldung einer Mitarbeiterin reagieren die Klienten vielfältig. Sie zeigen nonverbal positive Gefühlsäußerungen; es kommt auch zu selbstexplorativen oder erklärenden Bekundungen.

Beziehungsorientierte Äußerungen der Mitarbeiterinnen wurden äußerst selten aufgefunden. Ein affektives Verhalten vonseiten einer Mitarbeiterin fand sich gar nicht.

Das als vertrauensrelevant erachtete Verhalten ‚Bitte um Hilfe' wurde in den Protokollen jeweils einmal für die Seite der Mitarbeiterinnen und für die Seite der Klienten registriert. Das sich im Kontext stationärer Unterbringung zwingend ergebende Verhalten ‚Frage nach Zustimmung' vonseiten der Klienten wurde hingegen häufiger aufgefunden. Dieses Verhalten steht größtenteils für sich allein, denn die Klienten eröffnen damit mehrfach die Interaktionen.

Unter dem Begriff Alltag konnten zahlreiche Situationen zusammengefasst werden. Sie gaben zur Fragestellung keine wesentlich weiterführenden Antworten, jedoch zeigte sich bei der thematischen Zuordnung, dass der Bereich der Einhaltung von Regeln einen Schwerpunkt in den untersuchten stationären Kinder- und Jugendhilfeeinrichtungen darstellt und dies den Alltag in den Einrichtungen maßgeblich bestimmt. Die weiteren Themen der Situationen waren dagegen gleichmäßig über die Protokolle verteilt (Beschäftigung, Inneres, Unterstützung und Zustimmung), nur das Thema Beziehung trat etwas seltener auf. Im Ganzen wird sichtbar, dass die Sozialarbeiter- und Erzieherrolle von den Kindern und Jugendlichen angenommen wird. Mit der Rollenverteilung im Feld geht das Privileg der Mitarbeiter zu Interventionen einher. Das Ausmaß der daraus erwachsenden Interventionsberechtigung ist nicht eindeutig definiert und bietet Anlass, von den Klienten hinterfragt zu werden. Es gibt unterschiedliche Vorstellungen darüber, was Sozialarbeiter in diesem Zusammenhang dürfen.

Die detaillierte Analyse der protokollierten Interaktionen mit dem Fokus auf einen kooperativen Zustand widmete sich besonders informationsreichen Fällen. Die folgenden Interaktionsbilder aus den Protokollen werden als erkenntnisbildend betrachtet:

- Scheinbare Zusammenarbeit: Dass Klienten zustimmend reagieren und gegenläufig handeln, kommt in den Protokollen mehrmals vor. Dieses Verhalten vonseiten der Klienten kann als positiv in Bezug darauf angesehen werden, eigene Verantwortung zu übernehmen. Es bietet somit einen Ansatz, um einen kooperativen Zustand aufzubauen. Gleichzeitig liegt hierin jedoch ein Signal für eine thematisch nicht aufeinander bezogene oder eine sich voneinander entfernende Interaktion.

- Anschlussversuch vonseiten des Klienten: Bei dieser Konstellation greift der Klient die Bemerkung der Mitarbeiterin auf und setzt sie inhaltlich fort. Mit seiner Anknüpfung an die Aussage der Mitarbeiterin tätigt er den Schritt in einen kooperativen Zustand. Alle der mit Vertrauen in der Sozialen Arbeit verknüpften Zielaspekte (Information, Motivation und Kooperation) werden vonseiten des Klienten erfüllt. Dem Sozialarbeiter wird durch den Klienten eine Anschlussmöglichkeit konstruiert. In den analysierten Beispielen wurden durch die Klienten Anknüpfungspunkte für eine gemeinsame Problemdefinition aufgegriffen, sie sind jedoch durch die Sozialarbeiter nicht weiter verfolgt worden.

- Appell vonseiten des Klienten: Als ein weiteres Signal für einen Anschlussversuch vonseiten der Klienten wird in den Protokollen eine konfrontative Form von Kommunikation dargestellt. Diesen Situationen ist eine affektive Steigerung in den Interaktionen gemeinsam und sie enden mit Interventionen der Mitarbeiterinnen, mit denen die Hierarchie im Kontext klargestellt wird. Der Schritt in einen kooperativen Zustand durch das Aufgreifen von Anknüpfungspunkten bleibt durch Verhaltensweisen des Klienten, die für den professionell Tätigen provozierend wirken, unbemerkt.

- Gelungener Anschluss: In den Protokollen werden Interaktionen beschrieben, in deren Verlauf ein Zustand der Kooperation entsteht. Es gelingt den Interaktionspartnern, einen gemeinsamen Anknüpfungspunkt in der Interaktion zu finden. Dabei kommt es zu einem Austausch über ein Thema, das sich für beide als relevant herausstellt. Die Klienten vollziehen einen Schritt eigener Aktivität, der zukunftsorientiert und nach außerhalb der Beziehung gerichtet ist. Indem sie ihren Standpunkt darlegen und begründen, formulieren sie einerseits ein Anschlussproposition, im anderen Fall eine Gegenthese. Beide sind Anknüpfungen an Aussagen der Mitarbeiterinnen und eröffnen den Zustand der Kooperation. Die Mitarbeiterinnen lassen in der Interaktion jeweils einen Freiraum zu, den die Klienten nutzen, um die Interventionen für sich zu realisieren. Es folgt eine motivierte und kooperative weitere Zusammenarbeit.

Zur Frage, was dazu geführt hat und welches Verhalten die Mitarbeiterinnen in der Situation zeigen, ergibt sich Folgendes: Die Interaktionen beginnen mit einer Phase der Situationsabklärung. Der Klient und die Mitarbeiterin tauschen Informationen aus. Nachdem sich die Interaktion auf einer Ebene von Frage und Antwort bewegt, kommt es anschließend zu einem tieferen Gespräch. Die Mitarbeiterin bekundet ihr Interesse an der Person des Klienten. Die Interaktion ist beidseitig konzentriert auf die gemeinsame Problemdefinition. Dabei knüpfen Mitarbeiterin und Klient darauf bezogen wechselseitig in ihren Äußerungen aneinander an.

Im besonders deutlichen Fall 3 bzw. 5 zielt das Verhalten der Mitarbeiterin auf die Nachvollziehbarkeit des Verhaltens des Klienten. Sie macht auch ihr Verhalten transparent, da sie das eigene Fragen begründet, die mit ihrer beruflichen Rolle verknüpften Pflichten darstellt und dem Klienten ihre Unterstützung anbietet. Dazu dienen auch ihre vor eine Intervention gestellten Begründungen und Vorankündigungen. Bemerkenswert erfolgreich für den Aufbau des kooperativen Zustandes aufseiten des Klienten sind selbstexplorative und erklärende Äußerungen der Mitarbeiterin wie auch die Rückmeldungen zur Person des Klienten. Auch im anderen Fall (1103) erhält die Mitarbeiterin nach einer Rückmeldung und durch Nachfragen in Form einer Aufforderung zur Selbstexploration eine aktive Aussage der Klientin zu einer Entscheidung und zu deren Begründung. Schlussendlich fordert die Mitarbeiterin den Klienten zu Aktivität auf und signalisiert ihm damit ihr Zutrauen in seine Handlungsfähigkeiten. Es entwickelt sich eine Interaktionsatmosphäre, in der die Mitarbeiterin wie eine Reflexionsfläche vom Klienten genutzt wird. Die Person der Mitarbeiterin „verschwindet" nahezu vollständig und steht in ihrer professionellen Funktion dem Klienten zur Verfügung.

- Machtkampf: Anhand einiger Protokolle ist nachzuvollziehen, wie zwischen einer Mitarbeiterin und einem Klienten ein Machtkampf stattfindet. In diesen Situationen entsteht kein kooperatives Verhältnis zwischen den Interaktionspartnern. Die Frage, warum das so ist, führt zu der Feststellung, dass sich trotz der Bemühungen der Mitarbeiterin im Verlauf der Interaktion kein Anknüpfungspunkt entwickelt, ab dem eine gemeinsame Fortführung mit einem thematischen Konsens möglich wäre. Aufseiten des Klienten entsteht hinsichtlich der Ideen der Mitarbeiterin kaum Aktivität. Während des gesamten Verlaufs ist es vor allem die Mitarbeiterin, die dazu Vorschläge macht und Anweisungen gibt.
- Irritation: Einige Aufzeichnungen beschreiben pädagogische Situationen, in denen das Verhalten der Mitarbeiterinnen die Klienten überrascht. Ihr Handeln führt zu Unmutsreaktionen der Klienten und zu Rückzug aus der Interaktion. Im Nachhinein begründen die Mitarbeiterinnen ihr Verhalten als pädagogisch motiviert, doch aufseiten der Klienten ruft das keine positive Reaktion hervor. Eine nachträgliche Erklärung gibt der Situation keine entscheidende Wendung. Hier wird deutlich, wie wesentlich für Klienten der Aspekt der Partizipation ist. Durch die Nachgängigkeit der Erklärung wird den Klienten diese Möglichkeit vorenthalten. Außerdem fehlt hier die Nachvollziehbarkeit der Verhaltensweisen der Mitarbeiterinnen in der Situation, also während ihres Stattfindens. Für Vertrauen ist eine solche Orientiertheit unabdingbar.
- Orientiertheit: Nachvollziehbare Erklärungen der Mitarbeiterinnen in Bezug auf ihr Handeln innerhalb einer Situation dienen dazu, destruktive Interaktionsverläufe, wie etwa durch eine überrumpelnde Irritation oder einen Machtkampf, zu verhindern. Während eine nachträgliche Erklärung einer irritierenden Intervention aufseiten der Klienten nicht zu konstruktiven Effekten führt, unterstützt sie während des Handlungsvollzugs den Aufbau von Orientiertheit. Ganz wesentlich ist außerdem, dass den Klienten dabei die Möglichkeit der Partizipation gegeben ist. Im typischen Fall gibt die Mitarbeiterin der Klientin Orientierung über die Fähigkeiten und etwaigen Kompetenzbereiche von Sozialarbeitern, zeigt sich empathisch und bemüht sich, eine von der Klientin emp-

fundene Bedrohung abzubauen. Das dient dem Aufbau von Vertrautheit und entspricht dem vorgeschlagenen Verhalten von Petermann zum Vertrauensaufbau in den eröffnenden beiden Phasen[831].

- Humor: Einige Protokoll beschreiben, wie die Mitarbeiterinnen unter Verwendung von humorvollen Äußerungen mit den Klienten interagieren. Der Einsatz von Humor in der Interaktion vonseiten der Mitarbeiterinnen gegenüber den Klienten, so lässt sich zusammenfassen, macht eine hinreichende Orientiertheit der Klienten notwendig. Im Zusammenhang mit der Frage nach einem kooperativen Zustand ist kein besonderer positiver Effekt von Humor in den Situationen beschrieben worden.

- Unterstützung: Die Komponente Unterstützung ist im Zusammenhang mit Vertrauen in den Vollzügen in einer pädagogischen Beziehung ein nicht wegzudenkendes Element. Anhand der typischen Situation, in der eine Mitarbeiterin eine Klientin aktiv unterstützt, wird deutlich, wie der Zustand der Kooperation gelingt.

Indem sie die Funktion und Aufgaben von Sozialarbeitern erklärt, erhöht die Mitarbeiterin die Orientiertheit der Klientin und gibt ihr gleichzeitig Sicherheit. Während des gesamten Gesprächs bleibt die Mitarbeiterin thematisch dicht bei der Klientin. Damit stellt sie auch ihre Zuständigkeit für den Bereich der Unterstützung klar. Durch ihre Nachfragen zeigt sie Interesse an der Klientin und an ihren Beweggründen. Im vorgestellten Beispiel sind durchgängig Verhaltensweisen der Mitarbeiterin beschrieben, die der Klientin anbieten, an der Arbeitsbeziehung aktiv mitzuwirken. Es sind wiederum Verhaltensweisen, die sich positiv auf das Zustandekommen eines kooperativen Zustandes auswirken, die Transparenz der Situation durch Information der Klientin schaffen und die Raum für Partizipation der Klientin, und damit Raum für ihre eigene Aktivität, zulassen. Dazu zählen die Nachfragen zu den Beweggründen und Befindlichkeiten der Klientin. Die Mitarbeiterin äußert sich informativ, fordert die Klientin zum Entwurf eines Zukunftsbildes auf und regt sie an, sich selbstexplorativ zu äußern. Auch in diesem Fall erhält die Klientin die Möglichkeit der Partizipation durch die vor eine Intervention gestellte Vorankündigung und Begründung. Die

---

831 vgl. Kapitel 3.3.1.

Mitarbeiterin gibt der Klientin Orientierung hinsichtlich des weiteren Hilfeprozesses, auch über für die Klientin unangenehme Notwendigkeiten. Durchgehend bekundet sie ihr Interesse an Klientin. Die Interaktion ist beidseitig konzentriert auf die gemeinsame Problemdefinition. Dabei knüpfen Mitarbeiterin und Klientin darauf bezogen wechselseitig in ihren Äußerungen aneinander an.

- Privater Einsatz: In einer der protokollierten Situationen wurde die professionelle Grenze überschritten, indem die Mitarbeiterin dem Klienten ihre private Zeit anbot. Im Rahmen professioneller Tätigkeit ist solch ein Angebot problematisch, da von Mitarbeiterinnen der private Einsatz weder erwartet noch ein Mangel an professionellen Möglichkeiten durch private Tätigkeiten ersetzt werden kann. Unabhängig davon hat das gezeigte Interesse, hier in Form einer Selbstreferenz vonseiten der Mitarbeiterin, zunächst eine positive Wirkung für den Aufbau eines kooperativen Zustandes. Allerdings bleibt die Überlegung, ob es sich bei der folgenden Aktivität des Klienten tatsächlich um eine nach außerhalb der Beziehung gerichtete handelt. Das ist in diesem Fall zu verneinen.

Damit sind die Sachverhalte, aus denen auf das Vertrauen des Klienten zum Sozialarbeiter geschlossen und mit deren Hilfe das Vertrauen des Klienten zum Sozialarbeiter fortführend erschlossen werden kann, aufgrund der Analyse der protokollierten Interaktionen aus dem Bereich der stationären Kinder- und Jugendhilfe, eingegrenzt. Bei dem schrittweisen Nachvollzug der Interaktionen wurden die Verhaltensweisen der Mitarbeiterinnen recherchiert, die zur Ermöglichung von nach außerhalb der Beziehung gerichteter Aktivität aufseiten des Klienten beitragen und damit vertrauensfördernden Charakter haben. Vertrauen als Bedingung für einen kooperativen Zustand und seine gleichzeitige Annahme als Anzeichen von Vertrauen rückten den Zustand der Kooperation vonseiten der Klienten in den Fokus der Analyse.

Als Anzeichen der Bereitschaft zu vertrauen stellt sich der Anschluss an einen vonseiten der Mitarbeiterin gegebenen Anknüpfungspunkt durch den Klienten heraus. Dies kann in Form einer Anschlussproposition, aber auch einer Gegenthese der Fall sein. Bedeutsam dabei ist die Anknüpfung selbst. Mit ihr wird eine Beteiligung des Klienten angezeigt, die auf die Relevanz der Thematik für ihn hinweist; gleichzeitig kommt ihr Signalfunktion für seine Bereitschaft zu einer gemeinsamen Problemdefinition zu. Klar wird damit, dass Vertrauen die

Möglichkeit des Klienten zur Partizipation an der Arbeitsbeziehung benötigt. Sie ist die Voraussetzung der Ermöglichung und für das Entstehen eines kooperativen Zustands. Das kann auch die Einnahme einer Gegenposition bedeuten. Auch wenn ganz Gegensätzliches geschieht, das in seiner Gegensätzlichkeit jedoch bezogen ist, zeigt das die Entstehung eines Zustandes der Kooperation. Im Moment eines solchen gemeinsamen Aktes der Konstruktion wird der Schritt zum Vertrauen des Klienten in Form von Verhalten sichtbar. Die wesentliche dabei zu stellende Frage lautet: Woran schließt der Klient an, was also ist für ihn relevant?

Wann Klienten solch ein Verhalten zeigen, welches Verhalten der Mitarbeiterinnen dazu führen kann, waren die ebenfalls vorab gestellten Fragen. Im Ergebnis lässt sich festhalten, dass es nahezu irrelevant ist, welches Verhalten die Sozialarbeiter im Detail gegenüber den Klienten zeigen, insofern es bestimmte Kriterien erfüllt: Es muss nachvollziehbar und transparent sein, es muss an die Relevanzen des Klienten anschließen und es muss die Partizipation des Klienten zulassen. Unter diesen Bedingungen kann selbst eine direktive Anweisung vertrauensfördernd sein. Dazu gehört es, dass der Sozialarbeiter sich verstehend dem Klienten zuwendet, das heißt, dessen Relevanzen für sich nachvollzieht, da sonst der Entwurf eines Anknüpfungspunktes und damit eine systematische Vorgehensweise erschwert sind. Die Aufforderungen zur Selbstexploration, Fragen nach Informationen oder nach Motiven und solche, die der Orientierung in der Situation dienen, sind dafür hilfreich, denn vonseiten der Klienten gibt es eine hohe Bereitschaft, adäquate Auskünfte zu geben, wie die untersuchten Situationen darlegen. Verhaltensweisen der Mitarbeiterinnen, die der Nachvollziehbarkeit ihres Handelns dienen, die Orientiertheit und Sicherheit herstellen, sind als vertrauensfördernd anzusehen, denn sie schaffen Vertrautheit. Die Verläufe der untersuchten Situationen geben Hinweise auf die Bedeutsamkeit von Transparenz und Nachvollziehbarkeit des Handelns der Sozialarbeiter gegenüber den Klienten für die Ermöglichung eines kooperativen Zustandes. Die wichtige Rolle der Vertrautheit (Zustand ‚gesicherter Orientiertheit'[832]) für Vertrauen ist damit bestätigt.

Handlungsweisen, bei denen Sozialarbeiter ihr Interesse signalisieren und dabei den Klienten Freiraum lassen, um sich in der Situation zu

---

832 Der Begriff der ‚Orientiertheit' wird hier anstelle von ‚Orientierung' als treffgenauer gesehen.; vgl. Kapitel 5.3.3 und Endreß, 2001: 166 f.

orientieren und gegebenenfalls auch zurückzuziehen, sind weiterhin förderlich für den Vertrauensaufbau. Günstig sind daneben Selbstreferenzen innerhalb der professionellen Rolle oder Begründungen für Verhalten und dies vor allem auch für zukünftig angedachte Interventionen. Die Signalisierung von Unterstützungsbereitschaft und die Klarstellung der professionellen Zuständigkeiten und Kompetenzen sind ebenfalls zu den vertrauensfördernden Handlungen zu zählen.

Die Ermöglichung von Partizipation der Klienten bedeutet auch die Ermöglichung des Entwurfs eigener Lösungsideen und in der Konsequenz die Übernahme von Verantwortung. Diese muss, so lässt sich schließen, mit dem Vertrauen des Sozialarbeiters in die Kompetenzen des Klienten verbunden sein, das zugunsten der sprachlichen Klarheit hier als Zutrauen zu benennen ist. Tatsächlich belegt die Analyse, dass ein solches Verhalten vonseiten der Mitarbeiterinnen vertrauensfördernd ist.

Die Vertraulichkeit in der Situation hingegen war in den Protokollen nicht als erheblich erkennbar; es kam dahingehend zu keiner Thematisierung. Es muss somit eine Annahme bleiben, dass sich die Wahrscheinlichkeit von Klientenvertrauen erhöht, wenn sie sich in Bezug auf die Vertraulichkeit in der Arbeitsbeziehung sicher fühlen.

8 Gesamtbilanz

Vertrauen gilt als ein soziales Phänomen von äußerster Wichtigkeit für soziale Beziehungen und Hierarchien. Das trifft ebenso für die professionelle Beziehung zu, wie sich in den zahlreichen Untersuchungen zum Vertrauensphänomen in dieser Sonderform von Beziehung zeigt. Vorliegende Dissertationsschrift wurde mit dem Ziel angefertigt, Aussagen über spezifisches Vertrauen in der Sozialen Arbeit zu gewinnen, da es auch hier in vielen fachbezogenen Arbeiten als eine zentrale Komponente genannt wird. Die Arbeit setzte sich mit der Frage auseinander, was in der Sozialen Arbeit unter Vertrauen verstanden wird, welcher vermutete Einfluss mit spezifischem Vertrauen verknüpft ist und wie es sich in der Sozialen Arbeit abbildet. Die kontextbezogenen Grundlagen und der Forschungsstand zur Frage nach Vertrauen in der Sozialen Arbeit bildeten den Inhalt des ersten Teils. Der zweite Teil führte die bis dahin erarbeiteten Erkenntnisse fort und beschäftigte sich mit dem Vertrauensbegriff und seiner Verwendung in der Sozialen Arbeit. Im dritten Teil wurde eine qualitative Untersuchung zur Frage von spezifischem Vertrauen dargestellt.

Im Allgemeinen wird unter Vertrauen eine soziale Einstellung verstanden, die auf Personen oder auch auf die personalen Komponenten abstrakter Systeme bezogen ist; im professionellen Zusammenhang ist sie das Ergebnis einer bewussten Entscheidung. Es dient als Grundbegriff, um soziale Interaktionen und Handlungsweisen unter einer Zielbestimmung näher zu beschreiben und umfasst eine kognitive, eine emotionale und eine Verhaltenskomponente. Vertrauen kann sich als beobachtbar in Vertrauenshandlungen zeigen, deren Ausführung eines Anlasses bedarf.

Kennzeichen von Vertrauen sind das potenzielle Risiko und die Ungewissheit sowie die unzureichende Beeinflussbarkeit für und durch die vertrauende Person hinsichtlich des eigenen Schicksals; ein weiteres Kennzeichen ist die Zukunftsorientierung. Die Prozesshaftigkeit und die zeitliche Dimension im Sinne einer Entwicklung sowie die Reziprozität von Vertrauen werden ebenfalls als charakteristisch beschrieben[833].

Eine Rahmentheorie zum Thema ist die differenzielle Vertrauenstheorie. Vertrauen beruht hierbei sowohl auf personalen als auch auf si-

---

833   vgl. Kapitel 3.1.

tuativen Faktoren. Sie benennt drei auf Vertrauen einflussnehmende Komponenten: die Vertrauenstendenz des potenziell Vertrauenden, die Spezifik des Vertrauens im jeweiligen Lebensbereich und in der Situation sowie die interindividuelle Unterschiedlichkeit hinsichtlich der Erwartungen eines potenziell Vertrauenden an den Anderen und an sich selbst[834].

Im professionellen Bezug werden zwei Vertrauensformen unterschieden: generalisiertes und spezifisches Vertrauen. Beide beziehen sich auf abstrakte Systeme; persönliches Vertrauen ist darum für den professionellen Kontext ausgeschlossen. Das generalisierte Vertrauen richtet sich direkt an die Institution und ihr Expertensystem und ermöglicht den Zugang durch den Adressaten. Es gibt keine konkreten Interaktionsbeziehungen zu den Professionellen. Spezifisches Vertrauen entwickelt sich hingegen in der persönlichen Begegnung und Erfahrung mit den einzelnen Vertretern der Institution[835].

Aus dem Nachvollzug von Expertenmeinungen zum Vertrauen entstand die Einsicht, dass eine auch bereichsübergreifende Operationalisierung bisher nicht vorgenommen wurde. Es verwundert daher nicht, dass die Forderung nach der Fähigkeit von Sozialarbeitern, Vertrauen der Klienten in der Arbeitsbeziehung aktiv herzustellen, mit begrifflicher Unklarheit und einer Vielfalt an inhaltlichen Festlegungen zusammenfällt. Erste Recherchen ließen feststellen, dass das Vertrauen von Klienten in der Sozialen Arbeit aus fachlicher Sicht als ein Konstrukt beschrieben wird, das erklärend Sachverhalte begründen und gleichzeitig deren Ursache sein soll. Es ist selbst nicht definiert oder operationalisiert und im fachlichen Sprachgebrauch nicht einheitlich verankert. Damit stellte sich die Aufgabe, Vertrauen bereichsbezogen zu dekonstruieren und die konstruierenden Elemente zu erarbeiten, deren Darstellung mit der Begriffsverwendung beabsichtigt ist und jene, mit denen die Begriffsverwendung verbunden wird. Dazu diente die Analyse der themenbezogenen Fachliteratur.

Auf den ersten Blick wirkte es so, als herrsche allgemeiner Konsens, dass Vertrauen das Verhältnis zwischen Sozialarbeitern und Klienten elementar bestimmt. Doch sobald es im Mittelpunkt der Diskussion steht, wird es problematisiert. Im Kern geht es darum, dass die Verantwortungsübernahme der Sozialarbeiter für etwas, das nicht operatio-

---

834   vgl. Kapitel 3.1.5.
835   vgl. Kapitel 3.1.4.

nalisiert ist und sich nicht kontrollieren lässt, ausgeschlossen werden müsste und Vertrauen als ein Nebeneffekt beruflichen Handelns angesehen werden sollte. Die Erreichung oder Nichterreichung wird als nicht überprüfbar beschrieben[836].

Das spezifische Vertrauen der Klienten wird durch die Gegebenheiten im professionellen Kontext wesentlich beeinflusst. Für die Soziale Arbeit sind die gesellschaftliche Funktion und die institutionelle Anbindung zu nennen. Dies gilt ebenfalls für die differenten Zugänge zu den Angeboten in Verbindung mit dem Grad der Freiwilligkeit der Inanspruchnahme und der Eingriffsintensität. Weitere einflussnehmende Aspekte sind die Asymmetrie innerhalb der Beziehung aufgrund ihrer Rollenimmanenz und ihrer Professionalität, das Doppelmandat der Sozialen Arbeit und die Differenzen zwischen Sozialarbeiter und Klient. Diese Bereiche haben unmittelbaren Einfluss auf die professionelle Beziehung und ebenso auf den Habitus und die Praxis von Sozialarbeitern als Rollenträger. Sie alle bieten zugleich für Klienten eine Vielzahl von Momenten, die vertrauenshemmend oder sogar misstrauensauslösend sind[837].

Da ein Schwerpunkt der Betrachtungen auf der Arbeit mit Kindern und Jugendlichen lag, wurde hier Soziale Arbeit besonders aufmerksam hinterfragt. Im Hinblick auf diese Zielgruppe entsteht eine pädagogische Beziehung. Die Bildung eines subjektiven Vertrauenskonzeptes entsteht über die Jahre der Entwicklung hinweg und zeigt sich in verschiedenen Vertrauensstufen in Abhängigkeit vom Alter. Für eine gelingende professionelle Beziehung, so wurde deutlich, müssen vor allem im Jugendalter die individuellen und entwicklungsbedingten Eigenheiten beachtet werden. Jugendliche sehen in Beziehungen zu Personen, die nicht zum sozialen Nahfeld gehören, immer ein Risiko. Einzelnen Kontakten und Ereignissen kommt hier eine besonders hohe Bedeutung zu und das Gegenüber muss sich jedes Mal neu als vertrauenswürdig erweisen. Ein besonders sensibler Bereich ist die Befugnis zu Interventionen gegenüber Kindern und Jugendlichen auch von professionellen Erziehungspersonen[838].

Eine professionelle Beziehung ist durch ihren dynamischen Aspekt gekennzeichnet; die Ablösung des Klienten ist letztendlich das Ziel. Trans-

---

836   vgl. Kurze & Störkel-Lang, 2000: 417f., vgl. Kapitel 2.
837   vgl. Kapitel 4.
838   vgl. Kapitel 3.2.3 und 4.3.

aktionalität gilt als ein wesentliches und für Vertrauen relevantes Merkmal von Interaktion. Das bedeutet, dass die Erwartungen der Akteure an den jeweils anderen für den Interaktionsverlauf eine ausschlaggebende Rolle spielen. Eine Person hat an unterschiedliche Adressaten und Lebensbereiche unterschiedliche subjektive Erwartungen. Sie werden neben Einstellungen bereits mit in die Interaktionssituation eingebracht. Erwartungen bilden generell für die Entwicklung von Vertrauen die wesentliche Grundlage. Entsteht Vertrauen, so bilden sich weitere Erwartungen[839].

In professionellen Beziehungen ist vor allem die Erfüllung von Rollenerwartungen für die Vertrauensgenese relevant. Empirische Befunde zu solchen Erwartungen der Klienten Sozialer Arbeit fehlen bisher, so dass unklar ist, wann Erwartungskonkordanz entsteht. Auch eine Vertrauenstendenz und die impliziten Vertrauenstheorien der Adressaten Sozialer Arbeit sind empirisch noch nicht erfasst worden. Was Klienten als Anzeichen für Vertrauenswürdigkeit einordnen, ist bislang nicht bekannt, obwohl sie eine wesentliche Voraussetzung für Vertrauen ist. Ein empirischer Beleg für die Wahrnehmung eines Vertrauensproblems vonseiten der Klienten in der Interaktion mit Sozialarbeitern fehlt. Zum konkreten Aufbau von spezifischem Vertrauen wird bei Wagenblass, die als Einzige bisher eine umfassende Studie zu Vertrauen in der Sozialen Arbeit durchführte, lediglich auf die Fähigkeit des Professionellen zur Reflexion des eigenen beruflichen Handelns und auf die Notwendigkeit eines Zukunftsbezugs verwiesen[840].

Das führte im Rahmen dieser Dissertationsschrift zu einem methodischen Problem. Um Vertrauen in der Sozialen Arbeit verstehen zu können, mussten Erwartungen von Klienten an Sozialarbeiter auf der Grundlage von Fachliteratur erarbeitet werden. So konnte erfahren werden, wie sie sich aus Sicht der Autoren darstellen. Diese liegen in den Bereichen der Unterstützung, der Berufsrolle des Sozialarbeiters sowie der Interaktion und der Sicherheit.

Die Vermittlung der Hilfe der Gesellschaft steht für den Bereich der Unterstützung im Zentrum. Gleichzeitig soll der Sozialarbeiter eine Normierungsinstanz sein und in Form gesellschaftlich legitimierter Tätigkeiten handeln. In seiner Berufsrolle ist er ein Vertreter der Institution und des Staates. Er verfügt über Expertenschaft, die sich in Form fach-

---

839   vgl. Kapitel 3, 4.3 und 5.1.
840   vgl. ders., 2005: 1940 f.; vgl. Kapitel 2.5, 3.1.2, 3.1.5 und 5.

licher Kompetenz und über fachliche Autorität ausdrückt. Sein Tätig-
werden ist von Verantwortungsbewusstsein geprägt. Den Umgang mit
dem Klientel gestaltet er verständigungsorientiert. Das Arbeitsverhält-
nis ist geschützt durch Verschwiegenheit.

Mit diesen antizipierten Annahmen wird den Klienten zugeschrieben,
dass sie dahin gehende Erwartungen hätten. Die Vertrauenstendenz
wird dabei als gering eingeschätzt. Voraussetzung für diese Erwar-
tungsbereiche ist eine (bisher nicht hinreichend abgeklärte) sozialpädagogische Autorität, da der Zusammenhang von Autorität und Vertrauen im professionellen Zusammenhang untrennbar ist[841].

Die Verwendung des Vertrauensbegriffs in der Sozialen Arbeit steht
häufig in Assoziation zu Zuständen oder Sachverhalten. Vorrangig
wird es verwendet, um das Vorhandensein von Verschwiegenheit,
die Arbeits- und Interaktionsatmosphäre, eine Gefühlsäußerung oder
eine Methode zu beschreiben. Auffallend häufig steht es in Diskussion zur Steuerungsfähigkeit des Hilfeprozesses. Insgesamt gibt es eine
mangelnde Verfügbarkeit über eindeutige Begriffe, mit denen das Gemeinte konkretisiert und, vor allem, mit denen Differenzen und Nuancierungen deutlich gemacht werden können. So wird der Begriff Vertrauen im Zusammenhang mit dem Thema Verschwiegenheit oft als
Synonym für den Begriff Vertraulichkeit benutzt und dies vor allem
im Kontext juristischer Fragen. Die Verknüpfung der Arbeits- und Interaktionsatmosphäre mit dem Begriff Vertrauen ist ebenfalls unscharf.
Sie erfordert den Begriff Vertrautheit, mit dem im sozialen Bezug ein
Zustand von unterstellter gesicherter Orientiertheit beschrieben wird[842].
Als Gefühlsäußerung ist Vertrauen in der Sozialen Arbeit nicht zu bestätigen, da es als soziale Einstellung und nicht als Gefühl beschrieben
ist. Auch für die Einordnung von Vertrauen als Methode in den Zusammenhängen der Sozialen Arbeit gibt es keine hinreichende fachliche Fundierung. Als Methode im klinisch-therapeutischen Sinne gehört es nicht in den Bereich der Sozialen Arbeit.

Um nach den begrifflich ausschließenden Schritten eine Konkretisierung vorzunehmen, wurde spezifisches Vertrauen aus den Sachverhalten erschlossen, die es bereichsbezogen abbilden. Dieser Schritt erfolgte
über die Recherche von Erwartungen der Sozialarbeiter an Vertrau-

---

841   vgl. Kapitel 5.1.
842   Der Begriff der ‚Orientiertheit' wird hier anstelle von ‚Orientierung' als
        treffgenauer gesehen.; vgl. Endreß, 2001: 166 f. und Kapitel 5.3.3.

en für die Zusammenarbeit mit ihren Klienten. Hierbei stellte sich die zentrale Frage, wozu der Sozialarbeiter das Vertrauen seines Klienten benötigt. Festgestellt wurde, dass es zur Unterstützung der Steuerungsfähigkeit des Hilfeprozesses als hoch relevant gilt. Im Verhältnis zwischen Sozialarbeiter und Klient steht der Grundsatz der Hilfe zur Selbsthilfe im Mittelpunkt. Er ist damit für das bereichsbezogene Verständnis von spezifischem Vertrauen zentral. Die wesentlichen formulierten Erwartungen an die Klienten sind dabei Motivation, Kooperation und Information. In enger Verknüpfung untereinander sind sie die Zielbegriffe im Zusammenhang mit dem Vertrauen der Klienten. Sie werden als wichtige Grundlagen im Rahmen der Arbeitsbeziehung in der Sozialen Arbeit beschrieben. Der Begriff Vertrauen wird verwendet, um eine soziale Einstellung des jeweiligen Klienten darzustellen, die diese Verhaltensweisen zur Folge hat. Er dient ebenfalls der Erklärung, warum Klienten Bereitschaft zur Zusammenarbeit mit Sozialarbeitern zeigen, indem sie kooperieren, dabei motiviert sind und den Sozialarbeiter zu ihrem Fall wahrheitsgemäß und im erforderlichen Umfang informieren. Als subjektive Theorie von Sozialarbeitern wird damit besagt, dass nur ein vertrauender Klient kooperiert[843].

Vertrauen ist folglich Bedingung für einen kooperativen Zustand des Klienten. Gleichzeitig wird dieser Zustand als ein Anzeichen für Vertrauen gesehen. Die erfolgreiche Ausführung des Arbeitsauftrages des Sozialarbeiters ist somit an spezifisches Vertrauen geknüpft. Dem gegenüber stehen die genannten vertrauenshemmenden bis misstrauensauslösenden strukturellen Gegebenheiten in der Sozialen Arbeit. Hinzu kommen die fehlende grundsätzliche Vertraulichkeit, das geringe generalisierte Vertrauen aufseiten der Adressaten sowie die geringe Vertrautheit und die unklaren Erwartungen der (potenziellen) Klienten. Die Frage nach Systemvertrauen und seiner Notwendigkeit beim Zugang zu den Angeboten der Sozialen Arbeit, insbesondere der Kinder- und Jugendhilfe, wird bei Wagenblass ausführlich diskutiert. Das sehr hohe persönliche Risiko, das Klienten dabei eingehen, und die große Ungewissheit für sie werden allgemein mit den Auswirkungen begründet, die das Handeln der Professionellen hat: Deren Tun wirkt nachhaltig auf die Zukunftsgestaltung und die Lebenswelt der Klienten. Die Auswirkungen des Handelns der Klienten für die professionelle Seite sind vergleichsweise gering, denn für sie geht es lediglich um die Qualität und den Erfolg der Dienstleistung[844]. Eine

---

843   vgl. Kapitel 5.
844   vgl. ders., 2004: 104.

arbeitsstrategisch normierte Erwartung von Vertrauen des einzelnen Klienten zum Sozialarbeiter ist unter solchen Voraussetzungen problematisch. Insgesamt führen diese schwierigen Rahmenbedingungen dazu, dass das Zustandekommen spezifischen Vertrauens zur persönlichen Leistung des einzelnen Sozialarbeiters wird.

Der professionell Tätige in der Sozialen Arbeit, so ist zu resümieren, erwartet von seinen Adressaten in Einstellung und Verhalten etwas, das insgesamt mit dem Begriff Vertrauen umschrieben wird. Mit der alltäglich erlebten Realität in der Sozialen Arbeit hingegen, so zeigt der Diskurs, ist das Bild einer generell auf Vertrauen basierenden Beziehung nicht deckungsgleich. Das führt zu einem Spannungsverhältnis zwischen erwünschter und erlebter Praxis.

Das Auftreten von Vertrauensverhalten in Verbindung mit dem Handeln von Sozialarbeitern stand im Mittelpunkt des Untersuchungsteils. Dazu wurden 94 protokollierte Situationen aus dem Kontext der stationären Kinder- und Jugendhilfe nach dem Sozialgesetzbuch VIII mithilfe der Schritte der Grounded Theory analysiert. Die Protokolle wurden über die Erhebungsmethode der teilnehmenden Beobachtung, begleitend im sozialarbeiterischen Alltag, in einem Zeitraum von zweimal sechs Monaten angefertigt. Sie lagen in Form von Dateien vor. Die Wahl einer qualitativen Methode zur Untersuchung dieser Protokolle begründete sich damit, dass für eine quantitative Methode noch zu viele Unklarheiten über den Gegenstand Vertrauen bestehen und es in der Sozialen Arbeit bisher keine vertrauensbezogene Rahmentheorie zur professionellen Binnenbeziehung gibt.

Die Protokolle wurden als Abbilder der Praxis betrachtet, wobei die Verhaltensweisen von Sozialarbeitern, die der Realisierung der Zusammenarbeit mit ihren Klienten dienen, und dabei jene, die vertrauensfördernden Charakter haben, von Interesse waren. Die Auswertung fand methodisch geleitet schrittweise, in Anknüpfung an die Arbeitsfragen und unter Berücksichtigung der erarbeiteten Erklärungen zu Vertrauen statt.

Impulsgebend im Erkenntnisprozess waren vorhandene Forschungsergebnisse zum Vertrauensaufbau und zu den Anhaltspunkten für Vertrauen[845]. Besonders die Theorie zum Aufbau von Vertrauen in Pha-

---

845   vgl. Kapitel 3.3 und 3.4.

sen[846] diente im Untersuchungsverlauf immer wieder der Reflexion der Erkenntnisse. Anhaltspunkte für Vertrauen werden vonseiten der psychologischen Forschung in den Bereichen Selbstöffnung/ Selbstexplorative Äußerungen, Bitte um Hilfe, Bitte um Rückmeldung über die eigene Person und beziehungsorientierte Äußerungen gesehen. Eine einfache Übertragung von dazu vorliegenden Verhaltenskategorien als Hinweise auf vorhandenes Vertrauen auf die Untersuchung von Daten aus der Praxis Sozialer Arbeit wurde als nicht erkenntnisbildend erfahren[847].

Insgesamt erwies sich die mangelnde Operationalisierung des Gegenstandes Vertrauen als methodisch schwierig. Um ihn erkennbar zu machen, wurden die erarbeiteten bereichsspezifischen Verknüpfungen aus der Sozialen Arbeit herangezogen. Vertrauen als Konstrukt und damit nicht als eigenständigen Sachverhalt zu betrachten, entspricht der aus der Fachliteratur gebildeten subjektiven Theorie von Sozialarbeitern zu spezifischem Vertrauen und eröffnete die Möglichkeit, direkt an die bereichsspezifischen Sichtweisen anschließen zu können.

Die vorab erarbeiteten Erkenntnisse dienten als Grundlagen, um spezifisches Vertrauen als Bedingung für einen kooperativen Zustand zu beschreiben. Im Ergebnis der Vorarbeiten wurde ebenfalls deutlich, dass dieser Zustand als ein Anzeichen für spezifisches Vertrauen angesehen wird. Begründet mit der Zielvorgabe, der Klient werde Verantwortung übernehmen und die Arbeitsbeziehung werde sich infolge auflösen (Hilfe zur Selbsthilfe), konkretisierte sich dieser kooperative Zustand über zukunftsorientierte und nach außerhalb der professionellen Beziehung gerichtete Aktivität durch den jeweiligen Klienten. Im schrittweisen Nachvollzug der Interaktionen wurden die Verhaltensweisen der Mitarbeiterinnen recherchiert, die dies ermöglichen.

Die in den Protokollen beschriebenen Verhaltensweisen der Mitarbeiterinnen und der Klienten wurden identifiziert, differenziert begründeten Kategorien zugeordnet und entsprechend der Methode zwischen ihnen Beziehungen hergestellt. Die als charakteristisch zu kennzeichnenden Verhaltensweisen der Mitarbeiterinnen und ihre erkennbaren Beziehungen zu den Verhaltensweisen der Klienten wurden detailliert beschrieben. Der Interaktionsimpuls und die Themen der Interaktionen wurden als rahmengebend betrachtet. Dabei wurde das zahlenmäßige

---

846   vgl. Kapitel 3.3.1.
847   vgl. Kapitel 3.4 und 7.1.3.

Verhältnis der Protokolle, in denen ein Klient oder eine Mitarbeiterin die Interaktion beginnt, als ausgewogen festgestellt. Die thematischen Schwerpunkte in den untersuchten stationären Kinder- und Jugendhilfeeinrichtungen lagen in den Bereichen Beschäftigung, Beziehung, Inneres, Regeln, Unterstützung und Zustimmung. Die Einhaltung von Regeln war dabei ein besonders häufiges Thema.

Insgesamt war festzustellen, dass die Sozialarbeiter von den Kindern und Jugendlichen in ihrer professionellen Rolle angenommen werden, dass sie häufig und variantenreich mit ihren Klienten kommunizieren und auch die Klienten durchgängig interaktionsbereit sind. Die Sozialarbeiter sind vor allem als die Fragenden und Auffordernden und als die Anweisenden beschrieben, ebenfalls häufig als diejenigen, die Befindlichkeiten von den Klienten zu ergründen suchen. Die Klienten befinden sich oft in der Rolle der darauf Reagierenden und Informierenden. Das sich im Kontext stationärer Unterbringung zwingend ergebende Verhalten ‚Frage nach Zustimmung‘ vonseiten der Klienten war auffällig und diente zumeist der Eröffnung der Interaktion. Beide Seiten, Klienten wie Mitarbeiterinnen, begründen oft ihr Verhalten oder ihr Handeln dem Anderen gegenüber. Die Sozialarbeiter bemühen sich oft um ein selbstexploratives Verhalten ihrer Klienten, das in der Kommunikation eine erhebliche Rolle spielt. Die Verhaltensweisen der Sozialarbeiter sind durchgängig als professionell distanziert zu kennzeichnen. Sie erklären in den Interaktionen die Motive für ihr Handeln, es gibt mehrfach Ich-Aussagen und seltener Ausführungen, die dem Bereich selbstexplorativer Äußerungen zuzuordnen sind. Die Grenze zwischen professionell handelndem Sozialarbeiter und dem Klienten in ihren jeweiligen Rollen ist jedoch stets deutlich. Der Bereich der Selbstöffnung liegt im professionellen Verhältnis aufseiten der Klienten.

Die Mitarbeiterinnen geben den Klienten negative wie auch positive Rückmeldungen, wobei diese selten für sich allein stehen; sie werden zum Beispiel begründet oder mit einer Sanktion verbunden. Negative Rückmeldungen an die Klienten werden aus unterschiedlichen Gründen ausgesprochen. Eine positive Rückmeldung hingegen erfolgt oft auf die Formulierung eines Anliegens vonseiten der Klienten. Die Klienten reagieren auf negatives Feedback häufig mit nonverbal gezeigten negativen Gefühlsäußerungen oder mit Schweigen. Seltener wird der Dialog fortgesetzt, indem der Klient sich sachbezogen oder selbstexplorativ äußert, eine Orientierungsfrage stellt oder erklärende und ausweichende Reaktionen zeigt. Auf eine positive Rückmeldung einer Mitarbeiterin reagieren die Klienten vielfältig. Sie zeigen nonverbal positive Gefühlsäußerungen; es kommt auch zu selbstexplorativen oder erklärenden Bekundungen.

Das Auftreten von spezifischem Vertrauen wurde über den beschriebenen kooperativen Zustand erfasst. Dessen Konstruktion ist ein gemeinsamer Akt von Sozialarbeiter und Klient. Als Anzeichen der Bereitschaft zu vertrauen stellt sich der Anschluss an einen vonseiten der Mitarbeiterin gegebenen Anknüpfungspunkt heraus, was auch die Einnahme einer Gegenposition bedeuten kann. Dieser Anschluss wurde als ein Anhaltspunkt für die Beteiligung des Klienten erfasst, der auf die Relevanz der Thematik für ihn hinweist; gleichzeitig kommt ihm eine Signalfunktion für die Bereitschaft zu einer gemeinsamen Problemdefinition zu. Im Moment eines solchen gemeinsamen Aktes der Konstruktion wird die Vertrauensbereitschaft des Klienten in Form von Verhalten sichtbar. Dieser Schritt stellte sich als grundlegend und als Voraussetzung dafür, dass sich eine aufeinander bezogene Interaktion zwischen Sozialarbeiter und Klient entwickelt, heraus.

Bei der ebenfalls vorab gestellten Frage, welches professionelle Verhalten dazu führt, dass Klienten in dieser Form handeln, wurden bestimmte Kriterien festgestellt: Ein solches Verhalten der Sozialarbeiter muss nachvollziehbar und transparent sein, an das anschließen, was für den Klienten bedeutsam ist und seine Partizipation zulassen.

Dass der Sozialarbeiter sich dem Klienten verstehend zuwendet, ist hierfür unerlässlich. Kann er nicht nachvollziehen, was für den Klienten wichtig ist, ist der Entwurf eines Anknüpfungspunktes und damit eine systematische Vorgehensweise erschwert. Als Signale für eine folgende nicht aufeinander bezogene oder eine sich voneinander entfernende Interaktion wurden verbale Zustimmungen der Klienten bei gegenläufigem Handeln und die Entwicklung von verbalen Machtkämpfen beschrieben. Mit Aufforderungen zur Selbstexploration, Fragen nach Informationen oder nach Motiven zeigen die Sozialarbeiter ihr Interesse und schaffen Möglichkeiten für das Entstehen von Anknüpfungen.

Das Eröffnen von Freiräumen für den Klienten, und dazu zählen auch Pausen, um sich zu orientieren und gegebenenfalls zurückzuziehen, sind als für Vertrauen förderlich einzuordnen. In den Situationen zeigte sich eine positive Wirkung auf das Entstehen eines kooperativen Zustandes, wenn die Interaktion von den Sozialarbeitern durch eine Gesprächspause unterbrochen wurde. Wurde die Interaktion nach der eingeräumten Zeitspanne thematisch fortgesetzt, ergaben sich weitere und konstruktive Schritte.

Für die Interaktion müssen zunächst Voraussetzungen bestehen, die vertrauensfördernd sind. Zu nennen sind Vertrautheit und Sicherheit. Beide Bereiche sind eng verknüpft. Durch Handlungen, die auf Vorhersagbarkeit und Berechenbarkeit des Verhaltens zielen, lässt sich Vertrauensaufbau vorbereiten. Die Vertrauensgenese erfordert es, deutliche Sicherheitssignale zu zeigen.

Die Erkenntnisse zur Frage der Verschwiegenheit machen klar, dass Vertraulichkeit ein Muss ist, damit Vertrauen entsteht. Das belegt beispielhaft Cocard[848], der darauf bezogene Handlungen unter dem Begriff der Vertrauenswürdigkeit beschreibt. Es ist davon auszugehen, dass Klienten nicht in vollem Umfang wissen, wie genau sich die Vertraulichkeit in der Sozialen Arbeit gestaltet. Eine Erweiterung dieses Wissens kann in der Situation erforderlich werden; dann ist die Thematisierung der strukturell gegebenen und nicht verhandelbaren Bedingungen für die Arbeitsbeziehung notwendig. Die Erklärung von Kontrollaufträgen und Interventionsaufgaben ist hierzu zu zählen.

Vertrauen ohne Vertrautheit ist nicht möglich; es hat sie prinzipiell zur Voraussetzung[849]. Auch in diesem Bereich wird Sicherheit begründet. Das Entgegenkommen durch Orientierung zeigt sich in der Situation, indem eigenes Verhalten erklärt wird und auch dem Anderen die Möglichkeit gegeben wird, das für sein Handeln zu tun. Gleichzeitig ist zu hinterfragen, ob die individuellen Erwartungen der Klienten sich in der Arbeitsbeziehung wiederfinden können. Die Rollenerwartungen der Klienten können durch Informationen über das, was der Sozialarbeiter macht und das, was er leisten kann, abgeglichen werden. Die transparente und nachvollziehbare Aufklärung von professioneller Seite über eigene berufliche Ressourcen und Grenzen ist dafür günstig.

Nur in den Situationen, in denen Verhaltensweisen der Sozialarbeiter beschrieben sind, die der Nachvollziehbarkeit ihres Handelns die-

---

848   ders., a.a.O.: 166 ff., vgl. Kapitel 3.2.3.2.
849   vgl. Endreß., 2001: 167 f.

nen und die Orientierung und Sicherheit herstellen, entwickelte sich ein kooperativer Zustand. Günstig sind Selbstreferenzen innerhalb der professionellen Rolle oder Begründungen für Verhalten und dies vor allem auch für zukünftig angedachte Interventionen. Gleiches gilt für das Signalisieren von Unterstützungsbereitschaft und die Klarstellung der professionellen Zuständigkeiten und Kompetenzen. Eine nachträgliche Erklärung einer irritierenden Intervention durch die Sozialarbeiter führt nicht zu konstruktiven Effekten aufseiten der Klienten. Hilfreiche Verhaltensweisen sind solche, die der Orientierung in der Situation dienen.

Der Einsatz von Humor in der Interaktion gegenüber den Klienten macht deren hinreichende Orientiertheit notwendig, sonst kann er nicht richtig eingeordnet werden und Missverständnisse hervorrufen. Als Intervention zielt Humor auf die Entschärfung von Brisanz innerhalb einer Situation und kann eine entspannte Interaktionsatmosphäre schaffen[850]; ebenso kann er zur Stärkung von Selbstbehauptung und Selbstbemächtigung der Klienten beitragen[851]. Sein Einsatz dient auch der Klärungshilfe. Voraussetzung ist jedoch Vertrautheit, die Monden-Engelhardt wie folgt umschreibt: „Humor braucht eine gewisse Beziehungsbasis und Vertrauen in ein gemeinsames Grundverständnis, eine stillschweigende Basis-Sympathie in der Beziehung" (ders., 2008: 73) und auf die Gefahr verweist: „Sonst ist das Risiko, zu kränken, zu verletzen, Grenzen zu übertreten gerade in der Anfangsphase des Beziehungsaufbaus sehr groß" (ebd.). Fehlende Vertrautheit ist eine Erklärung dafür, dass im Zusammenhang mit der Frage nach einem kooperativen Zustand und damit nach Vertrauen in der Untersuchung in dieser Arbeit kein besonderer positiver Effekt von Humor bestätigt worden ist.

Das über den kooperativen Zustand beschriebene Vertrauensverhalten vonseiten der Klienten kommt in der durchgeführten Untersuchung nicht häufig vor. Nicht selten wird jedoch die Bereitschaft hierzu, so beispielsweise in der Form von Anknüpfungen, signalisiert. Teilweise wurden Anschlusszeichen nicht aufgegriffen, so, wenn die Klienten sich affektiv verhielten oder ihr Verhalten für den professionell Tätigen offenbar provozierend wirkte. Die Signale der Vertrauensbereitschaft aufzugreifen und ihnen Bedeutung zu geben, kann als eine besondere Fähigkeit von Sozialarbeitern herausgestellt werden.

---

850   vgl. Frei, 2003: 185.
851   vgl. Hermann Bollinger & Lustenberger, 2001: 50 ff.

An professionelles Handeln in der Sozialen Arbeit werden vielschichtige Ansprüche gestellt; sie machen es in seiner Komplexität schwer planbar[852]. Ein rein standardisiertes Handeln ist methodisch nicht sinnvoll[853]. Vielmehr werden reflektierte Handlungspläne angestrebt, die als auf wissenschaftlich begründeten Regeln „konzipierte Abfolgen von konkreten Handlungen [erklärt werden], mit deren Hilfe die aktuelle oder antizipierte unerwünschte Situation in die gewünschte überführt werden soll" (Brack, 1997: 643). Wie auch in der Allgemeinen Pädagogik sind sie nicht als starre Handlungsvorgaben zu sehen. Sie dienen als Handlungsorientierungen und sind in der pädagogischen Praxis in pädagogische Prozesse abzuändern[854].

Anregungen für eine solche Handlungsorientierung für Interaktionsprozesse bieten die Darlegungen von J. Muth aus den 1980er-Jahren. Er stellte Interaktionen zwischen Lehrer und Schüler als die von Interaktionssubjekten im Rahmen professioneller Distanz dar[855] und verdeutlichte über den Begriff ‚pädagogischer Takt' die Rollen von Feingefühl und von Zurückhaltung in pädagogischen Situationen. Professionelle Abläufe werden als solche im Dienste des Anderen angesehen[856]. Die persönlichen Handlungsspielräume, die individuelle Kompetenz und die eigene Autonomie müssen in Eigenverantwortung von der einzelnen Fachkraft eingeschätzt werden.

Jenes Feingefühl *[...] realisiert [...] sich in der konkreten, unvorhersehbaren Situation, in die sich ein Mensch unvermittelt gestellt findet [... und erwächst] aus einer Natürlichkeit und Unbefangenheit des Menschen, der nicht auf sich selbst reflektiert, sondern immer dem andern Menschen zugewandt ist, der darum die Erfahrungen des andern im eigenen Sein erfährt [...]. Und die* Zurückhaltung *[zeigt sich] im Nichteinwirken; sie ist darum eher ein Unterlassen als ein Tun [...]. In letzter Hinsicht läßt die Zurückhaltung den andern sein und werden, wozu er zu sein begabt und aufgerufen ist, ohne ihn damit aufzugeben; sie weiß sich ihm verbunden. Sie achtet die Grenzen des andern, indem sie die eigenen Grenzen nicht überschreitet [...]. Und ebenso wie das Feingefühl läßt sich auch die Zurückhaltung nur in der konkreten Situation aktualisieren, in*

---

852   vgl. Engel et al., 1996: 54 ff.; von Spiegel, 1998: 254.
853   vgl. Bommes & Scherr, 2000: 209 f.; Kähler, 1997: 11.
854   vgl. Danner, 2001: 51.
855   vgl. ders., 1982: 45 ff.
856   vgl. ders., a.a.O.: 17 f.

die sich ein Mensch meist unvermittelt gestellt findet (ders., a.a.O.:
20 f., Hervorhebung im Original).
Takt [...] kann nur im mitmenschlichen Umgang verwirklicht wer-
den, in dem es [...] um das Sein des anderen Menschen geht, und
zwar im feinfühlenden Handeln oder einem zurückhaltenden Un-
terlassen unangebrachten Handelns (ders., a.a.O.: 22).

Um zu einer engagierten Praxis gelangen zu können, bedürfen diese
Prozesse der theoretischen Reflexion. Im Einzelfall stellt sich die Frage
der praktischen Handlungsmöglichkeiten. Muth ordnet der Bezeichnung des pädagogischen Taktes die Erklärung ‚Situationssicherheit' zu
und beschreibt im Rahmen des (schul-)pädagogischen Settings mit der
systemimmanenten professionellen Distanz und der doppelten Kontingenz[857] die Voraussetzungen aufseiten des Pädagogen für die Fähigkeit zu dieser - für ihn elementaren - Situationssicherheit:

[Der Lehrer] darf zum einen nicht in sich selbst versponnen sein
[...], er darf aber auch nicht [...] einen geplanten methodischen Gang
im Auge haben, darf nicht ausschließlich das Ziel sehen und anstre-
ben [...]. Vielmehr muß er offen sein und sich offenhalten für das,
was unvorhersehbar auftritt [...]. Zum andern ist es wesentlich, daß
den Lehrer die Sachverhalte, vor die er die Schüler führen möchte,
selber betroffen, berührt oder angerührt haben, daß sie ihm wichtig
sind, daß er selber in ihnen lebt und nicht nur eine äußere Bezie-
hung zu ihnen hat [...,] es geht um das Engagement des Lehrers in
diesen Sachverhalten, um sein Betroffensein von ihnen, es geht da-
rum, daß er sich mit ihnen einläßt. Zum dritten muß der Lehrer für
das Agieren des Schülers offen sein und es mitvollziehen, von daher
erwachsende Rückwirkungen auf sein Tun auffangen und unver-
mittelt einbeziehen (ders., a.a.O.: 60 f.).

Die gezielte Erwartung von Interaktionssignalen des Anderen und deren Integration in das eigene professionelle Handeln wird auf diese
Weise zur Grundhaltung.

In der Praxis Sozialer Arbeit geht es um Fragen des intersubjektiven
Austauschs. Eine „individuelle Behandlung [...] auf Grund einer ge-
nauen Kenntnis jedes einzelnen Zöglings" (Petrow, 1968: 82) wird dabei nicht als generelle Strategie verfolgt. Stattdessen kommt es über re-
flexives Praxishandeln und einzelfallbezogene Theoriebildungen[858] zu

---

857   vgl. ders., a.a.O.: 58 f., vgl. Kapitel 4.3.1.
858   vgl. Schaub, 1999: 86.

einer Verallgemeinerung in Handlungsmustern. Von Sozialarbeitern sind hier die Wahrnehmung von Signalen des Klienten, das sensible Eingehen auf seine Kooperationssignale und die Erhöhung seiner Orientiertheit im Sinne von Vertrautheit gefordert. Zusammenfassend ist ein solches Vorgehen als Responsibilität zu bezeichnen und als eine einzelfallübergreifende professionelle Kompetenz anzusehen. In der laufenden Interaktion ist sie verknüpft mit der Aufgabe, „fremden Sinn verstehend zu erschließen, um auf diese Weise Interventionsstrategien entwickeln zu können, die der Individualität des jeweiligen Einzelfalls Rechnung trägt [sic]" (Höpfner & Jöbgen, 2001: 38). Ohne Partizipation des Klienten wäre die Lösung einer solchen Aufgabe unmöglich.

Unter Partizipation wird allgemein Beteiligung verstanden. In der Kinder- und Jugendhilfe ist sie in den §§ 8 und 36 des Sozialgesetzbuch VIII verankert. Auch im Wunsch- und Wahlrecht des § 5 findet sich eine Beteiligungsaufforderung, ebenso in weiteren Paragraphen wie in den §§ 9 und 11, in denen ein Beteiligungsrecht eingeräumt wird[859]. Insgesamt gibt es mehrere rechtliche Festlegungen, um die Beteiligung von Kindern und Jugendlichen zu fördern. Dieses Verständnis von Partizipation gehört zum Bereich der strukturellen Fragen Sozialer Arbeit.

Mit dem Begriff der Partizipation wird erneut ein Themenfeld eröffnet, das inhaltlich von Unbestimmtheit geprägt ist. Im hier verstandenen Sinn zielt Partizipation auf die unmittelbare Beteiligung in der Situation. Sie wird als dynamisch verstanden und besteht nicht nur am Anfang eines Hilfeprozesses im Rahmen der Entscheidungsfindung für eine Hilfemaßnahme, wie das im Hilfeplanverfahren vorgesehen ist. Stattdessen ist sie eine interaktive Komponente im laufenden Hilfeprozess und in der unmittelbaren Begegnung von Sozialarbeiter und Klient. Das Einbringen konkreter eigener Ansichten, Grenzen und Lösungsvorschläge des Klienten steht im Vordergrund. Die Begriffe der Mitsprache, Mitwirkung und Mitbestimmung, die auch für strukturell eingebundene Partizipation Verwendung finden, beziehen sich dabei direkt auf die Interaktionssituation[860]. Die Möglichkeiten für eine solche Beteiligung hängen unmittelbar mit den professionellen Haltungen und Einstellungen der jeweiligen Fachkraft zusammen. Als Gegenargumente für eine Partizipation der Klienten referieren Pluto et al.

---

859   vgl. Pluto, 2003: 9 f.

860   vgl. ders., a.a.O.: 12 ff. unter Verweis auf Vilmar, f. (1986): Partizipation. In Mickel, W.W. (Hrsg): Handlexikon zur Politikwissenschaft. Bonn: Bundeszentrale für Politische Bildung, S. 339-344.

Aussagen von Sozialarbeitern, die auf deren Fachlichkeit und Verantwortung abzielen. Durch Beteiligung von Klienten werden offenbar professionelle Selbstverständnisse berührt. Es besteht eine Konkurrenz zwischen fachlichen Standards einerseits und der Ergebnisoffenheit bei Partizipationsermöglichung andererseits. Bereits im Prozess der Hilfeplanung wird das als problematisch beschrieben[861].

Die Untersuchung der hier analysierten Protokolle verweist für die Bildung von spezifischem Vertrauen darauf, welche besondere Bedeutung das Angebotene des Gegenübers hat. Damit sich spezifisches Vertrauen entwickeln kann, muss dem Klienten die Partizipation an der Arbeitsbeziehung möglich sein: Sie erst eröffnet die Ermöglichung des Entwurfs eigener Lösungsideen und in der Konsequenz die Übernahme von Verantwortung.

Die Entstehung von spezifischem Vertrauen basiert folglich auf einer professionellen Responsibilität des Sozialarbeiters und auf der Ermöglichung von Partizipation des Klienten. Ein solches Verhalten muss mit dem Vertrauen des Sozialarbeiters in die Kompetenzen des Klienten verbunden sein, das zugunsten der sprachlichen Klarheit hier als Zutrauen zu benennen ist. Die Ergebnisse der durchgeführten Untersuchung verweisen tatsächlich auf die dritte Phase des Modells zur Herstellung von Vertrauen nach Petermann[862], in der über die Stärkung des Selbstvertrauens des Interaktionspartners erst der letztlich entscheidende Schritt zum Vertrauen ausgeführt wird. Auch wenn sich im Grundprinzip der Hilfe zur Selbsthilfe die Relevanz dessen für den Hilfeprozess zeigt, gibt es in der Fachliteratur Sozialer Arbeit selten eine Thematisierung in Bezug auf spezifisches Vertrauen. Sie gibt vor allem detaillierte Handlungsempfehlungen, die sich den ersten beiden Phasen des Petermann-Modells zuordnen lassen (Herstellung einer verständnisvollen Kommunikation und Abbau bedrohlicher Handlungen). Über die Gedankenführung zum Thema Partizipation des Klienten an der Arbeitsbeziehung mit der Ermöglichung des Entwurfs eigener Lösungsideen und der Übernahme von Verantwortung rückt das Zutrauen des Sozialarbeiters in die Kompetenzen des Klienten in den Mittelpunkt. Die Tatsache, dass der Klient für seine Fragestellung und ihre Beantwortungsmöglichkeiten etwas Eigenes zu leisten in der Lage ist, ist für die Vertrauensbildung grundsätzlich. In Nebenwirkung einer solchen Stärkung des Selbstvertrauens wird der

---

861   vgl. der., a.a.O: 48 ff., 73 ff.
862   vgl. Kapitel 3.3.1.

Person vertraut, die dies zulässt[863]. Aus den Ergebnissen der Untersuchung ist abzulesen, dass der Sozialarbeiter in der Situation unbedingtes Interesse an dem Anderen haben muss. Beispielhaft formuliert Müller-Wiegand für eine in ihrem Arbeitsfeld erfolgreiche Tätigkeit: „[Jugendliche] müssen Vertrauen entwickeln, vor allem auch zu sich selbst, und ihnen muss Vertrauen entgegengebracht werden" (ders., 2000: 184). Hier zeigt sich der Charakter des auch von M. L. Conen im Kontext der Sozialpädagogischen Familienhilfe verwendeten Begriffs ‚Zutrauen':

> *Indem der Familienhelfer losläßt und den Familien zutraut, daß sie ihre Probleme selbst angehen können, erleben diese Familien, daß sie selbst Entscheidungen treffen, sie verantwortlich dafür sind. Dies trifft auch zu, wenn sie selbst keine Entscheidungen zu treffen scheinen, indem sie Behörden und Institutionen ‚entscheiden lassen'. Manche Familien mögen in ihren ‚anfänglichen Bemühungen' überfordert sein; andere Familien testen aus, ob der Helfer sein Zutrauen wirklich durchhält; einige halten inne, sind erstaunt über das Zutrauen in sie. Bei vielen stellen sich besonders dann erstmals grundlegende Veränderungen ein und werden die Eigenpotentiale der Familie sichtbar. Im allgemeinen verfügen die Familien über ein Reservoir von Lösungsstrategien, die der Familie oft das erste Mal so deutlich werden (ders., 1990: 16).*

Der besondere Hinweis dieser Ausführungen liegt in der Beschreibung von Zutrauen als Raum für Partizipation und für die Entwicklung eigener Aktivität aufseiten der Klienten. Nur unter Einbezug dieser eigenen Lösungsstrategien kann der Sozialarbeiter im Einzelfall Vertrauen hervorrufen und damit in der Arbeitsbeziehung wirksam sein. Soziale Arbeit, so Mörsberger, „hat sich daran zu orientieren, ob ein Arbeitsschritt [...] langfristig geeignet zu sein scheint, positive Veränderungen in die schwierige Lage zu bringen" (2000: 230). Die zum Beginn dieser Abhandlung gestellte Frage, ob die Fähigkeit der vertrauensvollen Beziehungsgestaltung im professionellen Binnenverhältnis unabdingbar zur Professionsausübung von Sozialarbeitern gehören muss, ist damit positiv zu beantworten.

Durch Responsibilität, Ermöglichung von Partizipation und Zutrauen wird erst Wechselseitigkeit, die ein weiteres wesentliches Merkmal von Vertrauen ist, möglich[864]. Eine solche Wechselseitigkeit bedeutet,

---

863 vgl. ebd.
864 vgl. u.a. Kapitel 4.2 und 5.3.3; vgl. Endreß, 2001: 170 f.

dass der Vertrauende erwartet, dass auch ihm Vertrauen entgegengebracht wird. Bei ihrem Ausbleiben stellt sich langfristig die Frage nach der Beziehungsqualität. Eine unidirektionale Abhängigkeit des Klienten innerhalb einer asymmetrischen Beziehung, insbesondere in Bezug auf Macht und Ressourcen, wird durch Vertrauen zu einer konstruktiven Beziehung zum Nutzen beider Beteiligter verändert. Erst in Verknüpfung mit Reziprozität und Freiwilligkeit aufgrund individueller Relevanzkriterien kann von Vertrauen gesprochen werden, denn für ein reines Abhängigkeitsverhältnis wird die Begriffsverwendung zurückgewiesen[865].

Nunmehr lässt sich die Tragweite von Aussagen zum Vertrauen des Klienten erfassen, die auf die Notwendigkeit von Responsibilität und Partizipation und auf das Zutrauen in den Klienten und deren notwendige Verknüpfungen verweisen, wie es vor allem Zitate aus der Bewährungshilfe und der Straßensozialarbeit belegen: „Vertrauen bei Probanden wächst, wenn sie richtig finden, was ihnen gesagt, nachvollziehbar finden, was von ihnen erwartet wird" (Waibel & Lübbemeier, 2001: 9), oder: „Durch eine regelmäßige, zuverlässige Präsenz von Streetworkern kann sich eine Vertrauensbeziehung aufbauen. Jugendliche müssen sich mit ihren Ängsten und Bedürfnissen aufgehoben und verstanden fühlen" (Müller-Wiegand, 2000: 184). Es kann dabei nicht darum gehen, dass die Sozialarbeiter den Klienten entkoppelte Vorgaben machen, vielmehr bietet die auf Partizipation gerichtete professionelle Haltung den Klienten die Möglichkeit, einen selbstbestimmten Lösungsweg mit der benötigten und daran anknüpfenden Unterstützung zu gehen. Vertrauen wird damit wahrscheinlicher und eine Pseudo-Mitwirkung (z.B. in Form von Willfährigkeit) kann vermindert werden. Professionelle Abläufe, die der Stärkung von Vertrauen der Klienten förderlich sind, werden für den Erfolg von Unterstützungsprozessen somit wichtige Voraussetzung. In der humanistisch orientierten Pädagogik wird „dem Vertrauen eine fundamentale Bedeutung für jedwede Form von Erziehung beigemessen. Insbesondere das Vertrauen des Erziehers in den Zu-Erziehenden und seine Anlagen steht hier im Vordergrund und fördert dann gleichsam die Möglichkeiten des Kindes, sich selbst, aber auch anderen zu vertrauen" (Thies, 2002: 60). Doch nur wenige Lehrer, so Thies in ihrer Studie, finden den „Effekt der Stärkung von Selbstvertrauen durch Vertrauen" (ders., a.a.O.: 131 ff.) wesentlich. „Wichtiger erscheinen auf das Arbeitsklima und Zielerreichung gerichtete Komponenten" (ebd.). Obwohl in

---

865   vgl. Endreß, 2001: 170.

diesem Punkt teilweise Parallelen zwischen der Schulpädagogik und der Sozialen Arbeit zu sehen sind, wird in der Sozialen Arbeit jedoch eine grundlegende Relevanz von Vertrauen und dem damit verbundenen Zutrauen in Form des Grundsatzes der Hilfe zur Selbsthilfe formuliert.

Schwendemann betont, dass „Grundlagenforschung in der Sozialpädagogik [...] auch immer den Impetus sozialer Gerechtigkeit in sich zu tragen [hat]" (ders., 2005: 11). Deshalb soll zum Ende dieser Arbeit ein berufsethischer Gesichtspunkt stehen. Bisher wird in diesem Zusammenhang Vertrauen vornehmlich bei Fragen von Verschwiegenheit und Datenschutz diskutiert. Ansonsten spielt es in der professionellen Diskussion vor allem unter utilitaristischen Gesichtspunkten eine Rolle. Insbesondere dort, wo aufgrund des Kontextes eine geringe Motivationslage vorliegt, wird Vertrauen als Brücke zwischen fehlender/geringer Motivation und Hilfeannahme, Kooperation und Information beschrieben. Dabei ist es nicht klar, ob beide Seiten, Sozialarbeiter und Klient, das Gleiche unter Vertrauen verstehen. Mit der Verwendung des Vertrauensbegriffs gegenüber Klienten können unrichtige Erwartungen geweckt werden, solange ein Konsens über das, was in der Sozialen Arbeit mit Vertrauen gemeint ist, fehlt. Die Fähigkeit, berufliche Beziehungen sowie wechselseitiges Vertrauen aktiv herzustellen, gilt gemeinhin als eine professionelle soziale Kompetenz von Sozialarbeitern. Das allgemeine Angebot einer vertrauensvollen Beziehung beinhaltet jedoch ein Versprechen, dessen Erfüllung der einzelne Sozialarbeiter schwer kontrollieren kann. Der persönliche Einsatz allein reicht für Vertrauensaufbau nicht aus, wenn strukturelle Gegebenheiten dem entgegen stehen: „Was aber der Beruf vermissen lässt, kann nicht individuell herbeigeführt werden" (Sahle, 1988: 31). Unter diesen Voraussetzungen muss eine mit Vertrauenskriterien besetzte Bringschuld der Klienten relativiert werden. Vielmehr geht es um eine gemeinsame Konstruktion durch Sozialarbeiter und Klient. Die Forderung nach spezifischem Vertrauen muss dabei unter der Vorgabe stehen, dass es dem Klienten nützen kann.

Literatur

Ackermann, f. (2000). *Handlungskompetenz und generative Deutungsmuster in der Sozialen Arbeit - Eine qualitativ-empirische Studie zu Habitualisierungen beruflicher Handlungsvollzüge im Kohortenvergleich.* Oldenburg: Dissertation am Fachbereich Pädagogik der Carl von Ossietzky Universität Oldenburg.

Antfang, P. & Urban, D. (1994). *„Vertrauen"- soziologisch betrachtet. Ein Beitrag zur Analyse binärer Interaktionssysteme.* Schriftenreihe des Instituts für Sozialforschung der Universität Stuttgart, Nr. 1. http://elib.uni-stuttgart.de/opus/volltexte/2000/675/.

Apel, K.-O. (2001). Diskursethik als Ethik der Mit-Verantwortung vor den Sachzwängen der Politik, des Rechts und der Marktwirtschaft. In K.-O. Apel & H. Burckhart (Hrsg.), *Prinzip Mitverantwortung. Grundlage für Ethik und Pädagogik* (S. 69 - 96). Würzburg: Königshausen & Neumann.

Apel, H. J. (1999). *Die Vorlesung. Einführung in eine akademische Lehrform.* Köln: Böhlau.

Arnold, S. (2003). Vertrauensaufbau in der Sozialen Arbeit. In T. Fabian & R. Schweikart (Hrsg.), *Brennpunkte der Sozialen Arbeit* (S. 117 - 166). Münster: LIT.

Arnold, S., Kempe, D. & Schweikart, R. (2005). *Berufliches Erfahrungswissen und gute pädagogische Praxis.* Münster: LIT.

Auer-Betschart, E. & Weber, B. (1992). *Erziehungslehre.* Köln: Stam.

Baal, J. (1986). *Sozialarbeit. Lernprozess zwischen Anpassung und Widerstand. Theorie und Praxis im Vergleich* (2., überarb. u. ergänzte Aufl.). Münster: Praxisnahes Lernen.

Bäcker, f. (1996). Konflikt, sozialer. In D. Kreft & I. Mielenz (Hrsg.), *Wörterbuch Soziale Arbeit* (4., vollst. überarb. und erw. Aufl.) (S. 376 - 377). Weinheim: Beltz.

Balloff, R. (2003). Die Kindeswohlgefährdung nach § 1666 BGB am Beispiel der Misshandlung und seelischen Vernachlässigung. In T. Fabian & S. Haller (Hrsg.), *Gefährdete Kinder – was tun?* (S. 146 - 168). Münster: Lit.

Balloff, R. (2004). Kindeswohl in HKÜ-Fällen. In Vorstand der Sektion Rechtspsychologie im Berufsverband Deutscher Psychologinnen und Psychologen e.V. (Hrsg.), *Kindeswohlgefährdung* (S. 412 - 425). Bonn: Deutscher Psychologen Verlag.

Barber, B. (1983). *The Logic and Limits oft Trust.* New Brunswick, New Jersey: Rutgers University Press.

Baron, R. (1995). Die Entwicklung der Armenpflege in Deutschland vom Beginn des 19. Jahrhunderts bis zum Ersten Weltkrieg. In R. Landwehr & R. Baron (Hrsg.), *Geschichte der Sozialarbeit. Hauptlinien ihrer Entwicklung im 19. und 20. Jahrhundert* (3. Aufl.) (S. 11 - 71). Weinheim: Beltz.

Bauer, K. O., Kopka, A. & Brindt, S. (1996). *Pädagogische Professionalität und Lehrerarbeit. Eine qualitativ empirische Studie über professionelles Handeln und Bewusstsein.* Weinheim: Juventa.

Bechtler, H. (1997). Helfende Beziehung. In Deutscher Verein für öffentliche und private Fürsorge (Hrsg.), *Fachlexikon der sozialen Arbeit* (4., vollst. überarb. Aufl.) (S. 457 - 458). Frankfurt a. M.: Eigenverlag.

Becker-Lenz, R. (2005). Das Arbeitsbündnis als Fundament professionellen Handelns. Aspekte des Strukturdilemmas von Hilfe und Kontrolle in der Sozialen Arbeit. In M. Pfadenhauer (Hrsg.), *Professionelles Handeln* (S. 87 – 104). Wiesbaden: VS Verlag für Sozialwissenschaften.

Bernfeld, S. (1969). *Antiautoritäre Erziehung und Psychoanalyse,* Bd. 1. Darmstadt: März.

Bierhoff, H. W. & Buck, E. (1984). *Vertrauen und soziale Interaktion: Alltägliche Bedeutung des Vertrauens* (Berichte aus dem Fachbereich Psychologie der Philipps-Universität Marburg / Lahn, Nr. 83). Marburg: Philipps-Universität.

Bierhoff, H. W. & Buck, E. (1997). Wer vertraut wem? Soziodemographische Merkmale des Vertrauens. In M. K. W. Schweer (Hrsg.), *Vertrauen und soziales Handeln* (S. 99 - 114). Neuwied: Luchterhand.

Bierhoff, H. W., Buck, E. & Schreiber, C. (1983*). Vertrauen und soziale Interaktion: Einflüsse von interpersoneller Orientierung, Bekanntheit und Machtbalance in Rollenspielen* (Berichte aus dem Fachbereich Psychologie der Philipps-Universität Marburg/Lahn, Nr. 81). Marburg: Philipps-Universität.

Bitzan, M. (1993). In Widersprüchen ganzheitlich arbeiten? Methodische Überlegungen aus der Gemeinwesenarbeit mit Frauen. In T. Rauschenbach, f. Ortmann, M.-E. Karsten (Hrsg.), *Der sozialpädagogische Blick* (S. 129 - 153). Weinheim: Juventa.

Böhler, D. (2001). Bildung zur dialogbezogenen Mit-Verantwortung. Zweckrationales und dialogethisches „Lernen des Lernens". In K.-O. Apel & H. Burckhart (Hrsg.), *Prinzip Mitverantwortung. Grundlage für Ethik und Pädagogik.* (S. 147 - 176). Würzburg: Königshausen & Neumann.

Böhm, A., Legewie, H. & Muhr, T. (1992.). *Kursus Textinterpretation: Grounded Theory* (Interdisziplinäres Forschungsprojekt ATLAS. Forschungsbericht Nr. 92-3). Berlin: Technische Universität Berlin.

Bohnsack, R. (2003). *Rekonstruktive Sozialforschung* (5. Auflage). Opladen: Leske + Budrich.

Bommes, M. & Scherr, A. (2000). *Soziologie der Sozialen Arbeit.* Weinheim: Juventa.

Brack, R. (1997). Methoden der Sozialarbeit. In Deutscher Verein für öffentliche und private Fürsorge (Hrsg.), *Fachlexikon der sozialen Arbeit* (4., vollst. überarb. Aufl.) (S. 642 - 645). Frankfurt a. M.: Eigenverlag.

Bredau, A. (2001). *Systemische Elternarbeit im Rahmen der stationären Unterbringung von Kindern und Jugendlichen*. Leipzig: Unveröffentlichte Diplomarbeit an der Hochschule für Technik, Wirtschaft und Kultur (FH), Fachbereich Sozialwesen.

Buber, M.(1995). *Reden über Erziehung* (Orig.-Ausg., Nachdr. der Erstausg. 1953, 8. Aufl.). Gerlingen: Schneider.

Buber, M. (1974). *Ich und Du* (12. Aufl.). Gerlingen: Schneider.

Bungard, W. (1981). *Einführung in die psychologische Forschungspraxis*. Hagen: Fernuniversität.

Butler, I. & Drakeford, M. (2005). Trusting in Social Work. *British Journal of Social Work, 35*, 639-653.

Bundesverfassungsgericht (1972). *Zeugnisverweigerungsrecht für Sozialarbeiter*. BVerfGE 33, 376. Beschluss 2 BvL 7/71 vom 19.07.1972. http://www.uni-wuerzburg.de/dfr/bv033367.html. Letzter Besuch: 08.12.2005.

Clauß, G., Kulka, H., Lombscher, J., Rösler, H. D., Timpe, K. P. & Vorwerg, G. (Hrsg.) (1976). *Wörterbuch der Psychologie*. Leipzig: VEB Bibliographisches Institut.

Cocard, Y. (2003). *Vertrauen im Jugendalter*. Bern: Haupt.

Coleman, J. S. (1991). *Grundlagen der Sozialtheorie: Handlungen und Handlungssysteme*. Band I. München: Oldenbourg.

Conen, M.-L. (1990). *Sozialpädagogische Familienhilfe zwischen helfen und helfen, zu verändern*. http://www.context-conen.de/artikel/AR-FAHI4.pdf. Veröffentlicht in Theorie und Praxis der Sozialen Arbeit, (4) 280-289.

Conen, M.-L. (1991). *Eine systemische Sicht der Familienarbeit in der Heimerziehung und in der sozialpädagogischen Familienhilfe*. http://www.context-conen.de/artikel/AR-EREV.pdf. Letzter Besuch: 15.02.2006. Veröffentlicht in Evangelische Jugendhilfe, (4) 11-16.

Conen, M.-L. (1996). Aufsuchende Familientherapie mit Multiproblemfamilien. *KONTEXT- Zeitschrift für Familientherapie*, (6) 150-165.

Conen, M.-L. (1997). *Ambulante Hilfen - ohne Nachfrage?* http://www.context-conen.de/ artikel/ar-amb2.pdf. Letzter Besuch: 15.02.2006. Veröffentlicht in AFET-Mitgliederrundbrief, (1) 7-17.

Curtis, J. M. (1981). Effects of therapist self-disclosure, patients impression in empathy, competence and trust in an analog of a psychotherapeutic interaction. *Psychological reports, 48,* 127-136.

Danner, S. (2001). Erziehung als reflektierte Improvisation. Bad Heilbrunn/OBB.: Klinkhardt.

Daßler, H. (1999). *Emotion und pädagogische Professionalität: Die Bedeutung des Umgangs mit Gefühlen für sozialpädagogische Berufe.* Braunschweig: Dissertation an der Technischen Universität Braunschweig, Fachbereich Erziehungswissenschaften.

Dawkins, M. S. (1996). *Die Entdeckung des tierischen Bewußtseins.* Reinbek: Rowohlt.

DBSH - Deutscher Berufsverband für Sozialarbeit, Sozialpädagogik und Heilpädagogik (o. J.). *Was ist Soziale Arbeit?* http:// www.dbsh.de/html/wasistsozialarbeit.html. Letzter Besuch: 19.12.2005.

DBSH - Deutscher Berufsverband für Sozialarbeit, Sozialpädagogik und Heilpädagogik (1998a). Berufsbild für Diplom- Sozialarbeiterinnen/Sozialarbeiter. Verabschiedet auf der Bundesmitgliederversammlung am 21. - 23.11.97 in Göttingen. In A. Limbrunner, *Soziale Arbeit als Beruf. Berufsanfang, Wiedereinstieg und Berufsfeldwechsel* (S. 47 - 51). Weinheim: Beltz.

DBSH - Deutscher Berufsverband für Sozialarbeit, Sozialpädagogik und Heilpädagogik (1998b). Berufsethische Prinzipien des DBSH. Beschluss der Bundesmitgliederversammlung vom 21. - 23.11.97 in Göttingen. In A. Limbrunner, *Soziale Arbeit als Beruf. Berufsanfang, Wiedereinstieg und Berufsfeldwechsel* (S. 52 - 55). Weinheim: Beltz.

DBSH - Deutscher Berufsverband für Sozialarbeit, Sozialpädagogik und Heilpädagogik (2005a). Fachkräfte werden von Ein-Euro-Jobs verdrängt. *Forum Sozial* (4) 6.

DBSH - Deutscher Berufsverband für Sozialarbeit, Sozialpädagogik und Heilpädagogik (Hrsg.) (2005b). *Schlüsselkompetenzen der Sozialen Arbeit*. Entwurf (erarbeitet von f. Maus & D. Röh). http://www.dbsh.de/html/schluessel.html. Letzter Besuch 01.03.2006.

Der Tagesspiegel (2006). *Junge verhungert - Behörden merkten nichts.* Ressort Weltspiegel, gedruckte Ausgabe vom 02.03.2006. http://archiv.*tagesspiegel*.de/drucken.php?link=archiv/03.03.2 006/2387796.asp. Letzter Besuch 03.03.2006.

Deutsch, M. (1958). Trust and suspicion. *Journal of conflict resolution, 2,* 265-279.

Deutsch, M. (1962). Cooperation and trust: Some theoretical notes. In M. R. Jones (Ed.), *Nebraska Symposiums on Motivation* (ohne Seitenangabe). Lincoln: University of Nebraska Press.

Deutsch, M. (1976). *Konfliktregelung: konstruktive und destruktive Prozesse.* München: Reinhardt.

Deutscher Verein für öffentliche und private Fürsorge (Hrsg.) (1997). *Fachlexikon der sozialen Arbeit* (4., vollst. überarb. Aufl.). Frankfurt a. M.: Eigenverlag.

Dewe, B., Ferchhoff, W., Scherr, A. & Stüwe, G. (1995). *Professionelles soziales Handeln: soziale Arbeit im Spannungsfeld zwischen Theorie und Praxis* (2., überarb. Aufl.). München: Juventa.

Endreß, M. (2001). Vertrauen und Vertrautheit. In M. Hartmann & C. Offe (Hrsg.), *Vertrauen - die Grundlage des sozialen Zusammenhalts* (S. 161 - 203). Frankfurt a. M.: Campus.

Endreß, M. (2002). *Vertrauen*. Bielefeld: Transkript.

Engel, M., Flösser, G. & Gesink, G. (1996). Qualitätsentwicklung in der Dienstleistungsgesellschaft - Perspektiven für die Soziale Arbeit. In M. Heiner (Hrsg.), *Qualitätsentwicklung durch Evaluation* (S. 48 - 67). Freiburg im Breisgau: Lambertus.

Engelke, E., Leideritz, M., Maier, K., Sorg, R. & Staub-Bernasconi, S. (2005). *Kerncurriculum Sozialer Arbeit/ Sozialarbeitswissenschaft für Bachelor – und Masterstudiengänge in Sozialer Arbeit*. Arbeitsgruppe der Sektion „Theorie und Wissenschaftsentwicklung in der Sozialen Arbeit" der Deutschen Gesellschaft für Sozialarbeit (DGS) am 28.01.2005. www.dgsinfo.de/pdf/Kerncurriculum.pdf. Letzter Besuch: 07.03.2006.

Erikson, H. (1973). *Identität und Lebenszyklus*. Frankfurt a. M.: Suhrkamp.

Erler, M. (1994). *Soziale Arbeit: ein Lehr- und Arbeitsbuch zu Geschichte, Aufgaben und Theorie* (2. Aufl.). Weinheim: Juventa.

Esser, M. (1983). *Kontaktaufnahme und Kontaktgestaltung als Situationen des Vertrauensaufbaus bei Kindern*. Bonn: unveröff. Diplomarbeit.

Esser, M. & Petermann, f. (1985). Vertrauensfördernde Variablen in Kind-Erwachsenen-Interaktionen. *Zeitschrift für Klinische Psychologie, Psychopathologie und Psychotherapie, 33*, 20-29.

Fabian, T. & Haller, S. (Hrsg.) (2003). *Gefährdete Kinder - was tun?* Münster: Lit.

Figge, H. H. (1997a). Vom Beitrag der Psychologie zur Sozialen Arbeit. In J. Walter (Hrsg.), *Sozialarbeit/Sozialpädagogik als Studium und als Wissenschaft* (S. 62 - 64). Freiburg: Evangelische Fachhochschule.

Figge, H. H. (1997b). Fallseminar: Zur Systematik der Fallbearbeitung in der Sozialen Arbeit. In J. Walter (Hrsg.), *Sozialarbeit/Sozialpädagogik als Studium und als Wissenschaft* (S. 98 - 103). Freiburg: Evangelische Fachhochschule.

Frei, B. (2003). *Pädagogische Autorität. Eine empirische Untersuchung bei Schülerinnen, Schülern und Lehrpersonen der 5., 6. und 8. Schulklasse.* Münster: Waxmann.

Friedrichs, J. & Lüdtke, H. (1971). Teilnehmende Beobachtung. *Zur Grundlegung einer empirischen Methode soziologischer und sozialpädagogischer Feldforschung.* Weinheim: Beltz.

Galuske, M. (1998). *Methoden der Sozialen Arbeit.* Weinheim: Juventa.

Geiser K. (2000). *Problem- und Ressourcenanalyse in der Sozialen Arbeit: eine Einführung in die systemische Denkfigur und ihre Anwendung.* Luzern: Verlag für Soziales und Kulturelles.

Geißler, E. (1982). *Erziehungsmittel* (6., durchges. Auflage). Bad Heilbrunn/OBB.: Klinkhardt.

Germain, C. B. & Gitterman, A. (1999). *Praktische Sozialarbeit: das "life model" der Sozialen Arbeit* (3., völlig neu bearb. Aufl.). Stuttgart: Enke.

Gernert, W. (Hrsg.) (2001). *Handwörterbuch für Jugendhilfe und Sozialarbeit.* Stuttgart: Boorberg.

Gesellschaft Erwachsenenbildung und Behinderung e. V. Deutschland (Hrsg.) (1999). *Sociologicus. Lexikon. Wissenswertes zur Erwachsenenbildung.* http://www.sociologicus.de/lexikon/lex_geb/begriffe/konstruk.htm. Letzter Besuch: 14.09.2007.

Giddens, A. (1991). *Modernity and self-identity.* Cambridge: Polity.

Giddens, A. (1995). *Konsequenzen der Moderne.* Frankfurt a. M.: Suhrkamp.

Giesecke, H. (1993). *Pädagogik als Beruf. Grundformen pädagogischen Handelns* (4. Auflage). Weinheim: Juventa.

Giesecke, H. (1997). *Die pädagogische Beziehung. Pädagogische Professionalität und die Emanzipation des Kindes.* Weinheim: Juventa.

Gildemeister, R. (1983). *Als Helfer überleben. Beruf und Identität in der Sozialarbeit/Sozialpädagogik.* Neuwied: Luchterhand.

Gildemeister, R. (1996). Professionalisierung. In D. Kreft & I. Mielenz (Hrsg.), *Wörterbuch Soziale Arbeit* (4., vollst. überarb. und erw. Aufl.) (S. 443 - 445). Weinheim: Beltz.

Glaser, B. G. & Strauss, A. L. (1967). *The discovery of grounded theory.* Chicago: Aldine.

Glaser, B. G. & Strauss, A. L. (1979). Die Entdeckung gegenstandsbezogener Theorie: Eine Grundstrategie qualitativer Sozialforschung. In C. Hopf und E. Weingarten (Hrsg.), *Qualitative Sozialforschung.* Stuttgart: Klett-Cotta.

Glaser, B. G. with the assistance of Judith Holton (2004). Remodeling Grounded Theory. *Forum Qualitative Sozialforschung/Forum: Qualitative Social Research (On-line Journal), 5,* (2) Art. 4. http://www.qualitative-research.net/fqs-texte/2-04/2-04glaser-e.htm. Letzter Besuch: 18.02.2005.

Gläss, H. & Etzel, A. (2000). Auf Fachlichkeit im ASD beharren. *Jugendhilfe, 38,* (5) 242 - 249.

Goffman, E. (1994). *Stigma* (11. Auflage). Frankfurt a. M.: Suhrkamp.

Gondek, H.-D., Heisig, U. & Littek, W. (1992). Vertrauen als Organsiationsprinzip. In W. Littek, U. Heisig & H.-D.Gondek (Hrsg.), *Organisation von Dienstleistungsarbeit. Sozialbeziehungen und Rationalisierung im Angestelltenbereich* (S. 33 - 55). Berlin: Edition Sigma Bohn.

Gosmann, U. (1997). Vertrauen. Mehr als ein Schutz vor des Lebens Kälte. *Psychologie heute, 24,* (6) 44 - 49.

Gouldner, A. W. (1960). The norm of reciprocy: a preliminary statement. *American Sociological Review, 25,* 161-178.

Grauer, G. (1973). *Leitbilder und Erziehungspraktiken in Familienerziehung, Sozialschicht und Schulerfolg.* Weinheim: Beltz.

Gudjons, H. (1993). *Pädagogisches Grundwissen.* Bad Heilbrunn: Klinkhardt.

Hake, D. f. & Schmid, T. L. (1981). Acquisition and maintenance of trusting behavior. *Journal of the Experimental Analysis of Behavior, 35,* 109-124.

Hamann, B. (1994). *Theorie pädagogischen Handelns. Strukturen und Formen erzieherischer Einflussnahme.* Donauwörth: Ludwig Auer.

Hardin, R. (2001). Die Alltagsepistemologie von Vertrauen. In M. Hartmann & C. Offe (Hrsg.), *Vertrauen - die Grundlage des sozialen Zusammenhalts* (S. 295 - 332). Frankfurt a. M.: Campus Verlag.

Hartfield, G. & Hillmann, K.-H. (1982). *Wörterbuch der Soziologie* (3. überarb. und erg. Auflage). Stuttgart: Kröner.

Hartmann, M. (2001). Einleitung. In M. Hartmann & C. Offe (Hrsg.), *Vertrauen - die Grundlage des sozialen Zusammenhalts* (S. 7 - 34). Frankfurt a. M.: Campus Verlag.

Heddergott, E. (2000). *Fürsorgerinnen im Nationalsozialismus - Stellung und Aufgaben.* Ev. Fachhochschule Hannover. http://www.janstetter.de/wissen/referate/fuersorgerinnen.htm. Letzter Besuch: 04.05.2005.

Hege, M. (2006). Zur Ökonomisierung Sozialer Arbeit. *Forum Sozial,* (1) 13-16.

Heiner, M. (1998). Reflexion und Evaluation methodischen Handelns in der Sozialen Arbeit - Basisregeln, Arbeitshilfen und Fallbeispiele. In M. Heiner, M. Meinhold, H. von Spiegel & S. Staub-Bernasconi, *Methodisches Handeln in der Sozialen Arbeit* (4., erw. Aufl.) (S. 138 - 219). Freiburg im Breisgau: Lambertus.

Heinze, T. (2001). *Qualitative Sozialforschung: Einführung, Methodologie und Forschungspraxis*. München: Oldenbourg.

Helfferich, C. (1997). Soziales Sehen - Grundqualifikationen und Bindestrich-Soziologien. In J. Walter (Hrsg.), *Sozialarbeit/Sozialpädagogik als Studium und als Wissenschaft* (S. 65 - 73). Freiburg: Evangelische Fachhochschule.

Helm, J. & Frohburg, I. (1986). *Gesprächspsychotherapie*. Ausbildungsmaterialien. Humboldt-Universität zu Berlin, Sektion Psychologie.

Helming, E., Schattner, H. & Blüml, H. (1999). *Handbuch Sozialpädagogische Familienhilfe* (3. überarb. Aufl.). Stuttgart: Kohlhammer.

Henry-Huthmacher, C. (2002). Einführung. In C. Henry-Huthmacher (Hrsg.), *Leise Revolutionen. Familie in Zeiten der Modernisierung* (S. 7 - 22). Freiburg im Breisgau: Herder.

Hermann Bollinger, I. & Lustenberger M. (2001). *Humor in der Sozialen Arbeit*. Luzern: Diplomarbeit an der Hochschule für Soziale Arbeit HSA.

Herriger, N. & Kähler, H. D. (2003). *Erfolg in der Sozialen Arbeit. Gelingendes berufliches Handeln im Spiegel der Praxis*. Socialnet.

Herwig-Lempp, J. (2002). *Von der Familientherapie zur Systemischen Sozialarbeit*. http://www.herwig-lempp.de/sites/pdf/VonderFTzurSystemSozialarbe.pdf. Letzter Besuch: 31.01.2006. Veröffentlicht in: M. Nühlen (Hrsg.), Geschichte und Geschichten II, Merseburger Geschichte und andere historische Streifzüge (S. 162 - 186). Merseburg: Fachhochschule Merseburg.

Herwig-Lempp, J. (2007). Machtbewusstseinserweiterung für SozialarbeiterInnen. *Forum Sozial* (4) 34 - 38.

Herzog, W. (1991). *Das moralische Objekt. Pädagogische Intuition und psychologische Theorie*. Bern: Huber.

Hettlage, R. (2002). Familienleben heute. Zur Soziologie des Ehe- und Familienmoratoriums. In C. Henry-Huthmacher (Hrsg.), *Leise Revolutionen. Familie in Zeiten der Modernisierung* (S. 23 - 62). Freiburg im Breisgau: Herder.

Höpfner, N. & Jöbgen, M. (2001). Kurzporträt: Pädagogische Diagnostik. In S. Ader, C. Schrapper & M. Thiesmeier (Hrsg.), *Sozialpädagogisches Fallverstehen und sozialpädagogische Diagnostik in Forschung und Praxis* (S. 38 - 45). Münster: Votum.

Hofer, M. (1981) Schülergruppierungen in Urteil und Verhalten des Lehrers. In M. Hofer (Hrsg.), *Informationsverarbeitung und Entscheidungsverhalten von Lehrern* (S. 192 - 221). München: Urban & Schwarzenberg.

Hoffmann-Riem, C. (1980). Die Sozialforschung einer interpretativen Soziologie – Der Datengewinn. *Kölner Zeitschrift für Soziologie und Sozialpsychologie, 32,* 339-372.

Holland, S. (2000). The Assessment Relationship: Interactions between Social Workers and Parents in Child Protection Assessments. *British Journal of Social Work, 30,* (2) 149-163.

Holm-Hadulla, R. M. (2000). Die therapeutische Beziehung. *Psychotherapeut, 45,* 124-136.

Homfeldt, H.-G. & Schulze-Krüdener, J. (2001). Schulsozialarbeit: Eine konstruktiv-kritische Bestandsaufnahme. *Neue Praxis, 31,* 9-28.

Humphrey, N. K. (1976). The Social Function of Intellect. In P. P. G. Bateson and R. A. Hinde (Eds.), *Growing Points in Ethology* (S. 303 - 317). Cambridge: University Press.

Huppertz, N. & Schinzler, E (1995). *Grundfragen der Pädagogik: eine Einführung für sozialpädagogische Berufe* (10. Aufl.). Köln: Stam.

Imber, S. (1973). Relationship of trust to academic performance. *Journal of Personality and Social Psychology, 28,* 145-150.

Jacob R. & W. H. Eirmbter (1999). Feldarbeit. In *ILMES - Internet-Lexikon der Methoden der empirischen Sozialforschung*. http://www.lrz-muenchen.de/~wlm/ein_voll.htm. Letzter Besuch 31.05.2003.

Johnson-George, C. & Swap, W. C. (1982). Measurement of specific interpersonal trust: Construction and validation of a scale to assess trust in a specific other. *Journal of Personality and Social Psychology, 43*, 1306-1317.

Jordan, E. (1996). Jugendhilfe. In D. Kreft & I. Mielenz (Hrsg.), *Wörterbuch Soziale Arbeit* (4., vollst. überarb. und erw. Aufl.) (S. 315 - 318). Weinheim: Beltz.

Josuttis, U. (2003). Die Einsamkeit im Fall - Was braucht die zuständige Fachkraft, um Verantwortung übernehmen zu können? In T. Fabian & S. Haller (Hrsg.), *Gefährdete Kinder - was tun?* (S. 176 - 192). Münster: Lit.

Jungblut, H.-J. (1993). Niedrigschwelligkeit. Kontextgebundene Verfahren methodischen Handelns am Beispiel akzeptierender Drogenarbeit. In T. Rauschenbach, f. Ortmann, M.-E. Karsten (Hrsg.), *Der sozialpädagogische Blick* (S. 93 - 111). Weinheim: Juventa.

Kähler, H. D. (1997). *Erstgespräche in der sozialen Einzelhilfe* (3. Aufl.). Freiburg im Breisgau: Lambertus.

Kähler, H. D. (2000). Erstgespräch. In f. Stimmer (Hrsg.), *Lexikon der Sozialpädagogik und der Sozialarbeit* (S.188 - 193). München: Oldenbourg.

Kahl, M. (1995). Die Rolle des Streetworkers. Zwischen Kumpanei und Kontrolle? In G. Becker & T. Simon (Hrsg.), *Handbuch Aufsuchende Jugend- und Sozialarbeit. Theoretische Grundlagen, Arbeitsfelder, Praxishilfen* (S. 87 - 97). Weinheim: Juventa.

Kaiser, E. (1981). Zum Verhältnis von Sozialarbeit und Psychologie unter methodologischen Gesichtspunkten. *Bewährungshilfe, 28*, 235-248.

Kaller, P. (Hrsg.) (2001). *Lexikon Sozialarbeit, Sozialpädagogik, Sozialrecht.* Wiebelsheim: Quelle & Meyer.

Karberg, W. (1996). Einzelfallhilfe. In D. Kreft & I. Mielenz (Hrsg.), *Wörterbuch Soziale Arbeit* (4., vollst. überarb. und erw. Aufl.) (S. 154 - 156). Weinheim: Beltz.

Kasakos, G. (1980). *Familienfürsorge zwischen Beratung und Zwang: Analysen und Beispiele.* München: Juventa.

Kelle, U., Kluge, S. & Prein, G. (1993). *Strategien der Geltungssicherung in der qualitativen Sozialforschung. Zur Validitätsproblematik im interpretativen Paradigma.* Arbeitspapier Nr. 24. Sonderforschungsbereich 186. Universität Bremen. http://www.sfb186.uni-bremen.de/download/paper24.pdf. Letzter Besuch: 18.05.2006.

Kleve, H. (2000). *Die Sozialarbeit ohne Eigenschaften.* Freiburg im Breisgau: Lambertus.

Klüsche, W. (1994). Soziale Arbeit im Spannungsfeld von Hilfserwartung und Selbstverantwortung. In W. Klüsche (Hrsg.), *Grundpositionen Sozialer Arbeit* (S. 177 - 222). Mönchengladbach: Fachhochschule Niederrhein, Fachbereich Sozialwesen.

Knieschewski, E. (1996). Klient. In D. Kreft & I. Mielenz (Hrsg.), *Wörterbuch Soziale Arbeit* (4., vollst. überarb. und erw. Aufl.) (S. 367 - 368). Weinheim: Beltz.

Koller, M. (1992). Sozialpsychologie des Vertrauens. Ein Überblick über theoretische Ansätze. *Psychologische Beiträge, 43,* 98-112.

Koller, M. (1997). Psychologie interpersonalen Vertrauens. In M. K. W. Schweer (Hrsg.), *Interpersonales Vertrauen. Theorien und empirische Befunde* (S. 13 - 26). Opladen: Westdeutscher Verlag.

Koller, M. & Lorenz, W. (1997). Vertrauen zwischen Arzt und Patient: Analyse und Überwindung von Kommunikationsdefiziten. In M. K. W. Schweer (Hrsg.), *Vertrauen und soziales Handeln* (S. 165 - 176). Neuwied: Luchterhand.

Koring, B. (1992). *Grundprobleme pädagogischer Berufstätigkeit. Eine Einführung für Studierende.* Bad Heilbrunn/Obb: Klinkhardt.

Kramer, D. (1995). Das Fürsorgesystem im Dritten Reich. In R. Landwehr & R. Baron (Hrsg.), *Geschichte der Sozialarbeit. Hauptlinien ihrer Entwicklung im 19. und 20. Jahrhundert* (3. Aufl.) (S. 173 - 217). Weinheim: Beltz.

Krech, D. & Crutchfield, R. S. (1992). *Grundlagen der Psychologie.* Weinheim: Beltz

Kreft, D. & Milenz, I. (Hrsg.) (1996a). *Wörterbuch Soziale Arbeit* (4., vollst. überarb. u. erw. Aufl.). Weinheim: Beltz.

Kreft, D. & Mielenz, I. (1996b). Soziale Arbeit. In D. Kreft & I. Mielenz (Hrsg.), *Wörterbuch Soziale Arbeit* (4., vollst. überarb. und erw. Aufl.) (S. 509 - 511). Weinheim: Beltz.

Kromrey, H. (1985). *Empirische Sozialforschung - Modelle und Methoden der Datenerhebung: Lehrtext.* Hagen: Fernuniversität. Gesamthochschule. Fachbereich Erziehungs-, Sozial- und Geisteswissenschaften.

Krumboltz, J. D. & Potter, B. (1980). Verhaltenstherapeutische Techniken für die Entwicklung von Vertrauen, Kohäsion und Zielorientierung in Gruppen. In K. Grawe (Hrsg.), *Verhaltenstherapie in Gruppen.* München: Urban und Schwarzenberg.

Kühne, N. (Hrsg.) (1997). *Pädagogik für Fachschulen.* Köln: Stam.

Kurze, M. & Störkel-Lang, O. (2000). Beziehungsarbeit und Arbeitsbeziehungen. Ein Gesprächsprotokoll über Vertrauen in der Bewährungshilfe. *Bewährungshilfe, 47,* 415-421.

Kutscher, N. (2002). *Moralische Begründungsstrukturen professionellen Handelns in der Sozialen Arbeit.* Bielefeld: Dissertation an der Universität Bielefeld, Fakultät für Pädagogik.

Lacy, W. B. (1978). Assumptions of human nature, and initial expectations and behavior as mediators of sex effects in prisoner´s dilemma research. *Journal of Conflict Resolution, 22,* 269 - 281.

Lahno, B. (1998). *Ist Vertrauen eine rationale Erwartung?* http://www.phil-fak.uni-duesseldorf.de/sowi/lsi/vortraeg/erwart.htm. Letzter Besuch: 17.11.2005.

Lahno, B. (2001). *Vertrauen.* Duisburg: Habilitationsschrift an der Gerhard-Mercator-Universität Duisburg.

Lahno, B. & Matzat, U. (2004). Trust and Community on the Internet. Opportunities and Restriction for Online Cooperation Analyse und Kritik. *Zeitschrift für Sozialtheorie, 26,* o. S. http://www.analyse-und-kritik.net/archiv/2004_1/editorial.htm. Letzter Besuch 17.11. 2005.

Landwehr, R. & Baron, R. (Hrsg.) (1995). *Geschichte der Sozialarbeit. Hauptlinien ihrer Entwicklung im 19. und 20. Jahrhundert* (3. Aufl.). Weinheim: Beltz.

Laucken, U. (2001). *Zwischenmenschliches Vertrauen.* Oldenburg: Bis.

Leidner, R. (1993). *Fast food, fast talk: service work and the routinization of everyday life.* Berkeley: University of California Press.

Lillig, S. (2006). Welche Leitlinien bestimmen das Handeln in der Sozialen Arbeit bei Kindeswohlgefährdung? In H. Kindler, S. Lillig, H. Blüml, T. Meysen & A. Werner (Hrsg.), *Handbuch Kindeswohlgefährdung nach § 1666 BGB und Allgemeiner Sozialer Dienst (ASD)* (S. 43-1 – 43-5). München: Deutsches Jugendinstitut e.V.

Ludwig-Mayerhofer, W. (1999). *ILMES - Internet-Lexikon der Methoden der empirischen Sozialforschung.* http://www.lrz-muenchen.de/~wlm/ilm_k3.htm. Letzter Besuch: 14.09. 2007.

Lüders, C. (2000). Beobachten im Feld und Ethnographie. In U. Flick, E. von Kardorff & I. Steinke (Hrsg.), *Qualitative Forschung* (S. 384 - 401). Reinbek: Rowohlt.

Luhmann, N. (1994). *Soziale Systeme: Grundriss einer allgemeinen Theorie* (5. Aufl.). Frankfurt a. M.: Suhrkamp.

Luhmann, N. (2000). *Vertrauen* (4. Aufl.). Stuttgart: Lucius und Lucius.

Luhmann, N. (2001). Vertrautheit, Zuversicht, Vertrauen: Probleme und Alternativen. In M. Hartmann & C. Offe (Hrsg.), *Vertrauen - die Grundlage des sozialen Zusammenhalts* (S. 143 - 160). Frankfurt a. M.: Campus.

Luhmann, N. (2002a). *Das Erziehungssystem der Gesellschaft.* Frankfurt a. M.: Suhrkamp.

Luhmann, N. (2002b). *Die Politik der Gesellschaft.* Frankfurt a. M.: Suhrkamp.

Luzio, G. di (2005). Professionalismus – eine Frage des Vertrauens? In M. Pfadenhauer (Hrsg.), *Professionelles Handeln.* (S. 69 - 85). Wiesbaden: VS Verlag für Sozialwissenschaften.

Mader, S. (2001). *Empirische Untersuchung zur Kommunikation zwischen Arzt und Patient: der Stellenwert subjektiver Theorien unter Berücksichtigung von Aspekten der Risikokommunikation.* Berlin: Dissertation.de.

Maeder, C. & Brosziewski, A. (1997). Ethnographische Semantik. In R. Hitzler & A. Honer (Hrsg), *Sozialwissenschaftliche Hermeneutik. Eine Einführung.* Opladen: Leske und Budrich.

Marschner, G. (1994). Kooperation. In W. Arnold, H.-J. Eysenck, & R. Meili (Hrsg.), *Lexikon der Psychologie* (12. Aufl.) (S. 1141). Freiburg im Breisgau: Herder.

Mayring, P. (1996). *Einführung in die qualitative Sozialforschung* (3., überarb. Aufl.). Weinheim: Beltz.

Meienbrock, A. (2003 a). Entscheiden für Fortgeschrittene. *Gehirn und Geist,* (2) 22-25.

Meienbrock, A. (2003 b). Entscheidende Hirnregionen. *Gehirn und Geist,* (3) 16-19.

Merchel, J. (1999). Qualitätsbewertung in der Heimerziehung. In J. Merchel (Hrsg.), *Qualität in der Jugendhilfe* (S. 244 - 263). Münster: Votum.

Merten, R. (2002). Sozialarbeit/Sozialpädagogik als Disziplin und Profession. In J. Schulze-Krüdener, H. G. Homfeldt & R. Merten (Hrsg.), *Mehr Wissen - mehr Können? Soziale Arbeit als Disziplin und Profession* (S. 29 - 87). Hohengehren: Schneider.

Meysen, T. (2006). Welche Bedeutung haben im Fall einer Kindeswohlgefährdung die Datenschutzbestimmungen? In H. Kindler, S. Lillig, H. Blüml, T. Meysen & A. Werner (Hrsg.), *Handbuch Kindeswohlgefährdung nach § 1666 BGB und Allgemeiner Sozialer Dienst (ASD)* (S. 40-1 – 40-5). München: Deutsches Jugendinstitut e.V.

Mörsberger, T. (2000). Weder Panik noch Selbstmitleid ist angebracht. *Jugendhilfe 38,* (5) 228 - 234.

Mollenhauer, K. (1972). *Theorien zum Erziehungsprozeß.* München: Juventa.

Monden-Engelhardt, C. (2008). Überraschend und herausfordernd. Beziehungsaufnahme mit Jugendlichen und jungen Erwachsenen in der Psychotherapie. *Gesprächspsychotherapie und Personzentrierte Beratung 39,* (2) 66-74.

Montada, L. & Rippe, H.-J. (1986). *Entwicklungspsychologische Aspekte des Jugendalters: Theoretische Ansätze, Überblick, körperliche Entwicklung.* Hagen: Fernuniversität.

Moser, H. (1995). *Grundlagen der Praxisforschung.* Freiburg im Breisgau: Lambertus.

Mrochen, S. (1994). Sozialarbeiterisches/ -pädagogisches Handeln in der Beratung. Kompetenzermittlung zwischen Einzelhilfe und Psychotherapie. In N. Groddeck & M. Schumann (Hrsg.), *Modernisierung sozialer Arbeit durch Methodenentwicklung und -reflexion* (S. 68 - 80). Freiburg im Breisgau: Lambertus.

Mruck, K. & Mey, G. (2004). *ZUMA-Workshop „Grounded theory".* Seminarpapier. Berlin.

Mühlum, A. (2006). Spiritualität – [k]ein Thema der Sozialen Arbeit? *Forum Sozial,* (1) 9-12.

Müller, B. (1997). *Sozialpädagogisches Können: ein Lehrbuch zur multiperspektivischen Fallarbeit* (3. Aufl.). Freiburg im Breisgau: Lambertus.

Müller, C. W. (1999). *Wie Helfen zum Beruf wurde: eine Methodengeschichte der Sozialarbeit* (Band 1) (überarb. Neuausgabe). Weinheim: Beltz.

Müller, C. W. (1997). *Wie Helfen zum Beruf wurde: eine Methodengeschichte der Sozialarbeit* (Band 2) (3., erw. u. neu ausgestatt. Aufl.). Weinheim: Beltz.

Müller, C. W. (1994). Blicke zurück nach vorn. Sozialmagazin, 19, (6) 14-24.

Müller-Kohlenberg, H. (1993a). Die Aporie von Methode und Beziehung in der Sozialarbeit. Quadratur des Kreises oder Triangulation der Hilfe? Neue Sammlung, 33, 45-54.

Müller-Kohlenberg, H. (1993b). Methode oder Beziehung? Ein Vorschlag zur Triangulation der Hilfe. In T. Rauschenbach, f. Ortmann, M.-E. Karsten (Hrsg.), *Der sozialpädagogische Blick* (S. 67 - 81). Weinheim: Juventa.

Müller-Wiegand, I. (2000). Die Lebenswelten und Problemlagen Jugendlicher als Herausforderung für die Soziale Arbeit. *Theorie und Praxis der Sozialen Arbeit, 51*, 181-187.

Münchmeier, R. (1996). Ethik. In D. Kreft & I. Mielenz (Hrsg.), *Wörterbuch Soziale Arbeit* (4., vollst. überarb. und erw. Aufl.) (S. 184 - 86). Weinheim: Beltz.

Muth, J. (1982). *Pädagogischer Takt* (3., überarb. Auflage). Essen: Neue Deutsche Schule.

Mutzek, W. (1988). *Von der Absicht zum Handeln – Rekonstruktion und Analyse subjektiver Theorien zum Transfer von Fortbildungsinhalten in den Berufsalltag.* Weinheim: Deutscher Studien-Verlag.

Neubauer, W. (1982). Dimensionale Struktur der impliziten Führungstheorie bei Vorgesetzten. *Psychologie und Praxis, 26*, 1-11.

Neubauer, W. (1991). Interpersonales Vertrauen und Erziehung - Ein fast vergessenes Forschungsthema. *Psychologie in Erziehung und Unterricht, 38,* 213-224.

Nickel, H. (1976). Die Lehrer-Schüler-Beziehung aus der Sicht neuerer Forschungsergebnisse. Ein transaktionales Modell. *Psychologie und Erziehung im Unterricht, 23,* 153-172.

Nicolay, J. (1993). Wege zu konstruktiver Zusammenarbeit: Motivation und Motivierung in der sozialpädagogischen Familienhilfe. *Neue Praxis, 23,* 539-548.

Nodes, W. (1999). An Zustimmung wird nicht gespart. DBSH-Studie zum Ansehen der Sozialen Arbeit. *forumSOZIAL,* (2) 2-7.

Nohl, H. (1988): *Die pädagogische Bewegung in Deutschland und ihre Theorie* (10. Aufl., unveränd. Nachdr. d. 2. Aufl. 1935). Frankfurt a. M.: Klostermann.

Nolda, S. (2000). *Interaktion in pädagogischen Institutionen.* Opladen: Leske + Budrich.

Nuttin, J. (1994). Motivation. In W. Arnold, H.-J. Eysenck & R. Meili (Hrsg.), *Lexikon der Psychologie* (12. Aufl.) (S. 1403 - 1412). Freiburg im Breisgau: Herder.

Oerter, R. & Veerbeck, A. (1986). *Entwicklungspsychologische Aspekte des Jugendalters: Identität, Moralische Entwicklung, Peergroup, Sexualverhalten.* Hagen: Fernuniversität.

Offe, C. (2003). Nachwort: Offene Fragen und Anwendungen in der Forschung. In *Honesty and Trust: Theory and Experience in the Light of Post-Socialist Transformation.* Research Project and Focus Group at Collegium Budapest 2001-2003. http://www. colbud.hu/honesty-trust/offe/pub03.htm. Letzter Besuch: 05.11.2007.

Oswald, M. E. (1997). Bedingungen des Vertrauens in sozialen Situationen. In M. K. W. Schweer (Hrsg.), *Vertrauen und soziales Handeln* (S. 78 - 98). Neuwied: Luchterhand.

Otto, H.-U. & Schnurr, S. (2000) „Playing the market game?" - Zur Kritik markt- und wettbewerbsorientierter Strategien einer Modernisierung der Jugendhilfe in internationaler Perspektive. In H.-U. Otto & S. Schnurr (Hrsg.), *Privatisierung und Wettbewerb in der Jugendhilfe*. (S. 3 - 21). Neuwied: Luchterhand.

Otto, H.-U. & Sünker, H. (Hrsg.) (1989). *Soziale Arbeit und Faschismus*. Frankfurt a. M.: Suhrkamp.

Päckert, W. (2001). Vertrauen im Strafvollzug. *Bewährungshilfe, 48*, 17-26.

Pantucek, P. (1998a). *Lebensweltorientierte Individualhilfe: eine Einführung für soziale Berufe*. Freiburg im Breisgau: Lambertus.

Pantucek, P. (1998b). Einige methodische Konsequenzen des lebensweltorientierten Zugangs. In P. Pantucek & M. Vyslouzil (Hrsg.), *Theorie und Praxis Lebenswelt-orientierter Sozialarbeit* (S. 87 - 103). St. Pölten: SozAKTIV.

Pantucek, P. (2001). *Ethische Konflikte in der Sozialarbeit*. Referat auf der Danube Conference der International Federation of Socialwork - Europa. Bratislava, 30.08.2001. http//www.sozialarbeit.at/pantu.doc. Letzter Besuch: 18.12.2005.

Petermann, f. (1996). *Psychologie des Vertrauens*. Göttingen: Hogrefe.

Petrow, N. A. (1968). Ohne Titel. In K. Schaller & H. Gräbenitz (Hrsg.), *Auctoritas und Potestas. Ein Repertorium der Erziehungsstile und Erziehungsmaßnahmen* (S. 81 - 82). Hamburg: Leibniz.

Pieper, J. (2000). *Vertrauen in Wertschöpfungspartnerschaften*. Wiesbaden: Deutscher Universitäts-Verlag.

Piontkowski, U. (1982). *Psychologie der Interaktion* (2. Aufl.). München: Juventa.

Plewa, A. (1992). Personenzentrierter Ansatz und Soziale Arbeit. Grundsätzliche Erwägungen unter besonderer Berücksichtigung des Themas „Selbsthilfe". *Archiv für Wissenschaft und Praxis der sozialen Arbeit, 23,* 12-21.

Pluto, L., Mamier, J., van Santen, E., Seckinger, M. & Zink, G. (2003). *Partizipation im Kontext erzieherischer Hilfen - Anspruch und Wirklichkeit. Eine empirische Studie.* München: Deutsches Jugendinstitut e.V.

Pollak, T. (2002). Was heißt „Beziehung" in der sozialen Arbeit? Psychoanalytische und professionstheoretische Aspekte. *Deutsche Jugend, 50,* 59-85.

Possehl, K. (1993). *Methoden der Sozialarbeit: theoretische Grundlagen und 15 Praxisbeispiele aus der Sozialen Einzelfallhilfe.* Frankfurt a. M.: Peter Lang.

Preußer, N. & Völkel, R. (1977). Der Sozialarbeiter und sein Klient – Momente einer verwirrten Interaktion. In W. Hollstein & M. Meinhold (Hrsg.), *Sozialpädagogische Modelle. Möglichkeiten der Arbeit im sozialen Bereich* (S. 37 - 49). Frankfurt a. M.: Campus.

Remmel-Faßbender, R. (2005). Casemanagement - Chancen für eine Neuorientierung im Sozial- und Gesundheitswesen!? *Forum Sozial,* (4) 10-14.

Richter, G. (2002). *Privatisierung und Funktionswandel der Freien Wohlfahrtspflege.* Baden-Baden: Nomos.

Rogers, C. R. (1977). *Therapeut und Klient: Grundlagen der Gesprächspsychotherapie.* München: Kindler.

Rotering, B. & Lengemann, M. (2001). Krisenintervention und Inobhutnahme. In V. Birtsch, K. Münstermann & W. Trede (Hrsg.), *Handbuch Erziehungshilfen* (S. 702 - 718). Münster: Votum.

Rothmeier, R. C. & Dixon, D. N. (1980). Trustworthiness and influence: A reexamination in an extended counseling analoque. *Journal of Counseling Psychology, 27,* 315-319.

Rotter, J. (1967). A new scale for the measurement of interpersonal trust. *Journal of Personality, 35,* 651-665.

Rotter, J. (1981). Vertrauen. *Psychologie heute, 8,* (3) 23-29.

Sachße, C. (1993). Berufsgeschichte und Berufsidentität. Methoden in der Konstitutionsphase Sozialer Arbeit. In T. Rauschenbach, f. Ortmann, M.-E. Karsten (Hrsg.), *Der sozialpädagogische Blick* (S. 29 - 44). Weinheim: Juventa.

Sahle, R. (1988). Moral und Kompetenz. Eine Rekonstruktion des Deutungsmusters der Sozialarbeit. *Sozialmagazin,* (4) 28-34.

Salomon, A. (1928). *Leitfaden der Wohlfahrtspflege* (3. Aufl.). Leipzig: B. G. Teubner.

Schäfer, M. (2006). Die Vision von der Sozialen Arbeit - wie alles begann. *Forum Sozial,* (1) 40-41.

Schaller, K. & Gräbenitz, H. (Hrsg.). *Auctoritas und Potestas. Ein Repertorium der Erziehungsstile und Erziehungsmaßnahmen.* Hamburg: Leibniz.

Schaub, H.-A. (1999). Praxistheorie und Praxisforschung in der klientenbezogenen Sozialen Arbeit - dargestellt am Beispiel der sozialpädagogischen Familienhilfe. *System Familie, 12,* (2) 80-88.

Schneider, R. (2006). Tabu - die Kunst der Vermeidung. *Forum Sozial,* (1) 7-8.

Schill, T., Toves, C. & Ramanaiah, N. (1980). Interpersonal trust and coping with stress. *Psychological Reports, 47,* 1192.

Schlenker, B. R., Helm, B. & Tedeschi, J. T. (1973). The effects of personality and situational variables on behavioral trust. *Journal of Personality and Social Psychology, 25,* 419-427.

Schlüter, W. (1995). *Sozialphilosophie für helfende Berufe* (3., aktualis. Aufl.). München: Ernst Reinhardt.

Schmidbauer, I. (1994). *Sozialarbeit als Frauenberuf. Eine soziologische Analyse mit feministischer Perspektive.* Linz: Universitätsverlag Rudolf Trauner.

Schmitt, G. (2000). Vertrauen. *Bewährungshilfe, 47,* 356-382.

Schulze, H. (2001). *Erfahrungsgeleitete Arbeit in der industriellen Produktion: menschliche Arbeit als Leitbild für Technikgestaltung.* Berlin: Edition Sigma.

Schütze, f. (1994). Ethnographie und sozialwissenschaftliche Methoden der Feldforschung. Eine mögliche methodische Orientierung in der Ausbildung und Praxis der Sozialen Arbeit? In N. Groddeck & M. Schumann (Hrsg.), *Modernisierung Sozialer Arbeit durch Methodenentwicklung und -reflexion* (S. 189 - 297). Freiburg im Breisgau: Lambertus.

Schütze, f. (1997). Organisationszwänge und hoheitsstaatliche Rahmenbedingungen im Sozialwesen. In A. Combe & W. Helsper (Hrsg.), *Pädagogische Professionalität* (2. Aufl.) (S. 183 - 275). Frankfurt a. M.: Suhrkamp.

Schulze-Krüdener, J. & Homfeldt, H. G. (2002). Mehr Wissen - mehr Können? Zur Professionalität der Fachkräfte der Sozialen Arbeit zwischen Ausbildung, Wissenschaft, Praxis. In J. Schulze-Krüdener, H. G. Homfeldt & R. Merten (Hrsg.), *Mehr Wissen - mehr Können? Soziale Arbeit als Disziplin und Profession* (S. 88 - 124). Hohengehren: Schneider.

Schweer, M. K. W. (1996). *Vertrauen in der pädagogischen Beziehung.* Bern: Huber.

Schweer, M. K. W. (1997a). Vertrauen in zentrale gesellschaftliche Institutionen. *Gruppendynamik, 28,* 201-210.

Schweer, M. K. W. (1997b). Bedingungen interpersonalen Vertrauens zum Lehrer: Implizite Vertrauenstheorie, Situationswahrnehmung und Vertrauensaufbau bei Schülern. *Psychologie in Erziehung und Unterricht, 44,* 143-151.

Schweer, M. K. W. (1998a). *Vertrauen.* Landau: Empirische Pädagogik.

Schweer, M. K. W. (2000a). Zentrale Ergebnisse empirischer Vertrauensforschung. *Bewährungshilfe, 47*, 383-394.

Schweer, M. K. W. (2000b) Zur Bedeutung von Vertrauen für die Suchtprävention - einige Anmerkungen. *Theorie und Praxis der Sozialen Arbeit, 51*, 457-459.

Schweer, M. K. W. (2000c). Vertrauen in der Familie - Grundlage und Ziel Sozialpädagogischer Arbeit. *Theorie und Praxis der Sozialen Arbeit, 51*, 69-72.

Schweer, M. K. W. (2000d). Vertrauen im Problemfeld der Langzeitarbeitslosigkeit. *Neue Praxis, 30*, 280-285.

Schweer, M. K. W. (2000e). Vertrauen im Jugendalter: Eine pädagogische Herausforderung. *Deutsche Jugend, 48*, 262-265.

Schweer, M. K. W. & Thies, B. (1999). *Vertrauen - die unterschätzte Kraft.* Zürich: Walter.

Schweikart, R. (2003). Berufliches Erfahrungswissen in der Sozialen Arbeit – Eine vernachlässigte Seite von Fachlichkeit. In T. Fabian & R. Schweikart (Hrsg.), *Brennpunkte der Sozialen Arbeit.* (S. 99 - 115). Münster: Lit.

Schwendemann, W. (2005). *Rezension zu: Cornelia Schweppe (Hrsg.) (2003). Qualitative Forschung in der Sozialpädagogik.* Forum Qualitative Sozialforschung / Forum: Qualitative Social Research [On-line Journal], 7 (2), Art. 8. http://www.qualitative-research.net/fqs-texte/2-06/06-2-8-d.htm. Letzter Besuch: 02.05.2006.

Schwendtke, A. (Hrsg.) (1995). *Wörterbuch der Sozialarbeit und Sozialpädagogik* (4., überarb. u. erw. Aufl.). Heidelberg: Quelle & Meyer.

Sachße, C. (1996). *Recht auf Erziehung - Erziehung durch Recht. Entstehung, Entwicklung und Perspektiven des Jugendhilferechts.* http://www.sgbviii.de/S105.html. Letzter Besuch: 08.09.2005. Veröffentlicht in: Zeitschrift für Sozialreform 1996, 42, (9) 557-571.

Seibel, B. (1997). Re- oder Entpädagogisierung in der Sozialen Arbeit? In J. Walter (Hrsg.), *Sozialarbeit/ Sozialpädagogik als Studium und als Wissenschaft* (S. 53 - 61). Freiburg: Evangelische Fachhochschule.

Seithe, M. (2001). *Praxisfeld: Hilfe zur Erziehung.* Opladen: Leske + Budrich.

Selman, R. L., Jaquette, D. & Lavin, D. R. (1977). Interpersonal awareness in children: Toward an integration of developmental and clinical child psychology. *American journal of Orthopsychiatrie, 47,* 264-274.

Siegrist, J. (1978). *Arbeit und Interaktion im Krankenhaus.* Stuttgart: Enke.

Skiba, E. G. (1975). Zum Fremdbild des Sozialarbeiters. In H.-U. Otto & S. Schneider (Hrsg.), *Gesellschaftliche Perspektiven der Sozialarbeit.* Zweiter Halbband (3. Aufl.). (S. 223 - 246). Neuwied: Luchterhand.

Solomon, L. (1960). The influence of some types of power relationships and game strategies upon the development of interpersonal trust. *Journal of Abnormal and Social Psychology, 61,* 223-230.

Sommer, M. (2001). Vertrauen im Bereich der Bewährungshilfe und Führungsaufsicht. *Bewährungshilfe, 48,* 11-16.

Spradley, J. P. (1980). *Participant Observation.* New York: Holt, Rinehart and Winston.

Statistisches Bundesamt (Hrsg.) (2003). *11 Jahre Kinder- und Jugendhilfegesetz in Deutschland. Ergebnisse der Kinder- und Jugendhilfestatistiken Erzieherische Hilfen 1991-2001.* Bonn: Statistisches Bundesamt.

Statistisches Bundesamt (Hrsg.) (2007). *Statistiken der Kinder- und Jugendhilfe. Hilfe zur Erziehung außerhalb des Elternhauses. Heimerziehung; sonstige betreute Wohnform - Begonnene Hilfen.* Wiesbaden: Statistisches Bundesamt.

Staub-Bernasconi, S. (1998). Soziale Probleme - Soziale Berufe - Soziale Praxis. In M. Heiner, M. Meinhold, H. von Spiegel & S. Staub-Bernasconi, *Methodisches Handeln in der Sozialen Arbeit* (4., erw. Aufl.) (S. 11 - 137). Freiburg im Breisgau: Lambertus.

Stiels-Glenn, M. (1996). Ohnmacht, Macht und Verantwortung im psychosozialen Bereich. *Sozialmagazin, 21,* 12-18.

Stiels-Glenn, M. (1997). „Ich brauche doch keinen Aufpasser". *Sozialmagazin, 22,* (1) 20-25.

Stimmer, f. (Hrsg.) (1994). *Lexikon der Sozialpädagogik und der Sozialarbeit.* München: Oldenbourg.

Stimmer, f. (Hrsg.) (2000a). *Lexikon der Sozialpädagogik und der Sozialarbeit* (4., völlig überarb. und erw. Aufl.). München: Oldenbourg.

Stimmer, f. (2000b). *Grundlagen des Methodischen Handelns in der Sozialen Arbeit.* Stuttgart: Kohlhammer.

Strauss, A. L. & Corbin, J. M. (1996). *Grounded theory: Grundlagen qualitativer Sozialforschung.* Weinheim: Beltz.

Thiersch, H. (1993). Strukturierte Offenheit. Zur Methodenfrage einer lebensweltorientierten Sozialen Arbeit. In T. Rauschenbach, f. Ortmann, M.-E. Karsten (Hrsg.), *Der sozialpädagogische Blick* (S. 11 - 28). Weinheim: Juventa.

Thiersch, H. (1995). *Lebensweltorientierte Soziale Arbeit* (2. Aufl.). Weinheim: Juventa.

Thies, B. (2002). *Vertrauen zwischen Lehrern und Schülern.* München: Waxmann.

Thole, W. (2003). Wir lassen uns unsere Weltsicht nicht verwirren. In C. Schweppe (Hrsg.), *Qualitative Forschung in der Sozialpädagogik* (S. 43 - 65). Opladen: Leske + Budrich.

Tisch, W. (1994). Vertrauen. In W. Arnold, H.-J. Eysenck, & R. Meili (Hrsg.), *Lexikon der Psychologie* (12. Aufl.) (S. 2489 - 2490). Freiburg im Breisgau: Herder.

Tischner, W. (o. J.). *Heimerziehung*. http://www.sgbviii.de/S113.html. Letzter Besuch: 08.09. 2005.

ULD - Unabhängigen Landeszentrums für Datenschutz Schleswig-Holstein (2003). *Diskretion fördert das Vertrauen der Patienten in Ihre Praxis*. http://www.datenschutzzentrum.de/ medizin/ arztprax/fb_ppp1103.htm. Letzter Besuch: 22.12.2005.

Urban, M. (2005). *Warum der Mensch glaubt*. Frankfurt a. Main: Eichborn.

Urban-Stahl, U. (2007). „Die Sozialarbeiter stehen unter Kostendruck". *DIE ZEIT* (Nr.51), 21.

von Spiegel, H. (1998). Arbeitshilfen für das methodische Handeln. In M. Heiner, M. Meinhold, H. von Spiegel & S. Staub-Bernasconi, *Methodisches Handeln in der Sozialen Arbeit* (4., erw. Aufl.) (S. 254 - 322). Freiburg im Breisgau: Lambertus.

von Tessin, P. (1986). Die Entwicklung der therapeutischen Beziehung. In U. Imoberdorf & U. Reichlin (Hrsg.), *Beratung, Diagnostik und Therapie in der anthropologischen Psychologie. Festschrift zum 60. Geburtstag von Detlev von Uslar* (S. 135 - 153). Stuttgart: Hirzel.

von Wensierski, H.-J. (2003). Rekonstruktive Sozialpädagogik im intermediären Feld eines Wissenschaft-Praxis-Diskurses. In C. Schweppe (Hrsg.), *Qualitative Forschung in der Sozialpädagogik* (S. 67 - 90). Opladen: Leske + Budrich.

Vorstand der Sektion Rechtspsychologie im Berufsverband Deutscher Psychologinnen und Psychologen e.V. (Hrsg.) (2004). *Kindeswohlgefährdung*. Bonn: Deutscher Psychologen Verlag.

Wagenblass, S. (2004). *Vertrauen in der Sozialen Arbeit*. Weinheim: Juventa.

Wagenblass, S. (2005). Vertrauen. In H.-U. Otto & H. Thiersch (Hrsg.), *Handbuch Sozialarbeit, Sozialpädagogik* (3. Aufl.) (S. 1934 - 1942). München: Reinhardt.

Waibel, J. & Lübbemeier, M. (2001). Sozialarbeit in der Justiz und Vertrauen. *Bewährungshilfe, 48,* 5-10.

Weltner, K. (1994). Information. In W. Arnold, H.-J. Eysenck & R. Meili (Hrsg.), *Lexikon der Psychologie* (12. Aufl.) (S. 976 - 977). Freiburg im Breisgau: Herder.

Wendt, W.-R. (1997a). *Case Management im Sozial- und Gesundheitswesen. Eine Einführung.* Freiburg im Breisgau: Lambertus.

Wendt, W.-R. (1997b). Neue Entschiedenheit - Der Zwang als Mittel zum Zweck? *Sozialmagazin, 22,* 14-19.

Weinberger, S. (1998). *Klientenzentrierte Gesprächsführung. Eine Lern- und Praxisanleitung für helfende Berufe* (8., unveränd. Aufl.). Weinheim: Beltz.

Wiedemann, P. (1991). Gegenstandsnahe Theoriebildung. In U. Flick, E. von Kardorff, H. Keupp, L. von Rosenstiel & S. Wolff (Hrsg.), *Handbuch qualitative Sozialforschung.* (S. 440 - 445). München: PVU.

Wilken, U. (2006) Das Basisethos offensiver Behindertenpädagogik und seine sozialrehabilitativen Konsequenzen. *Forum Sozial,* (1) 21-25.

Witzel, A. (2000). *Das problemzentrierte Interview.* Forum Qualitative Sozialforschung / Forum: Qualitative Social Research [Online Journal], 1 (1). http://www.qualitative-research.net/fqs-texte/1-00/1-00witzel-d.htm. Letzter Besuch: 26.09.2006.

Zimbardo, P. G. (1992). *Psychologie* (5., neu bearb. Aufl.). Berlin: Springer.

Zinner, G. (1981). *Sozialarbeit zwischen Anspruch und Wirklichkeit. Eine Analyse der beruflichen Praxis von Sozialarbeitern.* Offenbach: Verlag 2000 GmbH.

Zorzi, O. (2001). Bei-Spieler: Überlegungen zu Gemeinsamkeiten und Differenzen von Management Consulting und Organisationsethnographie. In *Das Innenleben der Organisation - Ethnographisches Wissen in der Organisationsberatung*. Eine Tagung des Instituts für Europäische Ethnologie in Berlin, 16. bis 18. Februar 2001. http://www.arbeitskulturen.de/down/095zorzi. htm. Letzter Besuch: 08.09.2005.

Tabellen